Exklusiv für Buchkäufer!

Ihr eBook zum Download

- Ihr kostenloses eBook zum herunterladen

Ihre Arbeitshilfen online

- Checkliste zur Analyse des Job Crafting Prozesses
- Checklisten zur Planung Virtueller Teams
- Interviews mit Experten aus der Praxis
- Anwendungsbeispiele aus der Praxis
- Links zu relevanten Studien

Und so geht's

- unter www.haufe.de/arbeitshilfen den Buchcode eingeben
- oder QR-Code mit Ihrem Smartphone oder Tablet scannen
- im Buch finden Sie weitere QR-Codes, die Sie direkt zur jeweiligen Arbeitshilfe führen

Buchcode: UWS-V8YH

www.haufe.de/arbeitshilfen

Innovative Leadership

Innovative Leadership
Die fünf wichtigsten Führungstechniken der Zukunft

Dr. Eva B. Müller

1. Auflage

Haufe Gruppe
Freiburg · München

Bibliografische Information der Deutschen Nationalbibliothek
Die Deutsche Nationalbibliothek verzeichnet diese Publikation in der Deutschen Nationalbibliografie; detaillierte bibliografische Daten sind im Internet über http://dnb.dnb.de abrufbar.

Print ISBN: 978-3-648-04040-9   Bestell-Nr. 01637-0001
EPUB ISBN: 978-3-648-04041-6   Bestell-Nr. 01637-0100
EPDF ISBN: 978-3-648-04042-3   Bestell-Nr. 01637-0150

Dr. Eva B. Müller
Innovative Leadership
1. Auflage 2013

© 2013, Haufe-Lexware GmbH & Co. KG, Munzinger Straße 9, 79111 Freiburg
Redaktionsanschrift: Fraunhoferstraße 5, 82152 Planegg/München
Telefon: (089) 895 17-0
Telefax: (089) 895 17-290
Internet: www.haufe.de
E-Mail: online@haufe.de
Produktmanagement: Anne Lennartz

Lektorat: Gabriele Vogt
Satz: Reemers Publishing Services GmbH, 47799 Krefeld
Umschlag: RED GmbH, 82152 Krailling
Druck: fgb — freiburger graphische betriebe, 79108 Freiburg

Alle Angaben/Daten nach bestem Wissen, jedoch ohne Gewähr für Vollständigkeit und Richtigkeit. Alle Rechte, auch die des auszugsweisen Nachdrucks, der fotomechanischen Wiedergabe (einschließlich Mikrokopie) sowie der Auswertung durch Datenbanken oder ähnliche Einrichtungen, vorbehalten.

Inhaltsverzeichnis

1	**Innovative Leadership**	**13**
1.1	Gen Y	14
1.2	Web 2.0	17
1.3	Globalisierung	17
1.4	War for Talents und die demographische Veränderung	18
2	**Network Leadership**	**19**
2.1	Aktueller Einfluss und Bedeutung des Network Leadership	21
2.2	Was ist Network Leadership?	26
	2.2.1 Hintergründe des Network Leadership	26
	2.2.2 Forschungshistorie	28
	2.2.3 Führungskräfte in Networks: Stecknadel im Heuhaufen?	31
	2.2.4 Anstoß zu einer Diskurskultur	32
	2.2.5 Networks – Das Ende der Top-Down-Führung	33
2.3	Vorteile professionell gemanagter Networks	34
	2.3.1 Zugriff auf nicht öffentliche Informationen	34
	2.3.2 Unterschiedliche Ressourcen und Skills	36
	2.3.3 Zugriff und Ausübung von Macht	36
	2.3.4 Resultate, Innovation und Veränderungen	37
2.4	Networks – die Basics	38
	2.4.1 Aufbau von Networks	38
	2.4.1.1 Cluster	40
	2.4.1.2 Broker	41
	2.4.1.3 Kerne	42
	2.4.1.4 Mergers & Acquisitions	44
	2.4.2 Die drei Arten des Networking	45
	2.4.2.1 Operationale Networks	47
	2.4.2.2 Persönliche Networks	51
	2.4.2.3 Strategische Networks	53
2.5	Network Leader – Ihre Kernkompetenzen	56
	2.5.1 Beziehungsaufbau	57
	2.5.2 Organisationsfähigkeit	57
	2.5.3 Systemdenken	59
	2.5.4 Reflexion	59
	2.5.5 Entwicklungsfreude	60

2.6		Networks – die Akteure	61
	2.6.1	Connector/Liaison	62
	2.6.2	Gatekeeper	64
	2.6.3	Broadcaster/Representative	64
	2.6.4	Coordinator	65
	2.6.5	Peripheral Specialist	65
	2.6.6	Lurker/Isolates	66
	2.6.7	Zusätzliche Rollen	68
2.7		Networks – die Praxis	71
	2.7.1	Analyse mithilfe des Network Mapping	71
	2.7.1.1	Erarbeitung der Keyplayer	72
	2.7.1.2	Kartographieren der Networks	74
	2.7.2	Aus- und Aufbau von Networks	75
	2.7.2.1	Vom Team zum Network	75
	2.7.2.2	Identifizierung von Brokern	77
	2.7.2.3	Integration	78
	2.7.2.4	Dezentralisierte Kommunikation	79
	2.7.2.5	Events	79
	2.7.2.6	Freier Zugang zu Ressourcen	80
	2.7.3	Network-Pflege: Umgang mit schwierigen Charakteren	80
	2.7.3.1	Training	81
	2.7.3.2	Liking fördern	82
2.8		Die Fallstricke	83
2.9		Herausforderungen der Gegenwart und Zukunft: Network-Werte leben	86
3		**Job Crafting Leadership**	**91**
3.1		Was ist Job Crafting?	93
	3.1.1	Positive Effekte durch proaktive Arbeitsplatzgestaltung	93
	3.1.2	Job Crafting als verstecktes Potential	95
	3.1.3	Ihr Handlungsspielraum als Führungskraft	97
3.2		Job Crafting – Hintergründe, Strategien und Konsequenzen	98
	3.2.1	Wissenschaftliche Hintergründe und Stand der Forschung	99
	3.2.2	Die Strategien der Job Crafter	101
	3.2.2.1	Grenzen verschieben	102
	3.2.2.2	Soziale Beziehungen verändern	102
	3.2.2.3	Rahmen verändern	103
	3.2.3	Strategien in der Praxis	104
	3.2.3.1	Grenzen verschieben	104
	3.2.3.2	Soziale Beziehungen verändern	105
	3.2.3.3	Rahmen verändern	106

	3.2.4	Negative Reaktionen auf Job Crafting	107
	3.2.5	Ignoranz von Job Crafting und die Folgen	108
3.3	Motive, Vor- und Nachteile von Job Crafting		111
	3.3.1	Hauptmotive	111
	3.3.2	Benefits	112
	3.3.3	Nachteile	112
3.4	Der Job Crafting Prozess und Ihre Rolle als Job Crafting Leader		115
	3.4.1	Phase 1: Analyse	115
	3.4.1.1	Job Crafting erkennen	116
	3.4.1.2	Analyse der Stärken, Talente und Interessen	119
	3.4.2	Phase 2: Umsetzung – Job Crafting begleiten	126
	3.4.2.1	Veränderungen	127
	3.4.2.2	Lösungswege	128
	3.4.3	Umsetzungsmonitoring	137
	3.4.3.1	Sozialer Ressourcengeber	137
	3.4.3.2	Win-Win-Lösungen	138
	3.4.3.3	Die Rolle der Führungskraft	141
	3.4.4	Phase 3: Evaluation – Job Crafting auswerten	142
	3.4.4.1	Resultate	143
	3.4.4.2	Prozessmonitoring	143
	3.4.4.3	Endbewertung	144
3.5	Hindernisse		145
3.6	Job Crafting – die Herausforderung für Unternehmen		146
	3.6.1	Umfeld schaffen	147
	3.6.2	Job Crafting für Führungskräfte	147
	3.6.3	Ausblick	148
4	**Führen in virtuellen Teams**		**151**
4.1	Virtuelle Teams als Arbeitsrealität		153
4.2	Virtuelle Teams – die Fakten		156
	4.2.1	Virtuelle Teamarbeit – eine Kernkompetenz des 21. Jahrhunderts?	157
	4.2.2	Problem Virtualität	158
4.3	Erfolgreich Arbeiten in virtuellen Teams – der Start		165
	4.3.1	Das Kick-off-Meeting	166
	4.3.1.1	Die Planung und Vorbereitung des Kick-off-Meetings	166
	4.3.1.2	Ablauf und Inhalte des Kick-off-Meetings	169
	4.3.2	Voraussetzungen für das Funktionieren virtueller Teams	174
	4.3.2.1	Technologische Umsetzung – das Problem der virtuellen Kommunikation	174
	4.3.2.2	Regeln für virtuelle Meetings	177
	4.3.2.3	Entwicklung von Teamnormen und Regeln	180

4.4		Kulturelle Aspekte	183
	4.4.1	Drei kulturelle Kategorien	184
	4.4.1.1	Dimensionen nationaler Kultur	185
	4.4.1.2	Organisationskultur/Unternehmenskultur	189
	4.4.1.3	Funktionskultur	191
	4.4.2	Kulturunterschiede als Wettbewerbsvorteil	192
	4.4.3	Grenzen der kulturellen Unterschiede	193
4.5		Nach dem Start: Virtuelle Teams im Alltag	194
	4.5.1	Soziale Kontakte aufrechterhalten	194
	4.5.1.1	Aufbau einer virtuellen Teeküche	195
	4.5.1.2	Regelmäßige Face-to-Face-Meetings	195
	4.5.1.3	Gemeinsame Feiern	196
	4.5.1.4	Integration neuer Teammitglieder	196
	4.5.2	Gruppendynamik in virtuellen Teams	196
	4.5.2.1	Die 4 Phasen virtueller Gruppendynamik	197
	4.5.2.2	Auflösung von virtuellen Teams	200
	4.5.3	Leistungsmessung in virtuellen Teams	201
	4.5.3.1	Ergebnisorientierte Arbeitsweise	201
	4.5.3.2	Individuelle Zielvereinbarungen in virtuellen Teams	202
	4.5.3.3	Beurteilungen in virtuellen Teams: Resultat als Bewertungskriterium	202
	4.5.3.4	Kontrolle in virtuellen Teams	203
	4.5.3.5	Feedback	203
4.6		Recruiting: Kompetenzen virtueller Teammitglieder	205
4.7		Anforderung an Führungskräfte	209
	4.7.1	Kompetenzen der Führungskräfte	209
	4.7.2	Erwartungen der Teamitglieder an die Führungskraft	211
4.8		Virtual Leadership im Unternehmen	213
	4.8.1	Schaffen Sie die Grundlagen für standardisierte Unternehmens- und Teamprozesse!	213
	4.8.2	Beschaffen Sie State of the Art-Kommunikationstechnologie!	213
	4.8.3	Beeinflussen Sie die Organisationskultur!	214
	4.8.4	Fordern Sie Akzeptanz ein!	214
	4.8.5	Schaffen Sie Kompetenz und Erfahrung!	214
5		**PSI – Positive Soziale Interaktionen**	**217**
5.1		Positive Beziehungsstrukturen als Grundlage für Arbeitsgesundheit	218
5.2		Konzept und Benefits	221
	5.2.1	Negative soziale Interaktionen	222
	5.2.2	PSI und körperliche Funktionssysteme	223
	5.2.3	Die drei Benefits	225

5.2.3.1	High Quality Relationships	225
5.2.3.2	Lernen	226
5.2.3.3	Psychologische Sicherheit	227
5.2.4	Gute Führung als Vorbild	228
5.2.4.1	Beziehungsintelligenz	229
5.2.4.2	Sinn	229
5.3	Methoden zur Gestaltung Positiver Sozialer Interaktionen	230
5.3.1	Human Resources Tools	231
5.3.2	PSI – Die sechs Techniken	233
5.3.2.1	Highlights statt Meetings	233
5.3.2.2	Angewandtes Emotionsmanagement	238
5.3.2.3	Bonding	246
5.3.2.4	Energie durch Sprache	254
5.3.2.5	Identitäten	258
5.3.2.6	Ohne Sinn nur Unsinn	261
5.3.3	Weitere Einflussfaktoren: Das Unternehmensumfeld	266

6 Selbstführung 269

6.1	Versteckte Potenziale nutzen durch Selbstführung	271
6.1.1	High Potentials	271
6.1.2	Durch effektive Selbstführung zum High Potential	275
6.2	Selbstführung durch kognitive Denkstrategien	276
6.2.1	Was ist Psychologisches Kapital?	277
6.2.2	States, not traits	278
6.2.3	Selbstreflexion	279
6.3	Techniken der Selbstführung	280
6.3.1	Selbstwirksamkeit	281
6.3.1.1	Die fünf Denkprozesse der Selbstwirksamkeit	281
6.3.1.2	Nutzen der Selbstwirksamkeit für Ihre Mitarbeiter	285
6.3.1.3	Reflexion	286
6.3.1.4	Selbstwirksamkeit entwickeln	287
6.3.1.5	Generalisierte Selbstwirksamkeit	295
6.3.2	Willpower und Waypower	297
6.3.2.1	Wie Sie Big W's erkennen	299
6.3.2.2	Nutzen von Willpower & Waypower für Ihre Mitarbeiter	300
6.3.2.3	Dealer in Hope – vom Umgang mit Willpower & Waypower	301
6.3.2.4	Willpower & Waypower stärken	304
6.3.2.5	Vorsicht	306
6.3.3	Optimismus	307
6.3.3.1	Zuschreibungsstile	308

	6.3.3.2	Nutzen von Optimismus für Ihre Mitarbeiter	312
	6.3.3.3	Optimismus entwickeln durch Perspektivenänderung	313
	6.3.3.4	Vorsicht	314
6.4	Schlusswort		317

Literatur- und Quellenverzeichnis 319

Abbildungsverzeichnis 327

Tabellenverzeichnis 329

Stichwortverzeichnis 331

1 Innovative Leadership

1	**Innovative Leadership**	**13**
1.1	Gen Y	14
1.2	Web 2.0	17
1.3	Globalisierung	17
1.4	War for Talents und die demographische Veränderung	18

Innovative Leadership

Digitalisierung, Globalisierung, Generation Y, War for Talents[1] — Schlagwörter, die seit Jahren in der Arbeitswelt in aller Munde sind (siehe hierzu auch Interview mit der Trendforscherin Birgit Gebhardt auf Arbeitshilfen Online).

Begleitet werden diese von Begriffen wie Komplexität, Hochgeschwindigkeit, Web 2.0, Innovationsdruck, organisationsübergreifenden Kooperationen, flache Hierarchien, Diversity, demographische Veränderungen und sich ständig potenzierendem Wissen. Trendforscher[2] beschreiben die Auflösung der Unternehmensgrenzen und die neue Arbeitswelt als Herausforderung für Mensch und (digitale) Maschine. Dass all diese Veränderungen, die teilweise schon längst begonnen haben, eine immense Auswirkung nicht nur auf Unternehmen haben werden, sondern insbesondere auf die in den Unternehmen agierenden Führungskräfte, ist nur eine Frage der Zeit — und von dieser bleibt nicht mehr viel übrig, sehen wir doch heute schon Mitarbeiter, die in anderen Strukturen als den hierarchischen geführt werden möchten. Die alten Modelle mit Führungskräften als alleiniges Zentrum der Macht funktionieren in der digitalisierten (westlichen) Welt nicht mehr, die Führung geht mehr und mehr in Teams und Networks über. Auch wenn man die Zukunft nicht vorhersagen kann, zeichnen sich eine Reihe von Führungsanforderungen ab, auf die das vorliegende Buch eingeht.

1.1 Gen Y

Die Generation Y (Gen Y) oder auch Generation „Why" oder „Millennials" sind die jungen Erwachsenen der Jahrgänge 1980 bis 1990, die immer mehr auf den Arbeitsmarkt kommen und dort schon aktiv sind. Die Millennials, aufgewachsen in einer „connected world", kennzeichnen sich dadurch, dass sie

- Networks nicht nur kennen, sondern auch leben,
- flache Hierarchien als selbstverständlich ansehen,
- sich nicht mehr in Mainstream/autoritäre Führung pressen lassen,
- gut ausgebildet sind,
- sich ihres Marktwerts (selbst)bewusst sind,
- als sehr anspruchsvoll gelten,
- sich eine gute Unternehmenskultur wünschen,

---

[1] Der sogenannte War for Talents, die Generation Y und der demografische Wandel sind Themen, die die westliche Welt betreffen und vielleicht in einigen Jahren auch China aufgrund der Ein-Kind Politik. Länder wie Indien oder die arabischen/afrikanischen Staaten unterliegen ganz anderen Problematiken.

[2] z. B. New Work Order, www.trendbüro.de.

- viel lernen, sich entwickeln und verwirklichen wollen,
- netzaffin sind,
- Wert auf ein ausgewogenes Verhältnis von Freizeit und Arbeit legen,
- wenig Wert auf Status legen,
- Karriere wollen, aber keine Machtspiele, sondern ein emotional gutes Miteinander.

Allerdings scheint die Gen Y aber bei älteren Generationen weniger gut wegzukommen, wenn man einigen Pressetiteln Glauben schenkt. Anbei einige Beispiele:

- Frech, faul, fordernd
- Generation Y — Freizeit als Statussymbol?
- Generation Y — Spaß, Selbstverwirklichung und Yoga

Dass dem nicht so ist, weisen viele Studien nach, wie etwa das Graduate Barometer der Unternehmensberatung Trendence[3]. So zeigt das Sinus-Institut in seiner Milieustudie der 14- bis 17-Jährigen ebenfalls eindrucksvoll auf, dass es sich bei den extrem anspruchsvollen, selbstbewussten und fast schon arroganten Vertretern der Gen Y nur um einen kleinen Prozentsatz handelt, den sogenannten „Expeditiven". Diese gelten als ehrgeizige und kreative Avantgarde, welche Trends schnell folgt, gut vernetzt ist und ihre Grenzen auslotet.

Vertiefende Inhalte:

Weiterführende Website zum Graduate Barometer:

https://www.deutschlands100.de/deutschlands-100/trendence-graduate-barometer/business.html

Ein sehenswertes Kurzvideo zu den „Expeditiven" finden Sie unter:

http://www.youtube.com/watch?v=YAbpmkqn6JE

---

[3] https://www.deutschlands100.de/deutschlands-100/trendence-graduate-barometer/business.html, Stand 29.07.2013; vgl. auch http://www.spiegel.de/karriere/berufsstart/fachkraefte-war-for-talents-und-erwartungen-der-generation-y-a-829778.html, Stand 26.02.2013.

Exkurs: Zahlen und Fakten zum idealen Arbeitsplatz

Sind die Vorstellungen der Gen Y wirklich so weit weg von dem, was wir uns heute wünschen? Die Forderungen nach einem kollegialen Umfeld, guten Führungskräften und einem erfüllenden Job sollten bis dahin eingelöst sein (d. h. jetzt!), denn es kommen eine ganze Reihe weiterer Idealvorstellungen auf die Unternehmen zu, die mit Social Technologies nicht zu lösen sind.

Anbei einige Statistiken aus den letzten Jahren:

Wichtiger als das Gehalt sind:
- ein kollegiales Arbeitsumfeld (80%),
- ein erfüllender Job (66%).

Die wichtigsten Gründe für Kündigungen:
- schlechtes Arbeitsklima (86%),
- unbefriedigender Job (80%),
- schlechte Führungskraft (71%).[4]

Folgendes belastet Beschäftigte besonders:
- Verhalten der Vorgesetzten: 33,7 % der Befragten,
- Arbeitstätigkeiten: 24,1 % der Befragten,
- fehlende Gestaltungsmöglichkeiten: 22,4 % der Befragten,
- das Verhalten von Kollegen: 15,6 % der Befragten (Mehrfachnennung möglich).[5]

Die Gallup-Umfrage von 2012 weist auf:
- Nur 14 Prozent aller Arbeitnehmer sind mit Herz und Verstand bei der Sache.
- 63 Prozent der Deutschen machen „Dienst nach Vorschrift".
- Der Anteil jener Arbeitnehmer, die „innerlich gekündigt" haben, stieg von 2001 bis 2011 kontinuierlich, und zwar von 15 auf 23 Prozent.[6]

Der Gen Y wird oft nachgesagt, dass sie keine Führung wollen — was nicht richtig ist. Sie wollen Führung, nur nicht mehr die von gestern und heute. Die flachen Hierarchien bedingen, dass zum einen eine partnerschaftliche und gute Atmosphäre herrscht, die keinerlei Probleme damit hat, Führung auch ab- und weiterzugeben, zum anderen wird aber auch erwartet, von Führungspersonen lernen zu können, weiterentwickelt zu werden und am Vorbild zu lernen. Was das für Führungskräfte von morgen bedeutet, muss nicht erläutert werden. Methoden zur Umsetzung dieser Wünsche/Bedürfnisse finden sich in den Führungstechniken Job Crafting, PSI (Positive soziale Interaktionen) und Selbstführung.

---

[4] Hays/Stepstone Umfrage 2012 bei 18.000 deutschen Arbeitnehmern.
[5] BKK Gesundheitsreport 2008, Angaben in Prozent, 6.161 Befragte aus 50 Unternehmen im Zeitraum von 2004 bis 2008.
[6] Gallup-Umfrage unter mehr als 1300 Beschäftigten aus Spiegel online 20.3.2012.

1.2 Web 2.0

Die jungen Digital Natives, aufgewachsen mit sozialen Medien, agieren schon lange in der (internationalen) Vernetzung. Sie geben und nehmen Wissen in/aus ihren Networks, ganz gleich, ob es sich um Expertenratschläge oder Wissen aus der Zusammenarbeit in einem Projekt (unternehmerischer, politischer oder privater Natur) handelt. Hinzu kommt die offene Meinungsäußerung, die es heute jedem ermöglicht, öffentlich und transparent auf empfundene Ungerechtigkeiten oder bestimmte Interessen zu reagieren, zumeist innerhalb eines sehr schnell evolvierenden Networks. Soziale Medien[7] werden heute von vielen Unternehmen in den Arbeitsalltag integriert — vor allem vor dem Hintergrund, die sogenannte „Schwarmintelligenz" zu nutzen. Dass dies viel zu kurz greift und die (digitale) Vernetzung viel mehr als nur die bloße betriebswirtschaftliche Nutzung einer kollektiven Intelligenz darstellt, ist vielen Unternehmen noch nicht gegenwärtig. Durch Web 2.0 entstanden Networks, die auch jenseits der reinen Ideensammlung miteinander agieren und Loyalitäten sowie Gruppendynamiken aufbauen — eine effektive Vernetzung innerhalb, aber auch außerhalb eines Unternehmens. Sie eröffnen ungeahnte Möglichkeiten, z. B. die selbstgesteuerte Erweiterung des persönlichen Wissens auch außerhalb der gesetzten Institutionen wie Universität und Unternehmen, das Setzen und Erkennen von Trends und vieles mehr. Die Kapitel Network Leadership und Virtual Leadership beschäftigen sich mit den Auswirkungen des Web 2.0 auf Führung. Beide Führungstechniken ähneln sich aber weniger, als aufgrund ihres digitalen Ursprungs zu erwarten wäre: Networks funktionieren mit flachen Hierarchien und je nach Aufgabe und Schwerpunkt wechselnden Führungskräften und Mitarbeitern, wohingegen virtuelle Teams einer ganz anderen Führungsstruktur bedürfen, schon aufgrund des „Zusammengewürfelt-Werdens" und Multikulturalität der Mitgliedschaft (aber dazu später mehr).

1.3 Globalisierung

Multikulturelle Unterschiede sind ebenfalls eine Begleiterscheinung von globalen Teams, ebenso wie eine wachsende Mobilität (Homeoffice etc.). Doug Ivester, der ehemalige CEO von Coca Cola, formulierte es treffend folgendermaßen: „As economic borders come down, cultural barriers go up, presenting new challenges and

---

[7] Social Technologies, wie Social Networks, Blogs und Microblogs, Wikis, Social Commerce, Analysetools, Diskussionsforen und Shared Workspaces sowie Crowdsourcing werden nicht bzw. nur am Rande und so weit wie nötig behandelt. Für tiefergehende Informationen eignet sich die McKinsey-Studie „Unlocking Value and productivity through social technologies".

opportunities in business." Dies gilt nicht nur im Business, sondern auch in der Führung. Kulturelle Sensitivität und ein offener Umgang mit unterschiedlichen Führungserwartungen in unterschiedlichen Ländern verlangen nicht nur eine krosskulturelle Führung, die mit virtuellen und kulturellen Aspekten vertraut ist, sondern auch eine Führung, die selbstgesteuerte Teams kreiert, trainiert und führt, was letztendlich nur über Selbstführungsmethoden und -techniken zu leisten ist (siehe Kapitel Selbstführung). Die Kapitel PSI (Positive soziale Interaktionen) und Virtual Leadership, aber auch Job Crafting und Network Leadership geben Unterstützung im effektiven Umgang mit globalen Teams.

1.4 War for Talents und die demographische Veränderung

Der War for Talents tobt vor allem in der westlichen Welt und hängt zu einem Teil mit der demografischen Veränderung zusammen: weniger Kinder, weniger Universitätsabsolventen, weniger Talente. Im Fokus der Talentsuche, wie sie bisher funktioniert, stehen die Persönlichkeitseigenschaften von potentiellen bzw. schon engagierten Mitarbeitern. Leider verhält es sich so, dass Persönlichkeitseigenschaften überdauernd sind, d. h. relativ stabil und unveränderbar über die gesamte Lebensspanne hinweg. Sind die letzten Talente mit den gewünschten Persönlichkeitseigenschaften weggefischt, was dann? Für die westliche Welt bedeutet dies auch die intelligente und innovative Nutzung des schon vorhandenen Humankapitals bzw. die Aktivierung des Humankapitals, das bisher durch die Raster der recht einseitig agierenden Talentsucher fällt. Die Kapitel Selbstführung, Job Crafting und PSI (Positive soziale Interaktionen) beschäftigen sich stark mit diesem Aspekt und zeigen auf, durch welche Führungstechniken Sie auch ihre „Noch-Nicht-Talente" in die Talentposition bringen.

Sicherlich existieren neben den folgenden Techniken noch eine Reihe weiterer zukunftsrelevanter Führungsthemen. *Innovative Leadership* beschreibt die fünf wichtigsten Führungstechniken, die eine hilfreiche Antwort auf die Herausforderungen der neuen Arbeitswelt darstellen. Network Leadership, Virtual Leadership, Selbstführung, Positive Soziale Interaktionen (PSI) und Job Crafting geben einen umfassenden Einblick in die Zukunft der Führung, die vor allem eines sein muss: flexibel und innovativ!

2 Network Leadership

2	**Network Leadership**	**19**
2.1	Aktueller Einfluss und Bedeutung des Network Leadership	21
2.2	Was ist Network Leadership?	26
	2.2.1 Hintergründe des Network Leadership	26
	2.2.2 Forschungshistorie	28
	2.2.3 Führungskräfte in Networks: Stecknadel im Heuhaufen?	31
	2.2.4 Anstoß zu einer Diskurskultur	32
	2.2.5 Networks – Das Ende der Top-Down-Führung	33
2.3	Vorteile professionell gemanagter Networks	34
	2.3.1 Zugriff auf nicht öffentliche Informationen	34
	2.3.2 Unterschiedliche Ressourcen und Skills	36
	2.3.3 Zugriff und Ausübung von Macht	36
	2.3.4 Resultate, Innovation und Veränderungen	37
2.4	Networks – die Basics	38
	2.4.1 Aufbau von Networks	38
	2.4.1.1 Cluster	40
	2.4.1.2 Broker	41
	2.4.1.3 Kerne	42
	2.4.1.4 Mergers & Acquisitions	44
	2.4.2 Die drei Arten des Networking	45
	2.4.2.1 Operationale Networks	47
	2.4.2.2 Persönliche Networks	51
	2.4.2.3 Strategische Networks	53
2.5	Network Leader – Ihre Kernkompetenzen	56
	2.5.1 Beziehungsaufbau	57
	2.5.2 Organisationsfähigkeit	57
	2.5.3 Systemdenken	59
	2.5.4 Reflexion	59
	2.5.5 Entwicklungsfreude	60
2.6	Networks – die Akteure	61
	2.6.1 Connector/Liaison	62
	2.6.2 Gatekeeper	64
	2.6.3 Broadcaster/Representative	64
	2.6.4 Coordinator	65
	2.6.5 Peripheral Specialist	65

	2.6.6	Lurker/Isolates	66
	2.6.7	Zusätzliche Rollen	68
2.7	Networks – die Praxis		71
	2.7.1	Analyse mithilfe des Network Mapping	71
	2.7.1.1	Erarbeitung der Keyplayer	72
	2.7.1.2	Kartographieren der Networks	74
	2.7.2	Aus- und Aufbau von Networks	75
	2.7.2.1	Vom Team zum Network	75
	2.7.2.2	Identifizierung von Brokern	77
	2.7.2.3	Integration	78
	2.7.2.4	Dezentralisierte Kommunikation	79
	2.7.2.5	Events	79
	2.7.2.6	Freier Zugang zu Ressourcen	80
	2.7.3	Network-Pflege: Umgang mit schwierigen Charakteren	80
	2.7.3.1	Training	81
	2.7.3.2	Liking fördern	82
2.8	Die Fallstricke		83
2.9	Herausforderungen der Gegenwart und Zukunft: Network-Werte leben		86

What differentiates a leader from a manager, research tells us, is the ability to figure out where to go and to enlist the people and groups necessary to get there.

Ibarra & Hunter 2007

> **MANAGEMENT SUMMARY**
>
> Zu den wichtigsten Führungsskills des Network Leadership gehören strategisches, operationales und persönliches Networking und diese sind kurz davor, zu den wichtigsten Managementtools der neuen Ära zu avancieren. Begriffe wie Network Weaver, Boundary Spanner, SNA und Structural Holes gehören zum Standardvokabular der neuen Leader.[1] Die Network Leader stellen die neue Elite, die nicht mehr alleine auf traditionelle Arten der Führung vertraut, sondern den neuen Herausforderungen des 21. Jahrhunderts mit ebenso neuen Führungsmethoden entgegentritt. Das vorliegende Kapitel beschäftigt sich ausführlich mit dem Phänomen des Network Leadership. Es beinhaltet Wissenswertes über
> - den Hintergrund und die Bedeutung von Network Leadership,
> - Vorteile professionell gemanagter Networks in Unternehmen,
> - verschiedene Strategien des Networking,
> - den Aufbau und die Führung von unternehmensinternen Networks und
> - Wege der Networkanalyse.
>
> Professionelles Networking ist ein Asset der Sonderklasse, das Kooperation und Zusammenarbeit mehr fördert als jedes formell zusammengestellte Team.

2.1 Aktueller Einfluss und Bedeutung des Network Leadership

Social Media und Networks befinden sich seit geraumer Zeit im Fokus, wenn es um gesellschaftliche Veränderungen geht. Das Hauptinteresse liegt dabei auf den politischen Umwälzungen, äußerst medienwirksam geprägt durch den „Arabischen Frühling" oder in Bewegungen wie „Occupy Wallstreet". Aber auch Begriffe wie „Generation Y" und die „Digital Natives" bewegen Forscher und Medien, die den neuen digitalen Möglichkeiten, Menschen für eine Sache zu begeistern, durchaus Raum schenken. Unternehmen und Organisationspsychologen beginnen seit geraumer Zeit, sich dem Thema Network und Einsatz von Social Media zu nähern, allerdings fast ausschließlich in den Bereichen, in denen es um globale Kooperatio-

---

[1] Die Erläuterungen der Begriffe folgen in diesem Kapitel.

Network Leadership

nen mit Partnerunternehmen geht, die neue Konstellationen der Zusammenarbeit außerhalb einer hierarchischen Struktur hervorbringen. Niemand allerdings scheint sich darum zu sorgen, welche Folgen und Auswirkungen der Eintritt der Digital Natives und der Generation Y auf die *Führung* in Unternehmen nehmen und *nehmen* werden.

Dictionary

Um das Verständnis des Kapitels zu erleichtern, an dieser Stelle einige kurze Begriffsdefinitionen:

Networking: die Aktivität eines Einzelnen und einer Gruppe mit dem Ziel, ein Gewebe von persönlichen Kontakten zu schaffen, welches später die Unterstützung, Feedback und Ressourcen bereitstellt, die notwendig sind, um ein Ziel zu erreichen.

Network: ein Beziehungsgeflecht, das aus schwachen und starken Verbindungen besteht. Starke Verbindungen sind gekennzeichnet durch starkes Vertrauen, Reziprozität und ein Gefühl der Gemeinsamkeit, wohingegen schwache Verbindungen dazu dienen, Grenzen zu überschreiten und eine Quelle neuer Ideen, Inspirationen, Informationen und Ressourcen sind. Die Muster der daraus entstehenden unterschiedlichen Networks beeinflussen die Qualität der Kommunikation und die Wahrscheinlichkeit von Zusammenarbeit und Innovation.

Network Mindset: die Denkmuster, die dazu befähigen, sich darüber klar zu werden, was zu tun ist, um mit anderen in eine Beziehung zu treten und Wellen in einem Eco/Ökosystem zu erzeugen.

Cluster: Cluster sind Bündel von Beziehungen und Kontakten in Netzwerken jeglicher Art, die in einer Wertschöpfungskette miteinander verknüpft sind.

Leadership in Networks

Fakt ist: In Unternehmen dreht sich das Thema Social Media und Networks fast ausschließlich um eine sinnvolle Integration von Social Media als Kommunikations- und Innovationstool. Ich wage zu behaupten, dass sich selten oder sogar noch nie jemand darüber Gedanken gemacht hat, welche Art von *Führung* die neuen Generationen benötigen. Werfen wir noch einmal einen Blick auf die von aller Welt beobachteten Networks der politischen Bühne. Von den Medien häufig als „leaderless revolutions" bezeichnet, scheinen alle Beobachter dieses Phänomen mit einer sehr traditionellen Brille zu beleuchten. Wenn es keinen gibt, der laut „Hier" ruft und sich als Leader feiern lässt, bedeutet dies gleich, dass es keine Leader gibt und riesige Gruppen von Menschen scheinbar durch Zauberhand gemeinsam etwas bewegen?

2 Aktueller Einfluss und Bedeutung des Network Leadership

Die Antwort ist ein klares Nein. Führung in Networks existiert — und sie funktioniert nach völlig anderen Gesetzen als traditionelle Führung. Es ist höchste Zeit, dass Unternehmen dies erkennen und in der Konsequenz ihre Führungskräfte darauf vorbereiten, Networks zu erkennen, aufzubauen und zu führen, denn:

1. Die Generation „Network" befindet sich auf dem Weg in die Unternehmen.
2. Im Social Community Management und manch einer Web 2.0-Gruppe ist Network Leadership schon längst zum Standard avanciert. Das bedeutet: Networks und Network Leadership sind kurz davor, die Unternehmen zu erobern und die Welt des Managements und der klassischen Annahmen über Führung zu revolutionieren. Die Fragen lauten:
   - Was können Networkstrategien in Unternehmen bewegen und wo befinden sie sich schon?
   - Sind die traditionellen Formen der Führung noch zeitgemäß?
   - Networks arbeiten mit ganz bestimmten Strategien und Werkzeugen — inwieweit sind diese auf die Unternehmenswelt übertragbar oder schon im Einsatz?
   - Was kann traditionelle Führung von Networkstrategien lernen und inwieweit können beide Konzepte koexistieren?
   - Was können Führungskräfte und Personalentwicklung tun, um auf die neue Welt vorbereitet zu sein?
   - Welchen Einfluss nehmen Millennials (Digital Natives) auf Network Leadership?
3. Die Erwartungen, die an Führungskräfte gestellt werden, sind nur von Superman und anderen Helden der imaginären Welt zu erfüllen. So bemerkt Stefanie Sohm in einer Studie der Bertelsmann Stiftung[2] ganz richtig: Die Erwartungen, die an einen perfekten Leader gestellt werden, sind unmöglich zu erfüllen. Sie müssen komplexe Themen in sinnvolle Zusammenhänge verwandeln können, sie müssen Visionäre sein, die mit ihrer Überzeugungskraft alle dafür (die Visionen) begeistern können, sie müssen Strategien in konkrete Handlungspläne umsetzen können und zwischenmenschliche Kompetenzen haben, die das Commitment und die Risikobereitschaft ihrer Mitarbeiter fördern. Je früher eine Führungskraft akzeptiert, dass sie diesen Anforderungen nicht gerecht werden kann, umso besser für die Organisation.

---

[2] Zeitgemäße Führung – Ansätze und Modelle. Eine Studie der klassischen und neueren Management-Literatur, 2007.

Network Leadership

Das Aufbauen von Beziehungen und das Schaffen von sozialen Netzwerken werden besonders relevant. Durch die stetig wachsende Bedeutung von Wissen und Information ist es notwendig, das der Leader nicht nur das ihm unterstellte Team führt, sondern auch andere interne und externe Partner und Entscheidungsträger in die richtige Richtung lenken muss, um die Ziele des Unternehmens erreichen zu können; eine Aufgabe, die sich nur mit persönlichen Beziehungen meistern lässt.

„Neue Manager braucht das Land!" titelte das Handelsblatt online bereits 2011.[3] In dem Artikel wird die Trendstudie „Unternehmensführung 2030" der Personalberatung Signium International zusammen mit dem Zukunftsinstitut Matthias Horx vorgestellt. Laut dieser übernimmt bis dahin die Generation der „Digital Natives" die Führung in den Unternehmen. „An die Stelle eines herausragenden Unternehmenschefs treten bunt gemischte Manager-Teams. Die Hierarchie- und Anweisungskultur wird sich aus großen Teilen der Wirtschaft verabschieden, prophezeit Horx. Die Zukunft gehört agilen offenen Netzwerken."[4] Einzelne Unternehmen beginnen bereits jetzt, die Struktur hinsichtlich Network zu verändern: „Dezentrale, selbstorganisierende Strukturen verbreiten sich. Frank Heinricht, Chef der Heraeus Holding, spricht von einer 'Flotte vieler Schnellboote, die zwar prinzipiell autark sind, aber trotzdem unter einem Kommando fahren'. Manager brauchen eine hohe emotionale Intelligenz. Parallel dazu nimmt die Demokratisierung zu. Die künftige Managergeneration ist mit dem Web 2.0 sozialisiert und kennt keine einsamen Entscheidungen."[5] Die künftige Aufgabe der Führungskräfte wird sein, als „globale Beziehungsmanager" Sinn zu stiften.

---

[3] http://www.handelsblatt.com/unternehmen/management/koepfe/trendstudie-neue-manager-braucht-das-land/5907732.html, Stand 23.02.2013.
[4] ebda.
[5] ebda.

Aktueller Einfluss und Bedeutung des Network Leadership

ARBEITSHILFE ONLINE

Weiterführende Website zur Trendstudie:

http://www.signium.de/CompanyProfile/Studie/tabid/3332/language/de-DE/Default.aspx

Die Zentren der Schnellbootflotte oder die flexiblen Hybriden, die hier als Szenario an die Wand gemalt werden und unter einem Kommando fahren, benötigen sicherlich emotional intelligente Kommandeure, aber auch veränderte Führungstechniken und ein Networkdenken, das sich nicht von heute auf morgen bewerkstelligen lässt. Was im journalistisch wirklich gut gelungenen Artikel so klingt, als hätte sich ein Großteil der internationalen Wirtschaftsorganisationen längst auf Network Leadership umgestellt, ist wohl mehr dem Wunschdenken einiger Weniger zuzuschreiben. Tatsache ist, dass ein Großteil der internationalen Unternehmen, gleich welcher Größe, noch nie etwas von Network Leadership gehört hat. Und nur weil einige Führungskräfte über die Demokratisierung der Unternehmen nachdenken, bedeutet dies noch lange nicht, dass das Thema in Unternehmen, ganz gleich welcher Größe, wirklich angekommen ist. Auch in der wissenschaftlichen Forschung wird Network Leadership eher noch als Stiefkind behandelt.

Machen wir uns nichts vor: Bis Network Leadership in der Umsetzung angekommen ist, werden Jahre vergehen — und massenweise Talente und Innovationspotential vergeudet werden, denn die Generation der neuen Führungskräfte und der neuen Mitarbeiter, aufgewachsen in und mit Networks, arbeitet anders als die alte Riege. Da die neuen Network Leader nicht mehr bereit sind, in traditionellen Formen der Führung zu agieren, und sich den alten Führungsrollen verweigern, benötigen sie eine *professionell gestaltete Networkstruktur und professionelle Network-Führungstechniken*, um ihr volles Potential entfalten zu können und zu wollen. Die Zeit der reinen Unternehmensverwalter ist abgelaufen. Es ist die Aufgabe von Unternehmen, diese Struktur bereitzustellen, in Form von Network Leadership Development und Network Thinking, und es ist die Aufgabe der Führungskräfte, diese Strukturen mit Leben und Können zu füllen. Dies bedeutet, über die reine individuelle Vermittlung von Skills hinaus zu verstehen, dass Führung ein Prozess ist, bei dem unterschiedliche Akteure zu unterschiedlichen Zeiten in variierenden Rollen tätig sind.

Ein Fünkchen Hoffnung

In einer Studie für die Bertelsmann Foundation untersuchte der Wissenschaftler Grady McGonagill 2009 neue Leadership Development Programme und kam zu dem Schluss, dass Leadership neu definiert werden muss: Der Fokus liegt nicht mehr auf dem Einzelnen, sondern in einer „shared, collective leadership". Im Lichte dieser Aussage lässt sich hoffen, dass sich bald eine Vielzahl von Unternehmen für die Thematik des Network Leadership nicht nur interessieren, sondern auch in die Umsetzung gehen werden.

ARBEITSHILFE ONLINE

Weiterführende Website zur Studie:
http://www.bertelsmann-stiftung.de/cps/rde/xchg/SID-7499A510-790CD20A/bst/hs.xsl/100672_101809.htm

Die folgenden Ausführungen und Gedanken sind angelehnt an:

Ibarra & Hunter 2007, Ancona et al. 2007, Gloor 2006, Ibarra & Uzzi 2007, Holley 2013, McGonagill (Bertelsmann) 2009.

Network Leadership lebt, wie viele Konzepte, in guter Nachbarschaft mit ähnlichen oder verwandten Konzepten, wie etwa Collaborative Leadership oder Distributed Leadership, und teilt sich mit diesen Autoren, Wissenschaftler und Forschungsergebnisse. Sie sehen mir nach, dass ich hier nicht alle Konzepte aufführen kann und werde.

2.2 Was ist Network Leadership?

2.2.1 Hintergründe des Network Leadership

Networking ist aus der neuen Führung nicht mehr wegzudenken. Wissen, Information, Komplexität, Ambiguität und Konnektivität nehmen ständig zu. Diese Vorgänge wollen professionell gemanagt werden, denn sie sind das Kernkapital eines Unternehmens und sichern dessen Überleben. Innovationen nicht verschlafen, die Zukunft tragfähig gestalten, Stakeholder zufriedenstellen — diese Aufgaben sind durch Führungskräfte und Geschäftsführer schon lange nicht mehr zu bewältigen. Die neuen Leader sind angewiesen auf ein exzellentes Netzwerk aus Kontakten, Ratgebern, Unterstützern: Grund genug, in Network Leadership zu investieren.

Hierzu ist es hilfreich, die Hintergründe des Network Leadership zu kennen: Was ist Network Leadership, was kennzeichnet diese neue Art der Zusammenarbeit und worin bestehen die Vor- und Nachteile, die sich daraus ergeben?

Networks im Laufe der Geschichte

Networks existieren, seit es Menschen gibt. Wie schon Aristoteles vor langer Zeit bemerkte, ist der Mensch an sich ein „zoon politikon" — ein soziales, auf Gemeinschaft ausgerichtetes Wesen. Blicken wir in die Antike, so gab es dort durchaus auch ohne Facebook & Co professionelle Networker. Zumeist waren es Handlungsreisende, die nicht nur physische Waren wie Stoffe und Nahrung transportierten, sondern zusätzlich etwas oft viel Hochwertigeres: Informationen. Das gehandelte Gut bestand aus Neuigkeiten, Wissen aller Art und aus Nachrichten, die von Ort zu Ort transportiert wurden. Nur wer über strategisch gute soziale Beziehungen verfügte, war an diesem Handel beteiligt. Nachrichten über neue Herrscher, drohende Kriege, innovative Handwerker, versteckte Schätze, neue Arbeitsplätze und Nahrungsquellen, potentielle Hochzeitskandidaten oder bessere Lebensbedingungen machten die Runde in Herbergen, auf Marktplätzen oder im Karawansereilager.

Politische Networks, wie etwa der militärische und wirtschaftlich orientierte attische Seebund 478/77 v. Chr., spielten eine große Rolle, der Bund hatte das Ziel, die Perser von der Ägäis mit ihren griechisch besiedelten Inseln und Randzonen fernzuhalten und auch deren wichtigsten Seehandelswege zu schützen. Auch die Zünfte im Mittelalter, die religiösen Orden, die Freimaurer, die Hanse, Sigmund Freud und seine Psychologische Mittwochsgesellschaft, die Clubs der Briten oder Individuen wie Goethe, der über eine Reihe hochrangiger Bekannter verfügte, die ihm Beziehungen verschafften, Picasso oder Claude Monet betrieben erfolgreiche Networks, lange vor Web 2.0.

Heute sind Informationen und Beziehungen nur einen Klick weit weg — wenn wir dem richtigen Network angehören. Die Händler von damals sind die Networker von heute, d. h. Personen, die ihre Informationen in die lokalen Networks und Communities bringen und dadurch eine immense Macht besitzen, denn sie entscheiden, wer welche Information wann bekommt. Und das Erstaunliche ist, dass sehr viele von ihnen freiwillig Wissen teilen: Informationen, die früher nur hochrangigen Vertretern von Organisationen zukamen, sind heute für viele zugänglich.

Die rasante Entwicklung der sozialen Networks sorgte in den letzten Jahren für einen riesigen sozialen Wandel. In diesem Zusammenhang stellt sich die Frage: Sind die digitalen Medien für die Verbreitung des Networking verantwortlich? Zu einem großen Teil lässt sich dies bejahen, denn erst durch sie wurde es möglich, Menschen weltweit in kürzester Zeit zu vernetzen und damit Wissen und Informationen in diesem Maße zu verbreiten und zu teilen. Jedoch lässt sich die Geburt der Networks und insbesondere des Network Leadership nicht alleine in der Verbreitung des Web 2.0 verankern. Ein weiteres Vorbild für die heutigen Networks sind die Community Networks, die seit vielen Jahren an einer Verbesserung der Lebensbedingungen sozial schwacher Bürger, an Projekten, die zwischen Industrie, Wirtschaft, Community und Regierung angesiedelt sind, an der Verbesserung der Regionalstrukturen, so etwa den Bau eines Schwimmbades etc., erfolgreich arbeiten. In den USA ein bekannter Faktor neben Regierungsorganisationen und zumeist wenig effektiven Nonprofitbetrieben, beweisen diese Networks, dass sich durch eine kluge Zusammenarbeit ohne hierarchische Grenzen Lösungen finden lassen, die allen im Network nutzen: der Regierung, Wirtschaftsunternehmen oder den einzelnen Bürgern der Region. In den USA, anders als in Westeuropa, sind Bürger weitaus mehr darauf angewiesen, in Eigenregie eine regionale Infrastruktur zu schaffen, da die finanzielle Unterstützung nur in geringem Maße, wenn überhaupt, vom Staat geleistet wird. So lernten die Akteure über Jahre hinweg, wie sich durch klugen Beziehungsaufbau Personen und Gruppierungen an einen Tisch bringen ließen, die vorher niemals auch nur ein Wort miteinander gewechselt hätten, sie lernten, wie sie in einer Networkstruktur ohne stark traditionell und hierarchisch geführte Strukturen, ohne „Häuptlinge", und ohne „Fußvolk", zum Ziel kamen und sie lernten, dass es ohne Network Tools und ohne professionelle Begleitung ein sehr langer Weg zum Ziel werden kann. [6]

Fest steht: Die neue Networkkultur ist dabei, sich flächendeckend zu etablieren, und auf dem Sprung in die Unternehmenswelt. Die Frage ist: Wie können Unternehmen und Führungskräfte sich darauf vorbereiten und wie können sie eine erfolgreiche Unternehmensnetworkkultur aufbauen? Denn, so wie es aussieht, gehört die Arbeitsform der festen Teams der Vergangenheit an. Oder plakativ formuliert: Networks sind die neuen Teams. Das dies nicht nur Führungskräften, sondern auch Mitarbeitern viel an Umdenken abverlangt, ist selbstverständlich.

2.2.2 Forschungshistorie

Führung hier und heute gestaltet sich in den meisten Unternehmen relativ traditionell. Vorherrschend sind seit Jahrzehnten Führungskräfte und Unternehmenslenker, die partizipativ, situativ, autoritär oder auch gar nicht führen, Management by objectives oder anders betitelte „Unternehmensverwaltungsformen" betreiben, deren Aufzählung den Umfang dieses Buchs sprengen würde. Die Techniken der Führung sind seit Jahrzehnten unverändert, auch wenn ab und an ein Guru aus dem Busch springt und aus lauter Verzweiflung mangels neuer verkaufsfördernder Themen das neueste „Management nach dem Ötziprinzip" u. ä. verkündet. Dass sich Unternehmensumwelt und Technologien verändert haben, ist augenscheinlich. Insofern ist es wunderlich, dass nicht nur Unternehmen, sondern auch die Führungsforschung lange Jahre ruhig und entspannt vor sich hin schlummerte, bis

---

[6] Auch Lobbyisten in Politik und Wirtschaft zeigen, dass Beziehungen und Networks eine wichtige Größe darstellen. Von den Medien mit negativen Konnotationen belegt, gilt Lobbyismus als manipulativ – im Zuge der letzten Skandale mit Politikern und Journalisten eine sicherlich in Teilen fragwürdige Darstellung, sind es doch die Medien, die von einem erfolgreichen Networking leben.

2 Was ist Network Leadership?

einige Arbeits- und Organisationsforscher um die Jahrtausendwende begannen, ein Phänomen wissenschaftlich zu erforschen, welches bei den jungen Menschen dieser Welt Furore machte: Network Leadership. Insbesondere Forscher wie Ibbara und Uzzi, aber auch Praktiker wie die amerikanische Networkpäpstin June Holley wichen ab vom Mainstream der „Auswirkungsforschung der Netzwerkkultur" und begannen zu erforschen, *wie* Networks in Unternehmen funktionieren.

Ihre Fragestellung lautete dabei:

- Wie sieht Führung in Networks aus?
- Wo findet sie in Unternehmen statt?
- Welche Schritte müssen Unternehmen einleiten, um Network Leadership zu trainieren und zu integrieren?

Vor allem Ibbara & Hunter erforschen Unternehmensnetworks. Ausgehend davon, dass die globale, vernetzte Welt eine nicht mehr wegdenkbare Realität ist und ihre veränderten Sozial- und Arbeitsstrukturen ein Umdenken erfordern, insbesondere wenn die Rede von Führung ist, beschäftigten sich die beiden Organisationsforscher Ibbara & Hunter bzw. Ibarra & Uzzi seit 2007 mit Taktiken, Strategien und Tools sozialer Networks in Unternehmen und untersuchten sie auf ihre tatsächliche Existenz und auf ihre Effektivität hin.

Anschließend an die Erkenntnis, dass hochprofessionalisierte Networks sowohl in der Politik als auch im Privatsektor vorkommen, verfolgten Ibarra & Uzzi den Gedanken, dass sich Networks auch in Unternehmen finden lassen. Von Interesse war für sie dabei, wie sich diese Networks in Unternehmen darstellen, wie sie funktionieren und was daraus für eine neue Art der Mitarbeiter- und Unternehmensführung gelernt werden kann.

Emergente Networks

Der Führungstrainer Wilfred H. Drath konstatierte ebenfalls schon 1994, dass insbesondere „Relational Leadership" in Zukunft zählen wird. Er ging davon aus, dass Menschen automatisch Networks bilden, sobald sie beginnen, *zusammen zu arbeiten*. Networks sind demzufolge „emergent", sie *entwickeln* sich, im Gegensatz zu Teams, die zwangsweise aufgrund von Skills und Projekten zusammengestellt werden, Die Führung der Networks ist ebenfalls emergent, sie entsteht aus dem Network heraus, während der und durch die Zusammenarbeit: „Leadership arises within communities of practice whenever people work together and make meaning of their experiences and when people participate in collaborative forms of action across the dividing lines of perspective, values, beliefs and cultures."[7]

Networks entstehen, ob Sie es wollen oder nicht. Wenn Sie mindestens fünf Networks aus Ihrem Unternehmens- oder privaten Umfeld nennen sollten, werden Sie weniger als dreißig Sekunden benötigen, dies zu tun. Hier einige zufällige Antworten, die ich in einer kleinen privaten Umfrage unter Führungskräften bekam:

- „Da ist im Unternehmen der Klüngelkreis um die ehemalige Geschäftsführerin, die fünf Jahre die Vorgängerorganisation leitete."
- „Klar treffe ich mich noch mit ehemaligen Kollegen — das war eine tolle Zeit damals."
- „Mein Business Club ..."
- „Na ja, ich spiele natürlich Golf."
- „Die nette Clique haben wir im Urlaub kennengelernt."

Sie haben gerade gesehen, wie „rudimentäre" Networks entstehen — in der Interaktion mit anderen, wenn ein gemeinsames Thema vorhanden ist. Nun stellt sich die Frage: Können Sie die Entstehung dieser Networks steuern? Ja, wenn Sie aktiv mitmachen und professionell steuern wollen. Nein, wenn Sie sich entscheiden, nicht teilzunehmen.

Eines meiner Lieblingsmottos lautet: *„Wenn man mitspielen will, sollte man auch auf dem Spielfeld stehen."* Sie entscheiden als Führungskraft, ob Sie auf dem Spielfeld stehen oder lediglich mit einem schönen Titel versehen auf der Reservebank sitzen ...

EXKURS: Gefährliche Seilschaften

Networks, vielen bekannt auch unter dem Begriff „informelle Gruppe", (der Network Leader unter dem Begriff „informeller Führer") oder dem Begriff der „Seilschaften", wurden und werden in so manch einem Führungsseminar als auch in der Literatur als äußerst gefährliche Subkulturen dargestellt, die die formell eingesetzte Führungskraft in Terroristenmanier sabotieren oder ein ganzes Unternehmen lahmlegen können. Informelle Gruppen gilt es auszumerzen, hieß und heißt die Devise. Ziemlicher Blödsinn, sage ich, denn in Zeiten von Networks muss die Devise lauten: Welchen Nutzen bieten diese freiwilligen Zusammenschlüsse für das Team, für mein Unternehmen und wie kann ich sie effektiv managen?

---

[7] Drath and Palus 1994; Drath 2001

Die Angst vor informellen Networks rührt daher, dass sie sich dem traditionellen transaktionalen Tauschprinzip in Unternehmen entziehen (Arbeitskraft und Gehorsam gegen Geld) und sich auf einer transformationalen Ebene (Commitment und Bedeutung) der freiwilligen Zusammenarbeit und Zielerreichung widmen, was sie in den Augen vieler unberechenbar macht. Willkommen in der neuen Welt — das ist die Generation Y! Dass diese Form der Networks in Unternehmen jedoch nicht nur strategisch planbar und handhabbar ist, sondern jedem Team und Unternehmen einen gewaltigen Nutzen bietet, weisen eine ganze Reihe von Forschern (z. B. Ibarra & Uzzi, Gonaghill, etc.) eindrucksvoll nach.

Ibbara und Uzzis Forschungen unterstützen Draths Definition der Relational Leadership und begannen nach gut funktionierenden Networks in Unternehmen zu suchen. Sie fanden nicht nur große Networks in Unternehmen, sondern identifizierten auch drei Formen des aktiv und erfolgreich betriebenen Networkings, die von informellen Gruppen ausgehen (im Gegensatz zu den in der Unternehmensmatrix verorteten Teams). Die drei Formen des Networking, die Sie zu einem späteren Zeitpunkt noch genauer kennenlernen werden, sind

- persönliches Networking,
- operationales Networking und
- strategisches Networking.

2.2.3 Führungskräfte in Networks: Stecknadel im Heuhaufen?

Im Zentrum der Forschungen standen (und stehen) die *Network Leader* und ihre Strategien, mit denen sie erfolgreich Beziehungen knüpfen, stärken und managen. Dass es sich hierbei nicht um Führungskräfte im traditionellen Sinne mit einem formellen Legitimationsbeweis à la „Head of ... und dazugehörigem Corner Office handeln konnte, war allen beteiligten Forschern bewusst; dass es die Spezies jedoch gab, auch.

Nach einer Weile der erfolglosen Suche, in welcher Networkmitglieder aufgefordert wurden, ihre Führungskraft zu nennen und dieser Aufforderung nicht Folge leisten konnten, beschlossen die Forscher, die „traditionelle Führungsbrille" abzunehmen und es einmal mit der Networkbrille zu versuchen. Sie fragten nun nicht mehr nach der Führungskraft, sondern nach Key Playern, nach Initiatoren, nach

Beeinflussern: Sie erhielten schnell die Namen einer Reihe von Personen, die spezielle Verhaltensweisen aufwiesen. Danach lässt sich für diese Personen sagen: Sie

- treiben die betreffenden Networks an,
- bringen die Networks voran, indem sie fragen, zuhören, vernetzen, organisieren, informieren, kontaktieren, helfen, verstehen, die Interessen aller so gut wie möglich vertreten,
- bringen Menschen zusammen und mobilisieren sie.

Weitere Feststellungen waren: Die Führung in Networks verteilt sich anders als in traditionellen Formen der Organisationen — nicht eine Person führt, sondern mehrere, je nach Situation, Ziel und Projekt. Dies zeigt sich in ganz ähnlicher Form in vielen sozialen Networks, die sich in den letzten Jahren (nicht nur) im Web gebildet haben[8] und wirft ein ganz besonderes Licht auf den Begriff der Führung, wie wir ihn bis heute kennen. Leadership ist eine Aktivität und keine Rolle, so drückt es sinngemäß der bekannte Führungsforscher Ronald Heifetz aus. Führung kann von jedem in einem System übernommen werden.[9] Heifetz Behauptung, dass jeder führen kann, trifft den Kern der Führung in Networks. In Networks sind keine Führungsfiguren gefragt, deren Hauptaufgabe das Führen ist, sondern Leader, die im Network-Führungsaufgaben übernehmen, sie aber auch wieder abgeben, wenn es an der Zeit ist, oder die Führung mit anderen teilen.

2.2.4 Anstoß zu einer Diskurskultur

Dass diese Art der Führung völlig gegensätzlich zum bisherigen Verständnis von Führung läuft und nicht bei allen Führungskräften und Unternehmenslenkern auf Gegenliebe stößt, ist gut nachvollziehbar, schürt sie doch Ängste. Jedoch wird der Zahn der modernen Zeit deshalb keine Atempause einlegen. Es gibt immer mehr Menschen (sprich Mitarbeiter und Führungskräfte und andere am Arbeitsprozess Beteiligte), die die traditionelle Art der Führung, konzentriert auf einige Personen in traditionellen organisatorischen Strukturen und Prozessen, infrage stellen. Sie verlangen nach neuen Modellen einer Führung, die dem neuen „connected environment" angepasst ist. Ein Beispiel aus dem aktuellen Führungsalltag wurde mir vor einigen Tagen berichtet. Eine Führungskraft, die via sozialem Network mit ihren Mitarbeitern verbunden ist, „erließ" eine Anweisung. Diese Anweisung hatte zur Folge, dass sich die meisten (sehr jungen) Mitarbeiter übergangen fühlten und

---

[8] vgl. Ibarra & Uzzi 2007.
[9] Aber damals wollte es noch niemand hören: Heifetz. R., Leadership Without Easy Answers, 1994.

begannen, dies auf der sozialen Plattform wild untereinander zu diskutieren, was wiederum die Führungskraft dazu brachte, sich stundenlang über die Diskussion zu echauffieren (und wahrscheinlich die guten alten Zeiten zu beschwören: „Die sollen das nicht diskutieren, die sollen das einfach tun!").

Und? Sind Sie geschockt? Und wenn ja, über welche der beiden Parteien? Was sich hier deutlich zeigt, ist das, was die Hamburger Trendforscherin Birgit Gebhardt mit „Diskurs als Unternehmenskultur" bezeichnet — die neuen 2.0 Kommunikationsformen haben auch andere Menschen geformt, die erwarten, dass ebenfalls im Unternehmen ein Diskurs herrscht, da sie es nicht anders kennen.

Falls Sie nun bemerken: „Dann müssen die es halt lernen"... bleibt mir nur wieder zu sagen: „Willkommen im 21. Jahrhundert." Führungskräfte und Unternehmen kommen nicht umhin, sich dieser neuen Art der Führung zu stellen und ihre Gesetze zu adaptieren, wollen sie sich loyale Mitarbeiter und Talente sichern. Allerdings gilt zu beachten: Hierarchische Strukturen werden nach wie vor ihren Sinn haben und sind damit nicht entwertet oder verschwunden, denn sie geben Investoren und Mitarbeitern das Gefühl, dass ihre Investments (finanzieller als auch arbeitsenergetischer Art) hier besser aufgehoben sind als in „undurchsichtigen Netzwerkstrukturen". Auch sind nicht alle Aufgaben in Unternehmen durch „basisdemokratische" Vorgehensweisen zu lösen. Diese Balance gilt es zu erreichen — in den Köpfen als auch in den Unternehmensstrukturen.

2.2.5 Networks – Das Ende der Top-Down-Führung

Somit lässt sich als ein wichtiger Wesenszug von Network Leadership festhalten: Führung in Networks funktioniert *lateral als auch vertikal, d. h. hierarchieübergreifend*, aber nicht mehr alleine *top down*. Netzwerke besitzen keine Vorgesetzten und Untergebene im herkömmlichen Sinne. Sie bestehen aus Akteuren mit unterschiedlichen Kompetenzen zu unterschiedlichen Zeitpunkten, was weitreichende Auswirkungen beinhaltet. Einerseits müssen die Leader lernen, auch ohne traditionelle Mittel wie Macht und Druck zu führen, denn Networks funktionieren nur auf der Basis der Freiwilligkeit; auf der anderen Seite aber müssen die „Mit-Akteure" lernen, sich selbst zu „bewegen" und zu führen, wenn es an der Zeit ist.

Dieser Fakt wird sicherlich nicht jedem gefallen, ist doch das Geführt-Werden eine recht kommode Angelegenheit, die es einem jeden erlaubt, sich in die komplette Passivität zurückzuziehen und gelegentliche Aufforderungen zu ein wenig mehr Aktivität mit Aggression zu begegnen. Viele nicht professionell geführte Networks kämpfen mit diesem Problem, manche überleben es nicht.

Die wesentlichen Unterschiede zwischen traditioneller Führung und Network Leadership bestehen in:

Traditionelle Führung	Network Leadership
Top down Leadership	Lateral/geteilte Leadership
Führungseignung weniger	Potentielle Führungseignung aller
Kontrolle und Einfluss durch Leader	Gruppe und Individuen verfolgen ein gemeinsames Ziel
Leader zeichnet für Erfolge und Misserfolge verantwortlich	Die Gruppe ist verantwortlich für Erfolge und Misserfolge — Misserfolge werden als Lernfeld gesehen

Tab. 1: Unterschiede der traditionellen Führung und Network Leadership

2.3 Vorteile professionell gemanagter Networks

Abgesehen davon, dass sich weltweit Networks formieren, Web 2.0 diese Entwicklung befördert und Networks in Unternehmen immer wichtiger werden sowie die Professionalisierung des Network Leadership zu einer Notwendigkeit wird, existieren unbestreitbare Vorteile dieser neuen Art der Zusammenarbeit. Networks erlauben den Zugriff für alle auf

- nicht öffentliche Informationen,
- unterschiedliche Ressourcen und Skills und
- Macht.

2.3.1 Zugriff auf nicht öffentliche Informationen

Networks, ganz gleich welcher Art, versorgen ihre Mitglieder mit Informationen, die nicht „öffentlich" sind. Diese sogenannte „private Information" ist oftmals Gold wert, gibt sie ihren alten und neuen Besitzern doch einen wertvollen Wissensvorsprung. Was plant der Vorstand oder der Mitbewerber, wer arbeitet mit wem an welchem Projekt, wer kann Auskunft zu einem ganz besonderen Thema geben, und wie hilft uns das: Dies sind nur einige Beispiele für die Informationen, die wir hier bekommen. Gerüchte gibt es viele — was gibt es Besseres als Networkinformationen, wo wir zumindest einigermaßen darauf vertrauen können, dass der Absender der Nachricht seriös und glaubwürdig ist. Um es direkt vorwegzunehmen — selbstverständlich bergen diese Informationen Risiken, da sie manchmal nicht von offizieller Seite verifiziert wurden und sicherlich auch das ein oder andere Mal durch die vorherige Filterung subjektiv belegt sind, jedoch gilt: Je besser und vertrauenswürdiger ein Netzwerk, umso besser die Informationen. Journalisten könnten ohne ihre weitläufigen Networks nicht überleben, Immobilien in begehrten Lagen werden über Networks gehandelt und auch weniger ehrenwerte Netzwerke basieren auf Informationsweitergabe: Spionageorganisationen, betrügerischer Insiderhandel, Geheimdienste und die Mafia zeigen, wie wichtig Networks sind.

Aber auch in solide geführten Unternehmen sind Informationen von wichtiger Bedeutung, denn ein simples Telefonat zu einem Geschäftsvorgang zwischen Kunde und Dienstleister kann dazu führen, dass am Ende eine äußerst wichtige Information steht, beispielsweise, dass ein Vertreter des Mitbewerbers vor zwei Tagen ein Angebot abgegeben hat und diese Information es dem Unternehmen nun ermöglicht, zu reagieren und ein eigenes Angebot einzureichen oder das Gespräch zu suchen. Der Small-Talk auf einem Kongress unter Ärztekollegen führt dazu, dass der eine Arzt seinem Patienten mit einer Information zu einer neuen, vielleicht im eigenen Land noch nicht freigegebenen Therapie weiterhelfen kann. Die beiläufige Information eines Abteilungsleiters aus einem anderen Unternehmenszweig, ganz gleich, ob über ein soziales Medium oder in persönliche Form, kann dazu führen, dass doppelte Arbeit vermieden wird, da eine Abteilung ein ähnliches Problem schon innovativ gelöst hat und die Information gerne weitergibt.

„Das stellen wir ins Intranet", höre ich oft in Unternehmen und frage gern zurück: „Und wer liest das?" Ich könnte es Ihnen auch hier und jetzt beantworten, aber das hieße, Ihnen Ihren AHA-Effekt zu nehmen. Also: Fragen Sie Ihre Mitarbeiter! Bessere Dienste leisten unternehmensinterne soziale Medien, die ähnlich wie beispielsweise Facebook aufgesetzt sind und die das formelle wie informelle Networking in Unternehmen fördern. Allerdings: Networks, die auf persönlichen Beziehungen basieren, sind die Networks, die die wertvollsten Informationen handeln und die weitaus besseren Informationsträger darstellen, als reine Wissensmanagementsysteme, die Wissen und Prozesse nur verwalten. Auch wenn die vielbeschworene Verwandlung der Produktions- in die Wissensgesellschaft mit der einhergehenden Technologie Vorteile besitzt: „Private information" gehört zu den Informationen, die sich nicht in den Intranets dieser Welt finden, sondern nur an vertrauenswürdige Mitglieder der eigenen Networks weitergegeben werden.

2.3.2 Unterschiedliche Ressourcen und Skills

Hochdiversifizierte Networks (etwa Clubs, die nur drei Mitglieder aus einer Branche aufnehmen oder regelmäßige Meetings in Unternehmen, die mit Vertretern aus jedem Unternehmenszweig abgehalten werden) besitzen einen besonderen Vorteil. Sie setzen sich aus unterschiedlichen Menschen zusammen, die über viele verschiedene Fähigkeiten und Fertigkeiten verfügen. Obwohl Menschen sich vorrangig gerne an Networks orientieren, mit denen sie eine starke Ähnlichkeit bzw. Gemeinsamkeit aufweisen (Branchentreffen etc.), sind es gerade die Networks mit einer Vielzahl von unterschiedlichen Menschen, Berufen und Sichtweisen, die kreativ und innovativ machen. Sie offerieren jedem Mitglied die Chance, verschiedene Denkweisen und neue Ideen überhaupt erst kennenzulernen und sie ggf. gemeinsam zu entwickeln — vorausgesetzt, die Bereitschaft zur Nutzung dieser Diversität besteht.

Viele freiwillige hochdiversifizierte Networks existieren schon seit Jahren fernab von Clubs und Unternehmen. Sie werden als Co-Working-Spaces bezeichnet. Diese Networks entstehen durch Bürogemeinschaften, in denen sich ganz unterschiedliche Spezialisten die Räumlichkeiten teilen — Anwälte, Innenarchitekten, Informatiker und Trainer profitieren voneinander, und das nicht unbedingt nur geschäftlich, sondern auch im Sinne der Innovation: Die unterschiedlichen Denkweisen inspirieren jeden zu einem „Outside of the box thinking".

2.3.3 Zugriff und Ausübung von Macht

Hierarchische Macht wird immer existieren. Positionen und Autoritäten machen Sinn, schon alleine, wenn es um Entscheidungen in kritischen Situationen geht oder um die Aufrechterhaltung von Recht und Ordnung. Jedoch: Die Macht informeller Gruppierungen war immer präsent und vorhanden, und sie wird im hier und heute noch viel präsenter in Form der neu heranwachsenden Networks. Die Macht, die diese Networks ausüben können, bekommt nicht nur die Politik zu spüren. Doch sind es nicht die Networks selbst, die die größte Macht besitzen, sondern es sind die (Ver)Mittler zwischen Gruppen, Spezialisten und unterschiedlichen Sichtweisen, die an den Schaltzentralen der Macht sitzen. Sie sind es, die durch ihre „Maklerdienste" Networks und Unternehmen zum Erfolg verhelfen. Diese Makler, in der Literatur auch als Network Broker bezeichnet, befinden sich in Unternehmen und anderen Networks nicht unbedingt in hierarchisch hohen Positionen, auch sind sie nicht immer Experten auf ihrem beruflichen Fachgebiet. In der neuen Ära des Network Leadership jedoch stehen sie ganz oben, weil sie es sind, die Networks verbinden und zusammenhalten, ausweiten und pflegen, kurz gesagt: professionell managen. Ein Beispiel dafür ist der Amerikaner Keith Ferrazzi, der fast nichts anderes macht als Menschen zu vernetzen — und sich selbst natürlich auch. In seinem Buch „Geh nie alleine essen! und andere Geheimnisse rund um Networking und Erfolg"[10] geht Supernetworker Keith dem Leser schon gehörig auf die Nerven, aber er trifft durchaus den Kern der Sache — *Networking macht Macht*.

Dass diese Brokertätigkeit genau wie weitere „Rollen" in Networks eine völlig neue Denkweise sowie neue Fertigkeiten und Techniken verlangen, ist selbstverständlich. Zu den neuen Skills gehören ein ausgeprägtes Wissen über die Arten, den Aufbau, den Ausbau und die Funktionsweise von Networks, über Schlüsselrollen und Schlüsselprozesse in Networks, über Techniken des professionellen Networking, über technische Möglichkeiten der Networkunterstützung, sowie die Fähigkeit, das Network „Mindset" nicht nur selbst zu beherrschen und ständig zu reflektieren, sondern es auch in der Zusammenarbeit mit anderen einzusetzen und bei anderen zu fördern.

Vertiefende Inhalte

Weiterführendes Material zum Network Mindset finden Sie auf Arbeitshilfen Online.

2.3.4 Resultate, Innovation und Veränderungen

Network Leadership Development bietet außer den o. g. Punkten, die auch auf offene Networks (außerhalb von Unternehmen) zutreffen, eine ganze Reihe von weiteren Benefits. Mitglieder von Networks erarbeiten exzellente Resultate, denn sie arbeiten *freiwillig* aufgrund ihrer Interessen und Stärken an einem gemeinsamen Ziel und teilen somit den unbedingten Wunsch, das Ziel zu erreichen, was ein ungeheures Engagement mit sich bringt. Des Weiteren zeichnen sich Networks dadurch aus, dass sie Erfolge teilen, aber auch Misserfolge. Diese werden, anders als in traditionellen Teams, als Lernfeld und Experiment gesehen, was mit sich bringt, dass die Reibungsverluste, die in traditionellen Teams aufgrund einer mangelnden Fehlerkultur auftreten, gar nicht erst entstehen und somit eine Innovationskultur fördern, die unbelastet und kreativ neue Wege gehen kann. So entsteht als Beiwerk die Lust auf Veränderung — Change Projekte werden als ein interessantes Lernfeld gesehen und nicht als Bedrohung.

Die Herausforderung für unternehmensinterne Network Leader besteht im effektiven und intelligenten Aufbau, Ausweitung und der Pflege der Networks (Team,

---
[10] Keith Ferrazzi: Geh nie alleine essen, 2. Auflage, Börsenbuchverlag Kulmbach 2009.

Unternehmen, Kunden, Lieferanten, Stakeholder ...). Das dies nicht über konventionelles Networking à la Visitenkartensammeln und Golfspielen zu leisten ist, liegt auf der Hand, erfordert doch insbesondere das organisationale und strategische Networking die Nutzung von professionellen Networking Tools, wie etwa eines SNAs (Social Network Analysis), die softwaregestützt Networks abbilden und eine kluge Planung der Networkingprozesse erlauben (dazu später mehr). Um diese Tools gewinnbringend nutzen zu können, sollten professionelle Network Leader (Sie) zuallererst die Basics des Network Leadership erlernen, die es Ihnen ermöglichen, Ihre bestehenden und aufzubauenden Networks strategisch zu planen.

2.4 Networks – die Basics

Ihr Weg des professionellen Network Leaders beginnt mit dem Wissen über die folgenden Fragen:

- Woraus bestehen Networks?
- Welche Arten von Networks existieren?

Der folgende Punkt klärt Begriffe wie Cluster, Kerne und Ties und gibt Ihnen einen Einblick in die drei Arten von Unternehmensnetworks: persönliche Networks, operationale Networks und strategische Networks.

2.4.1 Aufbau von Networks

Alle in dieser Welt existierenden Networks, ganz gleich, ob es sich um ein Computernetzwerk, ein Spinnennetz oder ein professionelles People Network handelt, bestehen aus einem Kern, um den herum sich verschiedene Beziehungen bzw. Kontakte in einem oder mehreren *Clustern* gruppieren. Je weiter man nach außen kommt, umso mehr fransen die Cluster aus und weisen eine Durchlässigkeit (nach außen) auf. Die Beziehungen und Kontakte zu den Personen, die dem Kern des Networks nahe sind, sind zumeist eng, die Beziehungen zu weiter entfernten, am Rande der Cluster liegenden Kontakten eher locker. Es sind aber gerade die Kontakte, die am äußeren Rand eines Networks liegen, die von großer Bedeutung für die Innovationsfähigkeit eines Networks sind, denn erst diese Ausfransung und Durchlässigkeit an den Rändern erlaubt es Networks, sich

1. ständig nach außen hin zu präsentieren und
2. zu erneuern.

Networks – die Basics **2**

Die Kontakte, die sich in *einem* Network ganz außen befinden, befinden sich in verschiedenen Stellen in *anderen* Networks und agieren als Broker zwischen den Networks. Sie versorgen diese mit neuen Networkmitgliedern, Kontakten, Meinungen, Ressourcen, Erfahrungen und Ideen.

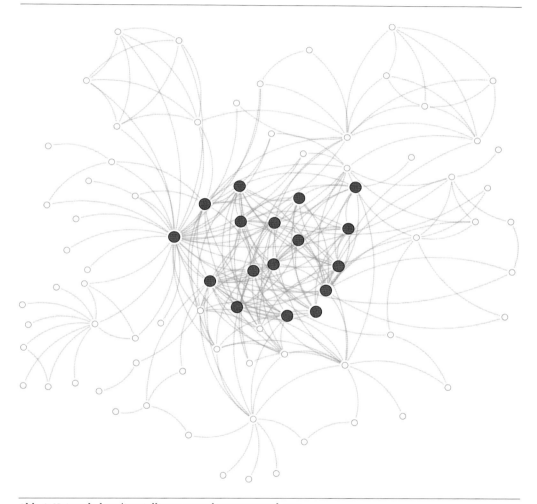

Abb. 1: Network, bereitgestellt von www.kumupowered.com

Die starken Beziehungen (*strong ties*) zwischen den „inneren" Mitgliedern des Networks halten das Network zusammen, sie bilden mit einigen wenigen den Kern des Networks und garantieren Zusammenhalt, wohingegen die *weak ties* (schwache bzw. nicht gefestigte Beziehungen) am Rande dafür sorgen, dass das Network up to date und gesund bleibt. In Unternehmen nehmen oft temporär eingekaufte

Experten eine Stellung am Rande des Networks ein und füttern es mit Wissen und Ideen, aber auch ehemalige oder neue Mitarbeiter, andere Abteilungen oder Trainer gehören zu den *weak ties*, die neue Impulse in ein Network tragen.

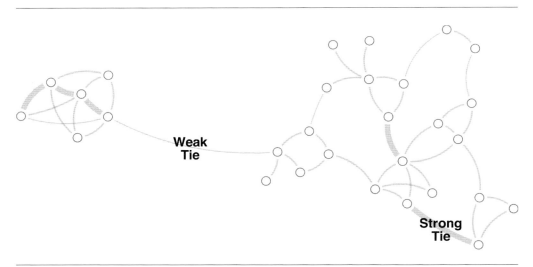

Abb. 2: Strong Ties, Weak Ties, bereitgestellt von www.kumupowered.com

2.4.1.1 Cluster

Die meisten Networks sind hochgradig geclustert, d. h. sie verfügen über ein Netz von Kontakten, die untereinander wiederum eng verknüpft sind, also Subcluster aufweisen. Wenn wir einen Blick auf ein persönliches Network werfen, so sind die Freunde einer Person zumeist auch mit den anderen im Freundeskreis bekannt. Geben wir nun eine Information in dieses eng geknüpfte Cluster, so können wir sichergehen, dass sie alle erreicht. Diese Cluster finden sich in gleichem Maße im Unternehmens-Network. Was umgangssprachlich als „Flurfunk" oder „Unternehmensklüngel" bezeichnet wird, bildet zumeist ein hochdiversifiziertes Network ab, in welchem Informationen frei fließen.

Networks in Unternehmen weisen eine Vielzahl von Clustern auf, die kaum Verbindungen untereinander zeigen. Diese kleinen „Fürstentümer", auch umgangssprachlich Abteilungen genannt, existieren oft nebeneinander, aber nicht miteinander, was für Sie als Führungskraft, für Ihr Team, aber auch für Ihr Unternehmen einen ungeheuren Innovations- und Informationsverlust darstellt. Die einzige Verbindung zwischen diesen Clustern sind oft einzelne „Broker", die mit Informationen und Beziehungen handeln. Sie besitzen in solchen Konstellationen eine explizite Machtstellung, denn sie entscheiden, welche Information zu wem auf welche Art und Weise gelangt — wenn sie überhaupt dorthin gelangt. Ihre Aufgabe eines Network Leaders ist es nicht unbedingt, selbst diese Lücken zu schließen, vielmehr aber, diese Lücken und Potentiale zu erkennen und diese Networks so zu managen, dass Sie Ihre Broker kennen und diese beauftragen, die Gruppen intelligenter zu vernetzen. Manchmal ist es eine einzige Person, die eine Verbindung zu einem anderen Cluster herstellt.

Cluster sind nicht unbedingt identisch mit einem (Projekt)Team oder einer Abteilung. Alte Seilschaften können eine Rolle spielen, ebenso wie ehemalige Unternehmenszugehörigkeiten, gemeinsame Erfahrungen in großen Projekten oder auch gemeinsame Aktivitäten und persönliche Freundschaften. Wie Sie unter Umständen bereits schmerzlich erfahren mussten, münden diese Gemeinsamkeiten jedoch nicht zwangsläufig in eine Zusammenarbeit oder in ein funktionierendes Network. Ibarra & Hunter zeigen, dass gut funktionierende Cluster oft abteilungsübergreifend und unternehmensübergreifend zusammengesetzt sind, d. h. Kunden, Mitglieder anderer Unternehmen und Organisationen sowie externe Spezialisten können Teil der Cluster sein. Bestenfalls ersetzt ein Cluster oder ein ganzes Network ein Team oder eine Abteilung. Ein schöner Nebeneffekt ist, ganz nebenbei bemerkt: Endlich haben Sie einen Begriff, der Externe mit einschließt — im Cluster sind alle enthalten.

2.4.1.2 Broker

Jedes Cluster besitzt einen oder mehrere Broker, oder auch Makler. Diese Broker sind bestens vernetzt in eine Vielzahl anderer Cluster und Networks und Meister im Flechten von Beziehungen (Network Weaving). Sie sind die Schlüsselfiguren, die Informationen fließen lassen, Zusammenarbeit und Kooperationen anregen und Personen und Projekte zusammenbringen, die ansonsten niemals zusammengekommen wären. Ibarra & Hunter zeigen, dass Broker dann am erfolgreichsten agieren, wenn sie sich ihrer Macht bewusst sind und diese im Sinne der Teams und des Unternehmens einsetzen. Die Motivation und die Erfolge der Broker rühren daher, dass Broker ihre Stärken im Bereich des Network Weaving kennen und sie gerne und oft einsetzen.

Network Leadership

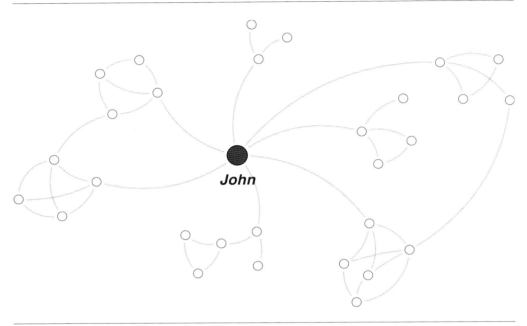

Abb. 3: Broker, bereitgestellt von www.kumupowered.com

Broker sind *die* Meinungsmacher in Unternehmen und immens starke Beeinflusser. Das benötigt Zeit, und so verbringen Broker Teile ihrer Arbeitszeit damit, zu kommunizieren. In Unternehmen wird häufig übersehen, dass diese Personen über die einzigartige Fähigkeit verfügen, die sie wertvoll für ein Unternehmen macht, nämlich als Network Weaver Wissen, Kontakte und Projekte zu verknüpfen. In militärischen Organisationen sind die Qualitäten solcher Menschen schon lange professionalisiert, als Liaison Officer sind sie dafür verantwortlich, Beziehungen zwischen den unterschiedlichsten Gruppen (Clustern) zu knüpfen. Es ist zu wünschen, dass Sie und Ihr Unternehmen den Wert und die kommunikativen Talente dieser Broker erkennen, diese Talente im Recruitment, in der Aufgabenstellung und in der Beurteilung berücksichtigen und sie durch Training in ihren Networkaufgaben professionalisieren.

2.4.1.3 Kerne

Der Kern (Core) eines Networks ist von besonderer Bedeutung. Er besteht immer aus einem Kernteam (Core Team), welches das Network antreibt und strategisch managt. Für Sie als Führungskraft, aber auch für Ihr Unternehmen, ist die Zusammensetzung des Core Teams erfolgsbestimmend, denn wenn die Beziehungen des

Networks – die Basics **2**

Core Teams nicht eng und von Vertrauen und Verlässlichkeit geprägt sind, wird das Network nicht in der Lage sein, die in ihm befindlichen unterschiedlichen Cluster zu beeinflussen und zu verbinden.

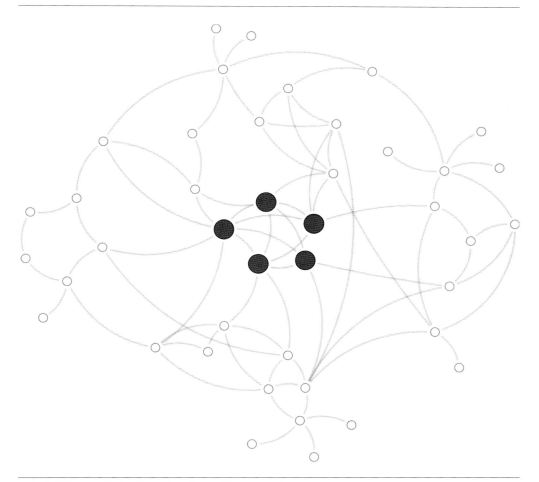

Abb. 4: Network mit Core Team: bereitgestellt von www.kumupowered.com

Networks bilden sich immer um das Core Team herum. Je stärker und professioneller die Personen im Kern des Network mit ihren Networkaufgaben umgehen, umso attraktiver gestaltet sich das Network für potentielle Mitglieder, die nur zu einem Network bzw. Cluster stoßen werden, wenn sie einen Sinn darin sehen und einen Nutzen gleich welcher Art daraus ziehen können. Somit ist das Core Team erfolgsbestimmend, wenn es um die Ausweitung und Aufrechterhaltung von Networks geht.

Zumeist handelt es sich beim Kern um eine relativ überschaubare Personenzahl, die über starke kommunikative und integrative Fähigkeiten verfügt. Die Zugehörigkeit zum Kern eines Networks bedeutet jedoch nicht die Führung des Network, des Projekts oder der Abteilung etc., sondern beinhaltet die Aufgaben des Aufbaus, der Strukturierung und des Managements des Networks sowie das Vorantreiben der Prozesse. Die Hauptaufgabe des Kerns besteht darin, als „Dienstleister" (mit der Dienstleistung Networking und dem Bereitstellen von Kontakten, Ressourcen, Wissen etc.) dafür zu sorgen, dass Networkaufgaben schnell und effektiv erledigt werden können, ohne dabei im eigenen Saft zu schmoren und die Ressourcen an der Außenseite der Cluster nicht mehr wahrzunehmen.

Für Unternehmen und Führungskräfte gilt: Für die Gestaltung eines starken Networks ist die *Zusammensetzung und Networkprofessionalität* des Core Teams erfolgsbestimmend und nicht die Anzahl der Kontakte, denn Commitment, Vertrauen und die Fähigkeit, transparent und effektiv zusammenzuarbeiten, entstehen im Kern eines Networks und verbreiten sich von dort aus, und nicht umgekehrt — oder anders formuliert: *Die Qualität ist entscheidend*. Je besser der Kern zusammenarbeitet, umso schneller und effektiver entwickelt sich das gesamte Network mitsamt seiner durchlässigen Grenzen und der „weak ties", und macht das Network *attraktiv* für alle, die mit ihm in Berührung kommen. Ein zerstrittener Kern, in dem Machtkämpfe, Beleidigungen und Unehrlichkeit regieren, schreckt potentielle Mitglieder ab, denn niemand wird freiwillig Zeit, Energie, Kontakte und Wissen in ein zerstrittenes Network einbringen. Die eigenen Beziehungen „auf die Reihe" zu kriegen, wie es eine meiner Interviewpartnerinnen salopp formulierte, ist die erste Aufgabe des Networkkerns.

Die Kerne eines Networks finden sich zumeist von alleine, sie sind „emergent". Die Unternehmenswelt zeigt jedoch, dass es auch anders kommen kann, nämlich dann, wenn durch Projekte, Mergers oder Unternehmenskäufe eine „Zwangsehe" und damit auch ein Zwangskern entstehen — den Sie ebenfalls professionell und erfolgreich managen können, wenn Sie die Grundtechniken des Network Leadership verinnerlicht haben.

2.4.1.4 Mergers & Acquisitions

Leider ist es jedoch so, dass die o. g. Grenzerweiterungen und die dadurch erwartete, aber nicht immer daraus resultierende Kooperation oft mit einem hohen Preis bezahlt werden, der sich zu dem eigentlichen, monetär bezahlten Kaufpreis hinzu addiert. Ich muss den meisten von Ihnen kaum erklären, was sich in solchen Situationen abspielt. Die Kerne der neuen Gruppen (die noch keine Networks sind) sind gezwungen, aus politischen Gründen zusammenarbeiten. Es gelingt ihnen selten, vertrauensvolle Beziehungen herzustellen, nicht nur, weil sich ehemals konkurrierende Unternehmen gegenüberstehen, sondern auch aus einem ganz lapidaren Grund heraus: Ein effektiv agierender Kern benötigt Zeit, um sich zu entwickeln und er benötigt die richtigen Personen, um ein Network aufzubauen. Traditionell jedoch bestehen die neuen Teams aus Fachexperten, die es richten sollen, bestenfalls begleitet von einigen Psychologen, die Change Management betreiben. Dass diese Konstellationen scheitern, wundert nicht, besteht doch das erzwungene Core Team aus Personen, denen häufig jegliche Networkerfahrung fehlt. Auch hier gilt: *Je stärker die Beziehungen werden, umso schneller und effektiver wird das Network*[11], und je mehr Personen Network Leadership beherrschen, umso erfolgreicher werden die Networks agieren.[12]

So gilt: Investieren Sie zu Beginn in ein professionell agierendes Core Team bzw. lassen es von einem Network Guardian begleiten (siehe Rollen in Networks), um langfristig Vertrauen und gute Beziehungen aufzubauen.

Nun wissen Sie um die inneren Networkstrukturen. Jetzt geht es daran, welche unterschiedlichen Arten von Networks existieren und wie Sie diese erkennen.

2.4.2 Die drei Arten des Networking

Im Zuge der Network-Leadership-Studien in Unternehmen begleiteten die Forscher Ibarra & Hunter erfolgreiche Networker, die sich in Führungspositionen befanden. Sie fanden bei allen Führungskräften in allen untersuchten Unternehmen drei unterschiedliche Ausprägungen der Networks: operationale Networks, persönliche Networks und strategische Networks. Die erfolgreichsten Networker beherrschten alle drei Arten des Networking und stellen somit den Idealtyp eines professionellen Network Leader dar.

Bevor wir gemeinsam in die Tiefen der unterschiedlichen Networks abtauchen, vorab ein kurzer Überblick für Sie:

---

[11] vgl. Ibarra & Uzzi.

[12] Sind die Beziehungen erst einmal von gegenseitigem Vertrauen geprägt, lernen die Networkmitglieder weitaus effektiver als ihre traditionellen Counterparts in Teams. Sie erfassen Möglichkeiten intuitiver und handeln schneller. In traditionellen Unternehmen und Projekten ist die Geschwindigkeit zu Beginn höher – hinten hinaus allerdings sind oft Fehler, Missverständnisse und Rückschläge die Folge.

1. **Operationale Networks** bestehen aus Personen, die notwendig sind, um momentane Aufgaben (Teamaufgaben oder Projektaufgaben) zu meistern. Die Networkmitglieder sind: Ihr eigenes Team, unmittelbare Kollegen und Vorgesetzte. Diese Art von Network ist gekennzeichnet durch einen engen Kern und eine starke Zentralität.
2. **Persönliche Networks** bestehen aus Personen, die sich außerhalb des eigenen Unternehmens befinden, d. h. in dem Bereich, den man allgemeinhin als privaten Bereich bezeichnet. Mitglieder des Network: Personen, die Ihnen dabei behilflich sein können, sich persönlich zu entwickeln, Probleme zu lösen, ehrliches Feedback zu bekommen — d. h. Bekannte, Freunde und Familie. Von den Networkforschern Balkundi und Kildruff auch als *Ego Network* bezeichnet, sind diese Beziehungen gekennzeichnet durch eine starke Nähe und einen großen Gruppenzusammenhalt. Das Ähnlichkeitsprinzip (Networkmitglieder werden aufgrund von Ähnlichkeiten ausgewählt, so etwa eine gleiche Meinung, gemeinsame Hobbies oder eine ähnliche Herkunft bzw. Zugehörigkeit etc.) hilft bei der Formierung des Networks.
3. **Strategische Networks** bestehen aus Personen, die sich außerhalb Ihres direkten Einflussbereichs befinden, die aber wesentlich dazu beitragen können, (neue) Unternehmensziele zu erreichen. Das Ziel des strategischen Networking besteht darin, die Grenzen der eigenen Networks auszuweiten, ein sogenanntes *Boundary Spanning* zu betreiben und Allianzen zu schmieden, die später einmal nützlich werden können.

Ibarra & Hunter untersuchten jedoch nicht nur die Art und Weise des Networking, sondern auch dessen *Häufigkeit* in der Anwendung. Sie machten eine recht interessante Entdeckung: Viele der untersuchten Führungskräfte betrieben äußerst effektive operationale und persönliche Networks. Abgesehen von den *sehr erfolgreichen Führungskräften* jedoch wiesen sie eine Gemeinsamkeit auf: Das strategische Netzwerken war im Vergleich zu den beiden anderen Arten des Networking stark *unterentwickelt*. Diese Unterentwicklung ist insofern erstaunlich, als dass es doch oft gerade die strategischen Beziehungen sind, die schnelle Problemlösungen ermöglichen.

Im Folgenden finden sich detaillierte Erläuterungen zu den drei Arten des Networking, gefolgt von der Definition der Aufgaben und Rollen, die ein professionell geführtes Network benötigt.

2.4.2.1 Operationale Networks

Operationales Networking dient einer ganz simplen Tatsache: Aufgaben, Arbeitspensum und Projekte müssen in Zusammenarbeit mit anderen so effektiv und erfolgreich wie möglich erledigt werden. Wichtig dabei sind nicht nur gute und vertrauensvolle Beziehungen, sondern in besonderen Maße auch die Keyplayer.

Trust & Rapport

Die dazu benötigten guten Beziehungen zu den Menschen, die für die Zielerreichung von Bedeutung sind, d. h. das Team, hinzugezogene Experten, aber auch Personen aus benachbarten Networks bzw. Teams, sind für Networks von immenser Bedeutung.[13] In traditionellen Teams verteilt die Führungskraft die zu erledigenden Aufgaben und kontrolliert im Anschluss das Ergebnis eines jeden. Im Gegensatz dazu organisieren sich Networks im Vertrauen auf jeden Einzelnen selbst. Die Leitung der Gruppe bzw. des Prozesses variiert je nach Aufgabenstellung, unterschiedliche „Rollen" bzw. Akteure teilen sich die Führung — es gibt Prozessverantwortliche, Experten und Kommunikatoren (die alle auf dem neuesten Stand halten und Beziehungen pflegen).

Diese effiziente Teilung der Führung zeitigt noch einen weiteren Effekt: Jeder Projektmitarbeiter fühlt sich für das Gelingen des Projekts persönlich verantwortlich und ist motiviert, ein optimales Resultat zu erzielen.

Traditionelle Mindsets (Denkweisen) erlauben noch keine Teilung der Führung. Führungskräfte und nicht ein Team sind verantwortlich für den Output, lautet der Kerngedanke. Die Vorstellung, nicht nur eine, sondern mehrere Personen als Verantwortliche für ein Ergebnis zu definieren, treibt ob der Komplexität der Sache den meisten Personalverantwortlichen und Unternehmenslenkern den kalten Schweiß auf die Stirn. Die jahrelange ausschließliche Verantwortung von Einzelpersonen für Erfolg oder Misserfolg hat festgefahrene Denkmuster erzeugt, die nicht leicht zu durchbrechen sind — aber spätestens mit den neuen Generationen von Führungskräften wird die Verlagerung von Verantwortlichkeit von einer Führungsperson auf ein Team Einzug in die Unternehmen halten. Die Hinderungsgründe für eine geteilte Führung sind zumeist mangelndes Vertrauen in andere, gepaart mit einer Organisationsstruktur, die starr an festen Teams orientiert ist. Anderen zu vertrauen verlangt, nicht nur zuzutrauen, sondern auch aktiv am Aufbau und

---

[13] Sicherlich sind gute Beziehungen auch für traditionelle Teams von Bedeutung, jedoch nicht in einem existenzbedrohenden Maße wie in Networks, die auf Freiwilligkeit beruhen.

Bestand einer guten Beziehung zwischen Menschen zu arbeiten. Was schon am heimatlichen Herd nicht gelingen mag, multipliziert sich am Arbeitsplatz, wo statt Vertrauensarbeit nervenzehrende Kleinkriege toben.

Vertrauen (Trust) und gute Beziehungen (Rapport)[14] sind der Kitt, der operationale Networks zusammenhält.

Keyplayer

Vertrauen und gute Beziehungen sind von immenser Bedeutung für operationale Networks, jedoch kommt ein zweiter Faktor hinzu — der der Keyplayer. Traditionelle Teams beschränken sich in der Erledigung ihrer Aufgaben zumeist auf das formell definierte Team. Jedoch nimmt meist auch eine ganze Reihe von Personen, die sich außerhalb des Teams befinden, einen nicht unwesentlichen Einfluss auf den Erfolg des Projekts. Diese Keyplayer können dem benachbarten Team entstammen, Vorgesetzte, Geschäftsführer, Kunden, und Lieferanten können eine Rolle spielen, denn sie alle können (potentiell) dazu beitragen, Probleme zu lösen, Unterstützung zu liefern und Ressourcen zu beschaffen (Konsultierung eines Experten, ein Gespräch mit dem Kunden etc.). Das Network-Mindset inkludiert diese Personen von vorneherein in die Network Cluster.

Professionelle Networker verfügen aus diesem Grunde über ein grafisch aufbereitetes Networkverzeichnis, welches ihnen genau anzeigt, welcher Kontakt mit wem wie vernetzt ist. Dies erlaubt ihnen, innerhalb kürzester Zeit die für den Erfolg relevanten Personen in Bewegung zu setzen. Auch unter dem Begriff SNA (Social Network Analysis) bekannt, reichen diese Aufzeichnungen von einem handgezeichneten Network samt Clustern bis hin zu professionellen Softwaren (z. B. NodeXL, kumupowered.com).[15]

Vertiefende Inhalte:

Ein Interview mit dem kumupowered-Gründer Jeff Mohr findet sich auf Arbeitshilfen Online.

---

[14] Ich unterscheide explizit zwischen Vertrauen und guten Beziehungen: Wir können jemandem vertrauen, aber haben deshalb noch lange keine gute emotionale Beziehung zu dieser Person, und vice versa.

[15] Erst die SNA's machten es Soziologen möglich, menschliche Beziehungen und deren Haltbarkeit zu analysieren und damit auch die Schwächen einer hierarchischen Kultur aufzuzeigen.

Scheuen Sie sich nicht, einfach auf einem Blatt Papier zu zeichnen. Sie wissen: Form follows function.

Für die Erstellung eines Networks sind folgende Fragen relevant:

- Wer ist notwendig für die Erledigung der Aufgabe?
- Wer könnte helfen, die Aufgabe schneller/besser zu erledigen?
- Wer unterstützt aktiv dabei, die Aufgabe zu erledigen?
- Welche der bezeichneten Personen befördert Aufgaben und Ziele, wer blockt sie ab und wer kann behilflich sein?
- Welchen Personen kann man vertrauen und diesen jederzeit die Führung abgeben?
- Welchen Personen kann man nicht vertrauen und mit diesen keine guten Beziehungen pflegen?

Wichtig ist, auch die Ränder mit zu zeichnen, d. h. Personen, die nur am Rande beteiligt sind, ebenfalls zu integrieren. Vielleicht werden Sie feststellen, dass diese die eigentlichen Hauptpersonen sind.

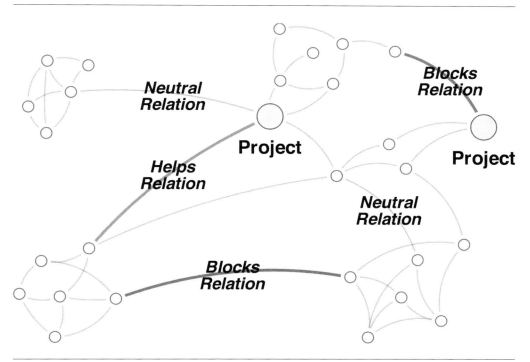

Abb. 5: Beziehungsarten, bereitgestellt von www.kumupowered.com

> **BEISPIEL: Aus der Praxis**
>
> Paul Meyer (Name geändert), eine jüngere Führungskraft und Projektmanager, überlegt zu kündigen. Er hat dies mehrfach seinem direkten Vorgesetzten gegenüber geäußert mit der Begründung, dass er ein höheres Gehalt erzielen möchte. Als Gegenleistung würde er einen größeren Verantwortungsbereich übernehmen.
> Aufgrund von Pauls überragenden technischen Kenntnissen wäre sein Weggang ein Verlust für das Unternehmen. Sein direktes Team vertraut ihm und geht auch schon einmal die „Extra mile" für ihn, wenn er es bittet, er ist dort gut vernetzt. Im Grunde genommen möchte das Unternehmen Paul halten — wenn nur einige Bauchschmerzen nicht wären, die Paul seinen Vorgesetzten bereitet. Paul ist bekannt dafür, dass sein Umgang mit Kunden mehr als suboptimal ist. Wenn ein Problem auftaucht, schließt Paul sich ein, meidet jegliche Kommunikation mit Kunden und Vorgesetzten und kommt erst wieder zum Vorschein, wenn das Problem gelöst ist — dass Pauls Kunden in der Zwischenzeit bei Geschäftsführern und anderen Mitarbeitern Amok gelaufen sind, interessiert Paul wenig. Auch andere Teamleiter sowie Abteilungsleiter unterstellen ihm eine ausgeprägte Kommunikationsschwäche. In einer Coaching Session danach gefragt, wen er für seine Keyplayer in Bezug auf seine tägliche Arbeit hält, antwortet Paul: „Mein Team und dann vielleicht noch meinen Vorgesetzen." Auch die Nachfrage, ob die Kunden oder andere Personen im Unternehmen einen Einfluss auf seine Arbeit nehmen, verneint Paul. Er erkennt nicht, dass sein Verbleib im Unternehmen nicht nur von seinem direkten Vorgesetzten abhängig ist, sondern auch ganz massiv von anderen Keyplayern, wie seinem Vorstand und von mehreren Abteilungsleitern, deren Abteilung unter Pauls Verhalten leiden und die sich gegen ihn aussprechen. Paul besitzt zwar Networkqualitäten — sein Team führt er durch persönliches und teilweise operationales Networking —, der Blick über den Tellerrand hinaus jedoch fehlt ihm. Paul würde von einem Network-Leadership-Training und Network-Leadership-Programm im Unternehmen stark profitieren, genau wie das Unternehmen von seiner Leistung profitieren würde. Eine weitere Möglichkeit besteht darin, Paul die Kommunikation innerhalb der Projekte zu erleichtern, indem ihm ein kommunikationsstarker Teamkollege hilft, die relevanten Keyplayer mit einzubeziehen. In traditionellen Teams undenkbar, ist diese Denkweise in Network Leadership möglich. Talente nutzen, Talente behalten heißt das Motto, und in diesem konkreten Fall: Paul wird nicht bis zur Erschöpfung auf etwas gecoacht, was nie seine Stärke sein wird, sondern jemand anderer im Team kann seine Stärke der Kommunikation ausspielen.

2.4.2.2 Persönliche Networks

Persönliches Networking außerhalb der eigenen Familie und des engsten Freundeskreises wird von vielen Menschen als zeitraubend und sinnlos empfunden. Die Klagen sind immer gleich: Wenn man schon sechs Tage die Woche zwölf Stunden im Unternehmen verbringt, wann soll man dann noch ein persönliches Netzwerk aufbauen? Wie soll man noch zum Klassentreffen, in eine Alumni-Gruppe, in einen Berufsverband gehen oder sich gar einem Hobby widmen, bei dem sich soziale Kontakte ergeben?

Dass sich gerade in persönlichen Netzwerken über Familie und Freunde hinaus oft Sichtweisen, Informationen, Ideen und Einsichten finden, von denen Networker persönlich und im Endeffekt auch beruflich ungemein profitieren können, kommt kaum jemand in den Sinn, da sich die betreffenden Kontakte fast immer außerhalb des Unternehmensumfeldes befinden und es bei vielen verpönt ist, private Kontakte für das berufliche Weiterkommen zu nutzen. Derselbe Kinderhort, Universität, Reitstall oder Golfclub — wo kann hier der Nutzen für professionelle Network Leader liegen?

Professionelle Network Leader finden eine Reihe von Gründen, sich in persönlichem Networking zu engagieren. Im privaten Kreis finden sich Menschen, die Informationen beschaffen, Empfehlungen aussprechen, Feedback geben, Coaching anbieten, Mentoring vornehmen, Probleme besprechen, Lösungen offerieren, Kontakte vermitteln, emotionalen Support bereitstellen. Dies kann der Anwalt aus dem Golfclub sein, der über die neuen Entwicklungen im Arbeitsrecht aufklärt, der Cousin, der Neues aus der Branche zu berichten hat, der Laufpartner, der einen wertvollen Kontakt herstellt. In persönlichen Networks ist es zu Beginn oft unklar, welcher Kontakt über welche Informationen oder Fähigkeiten verfügt. Insbesondere persönliche Networks benötigen Zeit, um zu wachsen. Die beste Art, diese Zeit zu nutzen, ist, persönliches Vertrauen aufzubauen, indem gemeinsame Interessen verfolgt werden. Einer der sehr vielen wertvollen Menschen in meinem persönlichen Network ist ein Studienkollege, mit dem ich stundenlang Projekte aller Art diskutieren kann und mir sicher sein kann, ein konstruktives, äußerst hilfreiches und ehrliches Feedback zu bekommen. Die wohl bekannteste Nutzung persönlicher Networks ist von Bill Gates kolportiert, dessen Mutter Mary ihm über Verbindungen Termine bei den Menschen besorgte, die für den kometenhaften Aufstieg von Microsoft mitverantwortlich zeichneten.

Die hohe Gruppenkohäsion (Zusammenhalt) in persönlichen Networks ist insofern förderlich, als dass sie sehr schnell Vertrauen und Commitment entstehen lässt. Sie werden Mitglieder Ihres persönlichen Networks häufig zu Unternehmensangelegenheiten befragen und auch spezifische Aufgaben mit ihnen diskutieren. Im Sinne von moralischer Unterstützung ist dies von großer Bedeutung, und zudem im Sinne von Innovation eine Idee mehr, die zu einer Problemlösung beiträgt.

Die Kehrseite der Medaille besteht darin, dass ein zu hohes Maß an Ähnlichkeit Innovationen blockt. Auch kann es zu negativ empfundenem Druck kommen, wenn einzelne Mitglieder konkurrierenden Networks angehören (Freunde oder Bekannte, die sich in mehreren Networks bewegen, welche untereinander aufgrund divergierender Einstellungen und Ziele wenig bis keinen Kontakt pflegen, so etwa Fans konkurrierender Sportvereine, politische Einstellung).

Ein weiterer Nachteil ist es, wenn eine Vielzahl von Personen in dieser Gruppe davon überzeugt ist, dass eine neue Idee eine „Schnapsidee" und zum Scheitern verurteilt ist. Solche Beurteilungen können eine negative Auswirkung auf Innovationsfreude und Kreativität nehmen. Auf der anderen Seite jedoch enthält auch negatives Feedback kostenlose Informationen und womöglich auch eine Reihe guter alternativer Ideen. Zudem: Kontakte aus persönlichen Networks gehören auch immer anderen Networks mit verschiedenen Interessen an, die gewinnbringend sein können.

Das Ziel der persönlichen Networks ist jedoch nicht nur eine Verbesserung der eigenen Ressourcen, was Informationen & Co betrifft. In vielen Fällen entstehen aus persönlichen Networkkontakten auch strategische und operationale Networks und Ressourcen, wie beispielsweise die Mitarbeit an einem neuen Projekt. In jedem persönlichen Network finden sich Personen, die gerne weitere Kontakte generieren, um das Network und die daraus entstehenden Möglichkeiten zu vergrößern — so suche ich Kooperationspartner oft über meine persönlichen Networks.

Aber Vorsicht: Gefährlich in Personal Networks sind Unehrlichkeit und Berechnung. Das Vorgaukeln von persönlichem Interesse, um dann einen Profit aus dem Network zu schlagen, hat auf Dauer keinen Bestand, denn die meisten Menschen verfügen über sehr feine Antennen, die solche Beweggründe leicht enttarnen.[16]

---

[16] Jeder kennt jeden über sechs Ecken, oder „Six degrees of separation": Als der ungarische Schriftsteller Frigyes Karinthy 1929 einen Band mit Kurzgeschichten herausgab, fand sich in seinem Buch eine Geschichte mit dem Titel: Kettenglieder (Láncszemek). Karinthy war der Ansicht, dass die (soziale) Welt sich durch die immer besser werdende Vernetzung von Menschen untereinander verkleinert. So lässt er einen seiner Charaktere glauben, dass jeder Mensch nur fünf Kontakte entfernt von jedem anderen Menschen sei. Stanley Milgram bestätigt Karinthys Theorie in den sechziger Jahren wissenschaftlich – eine neue Studie aus dem Jahr 2011 zeigt, dass es nicht mehr sechs Kontakten bedarf, sondern nur noch vier (http://arxiv.org/abs/1111.4570, Stand 02.01.2013).

> **BEISPIEL: Aus der Praxis**
>
> Svenja C. fragt ihre gute Freundin Miriam W. um Rat. Sie benötigt für das Sommerfest der Arbeitsgruppe MINT „Berufe im Unternehmen" eine Vortragsrednerin — die von ihr angefragte Rednerin verlangt jedoch ein zu hohes Honorar. Miriam bietet an, dass sie gemeinsam mit einer Kollegin, die stark in dieses Thema involviert ist, einen Vortrag dazu hält, und dafür Pressefotos und Kontakte erhält. Auf der Veranstaltung stellt Svenja C. Miriam mehrere Personen vor, die wiederum einen Vortrag bei ihr buchen möchten.

2.4.2.3 Strategische Networks

Strategisches Networking hat keinen guten Ruf. Es weckt bei so manch einem Assoziationen von kungelnden Politikern und hemmungslosen Lobbyisten. Dass es allerdings nur die negativen Seiten des strategischen Networking in die Presse schaffen, aber kaum über positives strategisches Networking berichtet wird, steht auf einem ganz anderen Blatt, das heißt: „Only bad news is good news." Also, stellen wir uns dieser einseitigen, negativen Sichtweise entgegen und werfen wir einen Blick auf die „good news". Ein Artikel[17] in „Bild der Wissenschaft" mit dem Titel „Politiker schwimmen oben" befasste sich mit den positiven Aspekten des strategischen Networking, das hier mit politischem Verhalten bezeichnet wurde. Gerald Ferris, Psychologe von der Florida State University in Tallahassee, und Gerharde Blickle von der Universität Bonn vertreten die Meinung, dass die Leistung eines Mitarbeiters zuvorderst durch seine politischen Kompetenzen bestimmt sind. Diese setzen sich zusammen aus: Kontaktfähigkeit, sozialer Scharfsinn, Netzwerkfähigkeit, Vertrauensbildung.

„Diese Eigenschaften unterscheiden sich von den ‚Soft Skills' — einer großen, nicht genau definierten Ansammlung von Eigenschaften wie Disziplin und Höflichkeit, deren Nutzen kaum wissenschaftlich geprüft ist. Die ‚Political Skills' sind dagegen klar definiert (…) Ein Resultat: ‚Menschen, die politisch geschickt agieren, bringen gewöhnlich bessere Leistungen als solche, die das nicht so drauf haben', sagt Blickle. Diese Personen werden von ihren Vorgesetzten als tüchtiger bewertet. ‚Die schwimmen nicht nur oben', erklärt der Bonner Organisationspsychologe, ‚die können auch was. (…) Intelligenz, so die Erkenntnis, bestimmt nicht so sehr den Erfolg eines Mitarbeiters wie sein politisches Geschick.'[18]

---

[17] http://www.bild-der-wissenschaft.de/bdw/bdwlive/heftarchiv/index2.php?object_id=31848106; Stand 29:01:2013.

[18] ebda.

Network Leadership

Eine angestrebte Studie soll belegen, dass politisches Geschick nicht angeboren ist, sondern auch aktiv gelernt werden kann.

Die Entwicklung vom rein funktional agierenden Manager zu einer Führungskraft beinhaltet immer auch als Anforderung eine Entwicklung des eigenen strategischen Denkens, eine Tatsache, die in besonderem Maße das Networking betrifft. Strategisches Denken richtet sich in Networks auf alle Personen außerhalb des täglichen Einflussbereichs, d. h. auf alle, die irgendwann in ferner Zukunft auf irgendeine Art und Weise eventuell etwas zu einer Zielerreichung beitragen könnten. Diese Personen stellen in ihrer Gesamtheit eine Informations- und Ressourcenquelle dar, die jeder Network Leader dringend benötigt, um persönliche Ziele als auch Unternehmensziele zu erreichen. Was diese Personen, auch Stakeholder genannt, kennzeichnet, ist, dass sie Einfluss auf andere nehmen und so dem Network bzw. Network Leader irgendwann einmal sehr nützlich sein können. Dabei kann es sich um Unternehmenslenker handeln, um die Presse oder auch um den Kollegen aus der Entwicklungsabteilung etc.

Strategische Networks verlangen Ihnen als Network Leader einiges ab, denn ganz im Gegensatz zu Personen aus persönlichen oder operationalen Networks interessieren sich die Akteure in strategischen Networks nicht für Ihre Managementprobleme — sie haben diese längst gelöst oder sie haben sich ihnen nie gestellt. Worüber strategische Networks sprechen, ist *Business*: Was sind zukünftige Herausforderungen? Was bewegt Sie? Was möchten Sie erreichen? Was benötigen Sie an Unterstützung? Und: Können Sie diese Fragen jetzt und hier beantworten?

Erfolgreiche Network Leader wissen um die Bedeutung der strategischen Networks und sie kennen ihre eigenen Ziele bzw. die Ziele des Networks genau. Sie schaffen es, die Menschen, die für einen Erfolg verantwortlich sind und ihn befördern können, ins Boot zu holen und für eine gemeinsame Zielerreichung zu gewinnen. Dabei lassen sich folgende Vorgehensweisen beobachten:

- Network Leader suchen aktiv den Kontakt zu Stakeholdern und bitten sie um Unterstützung.
- Network Leader beginnen im eigenen Unternehmen mit der Suche nach Stakeholdern. Sie suchen die Nähe von anderen Managern, von Allianzen und potentiellen Unterstützern.
- Network Leader suchen aktiv Kontakte, die ein dezidiertes, ungeschöntes Feedback geben — was die Position, die Ideen und auch die Beiträge des Networks Leaders und des Networks zum Unternehmenserfolg bzw. Projekterfolg betrifft.

Zu wenig Strategie

Wie Ibarra & Hunter festhalten, gibt es viel zu wenige Führungskräfte, die das strategische Networking beherrschen. Einige Gründe dafür sind:

- Strategisches Networking kann frustrierend sein, denn es zeigt sich nicht unmittelbar, wer in Zukunft wichtig ist und wer nicht. Auch kann es Jahre dauern, bis ein Kontakt wirklich benötigt wird, und in manchen Fällen wird er nie benötigt. Grund genug für viele, diese Art von Netzwerken nicht zu betreiben — ein schwerer Fehler, denn strategische Networks schaffen Werte, es ist nur nicht sicher, wann.
- Strategisches Management für Newcomer kann extrem anstrengend sein. Es benötigt Zeit sowie eine Menge Energie und viele sind versucht, diese ganz und gar in operationale Belange zu stecken. Es gibt einen Punkt, an dem die meisten Führungskräfte aufhören, strategisch in Networks zu agieren, nämlich dann, wenn es im operationalen Bereich hoch hergeht. Ironischerweise ist dies genau der Punkt, an dem die strategischen Kontakte benötigt werden.
- Strategisches Networking wird von vielen Menschen abgelehnt, da es als manipulativ und berechnend angesehen wird.

Wenn Sie auch bei sich eine Zurückhaltung an strategischem Networking entdeckt haben, ist es nun vielleicht oder auch definitiv an der Zeit, diese aufzugeben und Ihr eigenes Network zu visualisieren, das Ihre bestehenden strategischen Kontakte aufzeigt und die noch zu knüpfenden als Ziel darstellt.

> **BEISPIEL: Aus der Praxis**
>
> Wie wichtig alle Arten von Networking sind, zeigt der Fall eines Managers aus der Entertainmentbranche. Er hatte sich in jüngeren Jahren als Freiberufler dadurch ausgezeichnet, dass er über viele gute und auch prominente strategische Kontakte verfügte. Nachdem er vor ca. fünfzehn Jahren eine Festanstellung angenommen hatte, ließ er die Kontaktpflege schleifen, und zwar so stark, dass er heute, wo er diese Kontakte dringend benötigt (denn er möchte den Job wechseln) nicht mehr auf sie zugreifen kann. Eine neue Networkbildung hatte er versäumt, da ihm das Team im Unternehmen als ausreichendes Network schien. Dieses Team existiert nun nach einem Geschäftsführerwechsel nicht mehr. Hinzu kommt, dass er die Abende lieber auf dem Sofa verbrachte, anstatt sein Network auszubauen. Vor einigen Wochen allerdings rief er mich an, um mich zu einer Networkveranstaltung einzuladen, die er selbst veranstaltete. Was bleibt zu sagen: Er ist wieder auf dem Spielfeld!

Network Leadership

Zusammenfassend lässt sich sagen: Gutes strategisches Netzwerken bedeutet Einfluss nehmen, Informationen beschaffen, Informationen geben, Ressourcen managen und diese von einem Sektor des Einflussbereichs in den anderen zu schieben, sodass alle davon profitieren. Es bedeutet indirekte Einflussnahme, wenn es darum geht, die richtigen Personen für das Team zu finden, die die Network- und Unternehmensziele unterstützen. Es kann darum gehen, den richtigen Lieferanten an Bord zu holen, neue Finanzquellen für die Forschung aufzutun oder auch neue Partnerorganisationen für ein soziales Projekt zu suchen — strategisches Networking kann viel, wenn es professionell eingesetzt wird.

2.5 Network Leader – Ihre Kernkompetenzen

Sie benötigen fünf Kernkompetenzen, um ein Network erfolgreich zu führen. Die Stärken unterstützen Sie in der intelligenten strategischen Nutzung der Networkstrategien und bestehen aus

- Beziehungskompetenz: die Freude an Menschen und Kommunikation, an der Schaffung neuer Beziehungen,
- Organisationskompetenz: die Energie, Networks-Aufgaben und Akteure in eine sinnvolle Ordnung zu bringen,
- Systemkompetenz: das Talent, Systeme zu erkennen und steuern zu wollen,
- Reflexionskompetenz: Gelerntes aufzubereiten und in die Networks zurück zu spiegeln — eine wichtige Stärke der Network Leader und
- Entwicklungskompetenz: Freude an der aktiven Veränderung in Networks — neue Mitglieder, neue Cluster, neue Networks werden von Network Leadern begrüßt und integriert.

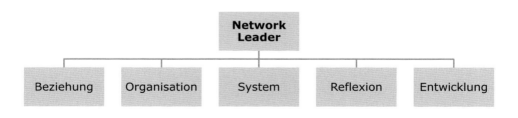

Abb. 6: Kompetenzen der Network Leader

2.5.1 Beziehungsaufbau

Beziehungen sind die Grundlage jeder Führung, das ist nicht neu, jedoch benötigen Sie diese Stärke im Network Leadership ganz besonders. Neue Beziehungen auch außerhalb des eigenen Networks herstellen zu können, innerhalb des Networks neue Beziehungen zu befördern, alte Beziehungen aufrechtzuerhalten und problematische Beziehungen kitten zu können, gehören zu Ihren relevanten Aufgaben, die es zu bewerkstelligen gilt. Dazu benötigen Sie

- ein extrovertiertes Wesen,
- die Fähigkeit, zuzuhören,
- die Sensibilität, Konflikte vorauszuahnen oder zu erkennen,
- der Wille und das Standing, zwischen allen Beziehungen zu vermitteln,
- die Fähigkeit, die Benefits der Beziehungen in Networks herauszustellen,
- den absoluten Willen, den Beteiligten im Umgang miteinander Respekt abzuverlangen,
- strategisches Denken,
- das Wissen und Gespür dafür, welche Beziehungen wann aufzubauen sind, um später davon als gesamtes Network zu profitieren.

2.5.2 Organisationsfähigkeit

Network Leader verstehen sich als Prozesskatalysatoren, nicht als einsame Helden an vorderster Front. Wir wissen, Networks leben von geteilter Führung, die nicht von oben autorisiert, sondern in der Gruppe entschieden und verteilt wird, je nach Aufgabe, Rolle und Situation. Diese Führungswechsel wollen organisiert und durch das ganze Network bestätigt werden, und das nicht formell, aber in Form des inneren Commitments. Es kann vorkommen, dass sich temporäre Leader herauskristallisieren, die nicht eingeplant waren, und es erfordern, ein Projekt und die Projektleitung umzustellen. Was in traditionellen Teams zu Machtkämpfen und Lähmung führt, ist in Networks an der Tagesordnung. Sie als Network Leader sind hier gefragt, Führungsqualitäten bei anderen zu erkennen, und geben Ihre Führung problemlos ab — Sie bleiben jedoch als Organisator oder Mentor aktiv. Sie bringen das Network immer wieder auf den eigentlichen Fokus und das Ziel zurück und halten es in Bewegung.

> **BEISPIEL: Das Problem geteilter Führung**
>
> Als Armin L. neuer Geschäftsführer der Business Unit „Neue Märkte" wurde, war in den ersten zwei Wochen noch alles perfekt. Die Mitarbeiter freuten sich, den ehemaligen, sehr diktatorisch agierenden Vorgesetzten nun endlich in Rente zu sehen. Armin L. stieß aus einem anderen Unternehmen dazu, in welchem Network Leadership an der Tagesordnung war. Er führte Eingangsgespräche mit allen Mitarbeitern, und dann passierte nichts, zumindest aus den Augen der ihm unterstellten Führungskräfte heraus. Armin L. hielt regelmäßige Meetings ab und gab den Lead für gemeinsame Projekte an seine Führungskräfte weiter. Diese fühlten sich „nicht geführt", attestierten ihm schlechte Führungsqualitäten, boykottierten ihn und seine Entscheidungen, wo sie nur konnten, und trugen untereinander Kleinkriege um die Führung aus. Hinzu kam, dass Armin L. ständig neue Personen aus dem Unternehmen als auch Kunden zu den Teammeetings einlud. Was Armin L. hier völlig unterschätzte, war das mangelnde Wissen seiner Führungskräfte um geteilte Führung, und das Führungsvakuum, das er unwissentlich dadurch erzeugte, dadurch, dass er die Führung an Führungskräfte abgab, die vorher stark hierarchisch geführt worden waren. Armin L.s Team benötigte den Austausch einiger Führungskräfte und eine deutliche Darlegung dessen, was er unter Führung verstand, um als Team wieder arbeitsfähig zu werden.
>
> Somit kommen Sie nicht darum herum, Ihren Führungskräften zu erläutern, was Sie unter geteilter Führung verstehen, und welche Rolle Sie dabei einnehmen werden, und das müssen Sie tun — eine klare Rolle einnehmen.
>
> Ein weiteres Beispiel für Probleme mit geteilter Führung ist der Fall von Lena J., einer jungen Führungskraft, die aus einem Team heraus zur Führungskraft eines großen neuen Teams mit über zwanzig Mitarbeitern befördert wurde. Lena J. war stark verhaftet in hierarchischem Denken und es dauerte nicht lange, bis sich ältere, erfahrenere Teammitglieder und ehemalige Teamleiter der vorher existierenden Unterteams gegen sie wandten. Lena J. hatte im Vorfeld Unterstützungsangebote aus dem Team von besagten Personen ignoriert, da sie es für eine persönliche Schwäche hielt, wenn nicht alles über sie geregelt wurde. Sie verpasste hier eine einmalige Gelegenheit, über geteilte Führung zu arbeiten, denn alle ehemaligen Führungskräfte, mit einer Ausnahme, waren durchaus bereit, mit ihr als Führungskraft zu arbeiten. Lena J. ist heute nicht mehr in ihrem alten Unternehmen tätig — die Führung teilen sich nun wechselnde Personen, je nach Aufgabe und Projekt, von denen sich alle als Führungskraft verstehen.

2.5.3 Systemdenken

Jede Bewegung eines Systems (Network, Cluster, Beziehungen) hat wiederum einen Einfluss auf andere Systeme. Sie als Network Leader müssen sich dessen bewusst sein und die Auswirkungen, die das eigene Networkhandeln auf andere Systeme hat, planen, steuern und korrigieren.

Wie wir in obigem Fall gesehen haben, hat Armin L. dies versäumt. Fragen Sie sich deshalb immer:

- Wer profitiert von Veränderungen (wenn es nur Sie selbst sind, denken Sie nicht in Network)?
- Wer verliert etwas (dies werden Ihre schärfsten Widersacher, wenn Sie Ihnen nicht erklären, worum es geht)?
- Wer ist betroffen (zumeist sehr viel mehr Personen, als Sie ahnen)?
- Wer muss involviert werden?
- Was muss erklärt werden?

2.5.4 Reflexion

Networks lernen beständig. Um zu lernen, bedarf es einer bestimmten Experimentierfreudigkeit, eines konstruktiven Umgangs mit Erfolgen und Misserfolgen und vor allen Dingen mehrere Network Leader, die das Gelernte aufbereitet und als Reflexionswerkzeug zurück in die Networks geben. Network Leader schaffen Platz für eine *kollektive* Reflexion und eine kollektive Einschätzung des Gelernten/Ausprobierten, alte Strukturen der einseitigen Bewertung durch eine Führungskraft lassen die neuen Network Leader hinter sich. Deshalb gilt: Schaffen Sie Raum für diese kollektiven Reflexionen. Initiieren Sie ein „Learning"-Meeting einmal im Monat, in welchem Erfolgsstrategien und Misserfolgsstrategien konstruktiv, wohlwollend und mit ein wenig Humor diskutiert werden. Jeder im Network trägt durch eine andere Sichtweise dazu bei, dass das gesamte Network lernt. Armin L.'s Strategie, andere Führungskräfte als auch Kunden mit zu Meetings einzuladen, trägt mittlerweile gute Früchte — es kommen viele Ideen für Problemlösungen aus dem Network, aber genauso viele fließen hinaus, als Best Practice Beispiel für andere im Network, oder in Form von Zusammenarbeit in manchen Bereichen durch Mitarbeiter- und Expertiseaustausch.

2.5.5 Entwicklungsfreude

Networks verlangen eine gute Pflege, um effektiv zu bleiben. Genau wie Pflanzen benötigen sie Dünger, um zu wachsen, und ab und an auch einen neuen Standort, an dem sie mehr Sonne zur Verfügung haben oder eine bessere Nachbarschaft. Networks entwickeln sich, und mit ihnen die Mitglieder des Networks. Gute Network Leader tragen Sorge dafür, dass diese Entwicklungen passieren. Dabei kommen u. a. folgende Aufgaben auf Network Leader zu:

- Talente im eigenen Network entdecken und fördern,
- Talente gehen lassen können und weiterempfehlen (schafft neue Beziehungen und Möglichkeiten),
- Entwicklungsmentoring und Coaching sowie
- Weiterentwicklung der Fachgebiete.

Diese Punkte treffen auch auf traditionelle Teams zu. Von viel größerer Bedeutung sind sie jedoch in Networks, deren Mitglieder oft nicht fest in einem Unternehmen tätig sind und von Projekt zu Projekt fliegen. Fest steht: Die attraktivsten Networks bekommen die besten Mitarbeiter und die besten Informationen. Attraktiv ist ein Network nur dann, wenn es etwas bietet, und das ist: Entwicklung.

Vertiefende Inhalte:

Weitere Punkte zur Ausbildung von Network Leadern finden Sie auf Arbeitshilfen Online.

ZWISCHENFAZIT

Wie eingangs beschrieben, finden sich Networks in vielen Bereichen unseres täglichen Lebens: in der Politik, im Privaten, in Communities — und in Unternehmen. Bislang wurden diese Unternehmens-Networks wenig thematisiert, was verständlich ist, blickten doch alle, wenn es um Networking ging, auf die Chefetage und das, was sich allgemeinhin „Klüngeln" nennt. Dass es in jedem Unternehmen dieser Welt schon exzellent funktionierende Networks auf allen Ebenen gibt, war bis vor kurzem noch kein Thema der Personal- und Führungsliteratur. Aber fest steht: Networks kommen im Grunde genommen nicht erst ins Unternehmen, sondern sie sind schon da, und das seit langem. Wir haben sie nur nie genutzt.

> Die neuen Network Leader stehen einer Reihe von Herausforderungen gegenüber. Neben der klassischen Managementarbeit geht es darum, bestehende Networks zu erkennen, sie erfolgreich auf- und auszubauen und Networks und die in ihnen bestehenden Beziehungen in einem dritten Schritt zudem erfolgreich zu managen. In vielen Unternehmen allerdings sitzt der Typus des Managers mit einem klassischen Führungsstil von oben nach unten (Top-Down-Führung), der mehr verwaltet als führt, in den Schlüsselpositionen, was zwar für einige Bereiche Sinn macht, aber nicht die Lösung der Zukunft sein kann. Wenn es um die Zusammenarbeit von Menschen geht, muss diese Führung ergänzt werden durch Menschen mit gutem sozialen Gespür und ausgezeichnetem theoretischen und praktischem Wissen über professionelle Networks. Die neuen Aufgaben bestehen aus:
> - Professionelle Analyse der Beziehungen von Gruppen und Individuen unterschiedlichster Couleur. Dazu gehören profunde Kenntnisse über den Aufbau von Networks, so etwa über Broker, Cluster, Kerne und Ties.
> - Strukturierung durch das Hinzufügen oder Entfernen von Kontakten.
> - Beeinflussung von Networks und dem Wissen, dass soziale Strukturen von Individuen nicht zu kontrollieren sind — aber mitzugestalten. Erfolge sind immer das Zusammenkommen von eigener Leistung und Team/Networkleistung.
> - Führung teilen: Alles was sich außerhalb des engen Zirkels des persönlichen Netzwerks abspielt, ist schwierig zu erkennen und schwierig zu managen und somit ein Grund dafür, Führung zu teilen.
> - Wichtig dabei sind die drei Formen der Networks: Persönliche Networks, operationale Networks und strategische Networks.

2.6 Networks – die Akteure

Wie auch in traditionellen Teams, existieren in Networks „Rollen"[19], die wahrgenommen werden (müssen). Sie als Network Leader sollten diese Rollen nicht nur kennen, sondern sie vor allem auch *erkennen,* um sie aktiv zu managen (Sie erinnern sich, Networks sind emergent, ebenso die Rollen).

---

[19] Patti Anklam, Network-Spezialistin und Autorin, spricht von distinction, nicht von Rollen, sicherlich ein Begriff, der die einzelnen Funktionen im Network besser trifft als der Begriff der „Rolle". Ich werde mich weiter an den Begriff der Rolle halten, da er die folgenden Erläuterungen verständlicher macht.

Network Leadership

Ein Network benötigt

- Vermittlertätigkeiten: Personen, die neue Kontakte herstellen und Menschen mit sich überschneidenden Interessen zusammenbringen.
- Projektkoordination: Personen, die Aufgaben managen, Ideen nach vorne bringen und Kontakt mit allen Mitgliedern halten (Umgang mit freien Mitarbeitern etc.).
- Moderation: Personen, die Menschen zur Zusammenarbeit anregen, Konflikte beilegen und das Network darin unterstützen, stärker zu werden.
- Unterstützung: Personen, die das Netzwerk am Leben halten, indem sie Systeme aufbauen, Kommunikationsprozesse definieren und Ressourcen (be)schaffen.

Nicht jeder im Team muss jede Fähigkeit besitzen und jede Aufgabe erfüllen können — auch externe Mitarbeiter mit guten Networkerfahrungen können diese Aufgaben übernehmen. Langfristig macht es aber Sinn, alle Networkmitglieder auf diese Aufgaben zu trainieren.

Die ersten vier der im Folgenden aufgeführten Rollen sollten Sie selbst beherrschen, wenn Sie sich als erfolgreicher Network Leader etablieren wollen — was nicht bedeutet, dass die Rollen auch ständig von Ihnen wahrgenommen werden müssen. Zumeist entwickeln sich die Rollen in Networks über die Zeit hinweg. Sie können aber Ihre Networks, auch die „erzwungenen", bewusst mit Personen, die die Rollen beherrschen, von Beginn an ausstatten.

Vertiefende Inhalte:

Ein Interview mit der Networkspezialistin Patti Anklam findet sich auf Arbeitshilfen Online.

2.6.1 Connector/Liaison

Ein Connector ist mit fast jeder Person in einem Network verbunden, angefangen von der Unternehmensleitung bis hin zu allen Abteilungen eines Unternehmens. Er erzeugt Beziehungen zwischen den Personen eines Networks, aber auch mit Personen, die unterschiedlichen Gruppen angehören. In manchen Fällen kann ein Connector durchaus auch ein Broadcaster oder ein Lurker sein (siehe unten), je nachdem, wie er mit Informationen umgeht: nämlich teilen oder für sich behalten.

Networks – die Akteure

Sie werden feststellen, dass Connectoren oft nicht im Kern des Networks angesiedelt sind und in diesen auch keine spezifischen Aufgaben oder Verantwortungen übernehmen. Sie sind jedoch durch ihre Beziehungen und ihr Fachwissen äußerst wichtig für das Network. Der Network Connector ist, wie der Begriff schon erahnen lässt, von besonderem Wert für Networks, da er es ist, der unter Zuhilfenahme seines explizit strategischen Networkdenkens Kontakte zusammenbringt, die füreinander von Wert sein können. Dieser Wert kann sich in neuen Ideen ausdrücken, in neuen Ressourcen und in einer klugen Erweiterung des Networks. Connectoren agieren strategisch, indem sie unter anderem nach unterrepräsentierten Elementen in Networks suchen und dafür sorgen, dass diese gefunden und integriert werden. Dabei kann es sich um einen erhöhten Frauenanteil handeln, um junge oder alte Menschen, um Experten aus bestimmte Bereichen usw. Dass ein einzelner Connector diese Arbeit nicht ganz alleine vollbringt, liegt auf der Hand, insofern verfügen effektive Networks über mehrere Connectoren. Connectoren besitzen ein besonderes Talent dafür, sogenannte *Key Hubs* ausfindig zu machen (Key Hubs = Personen, die besonders gut vernetzt sind). Sie bauen starke Beziehungen zu diesen Key Hubs auf, indem sie deren Stärken, Interessen und Herausforderungen kennen und reziprok agieren, d. h. nicht nur nehmen, sondern auch geben — nämlich Kontakte.

▶ **BEISPIEL: Aus der Praxis**

Tom B., ein exzellenter Connector, arbeitet als technischer Leiter für die Business Unit eines globalen Konzerns. Seine Spezialität: Menschen auf globaler Ebene miteinander bekannt zu machen. Tom besucht viele Kongresse und Tagungen, er lädt Sprecher und Wissenschaftler, die ihn beeindrucken, ins Unternehmen ein und wirbt in seinem gesamten Network dafür, sich breiter zu vernetzen und Innovationen auch aus anderen Gebieten hereinkommen zu lassen. Tom ist als Key Hub fast jedem im Unternehmen als auch in der Branche bekannt. „Frag doch Tom" ist ein geflügeltes Wort in seinen Networks und unter den Connectoren. Dafür bekommt Tom einiges zurück.

Die Reziprozität besteht darin, dass die Connectoren (z. B. Sie) wiederum die Key Hubs (Tom) mit Personen aus dem Core Team oder anderen relevanten Networkmitgliedern bekannt machen und dafür sorgen, dass diese eine wertvolle und fruchtbare Beziehung aufbauen können. Machen wir uns nichts vor: Eine intensive Follow-up-Arbeit gehört dazu, denn nicht alle Mitglieder eines Networks sind erfahrene strategische Networker (d. h. sie ignorieren ab und an, worum es besonders in strategischen oder operationalen Networks geht). Leider werden gute Connectoren und ihre Fähigkeiten, mit Menschen zu interagieren und Interessen zusammenzubringen, in vielen traditionellen Unternehmen nicht als Stärke gesehen, sondern belächelt oder gar behindert.

2.6.2 Gatekeeper

Der Gatekeeper agiert als Puffer zwischen Networks. Gatekeeper nehmen eine machtvolle Position ein, denn sie bestimmen und beeinflussen, welche Information in das Network gelangt und welche sie verlässt. Vergleicht man Gatekeeper mit Connectoren, so haben Gatekeeper sicherlich einen ähnlichen Einfluss, jedoch weniger Arbeitsaufwand (gilt nicht für Sie als Network Leader, Sie sollten alle Rollen können), da sie sich nicht oder nur wenig mit der Sammlung und Auswertung von Beziehungen beschäftigen. Verlassen Gatekeeper ein Network, bleibt oft eine schmerzhafte Lücke zurück, der in einem massiven Informationsverlust resultiert. Insofern ist es ratsam, mehrere Gatekeeper in Networks zu engagieren oder einen der Connectoren in die Wissens- und Informationsarbeit mit einzubeziehen. Networks, die keine neuen Informationen mehr beziehen, lösen sich schnell auf und schließen sich anderen Networks an, die bessere Informationen bereithalten. Sie finden diese Gatekeeper im täglichen Networkleben auf Plattformen wie Xing, Linkedin oder Facebook usw. Läuft eine der Gruppen dort gut, kommen zumeist viele interessante Informationen in die Gruppe, und nicht nur neue Mitglieder, denn diese tragen inhaltlich zuallererst einmal nichts zur Gruppe bei. Es gibt sogenannte „tote" Gruppen, in denen nichts mehr passiert, weil der Gatekeeper nie da war oder nicht mehr dabei ist und somit die Mitgliedschaft im Network aufgrund mangelnder Informationen uninteressant wird. Auf Unternehmen bezogen heißt dies für Sie: Suchen Sie Gatekeeper, die Sinn und Informationen mitbringen, und diese auch nach außen tragen, um andere Networks mit einzubeziehen. Erweitern Sie Arbeitskreise, holen Sie gemeinsam mit den Connectoren externe Spezialisten zu Vorträgen.

2.6.3 Broadcaster/Representative

Die Broadcaster lassen sich auch als Pressesprecher eines Networks bezeichnen. Broadcaster geben zumeist auf Anweisung Informationen aus dem Network nach außen, d. h. an alle anderen Networks und Gruppen. Besonders in öffentlichen Networks nehmen Broadcaster eine starke Position ein.

In Unternehmen finden sich Broadcaster manchmal in der Position des Teamsprechers — es gelingt ihnen mühelos, Informationen zielgerichtet an der richtigen Stelle zu platzieren. Broadcaster pflegen zumeist ausgezeichnete Beziehungen zu Kunden und lancieren die wichtigen Informationen auch dort. Broadcaster wissen, dass Informationen, die an ungeeignete Sender und Networks gehen, sich schnell im Sande verlaufen, und mit ihnen das neue Produkt oder Projekt. Untersuchungen[20] belegen, dass die Broadcaster in Networks darüber bestimmen, welche Ideen es zur Bekanntheit schaffen, welche Arzneimittel verschrieben werden, welche Schädlingsbekämpfungsmittel eingesetzt werden und welche Ingenieure die besten sind. Nutzen Sie Ihre Broadcaster, um Werbung für Ihr Network und dessen Leistungen zu machen. Oft finden Sie Broadcaster in den Menschen, die auch den „Flurfunk" bedienen — Zeit für Sie, sich strategisch einzuschalten.

2.6.4 Coordinator

Networks sind keine chaotischen Konstrukte, sofern sie professionell gemanagt sind. Dafür verantwortlich sind die Coordinatoren. Vielen aus dem Projektmanagement bekannt, sorgen sie für eine effiziente Zusammenarbeit in Networks, indem sie zum richtigen Zeitpunkt die richtigen Personen auf die richtige Aufgabe setzen bzw. sie zusammenbringen. Wenn wir einen Blick auf die heutige projektgeprägte Unternehmenswelt werfen, sehen sich Mitarbeiter nicht mehr nur einen Teamleiter bzw. Vorgesetzten gegenüber, sondern mehreren Personen, die sich ihre Mitarbeiter teilen. Nicht immer gibt es eine klare Führungsrolle in diesen Projekten und genau dieser Umstand macht den Mitarbeitern zu schaffen. Networks lösen dieses Problem durch die Rolle des Coordinatoren, der von Mitglied zu Mitglied und Gruppe zu Gruppe springt und lose Enden zusammenfügt, motiviert, kommuniziert und jedem einzelnen im Network vermittelt, dass sie nicht „alleine" arbeiten, sondern gemeinsam mit anderen an einem großen Ganzen. Coordinatoren halten Projekte am Leben indem sie immer wieder darauf hinweisen, wohin die Reise geht — ein starker Networkzusammenhalt und die Erfüllung der Aufgabe sind ihre Hauptziele. Für Sie bedeutet dies, Personen zu finden bzw. zu fördern, die koordinieren, aber gleichzeitig auch kommunizieren und emotional zusammenfügen können — den charismatischen Projektcontroller sozusagen.

2.6.5 Peripheral Specialist

Ihre Peripheral Specialists sind, wie der Begriff schon ausdrückt, am Rande des Networks angesiedelt. Sie versorgen das Network mit der Expertise, die notwendig ist, um das Ziel zu erreichen, und verfügen zumeist nur über eine Verbindung zu einigen wenigen Personen im Network. Solche Specialists stoßen für spezifische Aufgaben zu einem Network hinzu, etwa ein Mitarbeiter einer Universität, wenn es um besondere Berechnungen innerhalb eines Bauprojekts geht, oder ein externer

---
[20] vgl. Ibarra & Hunter.

Consultant bzw. ein Mitarbeiter aus einer anderen Niederlassung des Unternehmens. Diese Specialists vernetzen sich selten mit allen Personen des Networks, zumeist beschränken sie sich auf Kontakte zu den Personen, die sich konkret mit ihren Dienstleistungen beschäftigen. In Unternehmen wird der Einsatz dieser Specialists oft nicht oder nur ganz beiläufig angekündigt, was dem Network wenig hilft, denn wenn niemand in Kenntnis darüber gesetzt wird, dass es diesen Specialist gibt, fällt es schwer, eine Beziehung zu ihm aufzubauen. Pheriperal Specialists bemühen sich zumeist wenig, ihre Position und Aufgabe zu erklären. Broadcaster leisten hier gute Dienste, indem sie diese Specialists ankündigen und das Wissen in das Network bringen.

2.6.6 Lurker/Isolates

Lurker sind im Allgemeinen nur schwach mit dem Network verbunden und finden sich an der Peripherie. Manchmal treten sie in der Rolle der externen Spezialisten auf, manchmal sind sie kaum sichtbar. Sie bringen wenig Information in das Network ein, nehmen jedoch viel Information mit, was dem Network sehr zugutekommt, denn diese Lurker werben oft für das Network und bringen neue Networkmitglieder hinein oder tragen die Ideen in die Welt. Eine Gefahr kann darin liegen, dass sie ungewollt Informationen an andere Networks geben, die nicht dorthin gehören.

Lurker können eine negative Seite besitzen, und das immer dann, wenn sie sich zu *Isolate*s entwickeln. Diese „Außenseiter" existieren in jedem Network (oft werden sie gar nicht als Networkmitglied wahrgenommen bzw. fühlen sich nicht dem Network zugehörig). In persönlichen Networks/privaten Bereichen stellt dies kein Problem dar. Befindet sich das Network hingegen in einem Unternehmen oder einer Projektgruppe, können diese Isolates zu einer Herausforderung für Sie werden, denn sie entziehen sich den Aktivitäten der Gruppe, die auf ein gutes Miteinander hinarbeitet, und können unter Umständen so die Balance und Effektivität des Networks in Gefahr bringen. Eine Isolate-Position äußert sich durch ein ganz bestimmtes Verhalten:

- Ignorieren anderer Networkmitglieder,
- Kommunikation nur mit einigen Wenigen,
- Verschwendung von Unternehmensressourcen,
- Herunterfahren persönlicher Kontakte auf ein Minimum, vorrangig telefonische oder schriftliche Information,
- Zurückhalten von Informationen,
- wenig Commitment für das Network,
- oft Low Performer.

Isolates leisten Ihren Networks einen Bärendienst. Zwischen ihnen und dem Rest des Networks bzw. den Clustern entsteht ein Structural Hole, d. h., sie sind oft mit dem Network nur durch einen einzigen Kontakt verbunden. Je mehr Isolates und je mehr Structural Holes existieren, umso ineffektiver wird Ihr Network.[21]

> **! WICHTIG: Structural hole**
>
> Ein Structural Hole ist eine Situation bzw. eine Person, die als einzige Verbindung zwischen zwei Gruppen fungiert und damit eine Gefahr für den Gruppenzusammenhalt darstellt, denn der Gruppenzusammenhalt ist ganz dieser Person ausgeliefert. Das Ziel eines guten Network Leaders ist immer eine Verringerung der Structural Holes, also das aktive Schaffen von mehr als einem guten Kontakt zwischen Clustern oder Networks.

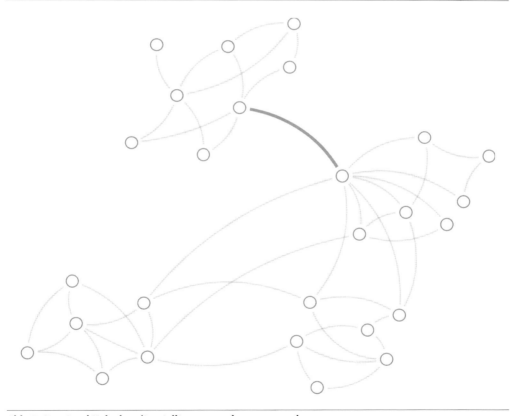

Abb. 7: Structural Hole, bereitgestellt von www.kumupowered.com

---

[21] vgl. Balkundi & Kildruff, Barsness & Lawsen 2005.

Network Leadership

Nun sollte man meinen, dass ein Entfernen der Isolates aus Ihren Networks die einfachste Lösung ist. Oft verfügen sie jedoch über ein besonderes Wissen, das dem Network zugutekommen kann — wenn es dann auch eingebracht wird. Auch würden Sie das Network der Innovationskraft und der Diversity berauben. Dennoch gilt: Isolates und strukturelle Löcher signalisieren Stress in Networks. Diesen Stress und die damit ebenfalls einhergehenden negativen Gefühle aufzulösen, ist Aufgabe der Network Leader. Die Positive Psychologie weist deutlich darauf hin, dass die emotionale Gesundheit der Mitarbeiter und gute Beziehungen am Arbeitsplatz Führungsaufgabe ist. Häufig jedoch werden toxische Gefühle ignoriert und somit der Erfolg aufs Spiel gesetzt. Die neuen Network Leader haben sich als die effektiveren Führungskräfte (im Vergleich zu traditioneller Führung) erwiesen, denn durch die Vielzahl der Akteure in Networks gelingt es zumeist immer, die Isolates aus ihrer oft destruktiven Position im Network in eine konstruktivere Position zu integrieren.

2.6.7 Zusätzliche Rollen

Zusätzliche Rollen in Networks sind Unterstützer, Berater, Feedbackgeber und Ressourcenbeschaffer. In jedem Network vertreten, sind es wichtige, aber doch von der Bedeutung her weniger notwendige Rollen als die oben genannten, wie z. B.:

Der Go-Between-Leader

Um ein Projekt gelingen zu lassen, ist es unerlässlich, dass der jeweilige Network Leader in seiner jeweiligen Gruppe einen zentralen Punkt einnimmt, d. h. Einfluss auf möglichst viele Mitglieder hat. Eine wichtige Rolle dabei ist die „Betweenness"-Rolle: Sie beinhaltet, zwischen zwei Kontakten, die sich entweder nicht kennen oder in Konflikt miteinander geraten sind, zu vermitteln. Je öfter dies passiert, umso mehr wird der Go-Between-Leader[22] als effiziente und ernstzunehmende Führungskraft wahrgenommen. Es scheint gerade diese Zentralität und die Vermittlerrolle zu sein, die in Kombination den Schlüssel zur erfolgreichen Networkführung ausmachen.

---

[22] Balkundi & Kildruff, S. 433.

Networks Stars

Viele Networks verfügt über sogenannte Network-Stars. Diese Personen besitzen eine Vielzahl von guten Beziehungen innerhalb des Networks und darüber hinaus werden sie von allen gemocht und gebraucht. Als Aushängeschild mit Strahlkraft übernehmen sie allerdings zu oft zu viele Aufgaben in einem Network, sodass sie irgendwann eine der Grundlagen des Networking nicht mehr erfüllen können, nämlich die Reziprozität. Reziprozität bedeutet, zu *geben* und zu *nehmen*, sei es Aufmerksamkeit, Kontakte, Kommunikation oder auch Leistung. Network-Stars sind *zu* vernetzt, um dies zu schaffen. Sie stehen nicht mehr als Ansprechpartner zur Verfügung, vernachlässigen Gespräche und Kontakte mit vielen anderen und werden so aufgrund der mangelnden Reziprozität zu Isolates, die zwar an der Spitze stehen, aber alleine, und damit auf Dauer ihrer verbindenden Aufgabe als Broker in einer flachen Hierarchie nicht mehr gerecht werden. Sie werden zu kleinen Königen, wie wir es aus traditionellen Gruppen kennen, mit einem Schwarm von Followern. Als Beeinflusser sind sie sicherlich viel wert, aber nicht mehr als Akteur und Network Leader einsetzbar.

Driver/Network Guardian

Viele Projekte im sozialen und öffentlichen Bereich, aber auch Unternehmen, die stark in Networks arbeiten, bedienen sich eines externen Experten, der nur eine, wenngleich sehr schwierige Aufgabe hat: Er hält das Network, seine Mitglieder und das gesamte Projekt „am Laufen".

Auch als „Driver" bezeichnet, ist seine Funktion überaus wichtig, denn er ist derjenige, der alle daran erinnert, wohin die Reise geht und welche Aktionen in Angriff genommen werden müssen, um das kollektive Ziel zu erreichen. Eine hohe Network-Kohäsion ist sein erklärtes Ziel. Driver arbeiten projektbezogen und werden als externe Berater gut honoriert, denn die eingekaufte Expertise ist Gold wert, wie folgende Auszüge aus Projekten beweisen, die mit externen Drivern belegen: „I think that it is important — with all the networks that I have been involved in, it has only been as good as the participation of the person or people, or organisation driving it. And once that wanes the whole network won't work as well, so I think that is why (network name) worked so well — because there is a paid coordinator to drive it and coming back to the organisations to monitor and secure their participation."[23]

---

[23] Mandell, S. 10.

Network Leadership

Wie muss ein Driver beschaffen sein? Er übt eine unterstützende Funktion aus, die eines Moderators, der das Network „nährt" und am Leben erhält. Ihm geht es nicht nur darum, Beziehungen zu knüpfen, sondern auch darum, destruktive oder nicht optimale Beziehungen zu reparieren. Driver schaffen es, Menschen wieder zusammenzubringen, die nicht nur bloße Meinungsverschiedenheiten hatten, sondern sich auch schon vor Gericht bekriegt haben. Sie befördern den Lernprozess hinsichtlich der notwendigen Zusammenarbeit. Mitglieder von Networks, die schwere Konflikte zu lösen hatten, äußern sich nach ihren Erfahrungen mit hartnäckigen professionellen Drivern in ähnlicher Weise: „We have no choice. We have to stay at the table. There is no alternative ... I do it now in everything I do, including running my business, and dealing with my suppliers, employees and customers."[24]

Prominenten-Networking

Ein Weg, der sich nicht allen Networkern auftut, ist das Prominenten-Networking. Oft können ein oder zwei Prominente, die einem Projekt oder einer Sache sehr zugetan sind, Türen öffnen und Ressourcen beschaffen. Ein schönes Beispiel dafür ist eine Geschichte, die über den Baron de Rothschild erzählt wird und die sich bei Cialdini[25] finden lässt:
Eines Tages wurde der Baron de Rothschild von einem Bekannten um einen Kredit angegangen. Rothschild, der über die finanzielle Situation der Person im Bilde war, teilte ihm mit, dass er ihm keinesfalls einen Kredit gewähren würde, aber dafür etwas anderes für ihn tun werde. An einem der darauffolgenden Tage lief Rothschild Arm in Arm mit seinem Bekannten durch den Stock Exchange — unschwer vorherzusagen, dass besagter Bekannter sofort über ausreichend Angebote für einen Kredit verfügte. Diese Aktion zeigt deutlich, wie soziale Wahrnehmung von sozialen Strukturen beeinflusst werden kann. Dass diese Art Networking bei uns mit Figuren wie dem korrupten Baulöwen Jürgen Schneider verbunden ist, ist zu bedauern, denn sie spart ausnehmend viel Zeit und Ressourcen. Das „Ausleihen" des hohen Status einer anderen Person beschleunigt ein Network und dadurch, dass der nicht so prominente Vertreter des Network selbst nicht im Rampenlicht steht, kommt es gar nicht so weit, dass die eigene Kontaktpflege und Network Leadership unter dem Network-Star-Syndrom leidet. Sorgen Sie also dafür, dass Sie mit Ihrem besten Kunden in Ihren Networks gesehen werden oder mit einem hochrangigen Experten mit dem CEO... Zu manipulativ? Ich bitte Sie, ein wenig Werbung und Spaß muss sein.

---

[24] Mandell S. 12.

[25] Cialdini 1989, S. 45 Cialdini, R.B. & DeNicholas, M.E. (1989), Self-presentation by association. Journal of Personality and Social Psychology, 57, 626-31.

2.7 Networks – die Praxis

Dieses Unterkapitel widmet sich der Praxis, d. h. der Umsetzung von Network Leadership. Dies umfasst die Analyse, den Aufbau und Ausbau sowie die Pflege eines Unternehmensnetworks.

Um den Prozess der Networkanalyse anschaulich darzustellen, bekommen Sie im Folgenden die Aufgabe, die Networks in Ihrem Unternehmen zu analysieren. Sollten Sie andere Networks im Kopf haben, die Ihnen momentan bedeutsamer erscheinen, steht es Ihnen natürlich frei, auch diese Networks zu analysieren.[26]

2.7.1 Analyse mithilfe des Network Mapping

Bevor es direkt in die Analyse von Networks geht, ein Hinweis: Um professionell eine Analyse sowie den Auf- und Ausbau von Networks zu erarbeiten, ist eine grafische Darstellung vonnöten. Als Network Mapping bezeichnet man allgemeinhin die grafische Analyse von Networks. Die Aufzeichnung der bestehenden Networks gibt Auskunft darüber, wie sich Ihre vorhandenen Networks darstellen, um welche Art von Networks es sich handelt und wie Sie professionelle Networks aufbauen können, indem Sie potentielle Kontakte hinzufügen.

Traditionelle Unternehmensteams bewegen sich in überschaubaren Größen von 2 — 28 Personen, Networks hingegen haben völlig andere Ausmaße, insbesondere wenn es um strategisches Networking geht. Um Networks und ihre Aktivitäten und Möglichkeiten im Blick zu behalten und professionell managen zu können, bedarf es eines Systems, das alle Kontakte und Beziehungen mit Individuen und Organisationen als auch potentielle Kontakte darstellen kann. Dazu finden sich im Web unter dem Begriff SNA (Social Network Analysis) Software, die teilweise kostenfrei zu nutzen und teilweise kostenpflichtig ist (z. B. kostenfrei NodeXL, netdraw oder socnetv, ich selbst arbeite mit kumupowered.com). Oft verfügen auch die Marketing/Sales oder R&D Abteilungen Ihres Unternehmens schon über eine Software, die ein professionelles Network-Mapping erlaubt. Sollten Sie sich versucht sehen, Ihre bestehenden Networks händisch zu kartographieren, kann ich Ihnen nur abraten. Ganz abgesehen davon, dass Sie riesige Flächen Papiers benötigen (und Ihre Networks früher oder später sowieso in eine Software übertragen werden, es sei denn, Sie sind ein Freund von Radiergummi, Buntstiften und Networktapeten),

---
[26] Eine kleine Randnotiz: Bestenfalls arbeiten alle Personen Ihres Networks mit Networkanalysen – schöne Zukunftsmusik, but we're getting there ...

sind händische Aufzeichnungen relativ statisch. Einzig die Arbeit mit vielfarbigen Post it's erlaubt ein händisches dynamisches Network Mapping, löst aber nicht das Raumproblem.

2.7.1.1 Erarbeitung der Keyplayer

Professionelles Managen von Networks beginnt mit der Analyse der Keyplayer eines Networks. Keyplayer bewegen ein Network, sie halten es zusammen, sie machen es erfolgreich. Um die Keyplayer Ihrer momentan existierenden Networks zu identifizieren, nutzen Sie eine Liste. Sie können die unterschiedlichen Arten von Networks differenzieren, d. h. sich Keyplayer-Listen für operationale, persönliche und strategische Networks anlegen, oder auch mit einer Liste arbeiten.

1. Tragen Sie in der ersten Spalte (Kontakte) die Personen ein, mit denen Sie networken, wenn es um persönliche Informationen, Kreativität, Ratschläge etc. geht. Führen Sie Ihre wichtigsten Kontakte auf.
2. In die zweite Spalte (Broker) tragen Sie ein, wer Ihnen diese Person vorgestellt hat. Haben Sie selbst den Kontakt geknüpft? Hier lernen Sie Ihre Informationsbroker kennen. Das können Sie selbst sein, es können andere Personen sein. Diese Information ist insofern für Sie von unschätzbarem Wert, als dass sie Ihnen Auskunft darüber gibt, welche Art von Networking Sie betreiben (sind Sie Initiator, nutzen Sie andere Personen oder Social Media wie etwa Facebook als Vehikel).
3. In der dritten Spalte (eigene Position) tragen Sie ein, an wen Sie den Kontakt weitervermittelt haben. Die Spalte gibt Ihnen Auskunft darüber, ob und wie Sie als Broker agieren. Dies hängt eng mit Ihrer eigenen Rolle in Networks zusammen. Sind Sie Lurker, Broker, Connector? Was können Sie zu einem Network beitragen, wie können Sie beeinflussen und durch wen?

Zählen Sie nun die Häufigkeiten in Spalte 2 (Broker). Stellen Sie fest, ob bestimmte Personen immer wieder als Broker auf der Liste erscheinen. Dies sind Ihre *Superconnectoren,* Menschen, die freigiebig wertvolle Kontakte teilen und weitervermitteln. In großen Networks sind dies oft Menschen, die beruflich viel reisen und zudem vielen unterschiedlichen Menschen begegnen. Häufig sind sie in wenig sozial exponierten Positionen zu finden und unterliegen keinem Druck oder Zwang, Kontakte zu schaffen und weiterzugeben. Zumeist vermitteln Superconnectoren Kontakte aus Freude am Umgang mit Menschen, obwohl auch sie früher oder später nicht unwesentlich von dieser Rolle profitieren, wie mir viele meiner Interviewpartner berichteten, die sich über ihre Brokertätigkeit stets am Puls der Zeit befinden und keinerlei Probleme im Recruitment von Talenten haben. Oft im mittleren Management angesiedelt, verfügen Superconnectoren über weitreichende Kontakte und Aktivitäten in vielen Clustern, die sich außerhalb ihres Netzwerks befinden. Wenn Sie Ihre Networks erweitern, ist es sinnvoll, die Beziehung zu diesen Superconnectoren zu stärken.

Für den Fall, dass Sie sich selbst sehr häufig als Broker vorfinden, gilt es zu überlegen, ob Sie ihre Kontakte nach dem

1. Ähnlichkeitsprinzip oder dem
2. Gießkannenprinzip (Quantität statt Qualität)

auswählen und somit über ein Netzwerk verfügen, das

1. keinerlei Diversity aufweist oder
2. so umfangreich ist, dass es von Ihnen alleine nicht gepflegt und genutzt werden kann.

Untersuchungen von Uzzi & Dunlap zeigen, dass insbesondere Führungskräfte stark dazu tendieren, sich ein Netzwerk aus Gleichgesinnten zuzulegen, die eine ähnliche Ausbildung, ähnliche Ansichten und ähnliche Erfahrungen besitzen. Selbstverständlich ist es leichter, Menschen zu vertrauen, die Ähnlichkeiten mit uns aufweisen, auch erscheint die Zusammenarbeit mit ihnen oft leichter und effizienter, ein Thema, dass Assessment Center oft zur Farce werden lässt, wenn schon von vorneherein feststeht, dass Kandidat X die gleiche Universität wie Vorgesetzter Y besucht hat und deshalb per se schon geeignet ist, die neue Position zu besetzen. Ein vermeintlich ähnlicher Erfahrungsschatz erleichtert die routinemäßige Aufgabenerledigung. Auch hat unser Ego einen Anteil an der Auswahl und Vermittlung der Kontakte. Menschen, die uns zustimmen, die unsere Meinung bestätigen, bringen wir ein größeres Maß an Sympathie entgegen, denn sie versorgen uns mit Bestätigung und Trost. Dass diese Praxis des Networking auf Dauer nicht funktionieren kann, ist offensichtlich, denn ein gesundes Network lebt zu einem gewissen Anteil von unterschiedlichen Meinungen, die uns und das Network dazu herausfordern, anders zu denken. Unter Umständen zeitigt ein Übermaß an Ähnlichkeiten sogar negative Auswirkungen, indem ein Zuviel an Ähnlichkeit den Zugang zu diskrepanten Informationen verbarrikadiert, die allerdings unbedingt notwendig sind, um Probleme anzugehen oder Kreativität zu entfalten. Ohne Kontakte, die den eigenen Horizont erweitern und uns in Frage stellen, werden Networks zur „Echo Chamber", einer Kammer, in welcher wir nur noch den Widerhall unserer eigenen Stimme hören und immun werden für das Feedback anderer, wie Uzzi &Dunlap es ausdrücken.[27] Ein weiteres Problem stellt die räumliche Nähe dar. Menschen networken sehr oft mit den Personen, mit denen sie eine räumliche Nähe verbindet, im Unternehmen ist dies oft die eigene Abteilung oder der eigene Arbeitsraum. So kommt es zu Konstellationen, die wenig gewinnbringend sind — jeden Mittag mit den gleichen Personen zu Tisch zu gehen und immer gleiche Gespräche zu führen, ist nicht zielführend, wenn es um den Networkaufbau geht. Insofern gilt für Sie:

- Planen Sie in Ihrem Network, wer wann mit wem zum Lunch geht, um das Network sinnvoll zu erweitern. („Ich kann den Leuten doch nicht vorschreiben, mit wem sie zum Lunch gehen sollen" ist eine häufige Antwort. Richtig! Ihre Planungen sollten Vorschläge sein. Networks und Kontakte sind freiwillig und emergent, und es wird immer Menschen geben, die nicht verstehen, dass Networks aufgebaut, gepflegt und erweitert werden müssen, wenn alle davon profitieren wollen. Ein Trost bleibt Ihnen: In Ihren Networks gibt es bereits Menschen, die dies verstehen und aktiv daran mitarbeiten.)
- Leihen Sie Ihre Network-affinen Mitarbeiter an andere Abteilungen aus, um dort Kontakte zu knüpfen — oder auch einmal an ein anderes Unternehmen. Auch hier gilt das Freiwilligkeitsprinzip. Meine Erfahrung im Umbau von Team zu Network zeigt, dass fast alle Mitglieder eines traditionellen Teams begeistert sind von Networks, wenn sie erst einmal verstanden haben, was Broker, Lurker, Cluster und Networks sind und welche Vorteile sie allen bieten.

2.7.1.2 Kartographieren der Networks

Mappen (kartographieren) Sie nun Ihre unterschiedlichen Networks grafisch, wenn möglich mithilfe eines SNAs unter Einbeziehung folgender Hinweise:

- Art des Network (Operational, persönlich, strategisch).
- Wer befindet sich im Zentrum der Networks?
- Wie gestalten sich die Cluster?
- Wie steht es mit Structural Holes?
- In welche Richtung können Sie die Networks erweitern?
- Wer befindet sich am Rande der Cluster?
- Bestehen Vernetzungen mit Individuen als auch mit Organisationen?
- Visualisieren Sie Trends und Muster (farblich), die Ihnen Auskunft darüber geben, wie andere miteinander vernetzt sind.

---

[27] vgl. Uzzi/Dunlap 2005, S. 5.

- Identifizieren Sie Kontakte, die Sie darin unterstützen können, die Networks weiter auszubauen und vice versa.
- Integrieren Sie wenig vernetzte Personen, um diesen mehr Kontakte zu verschaffen und sie effektiv in Ihr Network einzubinden.
- Setzen Sie es sich zum Ziel, einige neue Organisationen zu Ihrem Network hinzuzufügen.

Network Mapping ist eine der Grundtechniken funktionierender Networks. Wenn gut nachgehalten und gepflegt wird, erleichtert Network Mapping den Aufbau neuer Kontakte und Networks um ein Vielfaches.

2.7.2 Aus- und Aufbau von Networks

2.7.2.1 Vom Team zum Network

Die heutige Herausforderung für Network Leader besteht zu einem großen Teil darin, den Übergang von festen Teamstrukturen zu freien, offenen Networks zu befördern und zu managen. Dies beinhaltet, dass ein Network Leader nicht nur seine eigenen Networks erfolgreich managt, sondern auch, das eigene Team zu einem funktionierenden Network umbaut. *Das Team als Network* bedeutet in einem ersten Schritt, dass auch das Team über Networkstrukturen informiert und im Umgang mit Networktechniken geübt werden muss. Dazu sollte das Team mit folgenden Themen mehr als vertraut sein — d. h. trainiert sein.

Moderne Teams

- kennen ihre Kontakte und Beziehungen,
- kennen Cluster, Ties und Structural Holes,
- sind mit den drei Arten des Networking vertraut,
- kennen die Rollen in Networks,
- wissen um die Bedeutung von Stakeholdern,
- führen gute soziale Beziehungen, die auf Reziprozität beruhen,
- teilen Kontakte aller Art freigiebig,
- nutzen SNAs, um Projekte und Aufgaben anzugehen,
- informieren sich gegenseitig über neue, notwendige Kontakte,
- überprüfen, ob alle Networkrollen ausreichend wahrgenommen werden,
- schaffen neue wertvolle Kontakte für das Team/Network,
- übernehmen Verantwortung und Führung,

- arbeiten und informieren transparent (neue Meeting-Kultur),
- arbeiten räumlich verteilt,
- führen von Vertrauen geprägte Beziehungen,
- teilen Führung und Wissen,
- lösen Konflikte,
- entscheiden gemeinsam.

Network Leader sollten folgende Punkte beherrschen:

- Erfolge der Networks (welche Konstellationen beflügeln Projekte, welche verhindern sie),
- Beziehungen außerhalb der Organisation/des Unternehmens, die von Bedeutung sind (etwa familiäre Bindungen, Freunde und Bekannte, die besonders in Ländern außerhalb der westlichen Hemisphäre einen großen Einfluss auf Mitglieder der Networks besitzen),
- die soziale Struktur des gesamten Unternehmens (gut verlinkt weist die Organisation viele Structural Holes auf),
- Social Capital — inwieweit ziehen die sozialen Unternehmer Vorteile/Werte aus ihren Beziehungen (ohne Vorteile keine Beziehungen), und welcher Art sind diese Vorteile? Bieten sie Unterstützung moralischer Art oder handeln sie mit Informationen und Ressourcen?

Networks überprüfen immer:

- Wie können die Networks zur Erreichung der Projekt-, Team- und Unternehmensziele beitragen?
- Inwieweit sabotieren/blockieren die Networks Unternehmens- und Teamziele?
- Lässt sich das bestehende Team in ein Network verwandeln oder in ein Network integrieren?

Dass diese neuen Strukturen nicht alleine durch Network Leader aufzubauen sind, ist offensichtlich. Die notwendigen Strukturen und Ressourcen wie beispielsweise ein qualifiziertes Networktraining samt Begleitung müssen von modernen Unternehmen erst geschaffen werden. Allzu viel Zeit bleibt nicht, befindet sich doch die Generation Network schon in den Unternehmen.

Ausgehend davon, dass Sie als Network Leader/Teams sich nun einen grafischen Überblick über relevante Networks, Keyplayer und Rollen in ihren unterschiedlichen Networks verschafft haben, gilt es nun für Sie, die Networks auf- und auszubauen.

Dabei müssen andere Networks und Cluster (im Unternehmen /Kunde/etc.) identifiziert und ggf. integriert, als auch qualitativ analysiert werden.

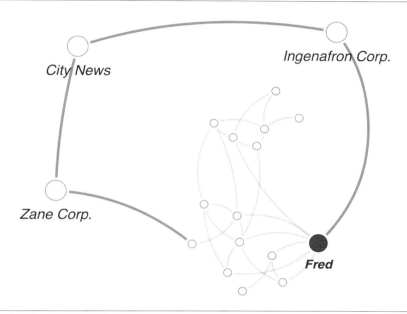

Abb. 8: Wer ist mit wem verbunden? bereitgestellt von www.kumupowered.com

2.7.2.2 Identifizierung von Brokern

Beginnen Sie damit, die Broker in anderen Networks zu identifizieren. Networks existieren überall. Kunden, Lieferanten, Experten, temporäre und ehemalige Mitarbeiter, und sie alle verfügen über eine Vielzahl von Kontakten in anderen, unterschiedlichen Networks. Ob diese Networks interessant für Ihr Network sein können, lässt sich nicht immer beurteilen (siehe auch strategisches Networking). Ihr strategisches Ziel ist die Vernetzung mit dem Core dieser Networks. Zumeist sind es die Kontakte am Rande des eigenen Networks oder die Structural Holes, die einen Hinweis auf andere Networks und deren Kerne geben, und auch die Broker in eigenen und fremden Networks, die eine schnelle Kontaktaufnahme erleichtern. Folgende Punkte dienen Ihnen zur schnellen Identifizierung bzw. Analyse:

- Kontakte am Rande der Networks beachten,
- Mapping aller Kontakte eines Networks,
- Beobachtung sozialer Beziehungen am Arbeitsplatz (wer unterstützt wen?),

Network Leadership

- Mapping von Kommunikations- und Informationsfluss in Ihnen bekannten Networks,
- Beobachtung von Konfliktparteien (Parteien, die sich blockieren, haben immer ein Network hinter sich),
- abteilungs- und unternehmensübergreifende Veranstaltungen, auf denen Sie Broker finden können.

Eine SNA Dokumentation potentieller Kontakte und Networks erlaubt es Ihnen ebenfalls, die unterschiedlichen Beziehungsstränge zu benennen (Freundschaft, strategische Allianz, Unterstützer, Experteninput, informeller Führer, Beeinflusser etc.)

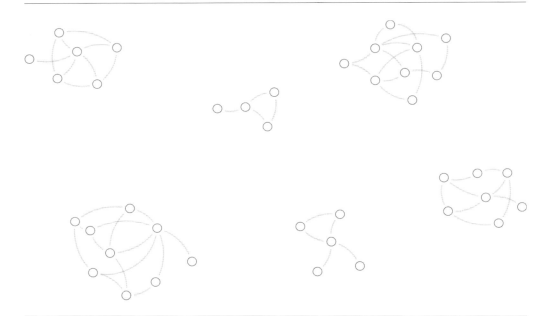

Abb. 9: Netzwerke ohne Verbindung, bereitgestellt von www.kumupowered.com

2.7.2.3 Integration

Haben Sie einmal die Broker anderer Networks identifiziert, geht es daran, die neuen Networks in das eigene Network zu integrieren, und gleichzeitig das eigene Network zu pflegen. Wichtig dabei ist: Networks müssen in Bewegung bleiben und gepflegt werden, ganz gleich, ob es sich um Teams oder frei flottierende Networks handelt. Sobald in einem Network nichts mehr „passiert", d. h., wenn der Zweck des Networks nicht mehr klar kommuniziert und gelebt wird, beginnen Networks sich aufzulösen. Deshalb sollten Sie in persönliche Gespräche mit neuen Mitgliedern, ehemaligen Mitarbeitern, temporär engagierten Experten, Vorgesetzten, Kunden, die Weitergabe von interessanten Informationen und Kontakten, die Beteiligung aller und insbesondere der Umgang mit schwierigen Charakteren investieren. Dass dies von Ihnen alleine nicht zu leisten ist, liegt auf der Hand. Die Lösung heißt: dezentralisierte Kommunikation.

2.7.2.4 Dezentralisierte Kommunikation

Professionelle Networks teilen sich die Aufgabe der Kommunikation. Allen Mitgliedern kommt die Aufgabe zu, transparent von innen nach außen und außen nach innen zu informieren. Da nicht alle Informationen für jedes Networkmitglied von Interesse sind, kristallisieren sich in funktionierenden Networks schnell Kommunikatoren heraus, die wiederum bestimmte Cluster und andere Networks interessenspezifisch mit Kommunikation und Information versorgen und das Network so zusammenhalten. Werden diese Rollen nicht mehr wahrgenommen, sterben Networks. Es gilt für Sie und Ihr Core Team, einen funktionierenden Kommunikationsplan zu erstellen und diesen ständig auf dem Laufenden zu halten.

- Über was muss/kann informiert werden?
- Über welche Kanäle wird kommuniziert (persönlich, soziale Medien etc.)?
- Welche Cluster/Networks erhalten/interessieren sich für welche Information?
- Wie viele Kommunikatoren benötigt das Network?
- Welche Informationen sind interessant/wertvoll?

2.7.2.5 Events

Networks leben zu einem nicht unbeträchtlichen Teil von gelegentlichen Events, die die Gelegenheit bieten, mit unterschiedlichen Menschen in Berührung zu kommen, wie auch Matthias Kleff, tätig im Employer Branding eines großen Industriekonzerns, beschreibt. Wenn sich alleine die Broker zwischen Networks hin und her bewegen, wird ein Network nicht so von der Vernetzung profitieren können, wie es der Fall ist, wenn in Abständen alle Networkmitglieder zusammentreffen und sich austauschen können. Je nach Größe des Networks sind Themenabende bzw. Thementage ein probates Mittel, alle einzubinden. Diese Thementage, die interessante Experteninformationen beinhalten, sind geeignet, das Interesse aller zu wecken und den Diskurs zu fördern.

Vertiefende Inhalte:

Ein Interview mit Sportwissenschaftler Matthias Kleff findet sich auf Arbeitshilfen Online.

2.7.2.6 Freier Zugang zu Ressourcen

Networks werden durch einen freien Zugang zu Ressourcen wie etwa Information und Unterstützung zusammengehalten. Eine schnelle Information aus der anderen Abteilung ohne den Weg über die formelle Führungskraft nehmen zu müssen, ein Kontakt zur Geschäftsleitung/einem Kunden oder auch der Zugriff auf die Skills anderer Networkmitglieder ohne Kompetenzgerangel und Herrschaftsanspruch sind die Grundvoraussetzungen, die es nicht nur zu gewährleisten, sondern auch offen anzubieten gilt. Dass sich hier wieder einigen die Haare sträuben, ist sicher — sicher ist aber auch, dass dies passiert, ob Sie es wollen oder nicht, und die Frage lautet, wie immer: Wollen Sie es missbilligend tolerieren oder wollen Sie es steuern? Um Transparenz in Networks zu gewährleisten, nutzen viele Unternehmen hausinterne Datenbanken, die die Profile und Angebote der einzelnen Networkmitglieder auflisten und zugleich über unternehmensinterne Social Media Systeme eine sofortige Kontaktaufnahme erleichtern. Unternehmen, die zudem die Möglichkeit der thematischen Gruppenbildung über das Intranet bieten, versorgen Networks mit den notwendigen Voraussetzungen, erfolgreich zu agieren.

Vertiefende Inhalte

Beispiele für unternehmensinterne soziale Netzwerke finden Sie auf Arbeitshilfen Online.

2.7.3 Network-Pflege: Umgang mit schwierigen Charakteren

Networks weisen durch ihre Größe teilweise einen hohen Grad an Diversity auf, was der Innovation und ständigen Erneuerung von Networks sehr entgegenkommt und einen nicht unbeträchtlichen Erfolgsfaktor darstellt. Diversity fördert innovative Denkweisen und hilft bei der kreativen Problemlösung, das ist allseits bekannt, jedoch löst dies nicht das Problem der Konflikte, die auch in Networks entstehen. Oft sind es, ähnlich wie in Teams, die aggressiveren Charaktere in Networks, die ein Network aus der Balance reißen können. Können in einem Team disziplinarische Maßnahmen ergriffen werden, ist dies in Networks oft nicht möglich, beispielsweise wenn es sich um externe Spezialisten handelt, deren Wissen und Produktivität dringend benötigt wird. Zwar lassen sich auch Networkmitglieder mit stark optimierungsbedürftigen sozialen Skills durchaus in Networks integrieren, jedoch kommt es meist erst gar nicht dazu. In vielen Teams/Projektteams sind die Positionen mit Personen besetzt, die einander ähnlich/sympathisch sind, denn, Hand aufs Herz: Wenn Sie die Wahl zwischen einem schwierigen Charakter mit hoher Qualifikation und einem freundlichen Menschen mit mittlerer oder wenig Qualifikation haben, wen werden Sie wählen? Die meisten wählen den freundlichen Menschen, was Vor- und Nachteile mit sich bringt.

Die Vorteile:

- Wenn die Chemie zwischen Personen stimmt, funktionieren die Arbeitsabläufe zumeist reibungslos.
- Projekte werden schnell oder zeitnah beendet, da ähnliche Erfahrungen vorhanden sind.
- Die Zusammenarbeit macht allen Beteiligten Freude.

Die Nachteile:

- Neue Ideen kommen selten auf, da alle gleich denken.
- Unangenehme Kollegen werden gemieden, begeben sich an den Rand des Clusters oder Networks, ihr Potential bleibt unangezapft.

In einer Zeit, in der ein scharfer Wettbewerb um Kunden, Aufträge und Projekte herrscht, ist diese Form der Innovationsvernichtung nicht wirklich hinnehmbar, was eine nicht unbeträchtliche Herausforderung für Sie als Network Leader darstellt. Um die Sympathie und die Zusammenarbeit zwischen Networks/Networkmitgliedern zu befördern, gibt es eine Reihe von Vorgehensweisen.

2.7.3.1 Training

Investieren Sie in Ihre schwierigen, aber produktiven Charaktere, indem Sie sie durch Coaching, Workshops und andere Aktivitäten darin unterstützen, sich soziale Skills anzueignen. Wer beispielsweise gut mit den Kunden auskommt, die eigenen Kollegen aber aggressiv und herablassend behandelt, verfügt über gewisse soziale Skills, die nicht mehr erlernt, sondern lediglich in anderen Situationen angewandt werden müssen.

2.7.3.2 Liking fördern

Erhöhen Sie die Häufigkeit der Interaktion:

Häufige Begegnungen erzeugen eine Gewöhnung im Umgang miteinander. Je öfter Menschen sich begegnen und zusammenarbeiten, umso eher erhöht sich die Möglichkeit, dass sie irgendwann beginnen, gerne miteinander zu arbeiten. Arbeitsplätze, Räumlichkeiten und Projekte, die die Möglichkeit der Interaktion bieten, sind förderlich, ebenso wie regelmäßige Meetings, bei denen Sorge dafür getragen wird, dass nicht immer die gleichen Personen zusammensitzen.

Manche aggressive Zeitgenossen benötigen eine etwas klarere Vorgehensweise. Wenn starke Animositäten bestehen, etwa nach Mergern, oder zwischen Personen, die in einem starken Wettbewerb miteinander stehen, oder auch in Fällen, wo die Animosität nur von einer Person ausgeht, ist es durchaus anzudenken, in eine längere Offsite-Aktivität mit Abenteuercharakter zu investieren. Diese Erfahrungen sollten jedoch neuartig und authentisch sein, der Hochseilgarten im Nachbardorf wird diese Anforderung nicht erfüllen. Sobald Langeweile auftritt, verlieren diese Maßnahmen an Effektivität.

Stimmungsmacher nutzen

Menschen folgen Menschen, die sie mögen. Diese Stimmungsmacher können aktiv dazu beitragen, Vertrauen und ein gewisses Maß an Sympathie bei allen Beteiligten zu erzeugen, wenn es sich um massive Meinungsverschiedenheiten handelt.[28] Emotionale Zentren sind die Mitarbeiter, die von vielen oder allen gemocht werden, aber oft nicht die, die die beste Leistung von allen erbringen. Sie sind jedoch außerordentlich wichtig für ein Network, denn sie beeinflussen die Meinung der anderen, was einen unschätzbaren Wert für Unternehmen, Führung und Projekte darstellt. Um die Stimmungsmacher zu identifizieren, bieten sich 360 Grad-Feedbacks oder andere soziometrische Analysen an. Die Kernpunkte lauten: Wer ist am besten dazu in der Lage, zwischen Gruppen zu vermitteln, Frustrationen und Enttäuschungen vorzubeugen oder zu mildern und Schutz zu geben?

---

[28] Siehe auch: http://www.uni-hildesheim.de/vitaminl/downloads/arbeitsbericht20021211.pdf. Mandl, Heinz; Beger, Gabriele; Jeschke, Gabriele; Wessner, Martin u. a.

Teambuilding

Auch Networks benötigen ein gesundes Maß an Teambuilding, d. h. an Aktivitäten, die über das Maß der Zusammenarbeit hinausgehen. Networks leben von den Shared Activity principle.[29] Wann immer es darum geht, Menschen zusammenzubringen und Networks zu schaffen, eigenen sich Shared Activities — gemeinsame Aktivitäten. Aktivitäten wie Golfen & Co sind schon lange bekannt dafür, dass sie den Gruppenzusammenhalt fördern. Alternativ und nachhaltiger hingegen sind Aktivitäten, die im Charity-Bereich und in sozialen Projekten stattfinden, Freiwilligenprogramme oder generell Aktivitäten, die sich im Nonprofitbereich abspielen. Sie sind erfolgreich, weil sie fernab der täglichen Arbeit Engagement und den Einsatz der jeweiligen Stärken und Fähigkeiten der einzelnen Akteure aufzeigen. Spontane Situationen mit spontanen Fragen und spontanen Reaktionen zeigen den Menschen nicht nur in seiner Unternehmensfunktion, sondern als echten, stabilen Charakter, der sich so im täglichen Geschäftsleben nicht entfalten kann. Aktivitäten, die sich eignen, sind

- Aktivitäten, die eine persönliche Vorliebe oder Leidenschaft der Teilnehmenden ansprechen, denn alle sind bereit, dafür Zeit aufzubringen und können aufgrund des geteilten Interesses die Zeit miteinander genießen.
- Aktivitäten, die das Zusammenführen unterschiedlicher Skills betreffen und in welchen die Teilnehmer abhängig von den Skills der anderen Teilnehmenden sind, z. B. den Aufbau eines sozialen Projekts.
- Aktivitäten, die Wettbewerb bzw. Ruhm und Ehre beinhalten. einen gemeinsamen Erfolg einfahren oder gemeinsam verlieren — all dies ist über sportliche Veranstaltungen oder auch Wettbewerbe zu erreichen, und beides erzeugt Zusammengehörigkeit und Loyalität, die eine Beziehung auf lange Zeit, wenn nicht für immer zusammenhalten.

2.8 Die Fallstricke

Kein Unternehmen wird sich von heute auf morgen auf Network Leadership umstellen. Organisationale Grenzen und Hindernisse mögen dabei die größte Rolle spielen, aber insbesondere die Aneignung eines Network Mindsets spielt eine wesentliche Rolle. Vorbehalte und Ängste gegenüber Networks verhindern den strategischen Networkaufbau massiv. Diese zu bagatellisieren ist wenig zielführend,

---

[29] vgl. Uzzi 2005.

sind ihr Abbau doch der Schlüssel zu einem Network Mindset. Nur ein offener und konstruktiver Umgang mit ihnen kann dazu führen, Networks effektiver werden zu lassen.

1. Angst vor dem Teilen von Wissen

Über das Teilen von Wissen und Erfahrungen wird viel gesprochen und geschrieben, doch in der Praxis sieht es anders aus. Herrschaftswissen dient immer noch als Machtmittel in sozialen Beziehungen und vernichtet so jegliches Networkdenken. Die zugrundeliegende Angst ist durchaus verständlich, ist es doch in vielen Unternehmen das Wissen, das die Wettbewerbsfähigkeit und die Marke ausmachen, und für viele Experten das einzige, was sie besitzen.

2. Hierarchiedenken

Hierarchisches Denken ist nach wie vor einer der größten Verhinderer erfolgreicher Networks. Durch starre Hierarchien gezwungen, im „Untergrund" zu agieren, nehmen Networks meist nicht den Verlauf, den sie in einem anderen Umfeld hätten nehmen können und verkommen so zur Frustgemeinschaft anstatt zum Innovationsmotor.

3. Angst vor/Vermeidung von Shared Leadership

Der Begriff „shared leadership" alleine reicht schon aus, um manch einem Shareholder oder Unternehmensleiter den Angstschweiß auf die Stirn zu treiben. Dass in den meisten Unternehmen Shared Leadership schon existiert, nämlich in Form von informellen Führern, wird selten gesehen und noch seltener genutzt. Auch mag es dem einen oder anderen gar nicht gefallen, Führung und damit auch eine „Wichtigkeit", aus der die eigene Identität bedient wird, abzugeben.

4. Verweigerung der Kooperation mit kritischen Geistern

Nicht jedes Unternehmen oder jede Führungskraft kann oder will mit kritischen Geistern umgehen geschweige denn kooperieren. Dass sich Unternehmen dadurch von kreativen Gedanken abschneiden, liegt auf der Hand.

5. Zeitmangel

Organisationsprozesse, die immens viel Energie für das Managen benötigen, erschweren den Aufbau und das Management effizienter Networks. Diese ausgesprochene kurzfristige Orientierung ist in vielen Unternehmen an der Tagesordnung. Das Arbeiten mit Networks bedeutet: Zeit, und Zeit ist Mangelware, selbst wenn es offensichtlich ist, dass es nur eine Frage der Zeit ist, bis Networks die traditionellen Teams ergänzen bzw. ersetzen.

6. Das Gefühl von Unüberschaubarkeit

Die Größe, die Networks annehmen, schüchtert viele Menschen stark ein. Der Blogger und Networkexperte Bill Traynor beschreibt in einem recht anschaulichen Beispiel, wie sehr flache Hierarchien und die schier unendliche Weite der möglichen Networks Menschen ängstigen können. Traynor berichtet von seinem ersten Ausflug in die Wüste. Traynor, selbst aus New England stammend, wo sanfte Hügel und gewundene kleine Straßen das Landschaftsbild bestimmen, war geradezu erschlagen von der Größe und Weite des Himmels und der gleichförmigen, nicht enden wollenden flachen Landschaft. Die Panikattacke und das Schwindelgefühl, die ihn ergriffen hat, als er aus seinem Wagen ausstieg, kommentiert er mit den Worten: „This is huge... there is no mastering of this... things are too big, too far, to flat, too beige." Traynor erlebte ein ähnliches Gefühl, als er zum ersten Mal auf ein großes Network traf.[30]

7. Karriereängste

Führungskräfte, die in stark hierarchisch geprägten Umfeldern arbeiten, tun sich schwer damit, in „Network" zu denken. Ihr Aufstieg im Unternehmen ist geplant, die einzige Voraussetzung scheint zu sein, die Vorgaben zu erreichen. Sobald diese Führungskräfte in den strategischen Bereich eines Unternehmens gelangen (was mit einer höheren Position unweigerlich einhergeht), sind sie oft nicht in der Lage, ihr rein funktional und analytisch ausgerichtetes Denken hinter sich zu lassen und sich der wichtigsten Sache zu widmen, nach der strategisches Denken verlangt: dem Aufbau von Beziehungen.

---

[30] vgl. Vertigo and the Intentional Inhabitant: Leadership in a Connected World, Bill Traynor, July 2009, http://www.nonprofitquarterly.org/management/1454.html, Stand 01.01.2013.

Training, Coaching und Mentoring sind die Mittel, die Unternehmen anwenden können, um die o. g. Ängste einzudämmen und neue Wege der Zusammenarbeit zu erschließen. Es ist an der Zeit, dass sich Personalentwickler, Mentoren und Coaches nicht mehr nur den allgemein gängigen Aspekten der Weiterbildung widmen. Es bedarf der Ausbildung und Schulung durch spezielle Network-Trainer, der Begleitung durch Network Coaches, und der Beratung durch erfahrene Network-Mentoren, denn nur sie können, on the job, die neuen Network Leader in der Analyse, dem Auf- und Ausbau und der Pflege der Networks unterstützen. Auch Beförderungs- und Bewertungskriterien müssen sich verändern. Unternehmen befördern Fachleute, das ist ein Fakt. Auch sollte es in Zukunft zu einem Fakt werden, dass Networking als ein Fachinhalt zählt, der vermittelt, beurteilt und letztendlich auch entlohnt wird. Networking Skills gehören in jede Potentialanalyse, und Networking muss als soziale Kompetenz gemessen werden. Die Fähigkeit, erfolgsrelevante Kontakte in Networks zu definieren, zu engagieren und zu managen, ist eine der Kernstärken der Zukunft und Networking eine Aufgabe mit strategischer Weitsicht, die es erfordert, komplexe Zusammenhänge erkennen zu können.

Fünf Tipps, um Ihre Networks optimal aufzubauen:

1. Schaffen Sie sich Kontakte, nicht nur innerhalb Ihres Unternehmens. Interagieren Sie — ganz gleich, ob Sie Golf spielen, einen gemeinsamen Vortrag besuchen oder zusammen zu Mittag essen — und finden Sie in jeder aufgebauten Beziehung einen strategischen Vorteil.
2. Denken Sie NETWORK: Machen Sie sich klar, dass Networking zu den wichtigsten Aufgaben einer Führungskraft gehört.
3. Schaffen Sie sich die Zeit zum Networken!
4. Networken bedeutet Reziprozität: Denken Sie daran, immer zu geben — und das frühzeitig. Helfen Sie anderen, bevor Sie Hilfe benötigen.
5. Mappen Sie Ihre Networks via SNA!

2.9 Herausforderungen der Gegenwart und Zukunft: Network-Werte leben

Ein Teil der Erfolge der neuen Networks beruhen darauf, dass sie ein Set von Werten verkörpern, welches Menschen und Unternehmen in ihren Interaktionen prägt. Diese Werte gilt es zu verinnerlichen und weiterzugeben. Einige Beispiele, die einen Teil des Network Leadership Ethos widerspiegeln, sind:

Großzügigkeit: Wissen teilen, auch über Unternehmensgrenzen hinaus. Dieser Wert stellt für Unternehmen eine Bedrohung dar, denn sie investieren Millionen in die Entwicklung neuer Technologien oder Produkte, in der Hoffnung, dass sie einen ROI (Return on Investment) einfahren. Radikales Networkdenken fordert ein Teilen dieses Wissens — wie dies in der Wirtschaftswelt umsetzbar sein kann, bleibt abzuwarten (siehe auch die Diskussion um Urheberrechte).

Kontrolle abgeben: Als Obama seine letzte „election campaign" führte, setzten seine Berater eine Website namens www.mybarackobama.com auf. Die Plattform wurde nicht von Obamas Wahlkampfmanagern genutzt, sondern ganz alleine von Obama Unterstützern am Leben gehalten, eine Vorstellung, die für den Kontrolldenker von heute eine schiere Unmöglichkeit ist. Die Frage, die sich stellt, ist folgende: Ist es nicht besser zu lernen, mit einer Networkkultur umzugehen, anstatt sie zu bekämpfen, denn — Networks funktionieren, wie man sieht. Wenn wir heute Organisationen betrachten, beobachten wir, dass sie „wikily" arbeiten, d. h. mit größerer Transparenz und dezentralisierten Entscheidungsstrukturen. Jedoch bleibt zu sagen, dass die Adaptierung von Network Leadership vielen Unternehmen nicht leicht fällt und fallen wird — vor allem fehlen die Network Leader, die nicht auf Bäumen wachsen, sondern erst in Leadership Programmen herangezogen werden müssen.

Vertrauen und Reziprozität: Diese Werte spielen eine große Rolle in Networks. Ist das Verlangen nach beidem wirklich eine Utopie oder können Networks eine neue Welt schaffen, die anders ist als die heutigen Unternehmenswerte?

Accountability: Verantwortung teilen, nicht durch Regeln, sondern durch den Beziehungsaufbau im Network, ist eines der Themen der Networkwertediskussion. Dies kann nur funktionieren, wenn Menschen sich ehrlich füreinander interessieren und sich wertschätzen — auch eine Utopie?

ZUSAMMENFASSUNG

Persönliche Networks, operationale Networks und strategische Networks bilden die Grundlage einer jeden effektiven modernen Führung. Trotzdem scheuen viele Führungskräfte davor zurück, sich tragfähige Networks aufzubauen. Zeitmangel als auch die Angst vor den vermeintlich manipulativen Aspekten dienen als Entschuldigung für diese oft schwer zu verstehende Abstinenz.
Persönliche Networks bestehen aus Personen, die Sie darin unterstützen, persönlich zu wachsen und sich weiterzuentwickeln.
Operationale Networks bestehen aus Personen, die Sie darin unterstützen, die täglichen Aufgaben zu erledigen.

Strategische Networks bestehen aus Personen, die sich außerhalb Ihres Einflussbereichs befinden und die Sie darin unterstützen können, Ihre Unternehmensziele zu erreichen.

Leader today, follower tomorrow

Die Kernpunkte von Networks im 21. Jahrhundert sind:

- Der Vertrag lautet nicht „Mehr Geld gegen Arbeit", sondern „Wer ist mit wem wie verbunden und welcher Nutzen ergibt sich daraus für alle?"
- Die gehandelte Ware ist Unterstützung, Information, Rat und Tat, Wissen, Kooperation, Hilfeleistung und Connections.
- Mitarbeiter, Experten und Talente werden nicht mehr alleine von HR auf dem traditionellen Wege rekrutiert, sondern über Networks: Wer kennt wen und kann was empfehlen?
- Ganze Projekte werden durch Netzwerke geleitet und geführt. Was früher als halbseidenes „Kungeln" oder „Klüngeln" ziemlich unprofessionell und nur in die eigene Tasche wirtschaftend ein „Geschmäckle" hatte, ist heute hochgradig professionalisiert und gesellschaftlich akzeptiert.
- Die Initiatoren und Führer dieser Networks sind hochmodern, sie haben die neuen Networks gestaltet, teilweise als Leader, teilweise als Follower — und sie leben die neuen Strukturen, die nicht mehr im hierarchischen Modell verankert sind.

Betrachtet man die noch traditionell geprägten Unternehmenslandschaften, die mangelnden Trainings- und Ausbildungsangebote und die noch relativ magere (europäische) Literatur, mag es für viele Unternehmen noch zu früh sein, ihr hierarchisches Führungsgefüge gegen eine komplett neue und unbekannte Struktur auszutauschen. Folgende Einsichten und Aussichten können aber schon heute gegeben werden.

1. Die Herausforderung Network Leadership *muss* heute schon aktiv angegangen werden, auch wenn Unternehmen noch in hierarchischen Strukturen arbeiten und die Forschung nur wenig Unterstützung bieten kann. Network Leadership findet sich bereits in einigen Cross-Organizational und Cross-Sector Partnerships, die sich seit einiger Zeit erfolgversprechend ausbreiten.
2. Es gibt mittelfristig keine Alternative zu Network Leadership als ergänzende Form der Führung. Jeder Einzelne und nicht nur Führungskräfte sind gefragt, sich mit dem Thema Network, seinen Auswirkungen und Chancen auseinanderzusetzen und sich zu engagieren. Am besten drückt dies wohl der Kommentar einer von Ibarra & Hunter untersuchten Führungskraft aus: „Yet, the alternative to networking is to fail — either in reaching for a leadership position or in succeeding at it."[31]

---

[31] Ibarra und Hunter 2007

3. Networks und Network Leadership — die neue Sau im Dorf? Weit gefehlt. Das Problem der schier unbegrenzt erscheinenden Möglichkeiten, die vielbeschriebene Multioptionalität unserer Gesellschaft trägt rasant dazu bei, dass Menschen einen sicheren Hafen suchen — den sie in Networks finden.
4. Die Zeiten der einsamen Führungshelden sind gezählt. Der heroische unglaublich talentierte Mensch, der ob seines einzigartigen Charakters Unglaubliches leistet und schafft, ist passé. Erfolgreiche Menschen sind heute Teil eines Networks, das immer wieder aufs Neue erfolgreiche Menschen und Ideen hervorbringt. Network Weaver, Broker, Connectoren sind die neuen Führungskräfte.
5. Soziale Medien sind nur einige der Vehikel, deren sich die neuen professionellen Network Leader bedienen. Viele Unternehmen arbeiten schon jetzt mit Hochdruck daran, interne, vergleichbare Technologien zu schaffen und so den Networks den Weg zu ebnen.

Vertiefende Inhalte

Als weiteres Zusatzmaterial auf Arbeitshilfen Online finden Sie:

- Interview mit Christian Kerner, dem Geschäftsführer des Wirtschaftsclubs Köln, zu Networking allgemein

- Märchenstunde: über Vorbehalte zum strategischen Networking

3 Job Crafting Leadership

3	**Job Crafting Leadership**	**91**
3.1	Was ist Job Crafting?	93
3.1.1	Positive Effekte durch proaktive Arbeitsplatzgestaltung	93
3.1.2	Job Crafting als verstecktes Potential	95
3.1.3	Ihr Handlungsspielraum als Führungskraft	97
3.2	Job Crafting – Hintergründe, Strategien und Konsequenzen	98
3.2.1	Wissenschaftliche Hintergründe und Stand der Forschung	99
3.2.2	Die Strategien der Job Crafter	101
3.2.2.1	Grenzen verschieben	102
3.2.2.2	Soziale Beziehungen verändern	102
3.2.2.3	Rahmen verändern	103
3.2.3	Strategien in der Praxis	104
3.2.3.1	Grenzen verschieben	104
3.2.3.2	Soziale Beziehungen verändern	105
3.2.3.3	Rahmen verändern	106
3.2.4	Negative Reaktionen auf Job Crafting	107
3.2.5	Ignoranz von Job Crafting und die Folgen	108
3.3	Motive, Vor- und Nachteile von Job Crafting	111
3.3.1	Hauptmotive	111
3.3.2	Benefits	112
3.3.3	Nachteile	112
3.4	Der Job Crafting Prozess und Ihre Rolle als Job Crafting Leader	115
3.4.1	Phase 1: Analyse	115
3.4.1.1	Job Crafting erkennen	116
3.4.1.2	Analyse der Stärken, Talente und Interessen	119
3.4.2	Phase 2: Umsetzung – Job Crafting begleiten	126
3.4.2.1	Veränderungen	127
3.4.2.2	Lösungswege	128
3.4.3	Umsetzungsmonitoring	137
3.4.3.1	Sozialer Ressourcengeber	137
3.4.3.2	Win-Win-Lösungen	138
3.4.3.3	Die Rolle der Führungskraft	141
3.4.4	Phase 3: Evaluation – Job Crafting auswerten	142
3.4.4.1	Resultate	143
3.4.4.2	Prozessmonitoring	143
3.4.4.3	Endbewertung	144

3.5	Hindernisse	145
3.6	Job Crafting – die Herausforderung für Unternehmen	146
	3.6.1 Umfeld schaffen	147
	3.6.2 Job Crafting für Führungskräfte	147
	3.6.3 Ausblick	148

> **MANAGEMENT SUMMARY**
>
> Grenzverschiebung, soziale Muster verändern und Rahmenveränderung sind die drei Methoden, mit denen Mitarbeiter in Unternehmen ihr Arbeitsumfeld so verändern, dass es besser zu ihren Interessen, Fähigkeiten und Stärken passt. Als Job Crafting bezeichnet und mittlerweile zum Wirtschaftsfaktor avancierend, bedeutet dies für Führungskräfte, insbesondere im Hinblick auf die Gen Y, diese selbstregulatorischen Vorgänge zu nutzen und zu lenken, um Motivation und Innovation im Unternehmen zu halten. Führungskräfte müssen Job Crafting erkennen, gemeinsam mit ihren Mitarbeitern analysieren und strukturieren, umsetzen und evaluieren, Stärken und Interessen berücksichtigen als auch das Arbeitsumfeld so gestalten und Beteiligte so involvieren, dass die Job-Crafting-Prozesse zu einer Win-Win Situation für alle Beteiligten werden — für Mitarbeiter, Führungskraft, Team und Unternehmen. Wird Job Crafting ignoriert, hat dies Folgen, wie sich nicht nur an der momentanen Diskussion über Burnout feststellen lässt, sondern auch an den vielen Mitarbeitern, die innerlich schon gekündigt haben und dies juristisch vielleicht auch bald vollziehen werden bzw. als „passive Posten" zu einer negativen Bilanz beitragen.

3.1 Was ist Job Crafting?

3.1.1 Positive Effekte durch proaktive Arbeitsplatzgestaltung

Jane Dutton von der Yale School of Management und ihre Kollegen Amy Wrzesniewski und Justin Berg von der University of Michigan entdeckten vor einigen Jahren ein interessantes Phänomen in Unternehmen. In organisationspsychologischen Untersuchungen fiel ihnen eine Reihe von Mitarbeitern auf, die vermehrt aus *eigenem Antrieb heraus* daran arbeiteten, ihre täglichen Arbeitsaufgaben im Aufbau, Ablauf und in ihrer kognitiven Wahrnehmung so umzugestalten, dass sie den eigenen Interessen, Zielen und Stärken vermehrt entgegen kamen. Neben einer erhöhten Jobzufriedenheit und verstärktem Engagement produzierten diese Mitarbeiter auch eine ganze Reihe innovativer Problemlösungen, die nicht nur ihnen selbst und ihrem Team, sondern auch dem gesamten Unternehmen zugutekamen. Dutton et al. bezeichnen diese Aktivitäten als Job Crafting. Im Zuge ihrer Untersuchungen machten sie eine unfassbare Entdeckung: Den meisten Führungskräften waren die Aktivitäten ihrer Mitarbeiter kaum bekannt bzw. bewusst, teilweise agierten die Führungskräfte sogar als (unbewusste?) Verhinderer.

Diese Forschungsergebnisse werfen eine elementare Frage auf: Wie kann es passieren, dass in einer an maximaler Nutzung von Ressourcen orientierten Welt in Millionen von Unternehmen viele Mitarbeiter danach streben, proaktiv ihren Arbeitsplatz so umzugestalten, dass sie zufriedener, effektiver und engagierter für ihr Unternehmen tätig werden — diese Vorgänge aber weder von Führungskräften noch von anderen Unternehmensinstitutionen bemerkt, genutzt, analysiert und als Best Practice Case in die Unternehmensführung integriert werden?

Dutton et al. erkannten die Bedeutung ihrer Entdeckung und machten sich auf die Suche nach den Prozessen, Voraussetzungen und Bedingungen für Job Crafting. Sie analysierten zuerst die Strategien, die Job Crafter anwenden, um ihren Arbeitsplatz umzugestalten und definierten drei unterschiedliche Arten und Weisen des Job Crafting, um dann im Weiteren die Prozesse und Phasen, die jeder Job Crafter durchläuft, herauszudestillieren. Ihre Forschungen helfen Führungskräfte, Job Crafting der Mitarbeiter zu erkennen und im Rahmen ihrer Führung effektiv und gewinnbringend für Unternehmen zu nutzen/einzubinden.

Stille Ressource

Beispiele aus der Praxis für Job Crafting gibt es zuhauf. Eine IT Mitarbeiterin erstellt aus eigenem Antrieb ein kleines Softwareprogramm, um sich die tägliche Arbeit zu erleichtern (und ihrer Abteilung Zeit einzusparen), eine Reinigungskraft im Krankenhaus verbessert ihren eigenen Tag und den der Patienten, indem sie im Vorbeigehen mit Patienten scherzt und gute Laune verbreitet (und andere Mitarbeiter motiviert), ein Innendienstmitarbeiter bittet darum, öfter in Kundenkontakt treten zu können als auch einige Vertriebsseminare besuchen zu dürfen, da der persönliche Kontakt mit Kunden ihm nicht nur Freude bereitet, sondern auch seine Argumentationsfähigkeit stärkt und so einen weiteren Baustein in seiner Karriere darstellen könnte (was ein wertvolles Asset für ein Unternehmen darstellt, wenn es um Mitarbeiterbindung und den Verbleib von Wissen im Unternehmen geht). Dutton et. al. wiesen nach, dass diese selbst angestoßenen und unerkannt bleibenden Veränderungen zu einem erhöhten Engagement der Mitarbeiter als auch zu einer optimalen Arbeitsplatzgestaltung führen, denn sie sind nicht nur alleine an Effizienz orientiert, sondern bieten zudem einen unbezahlbaren Mehrwert: Sie werden begleitet von dem Gefühl, trotz hoher Arbeitsbelastung und teilweise nicht veränderbarer Aufgabenstrukturen etwas Sinnvolles zu tun und die eigenen Talente und Stärken einbringen zu können. Dieses Gefühl, auch als Selbstwirksamkeit bekannt, motiviert weitaus stärker als das passive Verweilen in engen Arbeitsstrukturen, wie es traditionell die Regel ist. Auch Bakker et al. (Erasmus Universität in Rotterdam) stellen fest, dass die durch Job Crafting ausgelösten positiven Gefühle eine große Rolle bezüglich des Arbeitsengagements und der Leistung der Job Crafter spielen. Sie erleben Glück, Freude, Enthusiasmus, kurz gesagt, Gefühle, die nachweislich dafür verantwortlich sind, die persönlichen Ressourcen[1] und deren Nutzung nicht nur aufrechtzuerhalten, sondern auch zu fördern (vgl. Bakker et al, 2012).

3.1.2 Job Crafting als verstecktes Potential

Die Erklärung für diese kostspielige Ignoranz liegt auf der Hand und ist nicht neu. Seit Jahrzehnten suchen Unternehmen, Führungskräfte und Personalabteilungen nur nach dem einen: Welcher Mitarbeiter hat welche Schwächen verglichen mit den Anforderungen an ihn und wie können wir ihn oder sie dahin bringen, diese vermeintlichen Defizite bis auf die Wurzel auszurotten? Dass der Fokus auf der Ausmerzung von Fehlern und vermeintlichen Schwächen liegt, ist im Grunde genommen verständlich, denn die vorherrschende Ansicht sagt aus, dass Maschinen, wenn sie nicht rund laufen oder zu veralten drohen, „repariert" oder „optimiert" werden müssen. Obwohl wir wissen, dass Menschen keine Maschinen sind, unterliegen wir doch alle mitsamt unseren Mitarbeitern, Führungsetagen und Personalabteilungen diesem äußerst folgenschweren Denkfehler aus tayloristischen Zeiten. Wenn ein Mitarbeiter nicht mehr „rund" läuft, demotiviert und wenig engagiert ist, viele Fehler macht, sich gegen Change wehrt, wird eine Reparatur wenig helfen, auch wenn Berater uns glauben machen, dass es nur eine Frage der Zeit und der richtigen Gesprächstechnik ist, bis er wieder „on track" ist. Wir arbeiten mit Volldampf daran, alle seine Schwächen zu beseitigen, wir coachen und trainieren ihn und wir traktieren ihn in Mitarbeitergesprächen so lange mit seinen Fehlern und Defiziten, bis wir ihm das letzte Fünkchen Motivation aus dem Leib und Gehirn befördert haben. Die Alternative, nämlich die Frage nach den Stärken, Ideen und Interessen des Mitarbeiters, wird nie in Betracht gezogen und wenn doch, aus Unkenntnis nicht weiterverfolgt.

---

[1] Zu den Ressourcen gehören physische (Gesundheit und körperliche Skills), soziale (Networks, soziale Unterstützung, Freundschaften), intellektuelle (Wissen, Umsetzungsfähigkeit) und psychologische Ressourcen (Selbstwirksamkeit, Optimismus). Diese Ressourcen tragen zu einem kreativen, leistungsstarken und erfüllten Leben bei. (vgl. Bakker, Tims, Derks 2012).

Zum Glück gibt's Individualismus

Leider (oder Gottseidank) ist es jedoch so, dass die Gesellschaft und auch Mitarbeiter sich ändern. Der Individualismus hat schon lange Einzug in die Unternehmen dieser Welt gehalten und wird seinen Siegeszug fortsetzen. Dies bedeutet ein Umdenken in der Führung: Nicht mehr das sture Einhalten der Vorschriften und Arbeitsplatzbeschreibungen zählt, sondern die Individualisierung des eigenen Arbeitsfeldes. Was früher an mit bunten Tierchen beklebten PC-Monitoren zu erkennen war, spielt sich heute in der Beweglichkeit der Arbeitsaufgaben ab und Unternehmen tun gut daran, diese Tendenz zu fördern und auf der Welle zu surfen, anstatt unter ihr begraben zu werden. Forschungen aus den Niederlanden und Finnland belegen, dass es sich bei diesem Phänomen nicht nur um ein US-amerikanisches Phänomen handelt — insbesondere Bakker und Tims (Erasmus Universität Rotterdam) weisen in einer Reihe von Studien nach, dass Job Crafting ein universelles Phänomen darstellt und aus dem fortschreitenden Individualismus der neuen Generationen von Mitarbeitern entsteht. Sie bezeichnen Job Crafting demnach auch als „job redesign on the individual level"[2] und entwickelten ein eigenes Job Crafting Modell, das „job demands-resources model"/JD-R model[3]. Dass Job Crafting auf dem Wege ist, Einzug auch in europäische Unternehmen zu halten, zeigt das Interview mit Mara Spryt auf, die Job Crafting-Expertin bei Kessels & Smit Niederlande ist.

Weiterführende Website zur Studie „JD-R model" von Bakker and Demerouti 2007:

http://www.arnoldbakker.com/articles.php#articles2007

Vertiefende Inhalte:

Das Interview mit der Job Crafting-Expertin Mara Spruyt findet sich auf Arbeitshilfen Online.

Nicht der große Wurf?

Interessant in diesem Zusammenhang ist ebenfalls, dass Job Crafting Aktivitäten von der Wahrnehmung her nicht als „großer Wurf" erscheinen, d. h., dass Job Crafting keine revolutionären Einschnitte in den Arbeitsalltag produziert, indem es eine

---

[2] vgl. Tims and Bakker 1, 2010.
[3] vgl. Bakker and Demerouti 2007.

vollständige Veränderung des eigenen Arbeitsfeldes vornimmt. Es handelt sich um kleine, aber stete Veränderungen (Umgestaltung von Tätigkeiten, Aufgaben, Beziehungen, Tagesabläufen oder auch persönlichen Einstellungen) unter Nutzung der eigenen Stärken, Neigungen und Interessen, *oft weit abseits* der den Mitarbeitern zugeschriebenen Kompetenzen gelagert — und so wird Job Crafting häufig schlicht und ergreifend von Führungskräften und Unternehmen einfach „übersehen".

3.1.3 Ihr Handlungsspielraum als Führungskraft

Vor diesem Hintergrund stellen sich nicht nur den Unternehmen, sondern insbesondere den Führungskräften mehrere Fragen:

- Wenn es Mitarbeiter gibt, die proaktiv und selbstinitiiert nicht nur an ihrer Arbeitsplatzzufriedenheit, sondern auch an Innovationen arbeiten, wie muss ich agieren, um diesen Schatz zu heben und aktiv zu managen?
- Was bedeutet dies für mich und meine Art zu führen?
- Welche Techniken muss ich mir aneignen?

> **WICHTIG: Kurz zusammengefasst:**
> - Wie kann ich Job Crafting erkennen?
> - Wie kann ich Job Crafting unterstützen?
> - Wie kann ich Job Crafting steuern?
> - Wie kann ich Job Crafting evaluieren?

Die niederländischen Wissenschaftler Tims und Bakker halten fest, dass mit den neuen Generationen im Arbeitsmarkt die Zeit nun reif ist für professionelle Job Crafting-Konzepte. Es erfordert, dass Führungskräfte und Unternehmen sich stärker mit der Nutzung dieses Phänomens befassen und es fördern, im Sinne des Unternehmenserfolgs. Tims und Bakker weisen beeindruckend nach, dass *Führungskräfte* einen immens fördernden Einfluss auf Job Crafting nehmen können, wenn sie eine Reihe von unterstützenden Techniken und Maßnahmen in ihr Führungsrepertoire aufnehmen, die es Job Craftern ermöglichen, kreativ und innovativ zu arbeiten.

Mitarbeiterentwicklung auf individuellem Level

Eine weitere Frage, die sich stellt, ist, inwieweit hier eine Personalentwicklung stattfindet, die sich außerhalb des Einflussbereichs der Personalabteilungen bewegt. Mitarbeiterentwicklung auf individuellem Level kann immense Auswirkungen auf die institutionalisierten Personalentwicklungsbereiche von Unternehmen haben. Glaubt man dem Management-Vordenker Charles Handy, haben sich die Personalabteilungen überlebt. In einem Interview mit dem Managermagazin gibt Handy auf die Frage hin, ob die neuen gesellschaftlichen Trends eine gute Nachricht für Human-Resources-Abteilungen sind, Folgendes zu Protokoll: „Kaum, auch sie werden verschwinden. Personalarbeit ist zu wichtig, um sie den Personalern zu überlassen; sie muss zurück zu den Linienmanagern. Man sagt auch keinem General: Du brauchst dich nicht um die Soldaten zu kümmern, nur um die Waffen."[4]

Auch Nick Petrie vom Center for Creative Leadership am Colorado Springs Campus zeigt in seiner Studie „Future Trends in Leadership Development", dass Charles Handy mit seiner Meinung nicht alleine steht. Petrie sieht vier Transitionen in der Führung, und eine davon ist die Verlagerung von Mitarbeiterentwicklung, die bisher traditionell in HR und PR angesiedelt ist, hin zu einer individuellen, selbst angestoßenen Entwicklung, die nur in enger Zusammenarbeit mit der eigenen Führungskraft entstehen kann.

ARBEITSHILFE ONLINE

Weiterführende Website zur Studie „Future Trends in Leadership Development":

http://www.ccl.org/leadership/pdf/research/futureTrends.pdf

3.2 Job Crafting – Hintergründe, Strategien und Konsequenzen

Bevor wir im Kapitel 1.4 die relevanten Führungstechniken bei Job Crafting praxisnah anhand der dort vorkommenden Phasen detailliert analysieren, möchte ich Ihnen an dieser Stelle einen Einblick in die Hintergründe und den Stand der Forschung geben. Anschließend folgt ein kurzer Überblick über drei Arten des Job Crafting sowie die Benefits. Sollten Sie direkt zum Thema Führung mit Job Crafting springen wollen, lesen Sie bitte vorher die kurze Einführung in die drei Arten des Job Crafting, sodass Sie über die Grundlagen der Techniken informiert sind.

---

[4] http://www.manager-magazin.de/magazin/artikel/0,2828,629898,00.html, Stand 21.02.2013

3.2.1 Wissenschaftliche Hintergründe und Stand der Forschung

Historie und Wirklichkeit: „Job Design"

Frederick Winslow Taylor nahm als erster zum Ende des 19. und zu Beginn des 20. Jahrhunderts so etwas wie eine Arbeitsplatzgestaltung (Job Design) in Angriff. Als Ingenieur geeicht auf Effizienzverbesserung in Fabriken, deren Workforce zumeist aus ungebildeten Analphabeten bestand, erfand er die Arbeitstrennung, allen bekannt unter Taylorisierung oder auch Scientific Management. Diese strikte Arbeitstrennung rief mit der Zeit bei Mitarbeitern eine starke Ablehnung hervor und führte viele Jahre später dazu, dass Frederick Herzberg 1974 seine Zwei-Faktoren-Theorie formulierte. Die Zwei-Faktoren-Theorie (auch Motivator-Hygiene-Theorie) von Herzberg beschäftigt sich mit dem Thema der Arbeitsmotivation und gehört neben der Motivationspyramide von Abraham Maslow zu den bekanntesten Motivationstheorien. Zu Herzbergs Hygienefaktoren, die in positiver Ausprägung Zufriedenheit entstehen lassen, gehören etwa die Höhe des Gehalts, Führungsstil, die Arbeitsbedingungen generell, das Betriebsklima, die Jobsicherheit; zu den Motivatoren Erfolg mit der dazugehörigen Leistung, interessante Arbeitsinhalte, Beförderungen, Verantwortung, Anerkennung und Weiterentwicklung.

Kurz darauf (1980) entwickelten Hackman und Oldham ein Modell zur Arbeitsmotivation, die sogenannte Job Characteristics Theory, in der es vorrangig um den Inhalt der Arbeitsaufgaben geht, der Motivation und Bedeutung schaffen soll. Der generelle Ausgangspunkt heißt: Mitarbeiter bringen eine bessere Leistung, wenn sie zufrieden und motiviert sind, und dies wird erreicht, indem eine optimale Arbeitsplatzgestaltung von oben, also *top down,* vorgenommen wird. Aber ist dem wirklich so? Werfen wir einen Blick in ein Unternehmen.

Der traditionelle Arbeitsplatz

Ein Mitarbeiter in einem Unternehmen erhält im Rahmen des Arbeitsverhältnisses eine Reihe von Aufgaben von der Führungskraft zugeteilt, die er innerhalb eines bestimmten Zeitraums auf eine bestimmte Art und Weise in Zusammenwirkung mit anderen Mitarbeitern abarbeiten soll. Der Arbeitsplatz und die Art der Aufgabenausführung wurde von Personalspezialisten, der Personalabteilung und womöglich von einigen externen Beratern präzise erarbeitet und gestaltet, eine Vorgehensweise, die sich millionenfach bewährt hat. Die Erwartungen an den Mitarbeiter sind klar: Der von Spezialisten auf das Sorgfältigste designte Job soll hochmotiviert und natürlich genau wie festgelegt ausgefüllt und ausgeführt werden.

Aber was passiert? Viele Mitarbeiter beklagen sich immer wieder über bestimmte Aufgaben, ihnen unterlaufen ständig die gleichen Fehler, sie ändern in Eigenregie Abläufe, ohne andere davon in Kenntnis zu setzen, und wenn ihren Vorschlägen nicht stattgegeben wird, reagieren sie mit Demotivation, sie lehnen verordnete Veränderungen drastisch ab und lassen Gespräche zur Weiterentwicklung feindselig oder bestenfalls passiv über sich ergehen. Nun mag man als Führungskraft versucht sein zu denken, dass es sich bei diesen Mitarbeitern um eine besonders bösartige und undankbare Spezies handelt, die für wenig Leistung auch noch besonders viel Geld verdienen möchte. Dass es diese Spezies durchaus geben mag, soll hier nicht unser Thema sein. Demotivation jedoch schon, denn sie ist ein Warnsignal.

Demotivation — die Gelbe Karte!

Wenn es sich bei den Mitarbeitern nicht gerade um eine krasse Fehlbesetzung handelt, so handelt es sich bei den Klagen, der Demotivation und der Passivität um ein klares Signal dafür, dass die Mitarbeiter sich in bestimmten Aspekten des Jobs nicht wohl fühlen. Betrachtet man die traditionellen Herangehensweisen, zeigt sich, dass die meisten von ihnen einem *top down* Prozess unterliegen, in dem Manager ihren Mitarbeitern genauestens vorgeben, wie sie ihre Arbeitsaufträge zu erledigen haben. Selbst wenn Möglichkeiten wie Job Enrichment oder Job Rotation zur Verfügung stehen oder Herzbergs Motivationsfaktoren berücksichtigt werden, ändert sich das Problem an sich nicht[5], denn nach wie vor bewegen sich Mitarbeiter in engen Grenzen und können ihre Stärken und Interessen nicht so einbringen, wie es für ein motiviertes Arbeiten angebracht wäre. Erschwerend kommt hinzu, dass die meisten Menschen zwar ihre Kompetenzen kennen, aber nicht ihre Stärken. Sicherlich gut gemeint und gut geplant, löst diese offensichtliche Einengung des Handlungsspielraums bei vielen Mitarbeitern Demotivation aus. Dutton et al. weisen gar nach, dass in formell designten Jobs mit wenig Gestaltungsmöglichkeiten die größte Motivation der Mitarbeiter nicht darin besteht, den Anweisungen zu folgen, sondern darin, diese so zu umgehen, dass die zugeteilten Aufgaben besser zu den eigenen Zielen, Talenten und Stärken passen und folglich mit weitaus weniger Energieaufwand eine bessere Leistung erbracht werden kann. Wird nun die Möglichkeit einer Gestaltung, ganz gleich wie gering, auf Dauer verwehrt oder jeder Versuch der Gestaltung erstickt, gehen viele Mitarbeiter in die innere Kündigung. Fehlzeiten steigen, häufiges Zuspätkommen, immerwährendes Beklagen der Situation als auch ständig wiederkehrende Fehler können ein Anzeichen dafür sein, dass die betreffenden Mitarbeiter nicht gemäß ihrer Interessen oder Stärken

---

[5] vgl. Campion & McClelland, 1993

arbeiten können oder dürfen. So weisen Bakker et al. nach, dass Job Crafter weitaus weniger Fehlzeiten aufweisen als vergleichbare Mitarbeiter.

Nun können auch Sie sich sicherlich an Situationen erinnern, in denen es Ihnen ähnlich ging. Was haben Sie erlebt und getan, um der Situation zu entkommen? Oder befinden Sie sich gerade in dieser Situation?

> **BEISPIEL: Reaktionen von Mitarbeitern auf zu enge Handlungsspielräume**
> Hier finden Sie zusammengefasst die Stimmen einiger Interviewpartner:
> Ich habe mich dumm gestellt, krank gemeldet, überfordert gezeigt, mich daneben benommen, bin absichtlich zu spät gekommen, habe diskutiert, gebrüllt, ignoriert, mir einen neuen Job gesucht, meine Kollegen und meine Führungskraft gemobbt, schlecht über meine Firma geredet, mich jeden Tag bis spät abends geärgert, Magenschmerzen gehabt, aufgegeben, sabotiert.

Soweit ein kurzer Einblick in Historie und Realität in vielen Unternehmen unserer Zeit. Dass diese Realität dabei ist, sich zu überleben, liegt auf der Hand, sind doch einerseits die meisten jüngeren Mitarbeiter nicht mehr bereit, in engen Formen der Arbeitswelt tätig zu werden, und andererseits die Unternehmen auf Innovationen angewiesen, die in einer *networked world* nicht mehr alleine aus Forschungsabteilungen und Managerkreisen kommen, sondern immer mehr von allen im Unternehmen agierenden Menschen.

3.2.2 Die Strategien der Job Crafter

Wenn es sich bei Ihren Mitarbeitern um aktive Job Crafter handelt, so nutzen sie drei Wege, um sich einen motivierenden Arbeitsplatz zu gestalten — entweder mit Ihrer Hilfe oder ohne Sie. Da es sich bei Job Crafting um einen *bottom up* Prozess handelt (der Mitarbeiter stößt die Veränderung selbst an), ist es für Sie als Führungskraft unabdingbar, sich intensiv mit den Strategien der Job Crafter auseinanderzusetzen.

> **WICHTIG: Drei Strategien des Job Crafting**
> Die drei Strategien des Job Crafting sind:
> 1. Grenzen verschieben,
> 2. soziale Beziehungen verändern,
> 3. Rahmen verändern.

3.2.2.1 Grenzen verschieben

Jeder Job, jeder Arbeitsplatz ist eingefasst von abgesteckten Grenzen (Kompetenzen, Aufgaben und Verantwortung). Dies hat seine Berechtigung, denn ohne diese Grenzen bräche ein unübersichtliches Chaos in der Zusammenarbeit aus. Die jeweiligen Grenzen sind definiert durch Arbeitsanweisungen, Arbeitsplatzbeschreibungen, Vorgesetzte, die jeweilige Situation, die Fülle an Aufgaben. Häufen sich innerhalb der gesetzten Grenzen Aufgaben und Situationen, die Mitarbeiter massiv langweilen, stark überfordern (dies können auch Kleinigkeiten wie die monatliche Reisekostenabrechnung sein, die einen ansonsten exzellenten Sales Manager völlig überfordern) oder sinnentleert erscheinen, erfolgt als klassische Reaktion negativer Stress und Unzufriedenheit. Diese Unzufriedenheit trifft Mitarbeiter unterschiedlich. Einige verharren in einem passiven Zustand, andere wiederum (Job Crafter) arbeiten mit Grenzverschiebungen, um ihre Balance wieder herzustellen.

Grenzverschiebung bedeutet eine Arbeitsplatzveränderung durch Grenzerweiterung oder Grenzverengung. Durch eine bewusste und geplante Grenzerweiterung (der Job Crafter sucht und findet Herausforderungen und Lernfelder, indem er andere oder mehrere Aufgaben aus einem bestimmten Bereich unter Nutzung der eigenen Stärken übernimmt) oder durch eine Grenzverengung (der Job Crafter arbeitet über die Reduzierung bestimmter Aufgaben aus einem bestimmten Arbeitsfeld, da er sich überfordert und/oder nicht seinen Stärken gemäß eingesetzt fühlt) gestalten aktive Job Crafter ihre tägliche Arbeit so um, dass Arbeitsaufgaben und das tägliche Arbeitsleben wieder interessant werden.

Die Grundvoraussetzungen für eine erfolgreiche Veränderung bestehen darin, dass diese Grenzverschiebungen nicht einfach „ins Blaue hinein" vorgenommen werden, sondern sorgfältig auf die Übereinstimmung mit den jeweiligen Interessen, Entwicklungszielen, Stärken und Schwächen überprüft und mit Vorgesetzten und Kollegen gründlich besprochen und geklärt werden. Das Erkennen, das Besprechen und die Evaluation dieser Grenzerweiterung fordert von der Führungskraft weitaus mehr als das übliche Mitarbeitergespräch, nämlich die Beherrschung von Job Crafting Leadership Techniken (siehe Unterkapitel 3.4).

3.2.2.2 Soziale Beziehungen verändern

Dass gute Beziehungsmuster am Arbeitsplatz zu mehr Erfolg und Effektivität beitragen, erlebt jeder von uns tagtäglich. Auch Dutton et al. sind sich über den Einfluss sozialer Beziehungen auf die individuelle Arbeitszufriedenheit und Motivation im Klaren und weisen nach, dass gute Beziehungen innerhalb und außerhalb des Unternehmens, aber auch die Reduzierung oder Aufgabe von manchen belastenden Beziehungen das Engagement und die Leistung als auch die Freude an der täglichen Arbeit erhöhen. Job Crafter nutzen die aktive Veränderung sozialer Beziehungen, um einen höheren Grad an Arbeitszufriedenheit und auch Arbeitseffizienz zu erreichen, indem sie teilweise strategisch geprägte Allianzen eingehen, ihr Network ausbauen oder auch ein oder mehrere formelle oder informelle Networks neu gestalten, um mehr Einsatzmöglichkeiten für sich und ihre Talente und Interessen herzustellen. Aber auch der Abbruch von negativen, wenig gewinnbringenden Beziehungen wird als Strategie genutzt, denn nicht alle Beziehungen in Unternehmen sind gewinnbringend und gut, sondern eher belastend, wie beispielsweise die Teilnahme an manchen nervenzehrenden Meetings oder der Umgang mit Personen, die nur schwer mit der eigenen Persönlichkeit vereinbar sind, z. B. Kunden, die einfach besser mit dem Kollegen zurechtkommen.

3.2.2.3 Rahmen verändern

Die dritte Strategie, mehr Zufriedenheit und Engagement im Arbeitsleben zu schaffen, besteht darin, dem Arbeitsalltag, dem Beruf oder einzelnen Aufgaben einen ganz besonderen *Sinn* zuzuschreiben, ihnen eine andere Bedeutung zu geben, einen anderen Rahmen. Ein anderer Rahmen bedeutet: Ein Job ist nicht nur ein Job, sondern erfüllt einen tieferen Sinn. Dazu zählt etwas Neues lernen, anderen Menschen durch die eigene Tätigkeit oder durch das hergestellte Produkt helfen, oder auch die Feststellung, dass eine ungeliebte Tätigkeit ein wichtiger Baustein der Karriere ist, deshalb einen Sinn hat und nicht ewig dauern wird. Job Crafter nehmen hier eine Veränderung der eigenen Wahrnehmung vor, eine Art „mentalen Shift", der es ihnen ermöglicht, sich auf die Aufgabe zu konzentrieren und nicht in einem endlosen Nachdenken über die negativen Aspekte zu versinken. Ein Rettungssanitäter, der zu sehr über die negativen Aspekte seiner Arbeit nachdenkt, wie etwa die Arbeitszeiten und die Stressbelastung, kann sich damit wieder mentale und körperliche Ressourcen beschaffen, indem er sich vor Augen führt, dass seine Arbeit vielen Menschen hilft. Auch der Lagerarbeiter, der Nägel einsortiert, kann seinen Job mit Freude machen, weil er weiß, dass er anderen damit hilft (wie mir in einem Interview berichtet wurde).

> **Nur für Proaktive?**
>
> Im Gegensatz zu Dutton et al., die *jedem* Mitarbeiter die Fähigkeit des Job Crafting zusprechen, gehen Bakker et al. davon aus, das Job Crafter über ein besonderes Persönlichkeitsmerkmal verfügen: die *Proaktivität*, die es ihnen erlaubt, ihr Arbeitsumfeld stetig so zu verändern, dass sie engagiert und motiviert bleiben. Dazu gehören nicht nur Veränderungen im gewohnten Arbeits-

umfeld, sondern unter Umständen auch die Entscheidung, eine neue Arbeitsstelle zu finden, wenn die Umgebung nicht mehr stimmt, ein ausgeprägtes Interesse an Trainings und Weiterbildung, auch wenn diese nicht unbedingt in den eigenen Arbeitsbereich fallen, als auch die generelle Motivation, lernen zu wollen und zu können. Befinden sich diese proaktiven Persönlichkeiten auf Managerebene, werden sie als charismatische Führungskräfte gehandelt.[6] Bakker et al. versprechen, dass sich Leistungsniveau und Engagementlevel (Energie, Einsatz und Rollenerfüllung) eines Job Crafters aufgrund dieser proaktiven Persönlichkeit zuverlässig auf ein Jahr voraussagen lassen. Da Bakker et al. mit ihrer Definition nur den sowieso schon proaktiven Teil der Arbeitskräfte behandeln, greift dieses Konzept meiner Ansicht nach viel zu kurz, vor allem vor dem Hintergrund, dass Dutton et al. durch eine ganze Reihe von praktischen Erfahrungen belegen, dass der Gedanke des Job Crafting in vielen Bereichen (Recruitment, Berufsberatung etc.) und auch bei wenig proaktiven Personen erfolgreich genutzt werden kann.

3.2.3 Strategien in der Praxis

Um der oben angeführten Theorie auch die Praxis an die Seite zu stellen, einige real existierende Praxisbeispiele, die einen konkreten Einblick in effektiv gemanagtes und auch ineffektiv gemanagtes Job Crafting erlauben. Ausgehend davon, dass fast alle Mitarbeiter auf die eine oder andere Weise bestrebt sind, ihren Arbeitsplatz zu verändern, liegt es immer an der Führungskraft und dem umgebenden Unternehmen, ob die Job Crafting-Aktivitäten von Erfolg für alle Beteiligten (Mitarbeiter, Unternehmen, Team, Führungskraft) gekrönt sind oder in Demotivation münden.

3.2.3.1 Grenzen verschieben

Grenzerweiterung

Susanne S. ist als Buchhalterin bei einem großen Energieversorger tätig. Um monatliche Abrechnungen externer Mitarbeiter besser in die hauseigene Software integrieren zu können, hat sie ein kleines Online-Formular entwickelt, das ihr pro Tag fünfzehn Minuten Arbeit erspart. Auch Joschka N., der als Softwareentwickler für

---

[6] vgl. Müller 2012, Bakker et al. 2008, Crant 2000, Greguras & Diefendorff 2010.

einen internationalen Finanzdienstleister tätig ist, betreibt aktives Job Crafting. Er unterstützt neben seinen regulären Aufgaben immer wieder Mitarbeiter aus anderen Abteilungen in Verständnis und Anwendung der neuen Software, auch wenn dies ureigentlich die Aufgabe der hausinternen Trainer ist. Joschka knüpft durch seine freiwillige Hilfestellung neue Kontakte im Unternehmen und kann seine Stärke als Wissensvermittler einsetzen, was ihm ein Gefühl der Zufriedenheit und Sinnhaftigkeit vermittelt und vielleicht irgendwann einmal neue Karrierechancen eröffnet. Valerie K., die als PR-Beraterin morgens oft früher ins Büro kommt, nur um für ihren Lieblingskunden zusätzlich eine Aufstellung vorzubereiten, die zwar nicht im Honorar inbegriffen ist, ihr aber die Anerkennung und Wertschätzung des Kunden einbringt, ist ein drittes Praxisbeispiel.

Grenzverengung

Gregor S. möchte die Grenzen seines Arbeitsplatzes gerne verengen. Gregor ist als Berater im Vertrieb einer Werbeagentur tätig. Er ist viel auf Reisen und leistet hervorragende Vertriebsarbeit — so gewinnt er im Vergleich zum Rest des Teams die meisten Kunden und bringt seinem Unternehmen beträchtlichen Umsatz. Gregor liebt diesen Teil seines Jobs. Was ihm nicht liegt, sind die Berichte, die er nach Kundenbesuchen einreichen muss, und noch mehr belasten ihn die zu erstellenden Reisekostenabrechnungen. Gregor fühlt sich durch diese Aufgaben gleichzeitig unterfordert und überlastet und möchte sie gerne abgeben

Auch Robert K. nimmt eine Grenzverengung vor. Nachdem er von der Position eines grafischen Redakteurs zum stellvertretenden Chefredakteur Text befördert wurde, fühlte er sich immer unwohler. Nach einem Gespräch mit seinem Vorgesetzten, in welchem er ihm seine Interessen und Stärken erläutert, die er auf der neuen Position nicht einbringen kann, geht er unter beiderseitigem Einvernehmen zurück in die Position des Grafikredakteurs, was seinen Stärken weitaus mehr entgegenkommt und ihn motiviert und zufrieden hält. Robert studiert seit kurzem an drei Abenden in der Woche Kunst an einer privaten Akademie.

3.2.3.2 Soziale Beziehungen verändern

Marc H. arbeitet seit einigen Jahren im Marketing eines großen fränkischen Unternehmens. Seine guten Kontakte zu R & D (Research & Development) haben ihm schon oft geholfen, seinen Arbeitsplatz proaktiv zu verändern. Marc erfährt als erster von neuen Produkten, was ihn motiviert, sich für die schnelle Marktreife und Bewerbung der Produkte einzusetzen, auch hat er monatliche Treffen der beiden Abteilungen initiiert, in welchen in lockerer Runde Ideen und auch Privates diskutiert werden. Marc ist ein strategischer Networker und aktiver Jobcrafter, der seinen Stärken gemäß arbeitet: Kommunikation, Kontakte knüpfen, Kontakte vermitteln, Neugier, andere Sichtweisen kennenlernen geben ihm Freude und Energie.

3.2.3.3 Rahmen verändern

Personalentwickler Konrad R. langweilt sich seit längerem in seiner Stellung. Er ist in einem größeren Unternehmen in der Personalentwicklung tätig und sowohl im Frühjahr als auch im Herbst wochenlang einige Stunden täglich damit beschäftigt, Seminaranmeldungen in das System einzugeben und zu verwalten. Er beschwert sich bei seiner Vorgesetzten über diese Tätigkeit. Seine Vorgesetzte widmet sich dem Anliegen, erklärt Konrad R. aber auch, dass es auf absehbare Zeit keine andere Möglichkeit geben wird, die lästige Arbeit zu verändern. Sie fragt Konrad R. nach dem Sinn, die er in seiner Arbeit sieht, und nach seinen Stärken. Humor, Effizienz, andere Menschen weiterentwickeln, lautet die Antwort. Nach einigen Überlegungen, inwieweit er diese Stärken nutzen kann, um die Eingabetätigkeiten positiver zu gestalten, kommt er zu dem Schluss, dass er seinen Humor einsetzen kann, wenn es darum geht, ein paar Stunden Eingabetätigkeiten positiver zu gestalten. Auch die Sinnhaftigkeit seiner Tätigkeit macht er sich erneut bewusst: Schnelles Feedback an die Seminarteilnehmer und eine effiziente Verwaltung sind wertvolle Beiträge zu einem funktionierenden Ganzen. Konrad R. nimmt sich vor, seine persönliche Einstellung zu verändern.

Viele Menschen werden dies nicht wollen und mit „Man kann sich auch alles schönreden" argumentieren. Stimmt! Das kann man! Die Frage ist nur, warum wir es nicht ab und zu tun, anstatt uns willentlich in eine schlechte Stimmung begeben?

Job Crafting auf allen Ebenen

Job Crafting kann auf allen Ebenen stattfinden, in allen Organisationen, und in allen Berufen. Jobs, die einen hohen Grad an Selbstbestimmung mit sich bringen und zumeist am oberen Ende der Hierarchiestufen eingeordnet werden können, bergen natürlich sehr viel interessantere Möglichkeiten des Job Crafting als Arbeitsplätze, die stark formalisiert gestaltet sind, z. B. die Fließbandarbeit. Aber auch hier finden sich Möglichkeiten des Job Crafting, selbst wenn sie nicht in der direkten Umgestaltung des Arbeitsprozesses liegen. Sehr spannend ist beispielsweise die Beobachtung, dass sich Fließbandarbeiter im Job Crafting insbesondere dadurch kennzeichnen, dass sie in soziale Interaktionen investieren oder auch zusätzliche Aufgaben im Unternehmen übernehmen, die ihren Interessen und Talenten entgegenkommen, wie etwa die Planung und den Aufbau eines Regalsystems zur Lagerung wichtiger Werkzeuge. Ein weiteres interessantes Beispiel ist das des unterbeschäftigen Schauspielers, der sich ein Zubrot als Verkäufer in einem Callcenter verdient. Besagter Schauspieler hätte sich den ganzen Tag über diese Art Arbeit beklagen können, was er jedoch nicht tat. Er sah es als eine ausgezeichnete Übung an, jeden Tag sein festgelegtes Skript als Schauspieler zu spielen und verschiedene Charaktere auszuprobieren.[7]

3.2.4 Negative Reaktionen auf Job Crafting

Job Crafting wird oft aufgrund mangelnder Kenntnis des Konzepts von Führungskräften nicht erkannt. Anstatt die von den Mitarbeitern aktiv in Angriff genommenen Veränderungen auf Machbarkeit, Mitarbeiterstärken und Unternehmensziele hin zu überprüfen, werden die Aktivitäten oft als eigenmächtige Grenzüberschreitung oder unnütz vertane Zeit gewertet und die Mitarbeiter für ihr Engagement abgestraft. Susanne S. beispielsweise stellte das neu entwickelte Formular ihrer Vorgesetzten vor und argumentierte, dass sie im Monat mit der Nutzung des Formulars fünf Stunden einspare. Wenn alle Kollegen das Formular übernähmen, käme die gesamte Abteilung auf eine Zeitersparnis von fünfundzwanzig Stunden im Monat, die sich für andere Projekte nutzen ließe. Susanne wurde daraufhin von ihrer Vorgesetzten ermahnt, sich doch der täglichen Arbeit zu widmen und sich nicht mit Dingen zu beschäftigen, die zeitraubend und unproduktiv seien. Joschka hingegen hatte das Glück, auf offene Ohren zu stoßen. Seine Führungskraft nahm sein Engagement äußerst positiv auf und stellte ihm in Aussicht, ihn bei seinen Aktivitäten bis zu einem gewissen Maße zu unterstützen — soweit sie sich in den Rahmen der üblichen Arbeitsaufgaben reibungslos integrieren ließen und mit den Kollegen in Übereinstimmung zu bringen wären. Gemeinsam stellten sie einen Plan zur weiteren Entwicklung von Joschka auf, der konstant evaluiert und auf Ergebnisse und Übereinstimmung mit Zielen und Stärken Joschkas als auch der Abteilung überprüft wird. Valerie hingegen handelte sich massiven Ärger mit ihrem Vorgesetzten ein, der sie aufforderte, doch in Zukunft nur zu achtzig Prozent und nicht zu einhundertzwanzig Prozent für diesen Kunden zu arbeiten und ihre freie Zeit lieber neuen Projekten zu widmen.

Die abweisenden Reaktionen der Vorgesetzten sind durchaus verständlich, beinhaltet doch eine nicht abgesprochene Aktivität der Mitarbeiter auch durchaus eine Gefahr. Valeries Lieblingskunde könnte in Zukunft Sonderleistungen ohne Zuzah-

---

[7] vgl. Berg/Dutton/Wrzesniewski: What is Job Crafting and Why Does It Matter?, S. 1f.

lung fordern, Susannes Kollegen könnten sich überlegen, ebenfalls neue Formulare zu entwerfen und ihren Vorgesetzten damit zu überfluten; selbst Joschka, der eine Unterstützung erfährt, könnte sich früher oder später entscheiden, die Abteilung oder gar das Unternehmen zu verlassen und sich ganz dem Training zu widmen. Allerdings bedenken Sie: Wenn Sie ihm die Tätigkeit verbieten, wird er noch früher gehen.

Vor dem Hintergrund, dass die neue Generation zwei bis fünf Arbeitgeber für eine ganz normale Anzahl über die Spanne ihres Arbeitslebens hinweg hält und dass ihr Hauptinteresse darin liegt, gut ausgebildet und weiterentwickelt zu werden, wäre in obigen negativ ausgegangenen Fällen ein Gespräch über die Motivation und eine weitere sinnvolle Einbindung angebrachter gewesen als eine Ermahnung. Auch Valerie K. treibt eine ganz bestimmte Motivation dazu, um sechs Uhr am Morgen im Büro zu erscheinen und eine freiwillige Leistung zu erbringen, sei es, dass sie das Lob des Kunden antreibt, die gute Kundenbeziehung sie motiviert oder sie das Thema besonders spannend findet. Die Frage der Führungskraft muss lauten: Wie kann Valerie K. ihre Motivation und ihre Stärken in Zukunft so einsetzen, dass sie besser zu den Abteilungszielen passen?

3.2.5 Ignoranz von Job Crafting und die Folgen

Susanne S. und Valerie K. sind mit ihren Gestaltungswünschen nicht weiter gekommen. Vielleicht werden sie aufgrund dessen ihrem Job in Zukunft weniger motiviert und akribisch nachgehen, vielleicht erleben sie auch noch die eine oder andere Abfuhr, bevor sie beginnen, sich um einen neuen Arbeitsplatz zu bemühen, der ihren Vorstellungen und Talenten mehr entspricht. Spätestens mit der Generation Y wird das strikte Korsett in der Arbeitsplatzgestaltung ein Ende haben, wie Philipp Riedeler erklärt. Der 18jährige Unternehmensberater hat ein Buch zur Generation Y veröffentlicht und Unternehmen wie der Deutschen Bank oder Microsoft erklärt, wie seine Generation tickt: „Meiner Generation geht es nicht mehr so sehr um Gehalt und Status. Uns ist es wichtiger, dass wir uns selbst verwirklichen können und die richtige Balance zwischen Arbeiten und Freizeit finden — und das am besten selbstbestimmt."[8] Fest steht: Mehr denn je werden die meisten im Arbeitsleben stehenden Menschen immer wieder Chancen suchen und nutzen, ihren Arbeitsplatz zu verändern und zu gestalten, auch wenn dies unter Umständen einen Arbeitsplatzwechsel bedeutet.

---

[8] http://www.wiwo.de/erfolg/beruf/generation-y-im-interview-der-job-muss-sinn-machen/8249660.html, Stand 25.05.2013.

Job Crafting als Wirtschaftsfaktor

Damit entwickelt sich Job Crafting zusehends zu einem *Wirtschaftsfaktor*, denn ganz abgesehen von den immensen Kosten für Recruitment und einer hohen Personalfluktuation lässt sich für die Zukunft eines prognostizieren: Die Arbeitnehmer der Zukunft suchen nicht nach einem perfekt designten Job — sie möchten ihn anhand ihrer persönlichen Stärken und Interessen mitgestalten. Ein befreundeter Unternehmensberater einer großen Agentur, mit dem ich vor kurzem über dieses Thema stritt, hielt mir entgegen: „Das ist doch ein uralter Wunsch und das wissen wir doch alle seit Jahren. Und das es nicht funktioniert, außer in der Beraterbranche, auch."

Dem mag so sein — nur glauben nicht nur ich, sondern auch viele andere, dass die Tage dieser Einstellung gezählt sind. Ich möchte an dieser Stelle Thomas Sattelberger, Ex-Personalvorstand der Deutschen Telekom, bemühen, der aktuell in einer Podiumsdiskussion über das Thema MINT-Berufe laut darüber nachdachte, was mit guten Mitarbeitern und jungen Talenten passiert, sobald sie von der Maschine „Unternehmen" erfasst werden und dort erst einmal zurechtgestutzt werden. Sattelberger gibt den Talenten ein einziges Jahr, bis sie zum Durchschnitt oder Unterdurchschnitt gehören, und stellt die Frage, ob wir uns das noch leisten können. — Nein, können wir nicht!

Die momentane wirtschaftliche Situation erschwert es vielen unzufriedenen Mitarbeitern (noch), sich schnell einen neuen Arbeitsplatz zu suchen oder gar die frühe Rente ins Auge zu fassen. So wird der ungeliebte Job noch eine Weile ertragen, bis sich etwas Besseres findet. In der Zwischenzeit halten Demotivation, häufige Fehler, mangelndes Engagement und hoher Krankenstand Einzug. Doch diese Situation ist für die meisten endlich.

So bemerkte Michael Barth, der Deutschland Geschäftsführer von Regus, anlässlich einer internationalen Umfrage zu Stressfaktoren in Unternehmen im Jahr 2011: „Jetzt, wo die Wirtschaft wieder anzieht, steigt die Anzahl derer, die sich beruflich verbessern möchten. Dabei halten hoch qualifizierte Arbeitskräfte natürlich Ausschau nach Firmen, die ihnen die besten Arbeitsbedingungen bieten. Das heißt, Unternehmen müssen wissen, wo bei ihren Mitarbeitern der Schuh drückt und was sie sich wünschen — zum einen, um sie zu halten, zum anderen, um ein attraktiver Arbeitgeber für gut ausgebildete Fachkräfte zu sein und zu bleiben."[9]

---

[9] http://www.stuttgarter-zeitung.de/inhalt.bei-frust-im-job-bleiben-oder-gehen.96c2e546-f082-4d67-8e89-574d0631a503.html , Stand 01.02.2013

Attraktiver Arbeitgeber?

Was ist ein attraktiver Arbeitgeber? Der, der am meisten Gehalt bezahlt? Oder einen Betriebskindergarten bietet? Eine Untersuchung der Deutschen Gesellschaft für Personalführung e.V. in Zusammenarbeit mit Kienbaum Management Consultants und Hewitt Associates stellt klar: Ein Arbeitgeber ist vor allen Dingen dann interessant, wenn er eine spaßbringende Aufgabe (89 Prozent) mit erfüllenden Tätigkeiten (87 Prozent) bieten kann, wenn ein guter Vorgesetzter die Zusammenarbeit voranbringt und den Mitarbeiter bei dessen Zielen und Interessen unterstützt (76 Prozent). Dass ein gutes Gehalt für gute Leistung eine Rolle spielt, ist ganz natürlich (78 Prozent), ebenso wie Karrierechancen (72 Prozent). Mit 69 Prozent schätzen potentielle Mitarbeiter eine ideelle Anerkennung, nicht die monetäre.[10]

War for talents

Dass oben genannte Faktoren mehr als Grund genug für ein aktiv genutztes Job Crafting darstellen, haben Dutton et al. Kooperationspartner in den USA schon seit längerem begriffen. Fortune 500 Unternehmen[11], aber auch kleinere Firmen und Businessschulen arbeiten seit einigen Jahren konzentriert und wissenschaftlich begleitet mit dem Job Crafting Konzept, um den „war for talents" zu gewinnen, denn Forschungen lassen den Schluss zu, dass sich in Zukunft immer mehr Mitarbeiter und insbesondere Fachkräfte als aktive Job Crafter betätigen werden. Auch in Europa scheint das Konzept langsam Einzug zu halten — so beschäftigen sich erste Unternehmen in den Niederlanden mit dem Konzept (siehe hierzu das Interview mit Frauke Peter von Kessels & Smit auf Arbeitshilfen Online). Mitarbeiter mit vergleichbarer Ausbildung sehen sich fast identischen Jobanforderungen gegenüber. Es ist davon auszugehen, dass sie sich unterschiedliche Gestaltungsmöglichkeiten des eigenen Arbeitsplatzes ausbedingen. Im Zuge des drohenden Fachkräftemangels und der demografischen Entwicklung scheint die Perspektive unausweichlich, dass vor allem die Gestaltungsmöglichkeiten und nicht das Gehalt letztendlich darüber entscheiden werden, wie und wann eine Leistung erbracht wird und vor allen Dingen: von wem. Wenn Führungskräfte nicht bald dazu ausgebildet werden, Job Crafting-Aktivitäten gezielt zu steuern und zu fördern, werden sie früher oder später unter die Räder kommen, und ihre Unternehmen ebenfalls

---

[10] http://static.dgfp.de/assets/publikationen/2004/04/was-arbeitgeber-attraktiv-macht-ergebnisse-einer-wunschprofilerhebung-bei-potenziellen-bewerbern-1395/arbeitgeber.pdf, Stand 01.02.2013

[11] Jährliches Ranking der 500 größten U.S. Firmen, herausgegeben vom Magazin Fortune.

— spätestens dann, wenn Führungskräfte ihre eigenen Job Crafting-Aktivitäten als erfolglos erleben und das Unternehmen wechseln.

Vertiefende Inhalte

Ein Interview mit der Diplompsychologin Frauke Peter, Organisationsberaterin und Coach bei Kessels & Smit, The Learning Company (www.kessels-smit.com), einem internationalen Netzwerk von 50 Unternehmern mit Fokus auf persönliches Lernen und Organisationsentwicklung, findet sich auf Arbeitshilfen Online. Frauke Peter gestaltet Lernprozesse und ist Expertin für Job Crafting.

3.3 Motive, Vor- und Nachteile von Job Crafting

3.3.1 Hauptmotive

Die Kenntnis der Motive der Job Crafter ist vor allem für Führungskräfte und Personalabteilungen von Bedeutung, geben sie doch Aufschluss darüber, wo Motivation, Werte und Talente bei jedem Einzelnen angesiedelt sind und wie ein professioneller Job Crafting Leader agieren muss.

1. Kontrolle und positives Selbstbild
   Ein wesentliches Motiv ist der Wunsch der Mitarbeiter, Kontrolle über ihren täglichen Job und auch über die persönliche Bedeutung des Jobs für sich zu erreichen. Dieses Gefühl der Kontrolle, gepaart mit Erfolgserlebnissen (Nutzung der Stärken), führt zu einem *positiven Selbstbild* und damit zu einer verbesserten Leistung.
2. Soziale Sinnhaftigkeit
   Diese äußert sich in dem Wunsch, mit Menschen, die von der eigenen Arbeit profitieren, in Kontakt zu treten, wie etwa mit den Kunden, den Patienten im Krankenhaus, der anderen Abteilung, um zu erfahren, wer was mit den eigenen Arbeitsergebnissen anfangen kann und wozu die eigenen Produkte bzw. Dienstleistungen beitragen. Diese Erfahrungen vermitteln Sinn und Stolz.
3. Stärken und Interessen
   Der Wunsch, einen anderen, ganz bestimmten Beruf als den gerade ausgeübten zu ergreifen (was auch das Phänomen der Quereinsteiger erklärt, die stark an Interessen und Stärken orientiert sind).

4. Souveränität
   Der Wunsch, Probleme und Widrigkeiten souverän zu bewältigen, um zu lernen und Selbstwirksamkeit, d. h. das Gefühl, etwas bewirken zu können, zu erleben. [12]

3.3.2 Benefits

Sind alle oder auch nur einige der o. g. Motive erfüllt, so ergeben sich für Sie als Führungskraft, aber auch für das Unternehmen eine ganze Reihe von offensichtlichen Vorteilen:

- **Betriebsklima und Motivation:** Die Mitarbeiter gehen mit mehr Freude an den Arbeitsplatz.
- **Leistung und Innovation:** Die Mitarbeiter investieren Energie und Enthusiasmus in ihr Tageswerk.
- **Leistung und Weiterentwicklung:** Mitarbeiter entwickeln sich persönlich und fachlich weiter.
- **Leistung und Persönlichkeitsstärkung:** Mitarbeiter lernen die eigenen Stärken und Motivationen kennen, und lernen, ihre Schwächen eigenständig zu minimieren.
- **Karrierechancen:** Die Mitarbeiter und das Unternehmen entdecken unter Umständen neue Karrierewege.

Für den Einzelnen verändern sich die Bedeutung der Arbeit und die eigene Identität. Es findet eine Auseinandersetzung mit den eigenen Erwartungen statt, gewünschte Identitäten wie etwa anderen Menschen helfen, Expertentum, vom Koch zum Künstler, entwickeln sich; positive Erfahrungen wie Leistung und Freude an der Arbeit verbessern das tägliche Leben; Resilienz entsteht durch verbesserte Kompetenz, persönliches Wachstum und die Fähigkeit, mit in der Zukunft liegenden Widrigkeiten effektiv umzugehen.

3.3.3 Nachteile

Und? Sind Sie überzeugt? Oder überlegen Sie noch, wo der Haken ist?

Dass Job Crafting auch *temporäre* negative Auswirkungen haben kann, wenn auch unbeabsichtigt, möchte ich Ihnen nicht verschweigen. So kommt es nach der Im-

---

[12] vgl. Berg/Dutton/Wrzesniewski: What is Job Crafting and Why Does It Matter?, S. 3

plementierung des Job Crafting häufig zu vermehrtem Stressempfinden und einem zeitweiligen Bereuen der Entscheidung, den Arbeitsplatz verändert zu haben. Umstellungen im Bereich der Arbeitsaufgaben können den Stress beim Arbeitnehmer auslösen, z.B. durch zusätzliche oder unbekannte Tätigkeiten oder auch durch veränderte Sozialkontakte, d. h. neue Kollegen, zu denen zuerst eine Vertrauensbasis aufgebaut werden muss. Aber ich kann Sie beruhigen: Das ist ein ganz normaler Vorgang, wenn Menschen neue Dinge lernen und ausprobieren.

Dass zudem Job Crafting-Aktivitäten in Unternehmen und bei Führungskräften nicht grundsätzlich auf Gegenliebe stoßen können, liegt auf der Hand. Zum einen beinhalten sie ein veränderndes Moment, das nicht von allen Unternehmen begrüßt wird und auch nicht immer angebracht ist. Zum anderen kann ein unsachgemäß durchgeführtes und nur auf eigene Interessen fokussiertes Job Crafting zu mehr Problemen führen, als dass es nutzt — nämlich wenn die Interessen und Belange von Kollegen, Vorgesetzten und des Unternehmens ignoriert werden und es nicht zu einer Win-Win-Situation für alle Beteiligten kommt.

Job Crafting ist daher nicht immer positiv und ertragreich, zumeist aber nur, wenn es unprofessionell durchgeführt wird. So kann es sich in Einzelfällen gegen Unternehmensziele richten und weitere negative Nebeneffekte heraufbeschwören. Eine Umgestaltung des Arbeitsplatzes mag in manchen Fällen zwar dem einzelnen Mitarbeiter helfen, seine Leistung zu verbessern und gemäß seinen Interessen und Stärken zu arbeiten, jedoch kann diese Umgestaltung sich gegenläufig zu den Interessen der Kollegen, Kunden und der Organisation auswirken. Dies passiert zumeist, wenn die Führungskraft nicht dazu in der Lage ist, die Stärken und Interessen des Mitarbeiters mit den Organisations- und Abteilungszielen in Einklang zu bringen, oder die Interessen und Stärken des Mitarbeiters ganz einfach nicht zum Unternehmen passen.

▶ **BEISPIEL: Aus der Praxis**

Die fehlende Übereinstimmung von Zielen des Unternehmens und Interessen des Arbeitnehmers lässt sich an dem Beispiel eines Strategiemanagers gut beschreiben. Ein großer Energiekonzern, der einen Mitarbeiter zur strategischen Entwicklung einstellte, hatte nicht sehr lange Freude an ihm, denn seine Neigung, Vertriebskonzepte zu entwickeln und umzusetzen, ging nicht mit den strategischen Aufgaben und Zielen der Firma einher. Ob der Fehler hier bei dem betreffenden Mitarbeiter zu suchen ist oder in einer Form von Recruitment, das immer noch Kompetenzen in den Vordergrund stellt, aber Stärken und Interessen nicht beachtet, ist eine ernstzunehmende Frage.
Ein anderer Fall zeigt ebenfalls, dass nicht jede Job Crafting-Aktivität positiv ist. Die Mitarbeiterin eines Hotelkonzerns, die ihren Job so umgestaltete, dass

sie nicht mehr mit der IT-Abteilung kommunizieren musste, weil deren oft harscher Umgangston sie unzufrieden machte, agiert wirklich nicht im Sinne des Unternehmens und des Teams, sondern im Sinne der eigenen Komfortzone, ebenso wie der Elektriker auf einer Baustelle, der seine Arbeitszeiten umstellt, ohne die Auswirkung auf seine Kollegen zu bedenken.

Hier liegt die Verantwortung bei den jeweiligen Vorgesetzten, einen Arbeitsplatzkontext bereit zu stellen, der Job Crafting fördert, aber durch Interventionen und starke Führung die Grenzen absteckt, innerhalb derer ein Job Crafter im Interesse aller agieren kann und darf. Damit sind jedoch schon alle negativen Seiten des Konzepts genannt.

ZWISCHENFAZIT

Job Crafting ereignet sich jeden Tag in jedem Unternehmen dieser Welt. Je individualistischer die Gesellschaft wird, umso mehr verlangen Menschen danach, gemäß ihrer Stärken und Interessen arbeiten zu können. Um diese Prozesse als Führungskraft angemessen steuern und nutzen zu können, bedarf es einer Kenntnis der Strategien, die Job Crafter anwenden, um ihr Arbeitsumfeld zu verändern. Die Strategien bestehen aus:

1. Grenzverschiebung — Der Job Crafter erweitert oder verengt die Grenzen seines Arbeitsfeldes, indem er mehr Verantwortung und Aufgaben bzw. andere übernimmt, oder verengt die Grenzen, indem er Aufgaben bzw. Verantwortlichkeiten abgibt und so einen zufriedenstellenderen Arbeitsplatz für sich gestalten kann.
2. Soziale Muster verändern — der Job Crafter verändert die Beziehungen, die er im Unternehmen hat, z. B. in Richtung besseres Networking, um sich dadurch Aufgaben zu erleichtern oder diese zu verändern, oder auch durch die Aufgabe mancher wenig gewinnbringender Beziehungen, die mit einem großen Maß an Stress verbunden sind.
3. Rahmenveränderung — Der Job Crafter verändert die Bedeutung und den Sinn, den er seinem Arbeitsfeld zuschreibt. Auch ungeliebte, stressvolle Arbeiten haben einen Sinn, wenn sie anderen Menschen wirklich helfen und nutzen, oder wenn sie einem selbst auf Dauer nützlich sind, so etwa als Baustein in der eigenen Karriere — diese „mentalen Shifts" machen so auf Dauer zufriedener und helfen dem Team und dem Unternehmen, innovativ und schlagkräftig zu bleiben.

Job Crafting im Unternehmen hat nicht nur Vorteile für den einzelnen Mitarbeiter, sondern für das gesamte Team und das Unternehmen. Mitarbeiter empfinden durch die Nutzung ihrer Stärken und Interessen eine höhere Zufriedenheit, Innovationskraft und Motivation. Job Crafting kann nachteilige Auswirkungen haben, wenn es darin um einen „Ego-Trip" eines Mitarbeiters geht.

3.4 Der Job Crafting Prozess und Ihre Rolle als Job Crafting Leader

Wissenschaft und Praxis sind sich in Bezug auf Job Crafting einig:

Führungskräfte sind der Schlüssel für erfolgreiches Job Crafting in Unternehmen.

Idealerweise sind Sie als Führungskraft eine soziale Ressource, die Mitarbeitern ständig zur Verfügung steht. Aufgrund der herrschenden Verhältnisse jedoch (dünne Personaldecke, vermehrte operationale Tätigkeiten) bleibt Ihnen wenig Zeit für die eigentliche Führungstätigkeit. Somit lohnt sich eine Investition in Job Crafting Leadership und seine Techniken, denn sie erlauben es Ihnen, gezielt, ergebnisorientiert und gut strukturiert zu führen.

Das folgende Unterkapitel beschäftigt sich mit dem Job Crafting Prozess und den Aufgaben sowie Anwendungstechniken für Führungskräfte, um effektives Job Crafting zu managen. Die Techniken sind eingebettet in den idealtypischen Verlauf eines Job Crafting Prozesses, wie er tagtäglich in vielen Unternehmen dieser Welt stattfindet.

Job Crafting ist keinesfalls als einzelne Veränderung oder zeitlich begrenzte persönliche Maßnahme zu begreifen, die Mitarbeiter einmal einleiten und dann nie wieder. Es handelt sich hingegen um eine Anhäufung von Prozessen und Phasen, die in der Praxis mehr oder weniger zeitgleich auf Führungskräfte einstürmen. Erst die Analyse ermöglicht es, den aktuellen Stand zu erkennen und zu strukturieren und daraufhin die passenden Techniken zur Begleitung einzusetzen. Die anschließende Evaluation hilft, den Prozess auszuwerten und die Erfahrungen bei erneuten Prozessen zu nutzen.

> **WICHTIG: Der Job-Crafting-Prozess**
> - *Analyse* — Job Crafting erkennen
> - *Umsetzung* — Job Crafting strukturieren und begleiten
> - *Evaluation* — Job Crafting evaluieren

3.4.1 Phase 1: Analyse

Die Analysephase ist eine äußerst wichtige Phase im Job Crafting, denn sie beinhaltet das Erkennen von Job Crafting-Aktivitäten.

Job Crafting Leadership

Situation: Die Mitarbeiter sind motiviert, ihren Job in einer oder in mehreren Facetten zu verändern.

Ihre Aufgabe: Den Prozess der Selbstregulation (Verbesserung der Situation) bei Mitarbeitern erkennen und analysieren.

3.4.1.1 Job Crafting erkennen

Woran erkennen Sie, dass einer Ihrer Mitarbeiter in einen Job Crafting Prozess eintritt? Er wird Ihnen schwerlich mitteilen: „Chef, ich bin gerade dabei, in den Prozess der Selbstregulierung einzutreten", auch wenn dies sicherlich eine äußerst komfortable Angelegenheit und zudem das Ziel des Konzepts Job Crafting wäre. Sie erkennen beginnendes Job Crafting zumeist daran, dass der betreffende Mitarbeiter Ihnen oder seinen Kollegen gegenüber äußert, dass er mit einen gewissen Zustand oder einer bestimmten Situation unzufrieden ist bzw. Verbesserungspotential sieht. Je nach Persönlichkeit und sozialen Skills des Mitarbeiters kann die Artikulierung unterschiedliche Formen besitzen: Sie kann in einem persönlichen konstruktiven Gespräch mit Ihnen stattfinden, beiläufig in einem Teammeeting angesprochen werden oder auch in Form heftigen „Meckerns" vorgetragen werden.

Signale im Einzelnen

- *Lösungsvorschläge*
  Job Crafter mit einem fundierten Veränderungswunsch äußern nicht nur ihre Unzufriedenheit mit einem Status quo, sondern setzen gleichzeitig Signale für eine *proaktive* Lösung, an der sie selbst maßgeblich beteiligt sind. Es ist der Problemlösungswille und die Problemlösungsfähigkeit, die Job Crafter von Dauerernörglern unterscheidet. Die Job Crafter bemühen sich aktiv um Fähigkeiten, Situationen und Arbeitsfelder, die einer Veränderung bedürfen.
- *Neu auftretende Interessen und Kontakte*
  Ihre Mitarbeiter beginnen sich aus eigenem Antrieb in ein neues Arbeitsfeld einzuarbeiten oder sich dafür zu interessieren. Viele bitten darum, einige Tage in einer anderen Abteilung oder beim Kunden vor Ort verbringen zu können, sie bekunden Interesse an Vorgängen und Personen, die die Grenze des eigenen Arbeitsfelds überschreiten.[13]

---

[13] Je nach Mitarbeiterzahl und Aufgabengebiet ist es für im Job Crafting noch nicht erfahrene Führungskräfte nicht leicht, die Motivation zu erkennen, es sei denn, alle Mitarbeiter verfügen über ein ausgeprägtes Mitteilungsbedürfnis. Es passiert nicht selten, dass Job Crafting

Wenn Sie o. g. Vorgänge bei Ihren Mitarbeitern sehen und diese als *positiv* bewerten, ist es an der Zeit, aktiv zu werden und in die zweite Phase des Job Crafting Prozesses einzutreten — was Sie keinesfalls tun sollten, ist, in den Laissez-Faire-Status zu gehen.

Laissez-Faire-Haltung

Einige Worte zu Laissez Faire in dieser Situation: Nehmen wir an, Sie lassen es laufen und sind erfreut, wenn etwas Gutes dabei herauskommt oder nichts Schlimmes passiert. Am Jahresende loben Sie den Mitarbeiter (vielleicht) für seine Proaktivität. Wenn ich Sie nun frage, ob Sie die Beweggründe, die Stärken, die Neigungen und die Motive Ihrer Mitarbeiter nennen können, die zu diesen proaktiven Handlungen geführt haben, werden Sie mich mit großen Augen ansehen und sagen: „Na, der oder die ist halt motiviert!" Sie werden einsehen, dass dies keine wirklich fundierte, intelligente und vor allen Dingen am Mitarbeiter interessierte Antwort ist. Genau diese Unkenntnis Ihrerseits führt dazu, dass besagter Mitarbeiter früher oder später aufgrund seiner Stärken, Neigungen und Motive, die Sie nicht kennen, geschweige denn aktiv nutzen, eine andere Stelle oder ein anderes Unternehmen ins Auge fassen wird. Immer noch hochmotiviert? — Ja, aber nicht mehr für Sie. Auch Ihr Unternehmen und Ihre Abteilung hätten mehr davon, wenn Sie Ihre Mitarbeiter und deren Job Crafting-Aktivitäten kennen und gewinnbringend für alle einsetzen würden. Damit wir uns richtig verstehen — es geht nicht um die Kontrolle des Mitarbeiters. Es geht darum, dass Sie verstehen, unterstützen, fördern, begleiten und *nutzen*, was Ihr Mitarbeiter tut.

Wenden wir uns einem weiteren Szenario zu. Wenn Sie o. g. Vorgänge bei Ihren Mitarbeitern sehen und diese als *negativ* bewerten, was werden Sie tun? *Laissez Faire oder Diktatur?* Sie lassen es laufen und sind erfreut, wenn nichts Schlimmes passiert, oder Sie schreiten ein und verbieten dem Mitarbeiter weitere Aktivitäten in dieser Richtung. Am Jahresende tadeln Sie den Mitarbeiter (vielleicht) für seine negative Proaktivität (auch eigenmächtiges Handeln oder „Alleingang" genannt). Wenn ich Sie nun frage, ob Sie die Beweggründe, die Stärken, die Neigungen und die Motive Ihrer Mitarbeiter nennen können, die zu diesen negativen proaktiven Handlungen (eigenmächtiger Natur) geführt haben, werden Sie mich mit großen Augen ansehen und sagen: „Na, der oder die ist halt nicht motiviert!" Auch dies kann man nicht eine wirklich fundierte, intelligente und vor allen Dingen am Mitarbeiter interessierte Antwort nennen.

---

erst dann bemerkt wird, wenn der Mitarbeiter sich schon in der Umsetzungsphase befindet und die Führungskräfte und Kollegen ob des „eigenmächtigen" Handelns des Mitarbeiters aus allen Wolken fallen. Dabei hat er im Grunde nichts Verwerfliches getan, denn selbstständiges Handeln ist gut – wenn vorher die Rahmenbedingungen geklärt wurden

Wenn ich Ihnen nun sage, dass es genau diese Unkenntnis ist, die dazu führt, das besagter Mitarbeiter früher oder später aufgrund seiner Stärken, Neigungen und Motive, die Sie nicht kennen, geschweige denn aktiv nutzen, eine andere Stelle oder ein anderes Unternehmen ins Auge fasst, was sagen Sie mir dann? Immer noch demotiviert? — Nein, das war er nur bei Ihnen.

Ich hoffe Ihnen mit diesen beiden Punkten ein wenig klar gemacht zu haben, worum es in der Analysephase des Job Crafting geht. *Aufmerksamkeit* und *aktives Interesse* sind die Zauberworte, die diese Phase von Führungsseite begleiten müssen. Sie wissen: Laissez-Faire-Führung hat noch nie funktioniert, und stark autoritär geprägte Führungsansätze, soweit es die westliche Welt betrifft, ebenfalls nicht. Das dies von Ihnen einiges an Führungsarbeit verlangt, ist selbstverständlich — dass Ihr Unternehmen dies versteht, kann ich Ihnen ob der immer noch stark operativen Einbindung des Führungspersonals nur wünschen. Wenn dem nicht so ist, haben Sie die Möglichkeit, Ihren eigenen Job als Führungskraft zu craften, notfalls in einem anderen Unternehmen. Oder, um es mit den beiden Autoren Förster & Kreuz zu sagen, die mit ihrem Buch „Hört auf zu arbeiten!"[14] seit Wochen in den Bestsellerlisten stehen: Fragen Sie, wer Sie und sie (ihre Mitarbeiter) sein wollen, und nicht, was sie tun sollen. Es ist wichtig, etwas Bedeutsames zu tun, und das mit denselben Kollegen und demselben Unternehmen.

Um festzustellen, ob Ihre Mitarbeiter mit Job Crafting, d. h. mit der Orientierung an den eigenen Stärken und Interessen (bislang ohne Ihre Beteiligung) begonnen haben, finden Sie auf Arbeitshilfen Online Checklisten zur Analyse.

ARBEITSHILFE ONLINE

Vertiefende Inhalte

Checklisten zur Analyse des Job Crafting Prozesses finden Sie auf Arbeitshilfen Online.

Eine weitere Möglichkeit zur Analyse der Job Crafting-Aktivitäten Ihrer Mitarbeiter ist eine gemeinsame regelmäßige Diskussion (ein- bis zweimal pro Jahr) über den Sinn des Arbeitsplatzes und der Tätigkeiten. Sind diese ein notwendiges Übel, ein Karrieresprungbrett oder eine „Berufung"? Lassen Sie sich dabei nicht von „moralischen" Gesichtspunkten leiten.

---

[14] Förster, A../Kreuz; P: Hört auf zu arbeiten, 2013

3.4.1.2 Analyse der Stärken, Talente und Interessen

Sie haben erkannt, dass Ihr(e) Mitarbeiter Job Crafting aktiv betreiben. Nun ist es an der Zeit, sich mit den Stärken, Interessen und Talenten Ihrer Job Crafter auseinanderzusetzen, sowie mit den bestehenden bzw. den zu verändernden Arbeitsaufgaben und diese in eine möglichst hohe Übereinstimmung zu bringen.

Wenn Sie Ihre Mitarbeiter nach ihren Stärken und Talenten und Interessen befragen, werden Sie zumeist eine relativ ungenaue Antwort bekommen, denn die meisten Menschen setzen sich selten bis nie aktiv und professionell mit ihren Stärken und Talenten auseinander — was sehr bedauerlich ist, denn sie setzen ihre Stärken und Interessen immer (bewusst oder unbewusst) ein, sei es am Arbeitsplatz (hoffentlich, wenn sie ihren Job tun, aber auch oft, indem sie ihren Job „umgehen", da er ihnen nicht liegt) oder in der Freizeit. Halten Sie sich immer wieder vor Augen, dass Ihre Mitarbeiter diese persönlichen Erfahrungen, ihre Stärken, Talente und Interessen vor allem dann einbringen können und auch werden (im Sinne einer erhöhten Effektivität, Innovation und einer guten Leistung), wenn Sie es ihnen ermöglichen. Dieses bislang vernachlässigte Potential gilt es abzuschöpfen, nicht nur im Sinne der Wirtschaftlichkeit, sondern auch im Sinne einer psychologisch resilienten Workforce. Der Idealzustand ist eine völlige Übereinstimmung von Stärken und Interessen mit den Arbeitsaufgaben, was verständlicherweise nicht immer der Fall sein kann, aber glauben Sie mir, auch wenn Sie sich gerade anders fühlen: Wir befinden uns nicht mehr im industriellen Zeitalter, sondern sind auf dem Weg, optimierte Leistung über andere Wege als 24-Stunden-Tage zu definieren und zu erreichen.

Was sind Stärken?

So reichhaltig die Definitionen und Interpretationen des Begriffs der „Stärke" sind, so inkorrekt sind sie zumeist auch. Stärken sind nicht nur das, was ein Mensch „am besten kann". Stärken, wenn sie intelligent und sinnvoll genutzt werden, versetzen Menschen in einen motivierten, energiegeladenen, ressourcenreichen und zufriedenen Zustand, der es ihnen erlaubt, ohne negativen Stress Höchstleistungen zu erreichen. Sie hängen eng zusammen mit Talenten und Interessen, die sich seit unserer Kindheit herausgebildet haben.

Über Jahre hinweg haben Wissenschaftler, Management Trainer und Coachs eine Vielzahl von Eigenschaften und Verhaltensweisen definiert, die sie *Stärken* nennen. So verfügen wir heute über einen Katalog von Stärken, der die Anzahl der Laubkäfer in deutschen Wäldern übersteigt und jedem Personaler als auch Bewerber kalte

Schauer der Überforderung über den Rücken laufen lässt. Ein weiteres Problem besteht darin, dass der Begriff der Stärke gerne synonym mit den Begriffen der „Kompetenzen" und der „Skills" etc. verwendet wird, so dass niemand mehr genau weiß, was eine Stärke eigentlich ist. Die unvermeidliche Folge ist, dass sich ob der allgemeinen Verwirrung jedermann und jedefrau an den „populären" Stärken orientiert, die sich trefflich dazu eignen, andere Menschen oder auch sich selbst in Schubladen zu sperren.

Ein Blick auf eine *Populärstärke* genügt, um die Situation zu illustrieren. Werden potentielle Mitarbeiter befragt, ob sie *Teamfähigkeit* als eine ihrer Stärken sehen, werden sie mit hoher Sicherheit mit „Ja" antworten, es sei denn, sie bewerben sich als Einsiedler auf einer Alm. Dass diese Antwort aufgrund des sozialen Erwünschtheitsgrads getroffen wurde, ist uns allen bewusst. Um aber wirklich festzustellen, ob Teamfähigkeit zu den Stärken Ihres Mitarbeiters gehört, lohnt sich eine etwas erweiterte Fragerunde, die ungefähr so aussehen kann:

- Arbeiten Sie gerne im Team?
  (diese Frage wird meist mit Ja beantwortet)
- Ordnen Sie Ihre eigenen Interessen gerne denen des Teams unter? (Hier werden Sie nur bei echten Teamplayern ein herzliches Ja bekommen, wenn Sie hier aber nach Beispielen fragen, wird es schon schwieriger)
- Teilen Sie Ruhm und Ehre gerne mit dem Team?
  (Auch hier wird es schwierig, ein echtes Ja zu bekommen)
- Sehen Sie das Teamziel als Ihr Ziel an?
  (Dies werden manche mit ja beantworten, die meisten aber mit: „Wenn es meinen Zielen entspricht, ja …")
- Freuen Sie sich jeden Tag auf die gemeinschaftliche Arbeit mit dem Team?
  (Oder sieht es eher so aus, dass es Ihnen relativ egal ist, ob Sie im Team arbeiten oder nicht?)

Hier und auch bei den folgenden beiden Fragen kommen Sie in den Bereich des sogenannten „Stressinterviews, das mit „Unterstellungen" arbeitet — ob Sie diese Fragen anwenden wollen, überlasse ich Ihrem Interviewstil.

- Regen Sie sich insgeheim auf, wenn Sie eine Arbeitsaufgabe abgegeben haben und das ganze Team belobigt wird und nicht Sie?
- Sind Sie vielleicht froh über die Zeiten nach Dienstschluss, die Sie alleine im Büro verbringen, um endlich einmal ohne die anderen arbeiten zu können?

Worum es in diesem Punkt geht, ist Folgendes: Populärstärken haben nichts mit echten Stärken zu tun. Wir alle (fast alle) haben gelernt, in Teams zu arbeiten und unsere Leistung wie gewünscht zu erbringen. Teamfähigkeit ist somit in diesem Falle eine erlernte Fähigkeit, wie bei vielen anderen auch. Es gehört aber unter Umständen nicht zu den Stärken der betreffenden Person, und ein Mehr an Teamarbeit wird diese Person nicht zufriedener oder motivierter machen — einen anderen Kollegen, dessen „echte" Stärke Teamarbeit ist, allerdings schon. Lassen Sie also Ihren Blick dafür, was eine echte Stärke ist, nicht durch populäre oder erwünschte Stärken benebeln.

Abb. 10: Echte Stärken – Beispiele

Echte Stärken sind anders gelagert. Echte Stärken sind das, was Menschen antreibt, motiviert, interessiert, was sie mit unbändiger Energie versorgt und das Zeit und Raum vergessen lässt. Um die Stärken Ihrer Mitarbeiter und Job Crafter festzustellen, bieten sich Ihnen zwei Möglichkeiten: zum einen der Einsatz professioneller Stärkenprofile, zum anderen individuelle Gespräche über Stärken und Talente.

Einsatz professioneller Stärkenprofile

Tests, die die Persönlichkeit testen, gibt es zuhauf, Stärkenprofile hingegen sind noch selten. Ich möchte Ihnen an dieser Stelle drei relativ bekannte, wissenschaftlich gründlich validierte Profile vorstellen, die teilweise hinsichtlich der Erstellung eines Stärkenprofils kostenpflichtig sind. Beide Profilerhebungen stehen als Online-Analyse-Tool zur Verfügung. Zu allen Profilen kommt in jedem Falle noch die Involvierung eines ausgebildeten Coachs hinzu, auch wenn der ein oder andere Anbieter suggerieren mag, dass die beigefügten Materialien (Buch, Beschreibung der Stärken etc.) ausreichend Informationsmaterial bereithalten, um eine Selbstinterpretation vorzunehmen.

VIA (Values In Action)

Der wohl bekannteste Stärkentest ist der VIA-Test der Universität Pennsylvania, USA. Auf der Website der Universität lässt sich ein Online Test zu Signaturstärken (Kernstärken) kostenlos durchführen. Nach der Beantwortung von ca. 250 Fragen erstellt das System eine Auswertung, die Näheres über die eigenen Stärken verrät. Das Ergebnis besteht aus einem Ranking von 24 Signaturstärken, von denen die ersten drei bis sieben Stärken relevant sind.[15] Der Test ist in verschiedenen Sprachen durchführbar, auch auf Deutsch, eine (anonyme) Registrierung ist notwendig. Durch die Registrierung erhält man Zugang zu einem großen Testcenter, das jederzeit zur Verfügung steht. Ein zusätzliches Feature besteht darin, dass die Stärken (anonym) mit den Ergebnissen Abertausender anderer Testpersonen verglichen werden und so Auskunft darüber gegeben werden kann, wie die eigenen Stärken im nationalen und internationalen Vergleich liegen. Der Nachteil dieses Tests ist, dass die 24 Stärken sehr weit gefasst und daher sehr erläuterungsbedürftig sind. Begriffe wie beispielsweise Optimismus oder Leadership sind nicht wirklich aussagefähig und werden von VIA nur sehr allgemein beschrieben.

---

[15] Die Adresse der Website lautet: http://www.authentichappiness.sas.upenn.edu, der Profiltest befindet sich unter der Rubrik „Zentraler Fragebogen" VIA Fragebogen zu Signaturstärken.

ARBEITSHILFE ONLINE

Link zum Stärkentest VIA:

http://www.authentichappiness.sas.upenn.edu

Realise 2

Ein weiterer Online-Stärkentest ist der Realise 2-Stärkentest (das Verb realise besitzt zwei Bedeutungen: erkennen und umsetzen). Er misst sechzig sehr konkret definierte Stärken und wird vom Center of Applied Positive Psychology (CAPP) in England angeboten, dessen Kopf Alex Linley auch in der Entwicklung des VIA tätig war. Der Test ist kostenpflichtig und beinhaltet neben einem Stärkenprofil auch einen Development Report und einen Online Personal Development Plan. Der Test ist für Individuen, Teams und ganze Unternehmen verfügbar und bietet eine sehr detaillierte Stärkenanalyse. Besonders nützlich sind die vier Quadranten des Realise 2. Sie unterscheiden in *bewusste Stärken* (Realised Strengths), in *erlerntes Verhalten,* das oft als Energieräuber das tagtägliche Leben erschwert (Learned Behaviours), *Schwächen,* die Menschen daran hindern können, Stärken öfter zu zeigen (Weaknesses) und *verborgene Stärken,* die nur selten genutzt werden, als Potential oft im Unbewussten liegen und damit ein großes, noch nicht angezapftes Reservoire an Energie darstellen (Unrealised Strengths). Diese Aufteilung lässt eine sehr intensive Auseinandersetzung mit den eigenen Stärken und Schwächen zu. Ähnlich wie beim VIA Test steht am Ende des Tests eine Auswertung mit einer Analyse. Es lohnt sich auch hier, in ein professionelles Debrief eines Coachs zu investieren (CAPP stellt lizensierte Realise 2 Coachs zur Verfügung). Der Nachteil hier ist, dass der Test nur auf Englisch und Japanisch verfügbar ist, er eignet sich allerdings gut für international agierende Unternehmen (Aviva und Unilever nutzen den Test, wie auch eine Reihe von deutschen Unternehmen, die sich mit internationalen Mitarbeitern verstärken).[16]

ARBEITSHILFE ONLINE

Link zum Stärkentest Realise 2:

http://www.cappeu.com

Clifton Strength Finder:

Beim Clifton Strengths Finder handelt es sich um eine ebenfalls kostenpflichtige, webbasierte Beurteilung von Talenten in 34 Bereichen. Aus den gemessenen Talen-

---

[16] http://www.cappeu.com.

ten, die unser Denken, Fühlen und Handeln abbilden, wie bei den anderen Tests auch, basieren dann Aussagen darüber, wie sich Stärken entwickeln lassen. Zum Abschluss erhält man eine Auswertung mit fünf Talentschwerpunkten.[17]

ARBEITSHILFE ONLINE

Link zum Clifton Strength Finder:

http://strengths.gallup.com

Eine recht detaillierte Beschreibung von Stärken findet sich in Martin P. Seligmans Buch „Der Glücksfaktor"[18]. Auch wenn Stärken hier detailliert beschrieben werden, lässt sich generell im Zusammenhang mit professionellen Stärkenanalysen sagen, dass ein auf Stärkenentwicklung spezialisierter Coach die beste und auch schnellste Möglichkeit darstellt, die Stärken gemeinsam mit Ihnen und Ihren Mitarbeitern zu analysieren und sie in Beziehung zu den Aufgaben, Arbeitsgebieten und Umfeldern eines jeden Einzelnen zu stellen.

Stärkenanalyse durch individuelle Gespräche

Stärken lassen sich nicht nur durch Stärkenprofiltests erkennen, sondern sind für Sie auch in persönlichen Gesprächen mit Ihren Mitarbeitern zu definieren. Hilfreich ist hier das Tool der Verhaltensbeobachtung.

Beobachtungen lassen sich überall tätigen, jedoch unterliegen sie unseren persönlichen „Brillen", sie sind also äußerst subjektiv durch unsere eigene Wahrnehmung geprägt. Somit erfordern sie eine gründliche Interpretation, die nur über gemeinsame Gespräche, die vermuteten Stärken betreffend, funktionieren kann. Die Kernfrage für Sie lautet zuallererst immer:

Welche Stärken und Interessen können hinter einem bestimmten Verhalten liegen?

Auch auf die Gefahr hin, dass ich mich wiederhole: Denken Sie daran, dass Sie Ihre Beobachtung immer (!) validieren müssen, indem Sie mit Ihrem Mitarbeiter ein intensives Gespräch über die jeweilige Stärke führen. Bloße subjektive Vermutungen führen zu nichts, insbesondere auch im Hinblick darauf, dass der vermehrte Einsatz dieser Stärken gemeinsam geplant werden soll.

---

[17] Clifton Strengths Finder http://strengths.gallup.com
[18] Seligman, M.: Der Glücks-Faktor: Warum Optimisten länger leben. 2005.

Der Job Crafting Prozess und Ihre Rolle als Job Crafting Leader 3

Folgende Fragen eignen sich besonders für ein Stärkengespräch:

- Was gefällt Ihnen am meisten in Ihrem momentanen Arbeitsfeld?
- Was interessiert Sie am meisten (Arbeitsfeld, Unternehmen, generell)?
- Welche Tätigkeiten oder Aufgaben geben Ihnen Energie, Spaß, Freude? Warum ist dem so?
- Bei welchen Tätigkeiten vergessen Sie Zeit und Raum?
- Wie lange möchten Sie die momentanen Tätigkeiten (noch) ausüben?
- Welche dieser Tätigkeiten/Aufgaben würden Sie gerne wie verändern?
- Wenn etwas verändert werden soll, was gefällt Ihnen besser daran?
- Würde Ihnen die Veränderung Energie und Enthusiasmus bescheren? Warum ist dem so?
- Was gefällt Ihnen am wenigsten in Ihrem momentanen Tätigkeitsfeld?
- Welche Tätigkeiten rauben Ihnen die meiste Energie? Warum?
- Was interessiert Sie am wenigsten? Warum?
- Was würden Sie gerne öfter tun? Was gefällt Ihnen daran?
- Welche Ihrer Erfolge haben Sie am meisten genossen? Warum?
- Welcher Ihrer Misserfolge hat Sie besonders mitgenommen, und warum?

Wie Sie sicherlich bemerkt haben, kommt immer wieder die Frage nach dem Warum. Dies hat einen einfachen Grund:

Wenn wir das „Warum" kennen, ist das „Wie" kein Problem mehr.

Aus den Antworten der Reflexion können Sie nun leicht die relevanten Stärken herausfiltern.

Aber noch ein Wort zu Stärken…

Verabschieden Sie sich generell von dem Gedanken, dass alle Menschen nur gemäß ihren Stärken arbeiten können. Es gibt auch ein Übermaß an genutzten Stärken. Der detailorientierte Mitarbeiter wird schnell zum Erbsenzähler, die mutige Kollegin womöglich zum Risiko, der dienstleistungsorientierte Innendienstler zum Sklaven. Versuchen Sie hingegen, ein balanciertes Miteinander von Stärken und Schwächen zu ermöglichen. In Anlehnung an das oben genannte CAPP Stärkenprofil finden Sie auf Arbeitshilfen Online eine Grafik zur Erarbeitung und Einteilung der Stärken (siehe Zusatzmaterial am Ende des Kapitels).

3.4.2 Phase 2: Umsetzung – Job Crafting begleiten

Es ist soweit. Sie haben die Job Crafting-Aktivitäten Ihrer Mitarbeiter erkannt und Sie kennen nun deren Stärken und Talente, ihre Motivationen und die Gründe der angestrebten Veränderungen.[19] Nun geht es darum, die Veränderungswünsche und Vorschläge Ihrer Mitarbeiter zu strukturieren und konstruktiv umzusetzen.

Situation: Die Mitarbeiter suchen und finden Möglichkeiten der Arbeitsplatzveränderung.

Ihre Aufgabe: Begleitung und Unterstützung des Umsetzungsprozesses von Job Crafting.

In der Umsetzungsphase werden Sie beobachten, dass die Job Crafter ihre Proaktivität dazu nutzen, ihren Arbeitsplatz bzw. ihre Arbeitsaufgaben nach vorhergehender Planung in einer oder in mehreren Tätigkeiten umzustellen. Dies geht oft mit einem erhöhten Stresslevel Ihrer Mitarbeiter einher, beschert Ihren Mitarbeitern unter Umständen längere Arbeitszeiten oder auch Konflikte mit Kollegen und Ihnen bzw. anderen Vorgesetzten. Trotzdem lässt sich in dieser Phase eine neue Begeisterung und Zielstrebigkeit der jeweiligen Mitarbeiter feststellen, etwa dann, wenn sie ihre neue Vorgehensweise verteidigen oder über ihre neuen Erfolge berichten.

Im folgenden Punkt wird es darum gehen, die Definition der Tätigkeiten und Aufgaben, die Ihre Job Crafter verändern möchten, in näheren Augenschein zu nehmen, als auch aufzuzeigen, wie Sie die Veränderungen effektiv begleiten können. Dies beinhaltet konkret die Überprüfung, ob

- die Veränderungen umsetzbar sind oder nicht,
- wer mit einbezogen werden muss und
- welche Hindernisse sich ergeben können.

---

[19] Die hier angeführten Phasen sind idealtypisch – im Allgemeinen werden Job Crafting Aktivitäten nicht in dieser geordneten Reihenfolge passieren, sondern teilweise parallel laufen. Sie werden Veränderungswünsche diskutieren und überprüfen, während Sie gleichzeitig Stärken und Motivationen feststellen.

3.4.2.1 Veränderungen

Je exakter Ihre Job Crafter Veränderungswünsche definieren können, umso effektiver und erfolgreicher wird das Resultat des Job Crafting ausfallen. Manchmal werden es nur einzelne Tätigkeiten sein, in anderen Fällen handelt es sich um eine ganze Fülle von Ideen und Wünschen, die nur so aus Ihren Mitarbeitern heraussprudeln. Sie wissen: Diese gilt es zu priorisieren, denn nur eine deutliche Priorisierung erlaubt Ihnen beiden, ein klareres Bild der gewünschten Veränderungen zu erstellen und die Schritte einer strategischen Betrachtung und ggf. Umsetzung strukturiert in Angriff zu nehmen. Die Erfahrung zeigt, dass nach einer gut überlegten Priorisierung meist nur zwei bis drei Hauptthemen zur Bearbeitung anfallen und die anderen Themen integriert oder als vernachlässigbare Randthemen wahrgenommen werden.

In einem ersten Schritt geht es darum, diese zu filtern, d. h. sie in eine Ordnung zu bringen. Wie in vielen Bereichen gilt auch hier das Prinzip der Schriftlichkeit, um die eigenen Gedanken zu ordnen.

Ein Beispiel:

Priorisierung	
Thema	**Priorität**
Mehr Arbeit für internationale Kunden verwenden	3
Teilnahme an Meetings des Vorstands	2
Weniger Marketingorientierung, mehr PR	4
Bessere Kontakte in die Produktion	1

Tab. 2: Priorisierung Umsetzungsphase

Sobald Sie und Ihr Mitarbeiter die Veränderungsvorhaben konkretisiert haben, geht es darum, den/die angestrebten Lösungsweg(e) festzuhalten und diese mit den Stärken abzugleichen. Ihr Mitarbeiter kann dabei einen oder mehrere Lösungswege ins Auge fassen. Lassen Sie ihn diese schriftlich festhalten, so dass Sie in der späteren Evaluationsphase auswerten können, ob die ausgewählte Lösung wirklich geeignet war und mit den Stärken übereingestimmt hat. In einer unserer Case Studies beinhaltete der gewählte Lösungsweg eine verstärkte Kommunikation mit anderen, dies gehörte jedoch nicht zu den expliziten Stärken des Job Crafters. Die Führungskraft machte ihn auf diese Diskrepanz aufmerksam und zeigte so zusätzliche Lösungswege auf, in diesem Falle, dass ein Kollege die notwendigen

Job Crafting Leadership

Gespräche führte und der betreffende Mitarbeiter eine Verbesserung seiner Kommunikationsfähigkeit als konkretes Learning für seine persönliche Entwicklung mit auf den Plan nahm (Coaching).

3.4.2.2 Lösungswege

Die Lösungswege Ihrer Mitarbeiter speisen sich immer aus einer der drei Strategien des Job Crafting (Grenzen verschieben, soziale Beziehungen verändern, Rahmen verändern) oder auch aus allen drei Strategien gemeinsam.

Grenzen verschieben

Grenzerweiterungen bergen potentielle Nachteile, die Sie beachten müssen, wenn die Job Crafting-Aktivitäten Ihrer Mitarbeiter erfolgreich sein sollen: Dazu zählen:

- die Notwendigkeit der Fortbildung für die neuen Aufgaben,
- ein einzukalkulierendes Scheitern aufgrund zu hoher Anforderungen,
- Anpassung an die Grenzerweiterung mit Mehraufwand,
- mögliche Verzögerungen,
- Probleme durch Kollegen.

Das Konzept Grenzverengung wirft weniger Probleme auf, da es in den meisten Unternehmen nicht existiert — bedeutet doch eine Abgabe von Aufgaben zumeist auch einen Gesichtsverlust, einhergehend mit dem „Geständnis", dass man es nicht „geschafft" hat. Leider, denn es bleibt nur zu sagen: Hier sind aktive, kluge Job Crafter am Werk, die genau wissen, was sie können, was sie mögen und was sie leisten möchten.

Mit dem folgenden Arbeitsblatt, das vom Job Crafter erarbeitet werden sollte, können Sie Ihre Mitarbeiter in ihren Aktivitäten unterstützen — ganz rechts wird notiert, ob es sich um eine Grenzerweiterung oder Grenzverengung handelt.

Grenzerweiterung (+)/Grenzverengung (-)					
(1)Tätigkeit	(2)Veränderung	(3)Stärken	(4)Fachwissen	(5)Resultat	+/-

Tab. 3: Grenzerweiterung oder Grenzverengung

Der Job Crafting Prozess und Ihre Rolle als Job Crafting Leader

Erläuterungen zum Arbeitsblatt:

1. Wie wurde die Aufgabe bisher erledigt?
2. Wie soll die Veränderung aussehen?
3. Welchen Stärken oder Interessen dient die Veränderung?
4. Welches Fachwissen bzw. Qualifikation unterstützt in der Umsetzung?
5. Welche Probleme löst die Veränderung?

Am Beispiel Gregor S. (siehe Kapitel 3.2.3.1):

1. Erstellung der eigenen Reisekostenabrechnungen.
2. Abgabe an Teamsekretärin oder Abrechnung nur alle drei Monate.
3. Stärke Kundenkommunikation und erfolgreiche Akquise-Arbeit.
4. Argumentation, dass die Fachkompetenz weitaus mehr für das Team einfährt als die nicht vorhandene Verwaltungskompetenz.
5. Beseitigung immenser Frustrationsquelle und potentielle Umsatzgenerierung.

> **! ACHTUNG: Warum dafür eine Liste?**
>
> „Warum soll mein Mitarbeiter diese Liste erstellen, wenn ich das in einem persönlichen Gespräch abnicken oder ablehnen kann", bemängelte vor kurzem eine Führungskraft in einem Training, das von einem auf Job Crafting spezialisierten Unternehmen durchgeführt wurde.
>
> Bedenken Sie: Job Crafting bedeutet, die Veränderungsbereitschaft seiner Mitarbeiter zu fördern und sie weiterzuentwickeln, und nicht, etwas autokratisch „abzunicken". Sie ermöglichen Ihrem Mitarbeiter so, zu einem späteren Zeitpunkt zurückzublicken und den Erfolg als auch die Nutzungshäufigkeit seiner Crafting Strategien bestimmen sowie sich, seine Stärken und seine Zufriedenheit selbst steuern zu können. Und die Sache hat einen wunderbaren Nebeneffekt: Sie selbst ersparen sich auf mittel- bis langfristige Sicht jede Menge Arbeit!

Soziale Muster verändern

Dass Beziehungsmuster am Arbeitsplatz, wenn sie sich gewinnbringend gestalten, zu mehr Erfolg und Effektivität beitragen, erlebt jeder tagtäglich. Job Crafter nutzen die Strategie der Beziehungsveränderung, um ihre täglichen Herausforderungen effektiver bewältigen zu können.

Die verwendeten Strategien sind:

- die bewusste Erweiterung der sozialen Beziehungen aus strategischen oder persönlichen Gründen heraus,
- die positivere Gestaltung von sozialen Beziehungen am Arbeitsplatz,
- die bewusste Beendigung kontraproduktiver Beziehungen.

Unterstützen Sie die Aktivitäten Ihrer Job Crafter, indem Sie Gelegenheiten schaffen, die eine Veränderung von sozialen Mustern befördern — indem Sie

- selbst aktiv networken,
- Ihren Job Craftern die Möglichkeit geben, sich in Ihre Networks einzubringen,
- sie ermuntern und unterstützen, eigene Networks (persönlich und strategisch) zu knüpfen und
- sie darin unterstützen, negative Beziehungen positiv zu gestalten oder auch die Möglichkeit unterstützen, negative Beziehungen enden zu lassen.

Erweiterung und Verbesserung sozialer Beziehungen

Die bewusste Erweiterung von sozialen Beziehungen aus strategischen Gründen heraus lässt sich auch mit dem Begriff strategisches Networking fassen. Strategisches Networking (siehe auch Network Leadership) sammelt soziale Beziehungen mit dem Ziel, sie früher oder später strategisch nutzen zu können oder auch dem Network von Nutzen sein zu können. Dabei geht es im Kern darum, auf externe Informationen, Unterstützung und Ressourcen zugreifen zu können, wenn sie am eigenen Arbeitsplatz nicht zur Verfügung stehen.

Aber auch persönliche gute Beziehungen, die auf Sympathie basieren, dienen der Veränderung von Tätigkeiten. Gute Beziehungen am Arbeitsplatz bieten ein verlässliches soziales Netz, das in Krisensituationen als Puffer fungiert und Energieverluste minimiert durch Anteilnahme, Motivation und auch ggf. tatkräftige Unterstützung. Für Job Crafter dient die Nutzung dieser Strategie als Motivation und resultiert in guter Leistung. Insbesondere Menschen, die gerne mit anderen zusammenarbeiten, profitieren ungemein von positiven Beziehungen. Eine Interviewpartnerin aus einem großen Versandhandel berichtete, dass sie jeden Morgen mit Freude an ihren Arbeitsplatz geht, um *gemeinsam* mit anderen etwas zu leisten. Um mit den für sie relevanten Personen eine gute, bedeutungsvolle und nutzbringende Beziehung aufzubauen, erhöht sie die Frequenz der Begegnungen bewusst, indem sie positive Begegnungen und Interaktionen plant und initiiert.

Sie als Führungskraft können Begegnungen mitgestalten, indem Sie

- Räumlichkeiten für diese informellen Treffen bereitstellen, so etwa einen Raum mit kleinen Sitzecken, der kurze Gespräche erlaubt (Ganggespräche, das Warten auf den Aufzug oder das Gespräch in der Kaffeeküche sind nett, aber nicht sonderlich einladend für einen echten Austausch),
- Network Trainings anbieten,
- gemeinsame Rituale initiieren bzw. gestatten (so etwa das „Friday Lunch", das eine Führungskraft aus der pharmazeutischen Industrie für ihre Mitarbeiter initiierte. Die Mitarbeiter aßen jeden Freitag mit Personen aus anderen Abteilungen zusammen zu Mittag, um strategische Beziehungen aufzubauen).

> **Die Häufigkeit von Begegnungen**
>
> *Die Häufigkeit von Begegnungen* spielt eine bedeutende Rolle in der menschlichen Interaktion. Personen, die sich mehrfach am Tag begegnen oder sich einen gemeinsamen wie auch immer gestalteten Raum (Fahrzeug, Räumlichkeit im Unternehmen, Wald und Wiese etc.) zur Aufgabenerfüllung teilen, verfügen über die Möglichkeit zu weitaus positiveren sozialen Interaktionen als Menschen, die sich nur wenig begegnen, sei es in Meetings oder durch digitale Medien. Zu einem großen Teil ist dies der Tatsache geschuldet, dass es Menschen leichter fällt, sich in die Handlungen und das Verhalten der anderen hineinversetzen zu können, die physisch verfügbar sind, d. h. die eine persönliche Kommunikation und Interaktion in vielfältigen und komplexen Situationen erlauben, sei es in einer Krisensituation, auf einer Feier oder bei einer Begegnung zum Lunch. Die erlebten gemeinsamen Interaktionen tragen zu einem beiderseitigen Vertrauen bei, welches wiederum für eine positive Beziehung mit positiven Interaktionen sorgt.

Verändern der Art der Beziehung:

Eine weitere Gestaltungsmöglichkeit, die Ihre Job Crafter nutzen, besteht darin, die Art der Beziehungen zu verändern. Zumeist sind es Mitarbeiter in sehr engen Arbeitskorsetts, wie etwa in Callcentern mit strengen Vorschriften und Zeitplänen, die eine Rollenerweiterung nutzen, um sich motiviert zu halten. Dies kann auf mehrere Arten geschehen:

- *Mehrwert bieten*: Job Crafter nehmen *Rollenerweiterung*en vor, indem sie anderen einen Mehrwert bieten und eine Beziehung aufbauen. So nimmt ein Mitarbeiter der Stadtwerke nicht nur Aufträge entgegen, sondern unterstützt Kunden mit dem ein oder anderen Tipp, durch eine wichtige Information oder eine Beratung außer der Reihe. Von Supervisoren in Callcentern nicht gerne gesehen, sind es gerade diese Rollenerweiterungen, die den Mitarbeiter motiviert und zufrieden halten. Wenn Ihre Job Crafter Rollenerweiterungen vornehmen wollen oder es tun, ohne zuvor mit Ihnen darüber zu sprechen, ist es an der Zeit, sich auch hier intensiv mit den Stärken und Interessen der Mitarbeiter auseinanderzusetzen. Eine Rollenerweiterung hilft im Allgemeinen nämlich auch dem Unternehmen — selbst wenn in einigen Bereichen Zeit verloren geht, wird es an anderer Stelle wieder hereingeholt, beispielsweise durch verbesserten Service. Dass anderen Kunden hierdurch längere Wartezeiten entstehen, ist selbstverständlich nicht hinnehmbar, jedoch lohnt sich eine Diskussion über Alternativen. Ihr Mitarbeiter, der nur auf Zeit arbeiten soll, sich jedoch lieber länger mit dem Kunden beschäftigt und dies nicht darf, wird Sie früher oder später sowieso unzufrieden verlassen — warum ihn nicht halten und anders einsetzen?

- *Job Rotation*: Ein Job Rotation Programm kann Job Crafting unterstützen und stellt ein Angebot dar, dass aktive Job Crafter gerne annehmen, um sich persönlich weiterzuentwickeln und in unterschiedlichen Abteilungen neue Beziehungen zu knüpfen. Dies geschieht nicht nur mit einem Fokus auf die eigene Person. Dadurch, dass Job Crafter andere Abteilungen und Kollegen sowie deren Arbeitsweise kennen und verstehen lernen, erweitert sich nicht nur das eigene Wissen, sondern es erlaubt ihnen, den Mitgliedern der eigenen Abteilung dabei zu helfen, andere Teams besser zu verstehen, was für viele der eigentliche Beweggrund für bestimmte Entscheidungen, Handlungen etc. sein mag.
- *Beziehungen maßschneidern*: Um bestimmten Empfängern der eigenen Arbeitsleistung (Mitarbeiter, Kunde, Kollegen) eine noch bessere Leistung bieten zu können, ist eine weitere oft genutzte Vorgehensweise im Job Crafting, die eigenen Beziehungen maßzuschneidern. So ließ sich eine Führungskraft, die aktiv im Job Crafting engagiert war, in ein Mentoren-Programm eintragen. Damit hilft sie anderen, sich besser und schneller zurechtzufinden, sie gibt wertvolle Erfahrungen weiter und findet zudem durch die Mentorentätigkeit Wege, sich neue energiespendende Beziehungen aufzubauen.
- *Unliebsame Beziehungen* entfernen ist eine weitere Vorgehensweise im Job Crafting. Sich von einigen Beziehungen am Arbeitsplatz zu trennen, so z. B. von unliebsamen Kunden, hat oft einen positiven Effekt auf die Arbeitszufriedenheit und Arbeitsleistung. Hier ist eine realistische Urteilsfähigkeit und gesunde Selbstreflexion des jeweiligen Job Crafters von Bedeutung, als auch eine gute Beratung durch die Führungskraft, die hier die Rolle des Mentors einnimmt. Beziehungen mit Kunden oder Kollegen zu beenden, weil eine Meinungsverschiedenheit die Beziehung auf die Probe stellt oder generell keine Sympathie in einer Beziehung vorhanden ist, stellt keinen triftigen Grund für eine Veränderung in Richtung Beendigung der Beziehung dar. Dennoch sind

Der Job Crafting Prozess und Ihre Rolle als Job Crafting Leader 3

Bestrebungen, Beziehungen zu beenden, für Sie ein wichtiger Hinweis darauf, dass Ihr Mitarbeiter Ihre Unterstützung benötigt — in einem Gespräch, durch Unterstützung bei der Beendigung der Beziehung oder auch durch das Angebot eines Trainings. Eine Vielzahl von Fällen zeigt, dass ein anderer Ansprechpartner (beim Kunden oder im Team) zu weitaus besseren und damit auch für das Unternehmen gewinnbringenderen Beziehungen beigetragen hat. In vielen Unternehmen als „kommunikatives Versagen" einer Person gebrandmarkt, sind auch diese Vorgänge aktives Job Crafting, denn sie zeigen, dass sich Ihre Mitarbeiter ihrer Stärken und Schwächen bewusst sind und dass diese Beendigungsbestrebungen es verdienen, gehört, gefördert und respektiert zu werden, es sei denn, sie speisen sich aus irrationalen Ängsten oder reiner Bequemlichkeit.

Folgender Arbeitsbogen eignet sich für ein Strukturieren des Job Crafting im Beziehungsmanagement:

Beziehungsmanagement			
(1) Person	(2) Situation	(3) Ergebnis	(4) Art (H, R, M, E)

Tab. 4: Beziehungsmanagement

Erläuterungen zum Arbeitsblatt:

1. Person (Um wen handelt es sich in der Beziehung? Kunde, Kollege...)
2. Momentane Situation (Ausbau der Beziehung/Ausbau/Problem...)
3. Erhofftes Ergebnis (Bessere persönliche/strategische Beziehung, Auftrag, Informationen)
4. Art
   (H) Häufigkeit der Interaktion (Erhöhen? Herunterfahren?)
   (R) Rollenerweiterung (Übernahme anderer Rollen?)
   (M) Maßschneidern (Dienstleistung und Service für andere)
   (E) Entfernen (anderer Ansprechpartner)

Beispiel:

1. Jenny
2. Oft Probleme durch gemeinsamen Kunden
3. Positivere Interaktion
4. Art: durch häufigere Telefonate mit Person X (H), Job Rotation für einen Tag in der Woche in Jennys Abteilung (R/M/E)

Job Crafting Leadership

Rahmen verändern

„Even the greatest fool can accomplish a task if it were after his or her heart. But the intelligent ones are those who can convert every work into one that suits their taste."

Swami Vivekananda

Was der hinduistische Mönch und Gelehrte Swami Vivekanada plastisch in zwei Sätze fasst, drückt den Kern der Rahmenveränderung aus. Die dritte Strategie der Job Crafter, die Rahmenveränderung, dient vorrangig dem Ziel, eine erhöhte Zufriedenheit und Engagement im Arbeitsleben zu schaffen. Die Strategie, auch als kognitives Job Crafting[20] bezeichnet, besteht darin, die Tätigkeit an sich, die unzufrieden macht oder sich als Herausforderung präsentiert, *nicht* zu verändern, sondern der Tätigkeit oder auch einzelnen Aufgaben einen besonderen Sinn zuzuschreiben, eine spezielle Bedeutung zu geben, einen anderen Rahmen, einen tieferen Sinn.

Die Frage nach dem Sinn der eigenen Tätigkeit ist nicht nur für die Generation Y, sondern für viele Menschen anderer Generationen von großer Bedeutung, verbringen sie doch einen Großteil des Tages am Arbeitsplatz. Diese Zeit zu genießen, indem sie eine sinnvolle Tätigkeit ausüben, ist das Ziel. Nicht alle Menschen sind dazu in der Lage, eine Rahmenveränderung und den damit verbundenen aktiven Perspektivenwechsel vorzunehmen. Die, die es schaffen, verfügen über ein machtvolles Instrument der Selbstregulation, denn die Fähigkeit zur kognitiven Rahmenveränderung ist nicht nur eine reine Job Crafting-Strategie, sondern auch eine wertvolle Stärke.[21] Job Crafter, die mit der Strategie der Rahmenveränderung agieren, sind Menschen, die das Prinzip der Selbstregulation stark nutzen und sich bewusst dafür entscheiden, wie ihr Leben aussehen soll. Einige erfreuen sich daran, täglich etwas Neues lernen zu können und sehen ihre Tätigkeit daher als wenig stressbelastet an. Anderen ist es wichtig, Menschen durch ihre Tätigkeit oder das hergestellte Produkt zu helfen, wiederum andere sind sich im Klaren darüber, dass die vielleicht momentan ungeliebte Tätigkeit einen wichtigen Baustein in der Karriere bedeutet.

---

[20] vgl. Dutton 2010

[21] Auch wenn tagtägliche Jammereien auf hohem Niveau nicht nur am eigenen Arbeitsplatz, sondern auch in Funk und Fernsehen (mittwochs ist Bergfest und freitags endlich Wochenende) suggerieren, dass nur das Wochenende wert ist, gelebt zu werden und der Rest nur aus elender Plackerei besteht, schließen sich nicht alle dieser Meinung an und übernehmen Verantwortung für das eigene Wohlbefinden.

Der Job Crafting Prozess und Ihre Rolle als Job Crafting Leader 3

Die besondere Herausforderung für Sie als Führungskraft besteht darin, dass es nur *einen* Weg gibt, diese Art von Job Crafting zu unterstützen und zu fördern: durch das eigene Vorbildverhalten. Eine Führungskraft, die selbst (un)qualifiziert „jammert", wird es schwer haben, mit aktiven Job Craftern über eine Rahmenveränderung bzw. einen Wechsel der Perspektive nachzudenken. Sie wird schon von vorneherein von ihren Mitarbeitern nicht als wirkliche Führungskraft angesehen, sondern nur als leider anwesender hoffentlich temporärer „vor Gesetzter".

Zu bemerken ist in diesem Zusammenhang, dass sich die Strategie der Rahmenveränderung insbesondere bei denjenigen Job Craftern findet, denen wenig Spielraum zur Veränderung der eigenen Tätigkeit zur Verfügung steht. Untersuchungen in Krankenhäusern geben einen interessanten Einblick. Hier agieren Krankenpfleger und Ärzte innerhalb eines festen Arbeitsplans. Beide haben wenig Einfluss auf die Gestaltung ihrer Tätigkeiten durch die Strategien der Grenzerweiterung oder Grenzverengung. Jedoch zeigt sich, dass manche Krankenpfleger und Ärzte motivierter, glücklicher und zufriedener sind als andere und oftmals auch schneller Karriere machen. Besagte Mitarbeiter schreiben nämlich ihrem stark formalisierten Tagesablauf einen besonderen Sinn, eine soziale Bedeutung zu, so etwa, dass sie durch ihre Hilfe und Anteilnahme den Patienten einen angenehmeren Tag bescheren können, Angehörige dabei unterstützen können, mit der Krankheit der geliebten Menschen angstfreier umzugehen oder von den Kranken lernen, was es heißt, tapfer zu sein[22]. Die Konzentration auf positive Gefühle zeitigt noch eine weitere, interessante Nebenwirkung: Sie spart mentale und physische Energie ein, die anderweitig eingesetzt werden kann (im Gegensatz dazu: negative Gefühle verbrauchen Energie).

Sie selbst können im Rahmen Ihrer Vorbildfunktion Rahmenveränderungen auf mehrere Arten unterstützen:

Anderen Gutes tun liegt vielen Menschen am Herzen. Dass sich diese Möglichkeiten auch am Arbeitsplatz bieten, zeigen aktive Job Crafter. Eine Mitarbeiterin einer Krankenversicherung antwortete auf die Frage nach dem Sinn ihrer Arbeit, dass sie ihre Unterlagen nicht einfach nur abarbeitet, sondern es ihr Freude bereitet, den Menschen zu helfen, die hinter dem Versicherungsfall stehen. Ein Klempner, der seit Jahren in einem Behindertenhilfswerk tätig ist, erfreut sich zwar keiner exzellenten Bezahlung, berichtete aber darüber, dass es für ihn eine wichtige und zufriedenstellende Tätigkeit bedeutet. Ähnliches lässt sich bei vielen niedergelassenen Ärzten beobachten. Um Ihre Job Crafter als Vorbild zu unterstützen, wenn sie Probleme mit ihrer Tätigkeit erleben, eignen sich folgende Maßnahmen:

---

[22] vgl. Dutton und Kollegen 2010

- Sprechen Sie offen darüber, wie Sie den Sinn und Zweck Ihrer Arbeit sehen, die des Teams und des Einzelnen.
- Weisen Sie auf Beispiele aus Ihrer Branche hin, in der andere Menschen erfolgreich Rahmenveränderungen durch den sozialen Sinn vorgenommen haben.
- Fragen Sie Ihre Mitarbeiter, welchen Sinn sie in ihrer Tätigkeit sehen — diskutieren Sie darüber.
- Vermeiden Sie es unter allen Umständen, belehrend zu wirken. Ein „Sieh das doch mal so" schadet kognitivem Job Crafting mehr, als dass es nutzt.

Karriere und Weiterentwicklung

Für viele Job Crafter besitzt eine Rahmenveränderung durchaus auch konkrete Karrierehintergründe. Auf dem Weg in die Führungsetagen fallen immer wieder Phasen und Tätigkeiten an, die aufgrund verschiedener Faktoren sehr anstrengend und stressbelastend sind. Job Crafter gehen diese Phasen konkret durch eine bewusste Rahmenveränderung an und reüssieren besonders dann, wenn sie von ihrer Führungskraft unterstützt werden und sich zudem darüber im Klaren sind, dass eine Karriere Energie und Engagement benötigt, die nur aufzubringen sind, wenn negative Einstellungen auf ein Mindestmaß begrenzt sind. Manchmal macht es Sinn, die Unterstützung dieser Job Crafter unter Zuhilfenahme eines Coachs oder Mentors zu beschleunigen. Ziel ist es, den Sinn, den eine ganz bestimmte, ungeliebte Aufgabe bereithält, zu erkennen und ins Positive zu kehren. Praxisbeispiele wie das Folgende gibt es sicherlich auch in Ihrer täglichen Umgebung reichlich: Ein Trainee, der sich über Rechercheaufgaben ärgerte, rahmte sich diese lästige Aufgabe in dem Sinn, dass er daraus lernt, später, wenn er eine Führungsposition inne hat, mehr auf die Bedürfnisse der Trainees zu achten, ein anderer sah es als Notwendigkeit auf dem Weg nach oben an.

Führungskräfte, die ein kognitives Job Crafting fördern, sind zumeist selbst aktive kognitive Job Crafter. Ihr Vorbild regt potentielle kognitive Job Crafter dazu an, sich dem Arbeitsplatz samt Aufgaben auf eine andere Art und Weise zu nähern und eine zufriedenstellende Neuinterpretation für sich zu schaffen. Wie ist es bei Ihnen um Neuinterpretationen bestellt?

Das folgende Arbeitsblatt unterstützt den Prozess der individuellen Rahmenveränderung.

(1) Tätigkeit	(2) Sozialer Zweck/Sinn	(3) Karriere/Entwicklung

Tab. 5: Rahmenveränderung

Erläuterungen zum Arbeitsblatt:

1. Tätigkeit (Welche Tätigkeit/Aufgabe löst Unzufriedenheit aus?)
2. Sozialer Zweck (Gibt es einen sozialen Sinn?)
3. Karriere und Weiterentwicklung (Ist die Tätigkeit wichtig für Karriere und Entwicklung?)

Beispiel 1:

1. Pressespiegel erstellen
2. Nein
3. Lernen, sich auch Routinearbeiten schön zu gestalten

Beispiel 2:

1. Ab und zu im Callcenter mitarbeiten, ärgert mich
2. Ja, denn ich helfe anderen.
3. Ja, denn ich bin Vorbild, was ich später als Führungskraft ebenso sein möchte und muss.

Beispiel 3:

1. Rechercheaufgaben
2. Nein
3. Notwendig für die Karriere

Ein Wort zur Rahmenveränderung — so schön und wertvoll diese Strategie ist, eins bleibt zu beachten: Die alleinige Neudefinition der Bedeutung der jeweiligen Tätigkeit bringt keine Veränderung des Jobinhalts mit sich und ist deshalb nicht immer die richtige Lösung. Regen Sie deshalb an, andere Strategien des Job Crafting mit in Betracht zu ziehen, um das volle Potential des Job Crafting ausschöpfen zu können.

3.4.3 Umsetzungsmonitoring

3.4.3.1 Sozialer Ressourcengeber

Wie auch Bakker et al. bemerken, ist die Führungskraft im Job Crafting in der Rolle des sozialen Ressourcengebers. Feedback, Mentoring und Unterstützung sind gefragt, als auch professionelle Prozessbegleitung. Jedoch geht es auch darum, die Rahmenbedingungen und Auswirkungen der geplanten Veränderungen zu betrachten und zu begleiten. Idealerweise haben Sie mit Ihren Mitarbeitern eine Vereinbarung bezüglich des Job Crafting getroffen, die Folgendes beinhalten sollte:

- den Umfang der Veränderungen,
- die benötigte Zeit (eventuelle Probezeit, Beginn, Milestones, Deadlines),
- die benötigten fachlichen Kompetenzen,
- die benötigten Handlungsfreiräume,
- die erwünschten Ergebnisse,
- die zu erbringenden Leistungen des Mitarbeiters,
- die Rolle des Vorgesetzten,
- die Rolle der Kollegen,
- Milestones in der Kommunikation (wann informiert Mitarbeiter die Führungskraft).

ACHTUNG: Nicht überzeugt?

Ist eine Führungskraft von Beginn an wenig überzeugt von den Plänen des Mitarbeiters oder sieht sich der Mitarbeiter ersten Problemen gegenüber, macht es wenig Sinn, den Mitarbeiter durch eine völlige Ablehnung seiner Pläne zu demotivieren. Eine Reaktion à la „Das habe ich doch gleich gesagt" ist weder vertrauensfördernd noch motivierend und löst allenfalls Ablehnung und Demotivation aus. Zielführend hingegen ist eine Ressourcenbereitstellung sozialer als auch struktureller Art, die den Job Crafter darin unterstützt, die selbst gewählten Herausforderungen zu meistern und die geplante Aufgabenveränderung neu und erfolgreich zu gestalten. Führungskräfte, die ihre Mitarbeiter bestärken und es ihnen gestatten, aus Fehlern zu lernen, werden von ihren Mitarbeitern als wertvoller und konstruktiver Partner angesehen, der Lernen, Leistung und Weiterentwicklung ermöglicht und somit auch die Ziele des Unternehmens befördert. Der mögliche temporäre Energieverlust einiger Job Crafter während der Umsetzungsphase ist an der Tagesordnung und sollte von Seiten der Führung nicht zum Anlass genommen werden, eine Job Crafting-Aktivität abzubrechen oder gar ohne Zustimmung des Job Crafters einzuschreiten (in Vereinbarung regeln).

3.4.3.2 Win-Win-Lösungen

Ein effektives und professionelles Job Crafting kann nur einen Mehrwert für alle Beteiligten darstellen, wenn es Win-Win-Lösungen bietet. Damit meine ich keinen halbherzigen Kompromiss à la Lose-Lose, sondern eine wirkliche Win-Win-Lösung.

Für Software-Entwickler Joschka bedeutet dies eine Überprüfung der Auswirkungen seiner Aktivitäten. Kann er durch seine zusätzliche Unterrichtstätigkeit seinen Aufgaben als Softwareentwickler noch gerecht werden? Haben die anderen Betroffenen auch einen Gewinn? Für ihn und seine Führungskraft gilt es, folgende Punkte zu berücksichtigen:

- Wer ist von der Veränderung wie betroffen?
- Mit wem finden wann Gespräche über die geplanten Veränderungen statt?
- Welche Lösungsmöglichkeiten sind vorhanden, und welche davon dienen als Argumentation?

Selbstgesteuert

Spätestens ab diesem Punkt sollten Ihre Job Crafter „auf eigene Faust" arbeiten und Sie nur noch informiert halten (bleiben Sie ganz ruhig, wir gehen hier davon aus, dass Sie und Ihre Mitarbeiter den Prozess schon mehrfach geübt haben — idealerweise haben Sie Ihre Mitarbeiter mit dem Konzept des Job Crafting vertraut gemacht und der Prozess läuft selbstgesteuert ab, so dass Sie sich nur noch mit den Ausarbeitungen und Auswertungen Ihrer Job Crafter auseinandersetzen müssen). Besprechen Sie mit Ihren Mitarbeitern, was es im Prozess zu beachten gilt:

- Je früher andere mit einbezogen, beteiligt und um eine Meinung gebeten werden, umso erfolgreicher wird die Veränderung sich umsetzen lassen.
- Je proaktiver (schneller, innovativer, zukunftsfördernder) Lösungen gefunden werden, die nicht nur dem Job Crafter, sondern auch den anderen und dem Unternehmen dienen, umso erfolgreicher wird die Veränderung.
- Je mehr die Veränderungen den Stärken und Interessen des Job Crafters entsprechen, umso besser gestaltet sich die persönliche Energiebilanz zur Umsetzung.
- Je mehr mögliche Win-Win-Veränderungen bereitstehen, umso erfolgreicher verlaufen die Gespräche und die Beteiligung des Umfeldes.
- Je eher Sie involviert sind, umso schneller und problemloser lässt sich die Veränderung umsetzen.[23]

---

[23] Die Strategie der Rahmenveränderung hat im Allgemeinen keine Auswirkungen auf andere. Es ist jedoch wahrscheinlich, dass Kollegen des Job Crafters eine positivere Einstellung entwickeln, wenn sie das Vorbild eines erfolgreichen Job Crafters vor Augen haben.

Job Crafting Leadership

Lassen Sie Ihre Mitarbeiter mit folgenden Arbeitsbogen eine Eigenanalyse vornehmen:

(1) Veränderung	(2) Betroffene	(3) Auswirkungen	(4) Gespräche	(5) Win?

Tab. 6: Auswirkungen

Erläuterungen zum Arbeitsblatt:

1. Veränderung (Um welche Veränderung handelt es sich?)
2. Betroffene (Wer ist davon betroffen?)
3. Mögliche Auswirkungen (Was können mögliche Auswirkungen sein?)
4. Gespräche (Mit wem müssen Gespräche geführt werden/Informationen weitergegeben werden)
5. Win-Win-Lösung (Ist es eine Win-Win-Lösung? Für wen?)

Beispiel 1:

1. Mehr unterrichten
2. Kollegen, Vorgesetzter, HR
3. Mehrarbeit von Kollegen, kann meine Aufgaben nicht mehr ganz erledigen
4. Vorgesetzter, Kollegen zusammen mit Vorgesetzten, HR zusammen mit Vorgesetztem
5. Unterrichten außerhalb der Arbeitszeit, dafür eine andere Form der Vergütung, z. B. kommt das Unternehmen für ein Seminar „Train the Trainer" auf.

Beispiel 2:

1. Verstärkte Kommunikation mit einem bestimmten Kunden
2. Kunde, Kollegen, Vorgesetzter
3. Zu hohe Investition in den Kunden, was Zeit und andere Ressourcen betrifft, Konkurrenzkampf mit Kollegen um den Kunden
4. Vorgesetzter, Kollegen
5. Probezeitraum von 3 Monaten, dann Evaluation der Veränderung

Vertiefende Inhalte

Eine Checkliste zur Überprüfung der Umsetzung des Job Crafting Prozesses finden Sie auf Arbeitshilfen Online.

3.4.3.3 Die Rolle der Führungskraft

Ausgehend von den drei Strategien des Job Crafting lässt sich festhalten, dass, je nach Situation, Job Crafter aktiv eine oder alle drei Strategien anwenden, um ihren Arbeitsplatz motivierend, innovativ und erfüllend zu gestalten. Was allen drei Strategien zu Grunde liegt, ist eine funktionierende Selbstführung bzw. Selbstregulation. Der Begriff Selbstregulation[24] sagt aus, dass der Mensch, mit Herausforderungen bzw. Veränderungen konfrontiert, sich einer gründlichen Selbstreflexion unterzieht, um im Anschluss daran seine Handlungen, Gedanken und vor allem auch Gefühle auf ein Ziel zu fokussieren, das ihm attraktiv erscheint (bessere Beziehungen am Arbeitsplatz, ein interessanteres Tätigkeitsfeld etc.).

Für Sie als Führungskraft ist genau dieser *Selbstregulationsantrieb* der Ansatzpunkt. Ihre Mitarbeiter sind bestrebt, etwas zu verändern und sich auf ein attraktives Ziel zu fokussieren. Je nachdem, wie Sie darauf reagieren, werden Sie entweder zum Frustrator[25] oder Motivator. Ihre Aufgabe besteht darin, Ihre Mitarbeiter im Sinne ihrer Stärken und Interessen zu unterstützen, aber gleichzeitig auch eine Übereinstimmung mit den Zielen des Teams und des Unternehmens herzustellen. Das bedeutet: Sie werden durch Job Crafting Leadership Techniken aktiv in diesen Prozess der Selbstregulation eingreifen.

Falls Sie nun die Augen verdrehen und fragen, was Sie denn sonst noch alles leisten sollen und Sie sicherlich nicht dazu da sind, Ihren Mitarbeitern ein Wunschkonzert zu ermöglichen, eine kleine Gegenfrage: Wozu sind Sie denn da? Ich darf an dieser Stelle kurz den ehemaligen Royal Dutch/Shell-Manager und Buchautor Arie de Geus erwähnen, der schon 1997 vier Faktoren für Langlebigkeit und erfolgreiche Unternehmensentwicklung identifiziert hat, die sich gerade heute bewahrheiten. Einer der vier Faktoren ist: Sie erlauben Ihren Mitarbeitern Freiräume und tolerieren auch exotische Experimente abseits des Kerngeschäfts, solange sie die Existenz nicht gefährden.[26] Ganz in diesem Sinne titelte am 13.11.2012 um 12:42 Heise online:

---

[24] Durch den Wissenschaftler Albert Bandura unter dem Begriff „self control" bekannt, beschäftigen sich viele Forschungskonzepte des 21. Jahrhunderts mit Selbstregulation als psychologischer Ressource, so etwa die Emotionale Intelligenz oder die Positive Psychologie. Angesiedelt in der Arbeits- und Organisationspsychologie, existieren eine Vielzahl von Bezeichnungen und Konzepten, z.B. Schmeichel, Vohs und Baumeister (Intellectual performance and ego depletion: Role of the self in logical reasoning and other information processing, in: Journal of Personality and Social Psychology, 2003). Siehe auch zum Thema Leistungssteigerung durch selbstständige Entwicklung von Fähigkeiten: Forgas, J.P. et.al., Psychology of Self-Regulation, New York, 2009.

[25] Sie verzeihen mir diese verbale Eigenkreation, ich finde sie überaus treffend, auch wenn sie im Duden nicht existiert.

[26] vgl. Arie de Geus: Jenseits der Ökonomie. Die Verantwortung der Unternehmen, 1997

Job Crafting Leadership

„Apple gibt Mitarbeitern Auszeit für eigene Projekte. Apple hat einem Bericht des Wall Street Journal zufolge eine neue Initiative gestartet, bei der einzelne Mitarbeiter eigene Projekte verfolgen dürfen. Das Vorhaben namens „Blue Sky" ähnelt der „20% Time", die es beim Suchmaschinenriesen Google schon seit längerem gibt — hier können Ingenieure bis zu 20 Prozent ihrer Zeit mit Vorhaben verbringen, die sie selbst (und bestenfalls auch für die Firma) für interessant halten."[27]

Sie sehen hier Ihr Unternehmen in der Pflicht? Fair enough! Aber es ist an Ihnen, die Anstöße und Präzedenzfälle dafür zu liefern. Dass Fließbandarbeiter sicherlich auf absehbare Zeit keine Blue Sky-Auszeit bekommen werden, ist relativ sicher, es werden die „white collar" Jobs sein, die den Anfang machen.

3.4.4 Phase 3: Evaluation – Job Crafting auswerten

Jede Veränderung zeitigt ein Ergebnis. Je nach Ausgang (positiv, negativ, neutral) nimmt dieses Ergebnis einen teilweise starken Einfluss auf die weiteren Job Crafting-Aktivitäten eines jeden, d. h. die erzielten Resultate bestimmen, ob Ihre Mitarbeiter motiviert sind, weitere Veränderungen aktiv in Angriff zu nehmen oder das Job Crafting vorerst einstellen. Je positiver das Ergebnis, umso höher wird die Motivation Ihres Mitarbeiters sein, Verbesserungen auch in anderen Arbeitsbereichen vorzunehmen und ebenfalls für andere Mitarbeiter zu verbessern. In diesem Zusammenhang lässt sich festhalten, dass es vor allem Mitarbeiter der unteren Hierarchieebenen sind, die Job Crafting anwenden, um nicht nur die eigene Situation zu verbessern, sondern auch die der Kollegen oder der Kunden. Job Crafter, die sich auf höheren Hierarchieebenen bewegen, suchen vermehrt Veränderungen und Möglichkeiten, die Entwicklung ihrer eigenen Persönlichkeit voranzutreiben.[28]

Situation: Die Bewertung der Veränderungen bei Erfolg bzw. Misserfolg.

Ihre Aufgabe: gemeinsam mit Ihren Mitarbeitern die Gründe für den Erfolg oder Misserfolg zu analysieren und ggf. eine alternative Lösung zu suchen.

Erfahrene Job Crafter führen diesen Schritt selbsttätig durch, ungeübte Job Crafter benötigen Ihre Unterstützung. Was Sie in diesem Schritt leisten, ist beträchtlich. Sie betreiben eine aktive Weiterbildung Ihrer Mitarbeiter in einem echten Unternehmensumfeld, also etwas, was ein traditionelles Training niemals wird leisten

---

[27] http://1heise.de/mac-and-i/meldung/Apple-gibt-Mitarbeitern-Auszeit-fuer-eigene-Projekte-1748920.html
[28] vgl. Dutton 2007

können. Die hohe Verantwortung, die Ihnen hier zukommt und auferlegt wird, ist mit Sicherheit ein akutes Thema für Führungskräfteentwicklung und Recruiting, denn nicht jede fachlich exzellente Führungskraft verfügt über das notwendige Wissen, Job Crafting zu erkennen und gewinnbringend weiterzuentwickeln — Sie selbstverständlich ausgenommen, denn Sie wissen nun, wie es funktioniert.

3.4.4.1 Resultate

Sie erkennen ein positiv verlaufendes Job Crafting unter anderem daran, dass das neue Verhalten oder die vorgenommene Veränderung Ihrer Job Crafter ein fester Bestandteil der Tagesroutine geworden ist und sich der Energie- als auch Stresspegel der Job Crafter wieder in Balance befinden. Negative Ausgänge erkennen Sie daran, dass Job Crafter zu alten Routinen zurückkehren. Erwähnenswert in diesem Zusammenhang ist die Tatsache, dass Mitarbeiter, die demotiviert agieren und jeglicher Veränderung trotzen, zu einem früheren Zeitpunkt oft sehr aktive Job Crafter waren, sich mit ihren Veränderungswünschen jedoch an einer desinteressierten Führungskraft bzw. ressourcenarmen Umgebung abmühten oder auch die Erfahrung machten, bei ihrem ersten Fehler unverhältnismäßig abgestraft zu werden. Dass diese Zeiten sich langsam ändern und Trainingskurse zu emotionaler Intelligenz und Fehlertoleranz Einzug in die Managementschmieden dieser Welt halten, lässt hoffen, dass Job Crafter in Zukunft auf ein besseres Verständnis ihrer Bemühungen stoßen werden.

3.4.4.2 Prozessmonitoring

Die Evaluation beginnt bereits während des Umsetzungsprozesses. Sie agieren während dieser Zeit als Mentor. Hier gilt als Richtlinie: Ob ein Prozessmonitoring erforderlich ist, ist eine Frage der Größe der Veränderung. Ein neues Formular in der Buchhaltung erfordert keine großartige Begleitung, eine Grenzerweiterung wie in Joschkas Fall (siehe Kapitel 3.2.3.1) schon. Lassen Sie Ihren Job Craftern während der gesamten Zeit der Umsetzung so viel Freiraum wie möglich und begleiten Sie sie als Mentor. Vereinbaren Sie regelmäßige Termine, in welchen Sie den Fortschritt, die Belastung, die negativen Erfahrungen und die Herausforderungen besprechen und überprüfen, ob der Mitarbeiter noch zielgerichtet arbeitet.

Unterstützen Sie, indem Sie sich für das Voranschreiten des Prozesses interessieren und gegebenenfalls, wenn darum gebeten, auch Unterstützung leisten. Für eine gemeinsame Überprüfung der Veränderungen kommt eine Reihe von Punkten in Frage, die Sie mit Ihren Mitarbeitern besprechen sollten:

- Hält die Veränderung das, was Sie (Job Crafter) sich davon versprochen haben? Wenn nein, warum nicht? Wenn ja, warum?
- Erleben Sie (Job Crafter) einen Motivationszuwachs oder einen Energieverlust?
- Wie viele Veränderungsprojekte laufen parallel? Beeinträchtigt die Vielzahl der Veränderungen das Team/den Kunden/relevante andere?
- Ist der Energiezuwachs bzw. der Energieverlust temporär oder andauernd?
- Entsprechen die Veränderungen tatsächlich Ihren (Job Crafter) Stärken und Interessen?
- Wie wirken sich die Veränderungen auf alle anderen aus (Vorgesetzte, Kunden und Kollegen)? Sind sie zufrieden und profitieren sie von der Veränderung?
- Falls das Umfeld unzufrieden mit den Veränderungen ist, was können Sie (Job Crafter) tun, um die Veränderung trotzdem fortzuführen?
    - Abwarten, und wenn ja, wie lange?
    - Kurskorrektur vornehmen (in welchem Umfang?).
    - Gespräche führen und informieren.
    - Die Beteiligten besser einbinden.
    - Was können Sie tun, damit andere auch von den Veränderungen profitieren?
- Ist es sinnvoll, einige Maßnahmen und Vorhaben, wenn sie nicht das gewünschte Ergebnis bringen, zu beenden?
- Sind Sie dazu in der Lage, positive Veränderungen beizubehalten, bis sie zu einer Gewohnheit geworden sind?

Begleiten Sie Ihre Job Crafter und lassen Sie deren Eigenregie zu — sie werden es Ihnen danken.

3.4.4.3 Endbewertung

Ganz gleich ob sich die Veränderung zur Routine entwickelt hat oder verworfen wurde, eine Endbewertung ist ein Muss. Hat die Veränderung das eingebracht, was beabsichtigt war? Nicht nur aus positiv verlaufenen Veränderungen, sondern auch aus negativen Resultaten entsteht ein Learning, das festgehalten und für spätere Veränderungen wieder nutzbar gemacht werden kann. Weiterhin ist von Interesse, ob sich durch die Veränderung ein anderes Verhältnis von Stärken und Tätigkeit ergeben hat. Bedenken Sie in der Endevaluation:

- Inwieweit hat sich die Veränderung auf den Mitarbeiter ausgewirkt (positiv, neutral, negativ)?
- Inwieweit hat sich die Veränderung auf das Unternehmen und auf das Team bzw. andere Betroffene ausgewirkt (positiv, neutral, negativ)?

- Welche Learnings hat der Mitarbeiter zu verzeichnen? (Umgang mit Erfolg, Frustration…)?
- Hat der Mitarbeiter einen Energiegewinn zu verzeichnen?
- Kann und konnte der Mitarbeiter seine Stärken einsetzen?
- Im Falle eines negativen Ausgangs: Worin ist der Misserfolg zu begründen, und wie geht es weiter mit anderen Job Crafting-Aktivitäten?
- Was würde Ihr Mitarbeiter beim nächsten Mal anders machen?

Eine gut durchgeführte Analysephase, eine ausreichend begleitete Umsetzungsphase und eine gründliche Endevaluation fördert das Lernen und strategische Denken Ihres Mitarbeiter als auch seine Motivation — was können Sie mehr an Anerkennung geben, als ihm dabei zu helfen, gemäß seiner Stärken zu arbeiten.

3.5 Hindernisse

Es existieren drei große Hindernisse im Job Crafting, über die schon viele Job Crafter gestolpert sind:

- Viele Mitarbeiter in den oberen Etagen der Unternehmen fürchten, bei einem aktiven Job Crafting gleichgestellten Kollegen ins Gehege zu kommen. Kompetenzgerangel, Machtkämpfe und Neid sind in manchen Führungsetagen an der Tagesordnung. Hilfe verspricht hier lediglich die Einbindung der Personalabteilung und das offizielle Bekenntnis eines Unternehmens zur Förderung aktiven Job Craftings.
- In dem Moment, in dem für Job Crafting die Unterstützung anderer notwendig wird (ob höher oder tiefer in der Hierarchie angesiedelt), kann es unter Umständen Überzeugungsarbeit verlangen, andere von der Bedeutung und den Benefits der Veränderung zu überzeugen. Nicht alle Mitarbeiter verfügen über das nötige kommunikative Wissen, Argumentationen aufzubauen und andere zu überzeugen. Kommunikationstrainings können den Weg zu einer allgemeinen, guten Argumentationskultur ebnen. Hier ist es Ihre Aufgabe, diese Trainings für alle zu veranlassen.
- Mitarbeiter, die in der Hierarchie weit unten angesiedelt sind, beschreiben oft das Gefühl der „Machtlosigkeit" aufgrund ihrer Position als Herausforderung im Job Crafting. Hier sind Sie als Führungskraft als auch das Unternehmen gefragt, eine adäquate Unterstützung zu bieten, so z. B. Mitarbeitern, die im Lager arbeiten, die Möglichkeit geben, ihre Fähigkeiten auch außerhalb des eigentlichen Arbeitsplatzes einzusetzen, z. B. in der Organisation des Betriebsfestes als Spezialist für Einkauf und Lagerung der benötigten Utensilien.

Job Crafting Leadership

Es gibt viele Mitarbeiter, die sich darüber bewusst sind, dass sie am falschen Ort im Unternehmen sind, beispielsweise der Vertriebler, der besser im Controlling aufgehoben wäre und sich aufgrund seiner Schwierigkeiten mit Kundenbesuchen ständig mit seinem Vorgesetzten im Konflikt befindet. Allerdings bringt ihm die Arbeit im Vertrieb mehr Gehalt ein, als der Job im Controlling, plus Firmenwagen, was ihn dazu veranlasst, die Zähne zusammenzubeißen und durchzuhalten. Selbst wenn der Führungskraft und dem Unternehmen diese Tatsache bekannt ist, gibt es aufgrund mancher Unternehmensgrößen nicht immer die Möglichkeit, hier Abhilfe zu schaffen und Personal auf andere Positionen zu verschieben. So kommt es zu blockierten Situationen — der eine möchte seine Pfründe nicht aufgeben und auch im Controlling so viel verdienen. Die Führungskraft würde die Person gerne in einen anderen Bereich abgeben, da sie viel Know-how besitzt, ihr sind aber aufgrund der Einstellungspolitik die Hände gebunden. Hier ist die Geschäftsführung gefragt, denn nur wenn ein „flächendeckendes" Job Crafting im Unternehmen verankert ist, wird es möglich, Arbeitsprozesse zu verlagern und zu teilen. Die einzelne Führungskraft kann dies oft nicht alleine durchsetzen und wird abwinken — auf Dauer kein zukunftsträchtiger Zustand. Ein weiteres Problem, das entstehen kann, liegt darin, dass auch Mitarbeiter häufig nicht bereit sind, weniger zu verdienen, dafür aber eine größere Lebensqualität zu erleben.

3.6 Job Crafting – die Herausforderung für Unternehmen

Die Entlassungen der letzten Jahre brachten eine z. T. *ungeliebte* Mehrarbeit für die im Unternehmen verbleibenden Arbeitnehmer mit sich. Auf einen Schlag mussten sich viele Mitarbeiter nicht nur mit der Mehrarbeit an sich auseinandersetzen, sondern auch Aufgaben übernehmen, die nicht unbedingt in den Bereich der eigenen Stärken passten. Dass sie daraufhin versuchten und versuchen, ihren Arbeitsplatz umzugestalten, liegt auf der Hand — allerdings ist ebenso deutlich, dass in der heutigen Zeit vielen Führungskräften keine Zeit bleibt, um den Arbeitsplatz zusammen mit jedem einzelnen Mitarbeitern neu zu gestalten. Dennoch ist ein professionelles Job Crafting durch Führungskräfte unerlässlich und den Führungskräften kommt als Ressourcengeber dabei eine Schlüsselstellung zu. Sie sind es, die das tägliche Job Crafting der Mitarbeiter erleben, sie sind die Einzigen, die es letztendlich fördern, ignorieren oder ersticken können. Aufgrund der hohen Belastung und Verantwortung dieser Position ist es dringend vonnöten, dass Führungskräfte von Personalentwicklung und Human Resources in ihren Aufgaben Unterstützung erfahren. Diese muss so gestaltet sein, dass Job Crafting als Unternehmensressource akzeptiert und nutzbar gemacht wird, und das bedeutet eine vollständige konzeptionelle Integration in die Unternehmenspolitik. Der Idealfall, nämlich eine individuelle Gestaltung jeder einzelnen Tätigkeit im Unternehmen, ist sicherlich utopisch. Umsetzbar jedoch ist eine Einführung aller Mitarbeiter in das Konzept des Job Crafting unter Nutzung bestimmter Vorgaben und Tools, die es den Führungskräften erleichtern, den Prozess zu begleiten. Ebenfalls leistbar ist die Integration von Stärkenprofilen, sei es im Recruiting oder auch in der Beförderungspolitik eines Unternehmens. Die Integration von Job Crafting Elementen in Mitarbeiterjahresgespräche und in die Bewertungskriterien ist nur eine logische Konsequenz.

3.6.1 Umfeld schaffen

Job Crafting beeinflusst die individuelle Leistung als auch die Unternehmensleistung in einem starken Maße. Die Aufgabe des Unternehmens ist die Schaffung eines Umfeldes, das Job Crafting fördert. Diese Aufgabe beinhaltet Unterstützung durch strukturelle Ressourcen (die Möglichkeiten für individuelles Job Design schaffen) als auch Unterstützung durch soziale Ressourcen (so etwa Feedback, Mentoring oder auch die Stärkung der Führungskräfte als Vorbilder), unter gleichzeitiger Einbeziehung der Organisationsziele. Um Job Crafting erkennen und fördern zu können, bedarf es neben eines guten Gespürs für andere Menschen eines klaren Urteilsvermögen bezüglich der Umsetzbarkeit und Sinnhaftigkeit von Veränderungen sowie der unbedingten Bereitschaft, sich mit Mitarbeitern konstruktiv, wertschätzend und vor allen Dingen gemeinsam über die Gestaltungsmöglichkeiten des betreffenden Jobs auseinanderzusetzen. Stark formalisierte Arbeitsplätze erschweren es aktiven Job Craftern, Grenzen zu verschieben und neue Aufgaben in Angriff zu nehmen, als auch strategische und persönliche Veränderungen am Arbeitsplatz in die Wege zu leiten.

3.6.2 Job Crafting für Führungskräfte

Sie als Führungskraft sind nicht nur verantwortlich für ein erfolgreiches Job Crafting Ihrer Mitarbeiter, sondern profitieren selbst durch den Einsatz eines gezielten Crafting. Eine meiner Gesprächspartnerinnen berichtete, dass sie sich als Geschäftsführerin eines Callcenters jeden Tag eine halbe Stunde Zeit nimmt, um mit ihren Mitarbeitern gemeinsam Anrufe zu bearbeiten. Die sofortige Wirkung dieser Veränderung liegt auf der Hand: Die Beziehungen zu vielen ihrer Mitarbeiter verbessert sich durch die vorgenommene Grenzerweiterung, zudem erleichtert die Mitarbeit die Einschätzung und Beurteilung der Mitarbeiter und der vorherrschenden Probleme im Callcenter. Die Mitarbeiter wiederum schätzen das Engagement ihrer Führungskraft und sind motiviert, selbst Veränderungen in ihrer Tätigkeit anzustreben, die zu kreativen neuen Ideen, besserem Service und besserer Leistung führen, ganz abgesehen von den positiven Effekten, die zufriedene Mitarbeiter mit sich bringen, wenn sie ihre Stärken einbringen und leben können.

Insofern ist Job Crafting etwas, das sich auf allen Ebenen abspielt. Je besser Sie sich über Ihre eigenen Job Crafting-Aktivitäten bewusst sind, umso besser werden Sie die Aktivitäten Ihrer Mitarbeiter fördern und begleiten können.

3.6.3 Ausblick

Menschen in Unternehmen verändern und gestalten ihren Aufgabenbereich täglich. Es bleibt dem Unternehmen und den Führungskräften überlassen, ob sie von dieser Tatsache profitieren möchten. Job Crafting muss als ein wertvoller Bestandteil und wichtiger Einflussfaktor im Bereich Arbeitszufriedenheit, Arbeitsqualität und Arbeitserleben eingestuft werden. Die Frage für die Zukunft wird sein: Wie gestalten Unternehmen Arbeitsangebote und Arbeitsplätze für eine Workforce, deren Verweildauer in einem Unternehmen nicht mehr durch den Status oder den Dienstwagen bestimmt wird, sondern durch eine mitgestaltbare Art der täglichen Arbeit unter Nutzung ihrer besonderen Stärken? Professionelles Job Crafting ist ein Gewinn für jedes Unternehmen, denn zufriedene, ihren Stärken und Neigungen gemäß arbeitende Individuen erbringen weitaus bessere Leistungen als ihre unzufriedenen Counterparts. Job Crafting zu ignorieren — sei es, dass Job Crafting nicht bemerkt wird, sei es, dass Job Crafting nicht im Rahmen des Möglichen gefördert wird und die Mitarbeiter in einer ressourcenarmen und nicht zufriedenstellenden Arbeitssituation alleine gelassen werden — kann äußerst negative Effekte mit sich bringen. Die Arbeitswelt verändert sich seit geraumer Zeit rasant. Der vielzitierte Traum aller Unternehmen scheint der Mitarbeiter als Mitunternehmer zu sein, ein Individuum, das sich seinen Arbeitsplatz selbst gestaltet und seine Karriere selbst fördert. So gehört es zu den Aufgaben für Unternehmen und auch für jeden Einzelnen, sich dieser Verantwortung zu stellen und ein Arbeitsumfeld zu schaffen, welches das so heiß ersehnte Entrepreneurtum auch fördert und gedeihen lässt. Experimentierfreude, Fehlertoleranz, Kontrolle über die eigenen Aufgaben und Zusammenarbeit mit anderen sind nur einige der Themen, die heute und nicht erst morgen gelöst werden müssen.

Mit Job Crafting steht nun ein Tool bereit, dass es Mitarbeitern und Unternehmen ermöglicht, dieser Vision tatsächlich einen gewaltigen Schritt näher zu kommen, denn wir alle wissen: In naher Zukunft wird es nicht mehr die perfekt designte Stel-

3 Job Crafting – die Herausforderung für Unternehmen

lenanzeige sein, die helle Köpfe in ein Unternehmen zieht, sondern die Möglichkeit der Mitbestimmung und ein Arbeiten gemäß der eigenen Stärken, Interessen und Ziele. Indem Job Crafting nicht nur von einigen wenigen gefördert, sondern als Konzept in den Unternehmensalltag integriert wird, schaffen sich Unternehmen insbesondere eines: schnelle und strategisch effektive Vorteile

ZUSAMMENFASSUNG

Die Begleitung eines professionellen Job Crafting verlangt von Führungskräften die genaue Kenntnis der drei Strategien, die Job Crafter nutzen, um gesteigerte Zufriedenheit, erhöhtes Engagement und vor allem mehr Motivation zu erleben:

1. Grenzverschiebung
2. Soziale Muster verändern
3. Rahmenveränderung

Die Herausforderung für die Führungskräfte besteht darin, Job Crafting schon in der Motivationsphase zu erkennen und die folgenden Phasen mit sozialen (Feedback, Mentoring etc.) oder auch strukturellen Ressourcen (Arbeitsplatzumgestaltung durch Veränderung von Kompetenzen, Ausweitung der Verantwortlichkeiten, Training etc.) zu begleiten.

Vorausgesetzt, dass Führungskräfte, Organisation und Mitarbeiter mit dem Konzept des Job Crafting vertraut sind, geht es im Kern darum, nach einer eingehenden Situationsanalyse die Mitarbeiterstärken mit dem jeweiligen Aufgabenbereich zu matchen und Anforderungen, Ziele und Evaluationsmittel klar zu benennen, die Art der Veränderung zu bestimmen und zum Abschluss eine präzise Endbewertung und Prozesslenkung vorzunehmen.

Vertiefende Inhalte

Als weiteres Zusatzmaterial auf Arbeitshilfen Online finden Sie:

- Weitere Praxisbeispiele zu Grenzveränderungen

- Grafik zur Erarbeitung und Einteilung der Stärken

- Interview mit Dipl. Psych. Friederike von Benten, Change Management DB

4 Führen in virtuellen Teams

4	**Führen in virtuellen Teams**	**151**
4.1	Virtuelle Teams als Arbeitsrealität	153
4.2	Virtuelle Teams – die Fakten	156
	4.2.1 Virtuelle Teamarbeit – eine Kernkompetenz des 21. Jahrhunderts?	157
	4.2.2 Problem Virtualität	158
4.3	Erfolgreich Arbeiten in virtuellen Teams – der Start	165
	4.3.1 Das Kick-off-Meeting	166
	4.3.1.1 Die Planung und Vorbereitung des Kick-off-Meetings	166
	4.3.1.2 Ablauf und Inhalte des Kick-off-Meetings	169
	4.3.2 Voraussetzungen für das Funktionieren virtueller Teams	174
	4.3.2.1 Technologische Umsetzung – das Problem der virtuellen Kommunikation	174
	4.3.2.2 Regeln für virtuelle Meetings	177
	4.3.2.3 Entwicklung von Teamnormen und Regeln	180
4.4	Kulturelle Aspekte	183
	4.4.1 Drei kulturelle Kategorien	184
	4.4.1.1 Dimensionen nationaler Kultur	185
	4.4.1.2 Organisationskultur/Unternehmenskultur	189
	4.4.1.3 Funktionskultur	191
	4.4.2 Kulturunterschiede als Wettbewerbsvorteil	192
	4.4.3 Grenzen der kulturellen Unterschiede	193
4.5	Nach dem Start: Virtuelle Teams im Alltag	194
	4.5.1 Soziale Kontakte aufrechterhalten	194
	4.5.1.1 Aufbau einer virtuellen Teeküche	195
	4.5.1.2 Regelmäßige Face-to-Face-Meetings	195
	4.5.1.3 Gemeinsame Feiern	196
	4.5.1.4 Integration neuer Teammitglieder	196
	4.5.2 Gruppendynamik in virtuellen Teams	196
	4.5.2.1 Die 4 Phasen virtueller Gruppendynamik	197
	4.5.2.2 Auflösung von virtuellen Teams	200
	4.5.3 Leistungsmessung in virtuellen Teams	201
	4.5.3.1 Ergebnisorientierte Arbeitsweise	201
	4.5.3.2 Individuelle Zielvereinbarungen in virtuellen Teams	202
	4.5.3.3 Beurteilungen in virtuellen Teams: Resultat als Bewertungskriterium	202
	4.5.3.4 Kontrolle in virtuellen Teams	203
	4.5.3.5 Feedback	203

4.6	Recruiting: Kompetenzen virtueller Teammitglieder		205
4.7	Anforderung an Führungskräfte		209
	4.7.1	Kompetenzen der Führungskräfte	209
	4.7.2	Erwartungen der Teamitglieder an die Führungskraft	211
4.8	Virtual Leadership im Unternehmen		213
	4.8.1	Schaffen Sie die Grundlagen für standardisierte Unternehmens- und Teamprozesse!	213
	4.8.2	Beschaffen Sie State of the Art-Kommunikationstechnologie!	213
	4.8.3	Beeinflussen Sie die Organisationskultur!	214
	4.8.4	Fordern Sie Akzeptanz ein!	214
	4.8.5	Schaffen Sie Kompetenz und Erfahrung!	214

> **MANAGEMENT SUMMARY**
>
> Virtuelle Teams bedürfen einer sorgfältigen Planung und Vorbereitung, bevor sie an den Start gehen. Aufgrund ihrer Virtualität bergen sie viele Probleme — mangelnde Face-to-Face-Kontakte unter den Teammitgliedern, fehlerhafte oder nicht vorhandene technologische Ausstattung, unberechenbare Gruppendynamiken, mangelndes Vertrauen, fehlende Sichtbarkeit im Unternehmen und kulturelle Probleme sind nur einige der Stolpersteine. Um virtuelle Teams erfolgreich zu launchen, bedarf es neben einer geeigneten Personalauswahl zuallererst eines persönlichen Kick-off-Meetings, um Arbeitsaufgaben, den Umgang miteinander, die Technologienutzung und die Parameter der Kommunikation festzulegen. Hier werden die Grundsteine für eine gute Gruppenkohäsion gelegt und der emotionale Klebstoff für das Team erarbeitet, indem informelle und formelle Kontakte den Aufbau von gegenseitigem Vertrauen ermöglichen. Aber auch nach dem Kick-off-Meeting bleibt neben den eigentlichen Teamaufgaben viel zu tun: die Gruppendynamik managen, neue Mitglieder integrieren, neu entwickelte Aufgaben übernehmen, mit Konflikten und Krisen umgehen, Leistung und Vertrauen aufrechterhalten — und das virtuell.

4.1 Virtuelle Teams als Arbeitsrealität

Die fortschreitende Globalisierung als auch die verbreitete Nutzung moderner Kommunikationstechnologien haben in den letzten Jahrzehnten eine Welt geschaffen, die sich auf einer nicht mehr aufzuhaltenden Reise in eine virtuelle Arbeitsgesellschaft befindet. Zusammenarbeiten unabhängig von Zeit und Raum, länder- und unternehmensübergreifend, so lautet die neue Formel der Arbeitswelt — und mitten in ihr virtuelle Teams und ihre Führungskräfte. Es existieren viele Arten von virtuellen Teams: über nationale Grenzen hinweg verteilte Spezialisten, die an einem gemeinsamen Projekt arbeiten, internationale oder nationale Teams, die Stabsfunktionen ausüben, Teams aus einem Unternehmen, die aus zwei oder mehr Abteilungen entstehen. Was allen Teams gemein ist, ist die räumliche Trennung und die daraus resultierende Kommunikation und Führung via Kommunikationstechnologie. Schöne neue Welt — so gibt es nur die Besten für jedes Projekt, Zeit und Raum spielen kein Rolle mehr, sinkende Reisekosten und eine immense Zeitersparnis optimieren jedes Budget, die Moral und Motivation der virtuellen Teammitglieder ist gesichert durch verringerte Abwesenheitszeiten vom gewohnten Arbeitsplatz und der Familie, und man tut Gutes für die Umwelt durch einen verringerten CO_2-Ausstoß aufgrund der verminderten Reisen. Aber ist dem wirklich so? Was so perfekt und schön klingt, birgt eine ganze Reihe von Problemen, denn die

Führen in virtuellen Teams

neue Zusammenarbeit, Arbeitsteilung und der Einkauf von Wissen passiert nicht mehr alleine *real*, d. h. in einer Welt, in der persönliche Begegnungen stattfinden, sondern vermehrt *global* und *digital*. Diese zwei Welten, von den Forschern Kimble, Li und Barlow[1] als ein Leben und Arbeiten in unterschiedlichen „spaces" bezeichnet (physical und electronic world), bergen eine Reihe von Herausforderungen, die mit traditionellem Führungswissen nicht mehr beherrschbar sind. Transnationale Teams mit über die ganze Welt verstreuten Locations bilden ein neues Umfeld, ein „distributed environment" (Kimble, Li & Barlow), welches die Wettbewerbsfähigkeit eines jeden Unternehmens garantieren soll, gleichzeitig jedoch stellen sie Führungskräfte vor die Aufgabe, eine ganz neue Art der Führung von heute auf morgen erlernen und umsetzen zu müssen — und so trägt diese schöne neue Welt, zumeist aus unverschuldeter Unkenntnis im Umgang mit den veränderten Führungsherausforderungen dazu bei, Zusammenarbeit und insbesondere die implizite Wissensweitergabe[2] zu behindern oder sogar zu zerstören. Der „death of distance and geography"[3] und die wirtschaftlichen Möglichkeiten, die sich daraus ergeben, sind somit nicht nur positiv zu betrachten. Professionelle, virtuell gut ausgebildete Führungskräfte können diese negativen Auswirkungen zu einem Teil aufhalten — aber auch nur zu einem Teil, denn alle Untersuchungen zu virtuellen Teams zeigen, dass nach wie vor eine persönliche, Face-to-Face-Kommunikation die besten Resultate einfährt.[4]

Dies ist jedoch kein Grund, den Kopf in den Sand zu stecken — sich der „virtuellen" Realität mit Verve und Know-how zu widmen, lautet die Devise, denn dass das Rad der Virtualität nicht mehr zurückzudrehen ist, steht fest, ebenso, dass ein Großteil der Last auf den Führungsverantwortlichen virtueller Teams liegt. Höchste Zeit also für alle Führungskräfte, sich die erfolgsrelevanten Techniken anzueignen, denn sie sind es, auf die es in der Umsetzung des neuen Denkens und Verhaltens ankommt, sind sie doch als Vorbild und Antriebsmotor für neue Formen der Zusammenarbeit unerlässlich.

---

[1] Kimble, C., Li, F., Barlow, A: Effective virtual teams through communities of practice, 2009.

[2] Implizites Wissen bedeutet das Wissen um das „Wie etwas (in diesem Fall das Unternehmen und die eigene Arbeit) funktioniert", ohne es in Worte fassen zu können, im Gegensatz zu explizitem Wissen, das schriftlich niedergelegt ist, vgl. auch Leonard & Sensiper 1998.

[3] Li & Williams 1998.

[4] Dass dies nicht auf Unternehmen alleine beschränkt ist, weisen die Wissenschaftler H.S. Naik (Friedrich-Alexander-Universität Nürnberg-Erlangen) und A. Gupta (Indian Institute of Management Bangalore) beeindruckend nach. Sie untersuchten virtuelle Strukturen in der Online-Spielecommunity und kommen zum gleichen Ergebnis: Früher oder später tendieren auch die Mitglieder der Gaming Communities dazu, sich persönlich treffen zu wollen. Vgl. Naik & Gupta: Learning about organizational capabilities, structures and strategies from Virtual Gaming Teams, 2012, http://ssrn.com/abstract=2178353.

Nicht so schwierig? Virtuelle Teamarbeit

Strukturen und Besitzverhältnisse in Unternehmen verändern sich in hoher Geschwindigkeit, neue Niederlassungen entstehen, fremde Unternehmenszweige und Kulturen kommen hinzu und virtuelle Teams entstehen, die meisten davon auf globaler Ebene. Was für die Top-Führungsetage wie ihr täglich Brot klingt, ist für die tatsächlich Betroffenen eine ganz andere Angelegenheit. Die Teammitgliedschaft in virtuellen Teams trifft nicht nur Führungskräfte, sondern auch die Mitglieder virtueller Teams oft aus heiterem Himmel, was in der Folge bedeutet, dass nicht nur die Führungskraft verändert agieren muss, sondern auch ein ganzes Team in die Lage versetzen muss, Gleiches tun zu können. Leider bleibt aufgrund der oft hohen Komplexität der neuen Unternehmensstrukturen wenig Zeit und manchmal noch weniger Budget für eine professionelle Einführung virtueller Teamarbeit.

„Machen Sie mal, das kann ja nicht so schwierig sein", heißt es oft, oder „Training kommt, aber das Projekt läuft schon auf Hochtouren". Den betroffenen Teams und ihren Führungskräften helfen Aussagen wie diese herzlich wenig, insbesondere wenn man in Betracht zieht, dass die goldene Regel virtueller Teamarbeit lautet: *Invest in Beginnings!*

Und so passiert, was passieren muss: Eine Gruppe von fachlich äußerst kompetenten Teammitgliedern trifft unter der Leitung einer fachlich äußerst kompetenten Führungskraft virtuell aufeinander und soll nun via technologischer Kooperationstechniken (falls diese überhaupt in ausreichendem Maße und qualitativ adäquat vorhanden sind) erfolgreich zusammenarbeiten, Höchstleistungen erbringen und alle Ziele in kürzester Zeit erreichen. Was hier wie ein perfekt ausgeheckter Plan klingt, wird zerstört durch eine Vielzahl von Untersuchungen und Statistiken, die belegen, dass laut einer Untersuchung der Telekom ca. 70% aller virtuellen Teams scheitern. Christian Scholz, Professor an der Universität des Saarlandes, schätzt sogar, dass neun von zehn virtuellen Teams scheitern.[5]

Dass diese Zahlen noch keine Controller auf den Plan gerufen haben, grenzt wahrlich an ein Wunder, birgt doch eine fundierte Kenntnis virtueller Teamführung und Teamarbeit (und deren Funktionieren) ein exzellentes Return on Investment.

---

[5] http://www.welt.de/print-welt/article556151/Virtuelle-Teams.html.

Führen in virtuellen Teams

Das vorliegende Kapitel beschäftigt sich mit den Voraussetzungen einer erfolgreichen virtuellen Teamführung und ist aus der Praxis für die Praxis geschrieben.[6]

Historie — Von Jägern und Sammlern

Der geschichtliche Aspekt virtueller Teams lässt sich relativ kurz fassen — im Gegensatz zu Networks gab es sie nicht schon immer. Virtuelle Teams entstanden explizit aus den Möglichkeiten der neuen Kommunikationsmedien. Zwar existierten auch vorher Teams, die global agierten, jedoch fand die Kommunikation dort fast ausschließlich über die Führungskraft statt, was einen immensen Unterschied zu heutigen Teams darstellt. Lipnack and Stamps[7] halten fest, dass Teams seit Zeiten der umherziehenden Nomaden existieren, und mit ihnen der Informationsaustausch. Jäger und Sammler zogen in Stammesverbänden durch die Landschaft, in welchen jeder seine Aufgabe besaß und so das tägliche Überleben sicherte. Mit dem Aufkommen der Ackerbau- und Viehzuchtgesellschaften vergrößerten sich Familien und Bevölkerung, ebenso wie der Informationsaustauch. Im industriellen Zeitalter dann änderten sich die Zeiten — Wissen und dessen Austausch wurde zum wichtigsten Faktor, festgehalten nicht mehr nur durch Menschen, sondern auch durch die Bürokratie. Aus dieser Ära heraus entwickelte sich das Informationszeitalter, in der Wissen alles ist und in der die virtuellen Teams entstanden.

Vieles hat sich verändert über die Jahrhunderte und Jahrtausende — was sich nicht verändert hat, ist die psychologische Ausstattung des Menschen: Nur weil es technologische Möglichkeiten der Zusammenarbeit und des Informationsaustausches gibt, bedeutet dies nicht, dass sie auch stattfinden, denn nach wie vor definieren sich menschliche Beziehungen über Vertrauen und Identität — wie in Zeiten der Jäger und Sammler.

4.2 Virtuelle Teams – die Fakten

Vorab drei Feststellungen, ganz gleich, wo auf Ihrer virtuellen Reise Sie sich befinden — am Beginn, in der Mitte oder am Ende eines virtuellen Team- oder Arbeitsprozesses:

---

[6] Ich möchte mich an dieser Stelle ausdrücklich bei den vielen virtuellen Teams bedanken, die mir über die Jahre hinweg ihr Vertrauen geschenkt und ihre Erfolge gemeinsam mit mir analysiert und gefeiert haben.

[7] vgl. Lipnack, J./Stamps, J. 2000.

4 Virtuelle Teams – die Fakten

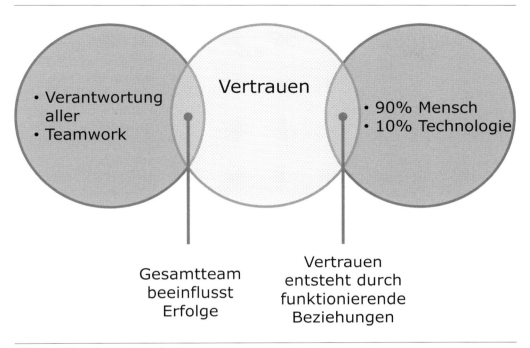

Abb. 11: Erfolgsfaktoren virtueller Teams

1. Erfolgreiche virtuelle Zusammenarbeit hängt zu 90% von den Menschen ab, zu 10% von der genutzten Technologie.
2. Vertrauen ist der einzige Schlüssel zum Erfolg.
3. Kompetente virtuelle Teamarbeit ist nicht nur Führungssache, sondern auch die Verantwortung eines jeden Einzelnen.

4.2.1 Virtuelle Teamarbeit – eine Kernkompetenz des 21. Jahrhunderts?

Das Führen von und Arbeiten in virtuellen Teams wird oft als eine der Kernkompetenzen des 21. Jahrhunderts bezeichnet.[8] Es ist wahrscheinlich, dass die Bereitschaft, diese Kernkompetenz zu nutzen und auszubauen, in den Generationen der „Digital Natives" weitaus ausgeprägter ist als bei den „Digital Immigrants". Diese sind nicht mit virtuellen sozialen Netzwerken wie Facebook, Xing oder Wikis und

---

[8] http://www.computerwoche.de/a/virtuelle-teams-ohne-kulturelle-kompetenz-klappt-es-nicht,1860058, Stand 19.02.2013.

Führen in virtuellen Teams

Blogs aufgewachsen und tragen so eine Vielzahl von Vorbehalten gegenüber virtueller Teamarbeit mit sich — seien diese kultureller, persönlicher oder auch technologischer Art, wie auch die PwC-Studie „Managing tomorrow's people. Millennials at work — perspectives from a new generation" eindrucksvoll zeigt.[9]

ARBEITSHILFE ONLINE

Weiterführende Website zur PwC-Studie:

http://www.pwc.de/de_DE/de/prozessoptimierung/assets/millennials_at_work_report08.pdf

Was aber die „Digital Natives" auf Facebook und Twitter nicht lernen, sind die geschriebenen und ungeschriebenen Gesetze eines erfolgreichen professionellen virtuellen Zusammenarbeitens über kulturelle Grenzen hinweg, denn die Bereitstellung und gekonnte Beherrschung gängiger IT-Tools wie Web Conferencing Software, unternehmensinterner Plattformen, die Facebook ähneln, oder die Bereitstellung von Collaborative Software machen noch lange kein erfolgreiches virtuelles Team aus. Die Frage lautet: Warum?

ARBEITSHILFE ONLINE

Vertiefende Inhalte:

Ein Interview mit dem Head of IT Wolfgang Appl findet sich auf Arbeitshilfen Online.

4.2.2 Problem Virtualität

Mangelnde Face-to-Face-Kontakte

Das Hauptproblem virtueller Teams sind die sehr seltenen persönlichen Kontakte. „Das kann nicht sein", erwidern viele und argumentieren, dass die neue Generation durch die sozialen Medien Vertrauen und persönliche Nähe herstellt, die Grundlage einer guten Zusammenarbeit sind. Dieser Einwand ist nur in Teilen korrekt, denn fest steht:

1. Die Digital Natives als auch die Millennials, die in den kommenden Jahren langsam auf den Arbeitsmarkt kommen, sind nicht die einzigen dort — sie treffen

---

[9] http://www.pwc.de/de_DE/de/prozessoptimierung/assets/millennials_at_work_report08.pdf, Stand 03.04.2013.

auf ältere Mitarbeiter und Führungskräfte, die virtuelle Teamarbeit als notwendiges Übel sehen.
2. Nach wie vor gilt, auch unter Digital Natives: Vertrauen und gute Zusammenarbeit wird nur Teams zuteil, die sich persönlich kennen und die zudem möglichst aus dem direkten Umfeld stammen.

Eine Erfahrung, die alle, ganz gleich ob in Social Media Networks oder in virtuellen Teams, schon einmal gemacht haben: Wer virtuell auf der anderen Seite des Ozeans arbeitet oder auch nur die Distanz Berlin-Hamburg überbrücken muss, gilt bei Problemen oft als Störenfried und nicht als Teammitglied. Der persönliche Draht ist alles, bestätigt auch IBM-Berater Daniel Bitter, der viele multinationale Teams begleitet hat.[10] Für Führungskräfte bedeutet dies, sich bewusst darüber zu sein, dass auch in virtuellen Teams persönliche Begegnungen eine große Rolle spielen, denn sie sind es, die zu einem Teil ein implizites, unbewusstes Vertrauen entstehen lassen. Der persönliche Austausch erlaubt die Einbeziehung von Mimik, Gestik und Körpersprache, unterstützt von Stimme und Wortwahl — für jeden Menschen untrügliche Hinweise, die dabei helfen, eine Einschätzung des Gegenübers vorzunehmen. Die unbewussten nonverbalen Signale entscheiden mehr als die verbalen Inhalte darüber, ob Vertrauen und Zusammenarbeit entsteht oder nicht. Ein Teammitglied, auf dessen Tisch sich Aufträge türmen, kann leicht kundtun, dass er Hilfe benötigt, denn seine Kollegen sehen das Problem — was wiederum Glaubwürdigkeit erzeugt. Ruft hingegen ein Teammitglied aus einer anderen Niederlassung per E-Mail um Hilfe, fällt es schwerer, das Problem und den Hilferuf einzuschätzen und zu verstehen, es sei denn, die Beziehung ist von einem hohen Maß an Vertrauen geprägt (wie es zumeist nur über Jahre hinweg entstehen kann). So ist es nicht mehr weit zu der Unterstellung, dass in der anderen Niederlassung mangelnde Kompetenz oder Faulheit am Werke sind. Es ist die Aufgabe der Führungskraft, solche Situationen erst gar nicht entstehen zu lassen, denn sind sie erst passiert, sind die sie begleitenden Emotionen und Einstellungen zumeist irreversibel.

Ein weiteres Problem entsteht durch fehlende gemeinsame Erlebnisse. Ein virtuelles Team erlebt nicht gemeinsam, seien es Probleme bzw. Erfolge oder aber den Alltag mit unangenehmen Kunden, zufriedenen Vorgesetzten, einem Ausfall der Software etc. Gemeinsames Erleben schweißt zusammen, wie sich unschwer daran erkennen lässt, dass sich schon nach kürzester Zeit die gemeinsame Geschichte eines Teams zur „Legende" entwickelt („weißt Du noch, als x Geburtstag hatte und ..."). Vermeintliche Kleinigkeiten wie ein gemeinsames Mittagessen, gefeierte Geburtstage, ein Gespräch auf dem Weg zum Lift, ein gemeinsames Beklagen des

---

[10] vgl. http://www.handelsblatt.com/unternehmen/management/strategie/virtuelle-teams-hello-muelheim-orlando-calling-seite-2/2898086-2.html.

schlechten Wetters sind Rituale, die eine Zusammenarbeit immens erleichtern und virtuellen Teams ganz einfach fehlen — und die durch eine kluge Führung ersetzt werden müssen.

ARBEITSHILFE ONLINE

Vertiefende Inhalte

Einen Erfahrungsbericht zum Thema finden Sie auf Arbeitshilfen Online.

Fehlende gemeinsame Regeln

Jedes funktionierende Team besitzt ein Set von gemeinsamen Regeln, nach denen sich zwischenmenschliche Interaktionen und Kooperationen abspielen. Dazu gehören neben den allgemeinen Regeln des persönlichen Umgangs miteinander auch Regeln, die die Kommunikation betreffen, etwa die Form von E-Mails, Regeln in Chatrooms, Erreichbarkeiten, Zuständigkeiten, Kompetenzen, die Häufigkeit und Besetzung von Meetings, das Verhalten in Meetings und vieles mehr. Entstanden sind diese Regeln über einen längeren Zeitraum hinweg durch die tägliche Zusammenarbeit, durch die jeweiligen Führungskräfte, durch Konflikte im Team und daraus resultierende, oft ungeschriebene Teamgesetze. Diese gemeinsame Historie fehlt virtuellen Teams. Zwar haben sie mit ihren vorherigen und teilweise immer noch existierenden Teams (lokale Teams) Regeln und Normen gemeinsam, jedoch nicht mit ihrem neuen virtuellen Team. So treffen mit dem Beginn virtueller Teamarbeit oft gegensätzliche Normen, Regeln und Werte aufeinander, die den Umgang der Teammitglieder erschweren, teilweise eine konstruktive Zusammenarbeit stark behindern und schlimmstenfalls gar unmöglich machen und deren Schaffung eine der neuen Herausforderungen für eine effektive virtuelle Führung darstellt.

Fehlendes „lebendiges" Feedback als Innovationsbremse

Was passiert in Face-to-Face-Teams, wenn Innovation gefragt ist? Interaktion! Ein spontanes Treffen zum Brainstorming, ein inspirierendes Gespräch auf dem Weg zum Parkplatz ... Hargadon & Bechky weisen nach, dass insbesondere Ingenieure, aber auch andere Berufsfelder, die innovativ arbeiten, gerne persönliche Treffen wie die Begegnung auf dem Gang oder auch Gruppentreffen nutzen, um Ideen auszutauschen und sich von Vorschlägen anderer inspirieren zu lassen. In virtuellen Teams findet Feedback und Innovation oft per E-Mail (also gar nicht) statt, mit teilweise verheerenden Resultaten. „Schicken Sie alle mal bis nächste Woche Ihre Ideen und Vorschläge", heißt es oft. Genauso oft treffen diese Ideen und

Vorschläge nicht ein, denn niemand schert sich um Ideen, die nicht von sofortigen Einwürfen und Vorschlägen anderer befeuert werden. Sicherlich könnte man andere Medien nutzen, die eine direkte Interaktion erlauben, wie Videokonferenzen, Chatrooms etc. Aber obwohl Brainstorming von den meisten Technologien als Funktion unterstützt wird und hier das persönliche Moment eher gegeben ist, kommen ganz andere Dinge zum Tragen. Die Wissenschaftlerin Viviane Winkler von der Universität Bayreuth fand in einer Studie heraus, dass insbesondere multinationale Teams an Innovationen scheitern, da sie sich nicht auf das zu lösende Problem, sondern auf Machtkämpfe und kulturelle Unterschiede konzentrieren (siehe auch Kapitel 4.4 Kulturelle Aspekte). Dass hier eine starke Führungskraft und starke Kommunikationsstrukturen gefragt sind, steht außer Frage

Geringe Gruppensichtbarkeit — das Problem der „two spaces"

Die unterschiedlichen Mitglieder virtueller Teams befinden sich an ihrem jeweiligen Arbeitsplatz in einer realen (im Gegensatz zur virtuellen) Umgebung, in der Kollegen und auch Teammitglieder des Teams vor Ort mit ihnen face-to-face interagieren. Missverständnisse entstehen, wenn Kollegen aus realen Teams nicht nachvollziehen können, warum das Mitglied im virtuellen Team sich nicht mehr so umfassend um ihre Belange kümmert, wie es vor der Mitgliedschaft im virtuellen Team der Fall war. In ihrer Wahrnehmung wird das virtuelle Teammitglied zu einem Minderleister, der mit imaginären Teamkollegen über moderne, nicht visible Technik kommuniziert, es ablehnt, bisherige Aufgaben wie gehabt zu erledigen und oft zu seltsamen Zeiten oder gar aus einem Home Office heraus arbeitet. Das Thema der mangelnden Sichtbarkeit der Arbeit von virtuellen Teams ist nicht unter den Tisch zu kehren — in Unternehmen mit einer ausgeprägten traditionellen Arbeitskultur kann eine teilweise virtuelle Teamarbeit einiger Mitarbeiter zu einem großen Problem auswachsen, wenn die neuen Teams nicht professionell eingeführt (interne PR) und ihre Arbeitsergebnisse nicht sichtbar präsentiert werden. Folgen sind mancherorts Ausgrenzung und teilweise sogar Mobbing der virtuellen Teammitglieder. Virtuelle Führungskräfte können diesen Situationen nur entgegenwirken, indem sie sich frühzeitig ein exzellentes Unternehmensnetwork schaffen, dass sie und ihr Team unterstützt — Vorstand, HR, andere Führungskräfte, Kunden, Teammitglieder.

Nachrichtenüberlastung oder die Angst vor dem Cc

Die meistgehassten Buchstaben in manch virtuellem Team sind „cc", die am meisten gefürchtete Tätigkeit das Öffnen der Mailbox am Morgen. Jeder wird über alles in

Cc (Kopie) gesetzt, ganz gleich, für wen die Nachricht von Bedeutung ist. Fünfhundert E-Mails in der Eingangsbox sind keine Seltenheit, auch sind viele Nachrichten als dringend oder sehr dringend gekennzeichnet. Das Resultat: Mails werden nicht oder nur mit großer Verspätung gelesen, zu spät oder gar nicht beantwortet oder direkt gelöscht. Leider kann aber gerade ein virtuelles Team nicht ohne Information und Kommunikation via E-Mail leben. Diese Informationsüberlastung trifft auch auf traditionelle Teams zu, potenziert sich aber in virtuellen Teams zu einem Problem, das nur durch strikte Kommunikationsregeln lösbar wird — oder durch eine Umstellung auf geeignetere Formen der Kommunikation, wie beispielsweise Social Business Software (z. B. Social Collaboration, Social Software, Enterprise 2.0 etc).

Konflikte

Konflikte werden in virtuellen Teams meist erst erkannt, wenn es schon zu spät ist und Teammitglieder das Arbeiten einstellen oder das Team gar verlassen. Wie Cramton & Hinds[11] nachweisen, ist es insbesondere die räumliche Distanz zwischen Teammitgliedern, welche die Auflösung von Problemen und Konflikten behindert. Ist in einem Face-to-Face-Team die Verärgerung des Gegenübers schon an einem wütenden Gesichtsausdruck oder einem scharfen Tonfall ablesbar, verhält es sich in virtuellen Teams anders. Konflikte entstehen hier meist zwischen Einzelpersonen, ohne dass der Rest des Teams oder die Führungskraft den Konflikt bemerkt. In traditionellen Teams können Konflikte schnell persönlich aus dem Weg geräumt werden, auch unter Mithilfe des restlichen Teams oder der Vorgesetzten. In virtuellen Teams spielen sich Konflikte still und leise ab. Untrügliche Merkmale sind eine Verschärfung der Sprache in E-Mails, Verzögerungen in der Bearbeitung von Aufträgen oder E-Mails und eine Verweigerung persönlicher Kommunikation via Telefon oder Video. Führungskräfte sind hier auf eine vertrauensvolle Zusammenarbeit mit allen virtuellen Teammitgliedern angewiesen, um Konflikte im Team rechtzeitig erkennen und managen zu können.

Ständige Erreichbarkeit

Erreichbarkeit in traditionellen Teams ist ein Thema, das momentan die Gemüter erhitzt. „Ständige Erreichbarkeit stresst Manager", titelt die FAZ.[12] Um die Diskussion

---

[11] Cramton, C. & Hinds, P. (2005). Subgroup dynamics in internationally distributed teams: Ethnocentrism or cross-national learning? Research in Organizational Behavior, 26, 231-263

[12] http://www.faz.net/aktuell/beruf-chance/arbeitswelt/smartphone-und-co-staendige-erreichbarkeit-stresst-manager-12060206-l1.html, Stand 19.02.2013

auf die Spitze zu treiben, haben die U. S.-Amerikaner gar ein Taschentuch auf den Markt gebracht, das den Handyempfang verhindert.[13] Und die DGUV bietet eine 31-seitige Studie zum Thema ständige Erreichbarkeit an: „Ständige Erreichbarkeit: Wie belastet sind wir? Ursachen und Folgen ständiger Erreichbarkeit".[14] Was schon dem traditionell arbeitenden Teammitglied und Manager aufs Gemüt zu schlagen scheint, potenziert sich verständlicherweise in virtuellen Teams, denn viele Mitglieder virtueller Teams erfüllen im Unternehmen neben ihrer virtuellen Arbeit auch lokale Aufgaben oder sind Mitglied in einem zweiten oder dritten virtuellen Team. Dass sie nicht immer für jedermann erreichbar sind, ist verständlich — aber nicht akzeptiert. Das Problem ist in virtuellen Teams nur durch strukturierte Kommunikationsregeln lösbar und eine Führungskraft, die die Einhaltung dieser Regeln forciert und dafür sorgt, dass die potenzierte ständige Erreichbarkeit nicht zu Fehlern und Überforderung des Einzelnen und somit auch zu einem Leistungsabfall des gesamten virtuellen Teams führt.

Fehlende oder falsche Führung

Virtuelle Teams führen sich nicht von selbst. Sie benötigen einen sehr strukturierten Führungsstil, der auf Koordination, Information, Feedback, Fairness, Entscheidungsfreude, Ehrlichkeit, aktivem Kümmern, Respekt und Teambuilding basiert. Sicherlich treffen diese Attribute auch auf die Führung von Face-to-Face-Teams zu. Das Problem bei virtuellen Teams aber ist: Wie vermittelt eine Führungskraft Ehrlichkeit, Teambuilding und Respekt via der gängigen Kommunikationsmedien wie Videokonferenz, Audiokonferenz oder E-Mail? Ein ganz normales, traditionelles Führungsverhalten wird in virtuellen Teams schnell als ständige Kontrolle, Besserwisserei, Manipulation oder herablassendes Verhalten interpretiert und von den Teammitgliedern sofort abgestraft.

Fehlende Gruppenzugehörigkeit

Teams definieren sich über gemeinsame Aufgaben, gemeinsame Regeln und häufige Interaktionen als auch über einen gemeinsamen Sinn und Zweck der Teamexistenz. Virtuellen Teams fällt es hingegen vergleichsweise schwer, sich als Team zu verstehen, denn oft existiert keine gemeinsame Aufgabe, die es nötig macht, häufig miteinander zu interagieren. Lokale Teams hingegen bieten eine Gruppen-

---

[13] http://www.n-tv.de/mediathek/videos/panorama/Handy-Tuch-stoppt-Empfang-article10083236.html
[14] http://publikationen.dguv.de/dguv/pdf/10002/2012_01_iag_report.pdf, Stand 19.02.2013.

zugehörigkeit mit reger Interaktion und einem gemeinsamen Ziel, was früher oder später nicht nur Loyalitäts-, sondern auch Leistungsprobleme bei den Mitgliedern der virtuellen Teams mit sich bringen kann, wenn sie beginnen, sich ausschließlich lokal zu orientieren. Verdenken kann man es ihnen nicht, wenn Lob und Anerkennung, zwischenmenschliche Interaktion und Zugehörigkeit in virtuellen Teams nicht geboten werden. Dies ist eine durchaus leicht zu lösende Aufgabe für virtuelle Führungskräfte, aber auch hier gilt: Wissen heißt noch lange nicht tun.

Ungleicher Wissens- und Kompetenzstand

Nicht immer treffen in virtuellen Teams Personen mit gleichem Wissensstand aufeinander, eine Tatsache, die beträchtliches Konfliktpotential birgt. Und so bilden sich „inner circles", die sich aufgrund eines exklusiven Wissensschatzes vom Rest des Teams abgrenzen und ihr eigenes kleines Subteam bilden. Informationen fließen nicht mehr ungehindert, Machtstrukturen verändern sich, die Gruppendynamik entwickelt sich in die Richtung von massiven Konflikten und gefährdet den Teamerfolg. Führungskräfte, die selbst „inner circles" um sich bilden, sind als virtuelle Führungskräfte völlig ungeeignet, wie sich von selbst versteht. Jedoch stellt die Bildung von „inner circles" gerade für Führungskräfte eine immense Versuchung dar, geben diese doch die Sicherheit und Geborgenheit, die in virtuellen Teams fehlt — auch der Führungskraft.

Unterschiedliche technische Voraussetzungen

Unterschiedliche oder gar nicht vorhandene Softwareversionen, nicht kompatible Hardware — auch technologische Unzulänglichkeiten stellen eine Herausforderung für ein funktionierendes virtuelles Team dar, die nur durch eine gut vernetzte Führungskraft zu lösen ist. Ähnlich wie im Falle unterschiedlicher Kompetenzen können sich auch hier leicht Exklusivteams mit einer „besseren" Ausrüstung bilden, die den Rest des Teams nicht mit einbeziehen und somit den Teamerfolg sabotieren, wenn auch teilweise unbewusst.

Kulturelle Missverständnisse

Kulturelle Missverständnisse passieren überall, auch in virtuellen Teams. Gleich ob es sich um nationale Kultur, (z. B. Ungarn oder Deutschland), unternehmensbezogene Kultur (z. B. Bayer oder Schering) oder funktionale Kultur (z. B. Marketing oder Buchhaltung) handelt, fest steht eins: Kulturelle Unterschiede existieren und müssen offen thematisiert werden. Interessant ist in diesem Zusammenhang, dass gerade kulturelle Einflüsse gerne mit einer latent beleidigten Attitüde abgetan werden, da sich alle für aufgeklärte intelligente gebildete Menschen des 21. Jahrhunderts halten, die über dem Thema Kultur stehen. Dass diese Einstellung nicht nur zu Problemen führt, sondern auch wichtiges Synergiepotential verschwendet, ist offensichtlich, denn der kulturelle Faktor schlägt zu — früher oder später, wie nicht nur Viviane Winklers Forschungsergebnisse zeigen.

Da dieser Punkt gerade bei virtuellen Teams ob der unterschiedlichen Teamplayer eine wesentliche Rolle spielt, gehe ich in Kapitel 4.4 ausführlich darauf ein.

4.3 Erfolgreich Arbeiten in virtuellen Teams – der Start

Invest in beginnings[15] lautet die Maxime virtueller Teamarbeit. „Dafür haben wir keine Zeit!" ist eine häufige Antwort. Leider steht diese Zeit später erst recht nicht mehr zur Verfügung, denn im Verlauf eines neuen Projekts und des stürmischen Tagesgeschäfts wird es keine Chance mehr geben, einen schlechten oder gar nicht stattgefundenen Auftakt zu korrigieren, es sei denn ein Unternehmen verfügt über einen unerschöpflichen Schatz aus genügend Zeit, Energie und Budget und vielen langmütigen Stakeholdern. Im Klartext bedeutet das: Je professioneller der Teamstart vorbereitet und durchgeführt wird, umso größer ist die Wahrscheinlichkeit des Teamerfolgs. Idealerweise betreiben Unternehmen schon ein gut eingeführtes Programm zu virtueller Teamführung, in welcher die virtuelle Führungskraft oder die Projektleiter ihre Teams einbringen können. Wenn dies nicht der Fall ist, ist es Aufgabe der Führungskräfte, ein professionelles Programm aufzustellen und durchzuführen oder es gemeinsam mit HR bzw. externen Beratern anzugehen.

Ähnlich wie in einem Face-to-Face-Team besteht der erste Schritt eines virtuellen Teams darin, sich kennenzulernen und erste Aktivitäten hinsichtlich der Zusammenarbeit zu vereinbaren. Dieses erste Kennenlernen findet idealerweise immer als Face-to-Face-Meeting statt und ist der wichtigste Schritt eines virtuellen Teams. Je nach nationaler oder internationaler Verteilung der Teammitglieder wird sich das Team in der gesamten Zusammensetzung nicht mehr oft persönlich zu Gesicht bekommen, was ein Problem für den Vertrauensaufbau darstellt. Wie bereits mehrfach erwähnt, aber in der Praxis oft bagatellisiert, entsteht Vertrauen

---
[15] ebda.

nur, wenn Menschen sich ein Bild von dem oder den anderen machen können. Die beste Möglichkeit, dieses Bild zu schaffen und gleichzeitig das Signal für einen erfolgreichen Beginn der Zusammenarbeit zu setzen, ist das *Kick-off-Meeting*. Das Kick-off-Meeting (oder Teamorientierungssession) ist eines der wichtigsten Tools virtueller Teamarbeit und reine Aufgabe der Führungskraft. Idealerweise als Face-to-Face-Meeting gestaltet, hat es nicht nur eine erste Absprache über die künftige Zusammenarbeit zum Inhalt, sondern auch das gemeinsame Erleben, den informellen Austausch: das Teambuilding.

4.3.1 Das Kick-off-Meeting

4.3.1.1 Die Planung und Vorbereitung des Kick-off-Meetings

Dauer:

Die ideale Dauer eines Kick-off-Meetings beträgt zwei Tage. Zwei Tage reichen im Allgemeinen aus, um sich auch in größeren Teams kennenzulernen, vorausgesetzt, dass die Inhalte mitsamt Organisation einem Teambuilding förderlich sind. Auch sind zwei Tage Abwesenheit vom Arbeitsplatz für die meisten Teammitglieder, auch derjenigen, die von weiter her anreisen müssen, meist ohne größere Probleme kompensierbar.

Budget:

Im Vorfeld ist es ratsam zu klären, welches Budget für die Veranstaltung zur Verfügung steht. Die Übernahme von Anreisekosten, Hotelkosten und Verpflegung sollten auf jeden Fall geklärt sein, aber auch die Folgeinvestitionen, z. B. regelmäßige Face-to-Face-Treffen, technologische Ausstattung und Trainingsmaßnahmen sollten dringend mit einbezogen werden. Entgegen der Meinung vieler, dass virtuelle Teams nichts kosten, ist dem nicht so!

Ort:

Geeignete Orte für ein Kick-off-Meeting sind die Hauptverwaltung oder der Hauptsitz des Unternehmens oder Räumlichkeiten in einer Niederlassung des Unternehmens. Die Vorteile zu einem „anonymen" Hotel sind, dass hierdurch bereits mit den

Insignien der Firma/des Unternehmens, die in den Räumlichkeiten sichtbar sind, ein Wir-Gefühl verstärkt werden kann. Falls das Budget es erlaubt, ist es eine Überlegung wert, spätere Meetings in anderen Niederlassungen und anderen Ländern stattfinden zu lassen, um jedem die Möglichkeit zu geben, den Arbeitsplatz der anderen Teammitglieder kennenzulernen als auch selbst als Gastgeber zu agieren.

> **TIPP: Online Vorbereitung des Kennenlernens**
>
> Wenn die Möglichkeit besteht, ein Intranet oder ein EMS (Electronic Meeting System) nutzen zu können, lohnt es sich für virtuelle Führungskräfte, das neue (oder auch das bereits bestehende) virtuelle Team schon vor dem Kick-off-Meeting darin als Gruppe anzulegen bzw. anlegen zu lassen und nach einem persönlichen oder telefonischen Begrüßungsgespräch jeden der zukünftigen Teammitarbeiter zu bitten, Informationen und ein Foto einzustellen. Diese Vorgehensweise ermöglicht den Teammitgliedern einen kleinen Einblick in die Teamzusammensetzung und gibt ihnen die Gelegenheit, vorab etwas über die neuen Kollegen zu erfahren oder sie zu kontaktieren. In vielen (inter)nationalen Unternehmen ist dies an der Tagesordnung und wird gerne und häufig genutzt. In sehr konservativen Unternehmenskulturen kann diese Vorgehensweise auf Widerstand stoßen, da Vorurteile gegenüber Datenfreigaben bestehen können, die in der virtuellen Welt ganz einfach notwendig sind — wobei man sich dann hier ernsthaft die Frage stellen muss, ob ein solches Unternehmen samt der dazugehörigen Mitarbeiter tatsächlich dazu geeignet ist, in einer virtuellen Umgebung zu arbeiten. Im deutschen Unternehmen ist es oft der Betriebsrat, der aus Datenschutzgründen Widerstand leistet. Viele Betriebsräte befinden sich in einer Zwickmühle: Einerseits sind sie dafür verantwortlich, die Mitarbeiter zu unterstützen, was eine Zustimmung erfordern würde, auf der anderen Seite ist es ihre Aufgabe, den Mitarbeiter zu schützen — sicherlich keine leichte Entscheidung in einer zunehmend informationsträchtigeren Arbeitswelt.

Ankündigung des Meetings

Es ist die Aufgabe der Führungskraft/des Teamleiters, die ausgewählten Teammitglieder persönlich über das Kick-off-Meeting zu informieren. Persönlich bedeutet, die einzelnen Teammitglieder entweder face-to-face zu informieren oder die Gelegenheit wahrzunehmen, ein längeres Gespräch per Telefon oder Videokonferenz zu führen. Aufgrund eines geringen Budgets oder nicht ausreichender technologischer Ausrüstung mag es vorkommen, dass beide Möglichkeiten verwehrt sind. So bleibt eine Audiokonferenz als Ausweichmedium, was jedoch die weitaus schlechtere Variante darstellt. E-Mails sind die schlechteste, wenn nicht gar keine Wahl

Führen in virtuellen Teams

— sie erlauben keinerlei emotionale Beteiligung (auch wenn fleißige Nutzer von Emoticons etwas anderes behaupten mögen) und sind leicht misszuverstehen, je nach Interpretation des Empfängers. Womöglich stattet der Sender die E-Mail zusätzlich mit einer Menge Sachinhalte als Anhang aus, was nicht dazu beiträgt, die Bedeutung des Kick-off-Meetings als Grundstein eines virtuellen Teamerfolgs zu festigen. Dieses erste Gespräch dient der Vertrauensbildung, der Motivation und der Schaffung einer persönlichen Verbindung und nicht einem Datenaustausch.

! ACHTUNG:
- Kündigen Sie das Gespräch per E-Mail an.
- Vereinbaren Sie einen Gesprächstermin mit Ihrem neuen Teammitglied.
- Verschieben Sie den Termin auf gar keinen Fall (es sei denn, Sie wollen sich schon von Anfang an als Teamleiter diskreditieren, indem Sie Ihrem zukünftigen Mitarbeiter zeigen, wie unwichtig er doch ist).

ARBEITSHILFE ONLINE

Vertiefende Inhalte

Eine Auflistung möglicher Gesprächsinhalte finden Sie in der Checkliste 2 auf Arbeitshilfen Online.

Zwischen den Erstgesprächen und dem Kick-off-Meeting liegen idealerweise maximal vier Wochen. Menschen tendieren zum Verlust von Motivation, wenn auf Ankündigungen keine Taten folgen. Durch eine rasche Terminierung des Kick-off-Meetings behalten Sie als Führungskraft Ihre Glaubwürdigkeit.

Beteiligung der Teammitglieder

Es liegt nicht alleine an den jeweiligen Führungskräften und Teamleitern, ein erstes Zusammenkommen erfolgreich zu gestalten. Auch den Teammitgliedern kommt eine aktive Rolle zu, denn virtuelle Teams werden nur erfolgreich sein, wenn sich alle aktiv einbringen. Das bedeutet für Führungskräfte, schon im Vorfeld zu überprüfen, inwieweit die für das Projekt ausgewählten Mitarbeiter professionell in virtueller Teamarbeit ausgebildet wurden und einschlägige Erfahrungen aufweisen können. Bestenfalls treffen Sie auf Profis im Umgang mit virtuellen Teams, im schlechtesten Fall ist dies die erste Berührung einiger mit einem virtuellen Team, was bedeuten kann, dass Begriffe wie „Teambuilding" inhaltslos erscheinen oder als Bedrohung eingestuft werden. Stellen Sie schon im Erstgespräch klar, dass Sie ein aktives Einbringen der Teammitglieder in *alle* Aktivitäten erwarten.

4.3.1.2 Ablauf und Inhalte des Kick-off-Meetings

Das Kick-off-Meeting dient nicht nur der Abklärung der Arbeits- und Projektinhalte, sondern auch dem Teambuilding. Da die meisten Führungskräfte und Teamleiter wenig Erfahrung im Teambuilding mitbringen, lohnt es sich, für diesen Teil des Kick-off-Meetings (oder für die gesamte Zeit des Meetings) einen professionellen Trainer und Moderator zu engagieren, der auf virtuelle Teambildung spezialisiert ist. Zum einen ermöglicht dies dem Teamleiter, sich ganz auf das Team konzentrieren zu können, zum anderen läuft das Team so nicht Gefahr, auf dem falschen Fuß zu beginnen. Neben dem Teambuilding sind die Übermittlung der Teamaufgaben sowie der Umgang mit der virtuellen Form weiterer Bestandteil dieses Treffens. Die Inhalte der Kick-off-Meetings beinhalten:

- Persönliches Kennenlernen und Interaktion
- Klärung der Gruppenaufgaben
- Technologische Umsetzung
- Regeln der Technologienutzung
- Entwicklung von Teamnormen und Regeln
- Kulturelle Aspekte (wird gesondert im nachfolgenden Kapitel näher behandelt)

> **ACHTUNG: Verweigerer von Sozialkontakten**
>
> Es wird immer wieder einzelne Teammitglieder geben, die sich schwertun oder gar sträuben, an gemeinsamen Teamveranstaltungen teilzunehmen, sich negativ über gemeinsame Unternehmungen und Kennenlern-Prozesse äußern oder es nicht schaffen, sich zu integrieren. An dieser Stelle ist es Zeit für ein Gespräch mit der Führungskraft, dessen Inhalt darin liegen sollte, herauszufinden, worin die Abneigung oder soziale Angst begründet liegt. Soziale Kontakte sind ein wichtiger Teil des Teamerfolgs und entscheiden in manchen Kulturen über Top oder Flop des Teams — insofern kann es schwierig für ein Teammitglied mit sozialer Phobie werden, auf Dauer erfolgreich in diesem Team zu arbeiten oder auch zum Erfolg beizutragen.

Klärung der Gruppenaufgaben

Jedes Team hat ein Ziel: die erfolgreiche Abwicklung von Projekten und Aufgaben. Diese Aufgaben müssen klar kommuniziert, gründlich diskutiert und schriftlich dokumentiert werden — insbesondere in virtuellen Teams. Wird dieser Schritt der gemeinsamen Aufgabenklärung versäumt, wird das Unternehmen „Virtuelles Team" schnell zu einem Himmelfahrtskommando, denn die Gelegenheiten für gemeinsame Meetings über mehrere Stunden hinweg, nur um Aufgaben und Zuständigkeiten auszudiskutieren, werden in Zukunft rar gesät sein.

Die Klärung der Gruppenaufgabe kann bis zu einem Tag in Anspruch nehmen. Mit dem Team zu diskutierende als auch festzulegende Punkte sind:

1. *Ziel*: Bevor es in die Aufgabenverteilung und die Unterziele geht, muss das übergeordnete Ziel angesprochen werden: Was ist das langfristige, große Ziel des Projekts und des Teams? Diese Zielbeschreibung sollte durch die Führungskraft, evtl. unter Einbeziehung der Geschäftsführung, vorgenommen werden und nicht nur eine detaillierte Beschreibung des Endzustands nach Zielerreichung beinhalten, sondern auch motivierende Anteile besitzen, so etwa, inwieweit das Team zur Erreichung dieses Ziels beitragen kann, welche Rolle es dabei als Team spielt, welche Bedeutung jedem Einzelnen in dieser virtuellen Konstellation zukommt und inwieweit das Team Teil der Vision und des Erfolgs sein wird. Leere, abgedroschene Motivationsformeln leisten an dieser Stelle einen Bärendienst. Stellen Sie zudem sicher, dass die Person, die das Ziel vorstellt, von allen im Team gewertschätzt und akzeptiert wird und authentisch wirkt. Der Vertriebsleiter, der dem IT-Team das Ziel mit markiger „Sales-Attitüde" vorstellt, ist nicht immer die erste Wahl — aber er kann es sein.
2. *Aufgaben des Teams*: In diesem Punkt geht es um eine genaue, detaillierte Beschreibung der Aufgaben, die, aufgehängt an dem übergeordneten Ziel, anstehen und bewältigt werden müssen. Idealerweise haben Sie als Führungskraft diese Aufgaben schon so vorstrukturiert und aufbereitet, dass sie nur noch einiger weniger Ergänzungen bedürfen. Sind die Aufgaben nicht klar strukturiert und detailliert vorbereitet, entsteht schnell der Eindruck, dass Sie als Führungskraft/Projektleiter keine Ahnung davon haben, worum es eigentlich geht. Die Aufgabenbeschreibung ist nur in Teilen ein demokratischer Prozess — Sie sollten sinnvolle Ergänzungen auf jeden Fall zulassen, jedoch muss es eine oder mehrere Personen geben, die die Aufgaben genau kennen und verwalten. In vielen Fällen wird dies durch professionelle Projektleiter/Projektkontroller gewährleistet. Scheuen Sie sich nicht, die Aufgabe an einen solchen Profi abzugeben.
3. *Zielvorgaben für das Team*: Nun geht es darum, Unterziele und individuelle Aufgaben festzulegen: Welche Ziele sollen von wem bis wann wie erreicht werden? Diese Ziele sind konkret in der Beschreibung als auch in ihrer Terminierung zu halten. Zu beachten sind:
    - Erwartete Ergebnisse (Welche Ergebnisse werden von wem in welcher Form erwartet?): Ergebnisse müssen messbar gestaltet werden — in konkreten Zahlen. Ein „Schau'n wir mal" à la Beckenbauer ist hier nicht nur fehl am Platz, sondern tödlich für jedes virtuelle Team und seine Führungskraft,

denn was hier und heute im Kick-off-Meeting nicht festgezurrt wird, lässt sich später nicht mehr reparieren. Virtuelle Teams, wenn sie erst einmal „in der Luft" sind, gleichen einem Flugzeug: Alles was vor dem Start nicht kontrolliert und repariert wurde, ist während des Flugs nicht mehr oder nur unter größtem Aufwand zu bewerkstelligen. Also: Stellen Sie sich vor, dass Sie kurz vor dem Abflug mit einer Cargomaschine Ihrer eigenen Airline sind. Die Maschine ist vollgeladen mit Gütern aller Art — wenn sich diese Maschine erst einmal in der Luft befindet und nicht alles perfekt verstaut, festgezurrt und gesichert ist, werden Sie bei der ersten Turbulenz abstürzen.

- Fachwissen im Team (Verteilung des benötigten Fachwissens, Abfrage von zusätzlichem Fachwissen): Die Erfahrung zeigt, dass nur wenige Führungskräfte genau über die Skills und Erfahrungen ihrer Teammitarbeiter Bescheid wissen. So ignorierte eine virtuelle Führungskraft aus einem IT-Team, das in Bauvorhaben involviert war, den mehrfachen Hinweis eines eher schüchternen Teammitglieds auf sein Erststudium als Architekt. Erst als das Projekt immer mehr unter Zeitdruck geriet, wies ein anderes Teammitglied die Führungskraft „deutlich" auf die Existenz des ungenutzten Fachwissens hin — der ehemalige Architekt wurde danach zu virtuellen Kundenterminen und Terminen mit Ingenieuren hinzugezogen, für die er aufgrund seiner Erstausbildung ein authentischer und glaubwürdiger Gesprächspartner war. Auch Skills wie beispielsweise das leichte Knüpfen von Networks und die gekonnte Herstellung von wichtigen Verbindungen gehören in diese Kategorie. Wer kennt wen und wie kann dies förderlich für das Team sein, lautet hier die Frage. Es wird immer wieder Personen geben, die nicht bereit sind, ihre Verbindungen zu teilen: Menschen, die Wissen und Kontakte horten, gehören nicht ins Team — in kein Team.

- Aufgabenverteilung im Team (Wer übernimmt welche Aufgaben, gibt es Teammitglieder, die mehr Aufgaben übernehmen als andere, wenn ja, wie geht das Team damit um?): Virtuelle Teams scheitern oft an der Nichtbeantwortung dieses Punkts. Wenn nicht von Beginn an klar ist, wer zu wie viel Prozent (und ich meine Prozent) in was involviert ist, wer mehr, wer weniger beitragen wird, zerfällt das Team zu einem späteren Zeitpunkt in Streitigkeiten darüber, wer mehr arbeitet bzw. wer weniger. Fakt ist: Manche werden zu 100% für das virtuelle Team arbeiten, weil ihre Aufgabe es so vorsieht, andere zu vielleicht 25%, weil ihre Expertise erst später oder nur zu bestimmten Phasen gefordert ist. Definieren und kommunizieren Sie dies deutlich.

- Verantwortlichkeiten im Team (Wer ist wofür verantwortlich und was bedeutet Verantwortlichkeit?): Eine Aufgabe erledigen oder daran mitarbeiten, bedeutet noch lange nicht, auch dafür verantwortlich zu sein. Legen Sie bei allen Aufgaben fest, wer dafür verantwortlich zeichnet. Teams, die lokal eine Aufgabe betreuen, zeigen sich oft automatisch verantwortlich für die Aufgabenerfüllung, sind jedoch mehrere virtuelle Mitglieder beteiligt, von denen einige vielleicht nicht liefern, ist das Projekt schnell am Ende, da sich niemand verantwortlich fühlt, oder nicht verantwortlich sein will. Hier macht es Sinn, diese Verantwortung rotieren zu lassen, damit jeder einmal in die Lage bzw. den Genuss kommt, die Verantwortung tragen zu können. Legen Sie ebenfalls fest, welche Eskalationsstufen den Verantwortlichen zur Verfügung stehen. Wenn andere Teammitglieder nicht liefern können, weil sie daran lokal gehindert werden, z. B. durch lokale Gesetze oder Vorgesetzte, sollte bereits jetzt geklärt werden, wer in solchen Situationen einschreiten und Lösungen hervorbringen kann.

- Zeitrahmen (Welcher Zeitrahmen steht für die Aufgaben zur Verfügung?): Ein nicht zu vernachlässigender Punkt ist die Zeit. Was den Deutschen das akademische Viertel, ist dem Japaner vielleicht schon ein Affront oder erscheint dem Brasilianer kleinkariert. Dieser Punkt wird noch gesondert unter Kapitel 4.4 Kulturelle Aspekte behandelt, jedoch ist es schon im Kick-off an der Zeit, die *Zeit* zum Thema zu machen. Virtuelle Teams sind mehr als andere auf die genaue Einhaltung von Zeitplanungen angewiesen, wenn die Zusammenarbeit funktionieren soll.

4. Rollen externer Partner: Wer muss mit einbezogen werden — Kunden, andere Abteilungen, Geschäftsführung, Lieferanten? Klären Sie im Vorfeld, wer als externer Partner mit ins Boot muss, und in welcher Form. Hier finden sich oft interkulturelle Unterschiede — in manch einem Land müssen Führungskräfte alles absegnen, in anderen Ländern wiederum arbeiten die virtuellen Teammitglieder autonom, bei einem Projekt ist der Kunde mit im Boot, bei einem anderen wird die Vermittlung der Geschäftsführung benötigt oder ein guter Pressekontakt. Listen Sie die externen Partner auf und legen Sie fest, wer wann wie mit ihnen kommuniziert (für die Sportler unter Ihnen, in manch virtuellem Team wird dies auch „Manndeckung" genannt).

5. Entscheidungsprozesse: Wer entscheidet was wann und mit wem, gibt es demokratische Entscheidungsprozesse oder Expertenentscheidungen, spielt das Budget eine Rolle? Hat Ihr Flugzeug die Startbahn verlassen, ist es zu spät, um Entscheidungsbefugnisse und Entscheidungsprozesse zu diskutieren. Legen Sie mit dem Team fest, wer in welcher Situation entscheiden wird — Sie als Führungskraft, ein Experte oder das gesamte Team? Listen Sie dazu mögliche Situationen auf und definieren Sie den Prozess — so manches Flugzeug ist schon abgestürzt, weil gegen den Expertenrat (Pilot) entschieden wurde. Definieren Sie ebenfalls, wer diese Experten sind — sowohl im Team als auch extern.

6. Kompetenzen: Wer erhält welche Kompetenzen, wer darf gelieferte Arbeit ändern, genehmigen etc.? Die Führungskraft eines virtuellen Teams ist darauf angewiesen, Kompetenzen zu verteilen, will sie nicht innerhalb kürzester Zeit

einen Nervenzusammenbruch erleiden, weil alles über ihren Schreitisch geht, oder anders formuliert: Kontrollfreaks sind für diese Position nicht geeignet. Diskutieren Sie die notwendigen Kompetenzen im Team, verteilen Sie sie und lassen Sie alle zustimmen.
7. Kulturelle Hindernisse in der Aufgabenerfüllung: Genehmigungen, Betriebsrat, Datenschutz, religiöse Gegebenheiten etc. – dieser Punkt wurde bereits ausführlich unter „Kulturelle Aspekte" behandelt.
8. Sinnvolle Teamprozesse: Terminmanagement, Kostenrahmen, Kundenvorgaben, Prozesse bei Änderungen, wöchentliche Status Reports, lessons learned und best practice. Legen Sie gemeinsam fest, wie Ihre spezifische Struktur aussehen soll – und stellen Sie klar, dass Sie eine Einhaltung derselben erwarten und einfordern werden. Es macht wenig Sinn, die Struktur von oben starr vorzugeben – Ihre Teammitglieder sind erwachsene Fachkräfte, die durchaus selbst beurteilen können, was sinnvoll ist und was nicht, so dass sich eine Diskussion zu diesen Themen immer lohnt, insbesondere dann, wenn Sie an Ende einen Konsens erzielen möchten. Oft bringen Teammitglieder wertvolle Inputs aus anderen Erfahrungen mit ein, die Ihrem Team die Zusammenarbeit maßgeblich erleichtern können.

TIPP: Teamcharta

Zur Klärung der Teamaufgaben gehört in vielen Teams die Definition einer Teammission oder einer Teamcharta. Sie dient als Ausgangspunkt für detaillierte Planungen. Virtuelle Teams leiden mangels physischer Präsenz oft unter einer Bedeutungs- und Sinnerosion, was ein motiviertes Arbeiten stark erschwert – zudem müssen in vielen Projekten externe Stakeholder mit einbezogen werden. Die Teamcharta beschreibt idealerweise den Sinn des Projekts, das Ziel des Teams als auch die Art und Weise des Umgangs miteinander. Der Hintergrund der Teamcharta ist ein Commitment eines jeden. Zudem erleichtert es neu hinzukommenden Teammitgliedern, den Sinn und die Mission des Teams schnell zu erkennen und danach zu handeln. Viele virtuelle Teams jedoch existieren erfolgreich auch ohne eine Charta – hier bleibt es abzuwägen, inwiefern die kulturellen und persönlichen Hintergründe der einzelnen Teammitglieder eine Charta-Entwicklung sinnvoll machen. Die „Päpste" der virtuellen Teamführung, Duarte & Snyder, beschäftigen sich in ihrem Buch „mastering virtual teams" kurz mit der Notwendigkeit der Agendaentwicklung – so möchte ich aufgrund der Begrenztheit dieses Kapitels die Leser, die eine Charta entwickeln möchten, auf eben genanntes Werk verweisen.[16]

---

[16] Duarte, L., Snyder, N., mastering virtual teams, 2006, S. 94ff.

Sollte ein Kick-off-Meeting aus den unterschiedlichsten Gründen nicht möglich sein (u. a. mangelndes Budget, Unabkömmlichkeit einiger Teammitglieder, kleinere Projekte etc.), ist in diesem Fall eine halbwegs akzeptable Alternative ein Online Kick-off-Meeting (bevor überhaupt kein Kennenlernen stattfindet).

ARBEITSHILFE ONLINE

Vertiefende Inhalte

Näheres zur Planung eines Online-Kick-off-Meetings finden Sie auf Arbeitshilfen Online.

4.3.2 Voraussetzungen für das Funktionieren virtueller Teams

4.3.2.1 Technologische Umsetzung – das Problem der virtuellen Kommunikation

90 Prozent Mensch, 10 Prozent Technologie[17] gilt als Diktum der virtuellen Teamführung. Diese zehn Prozent haben es in sich, denn nicht jede Kommunikationstechnologie eignet sich für jeden Zweck. So lassen sich kleine Meetings und Nachfragen leicht und effektiv über ein Telefonat/eine Audiokonferenz/Chat abhalten. Nimmt ein Meeting längere Zeit in Anspruch und sind Interaktionen wie Diskussion oder Entscheidungsthemen auf der Agenda, empfiehlt sich eine Video/Webkonferenz. Sind hingegen Daten zu transferieren, kann die E-Mail oder ein gemeinsames Speichermedium wie die (unternehmensinterne) Cloud als Kommunikationsmedium die beste Lösung sein.

Virtuelle Teams tendieren heute leider immer noch dazu, die bequemste und damit traditionellste Lösung zu bevorzugen — die E-Mail. Diese ist jedoch leider meist die schlechteste Lösung, ist doch das erklärte Ziel einer virtuellen Kommunikation, einen Ersatz für Face-to-Face-Interaktionen zu schaffen, was wiederum nach einer vermehrten Nutzung von Video- und Audiotechnologien verlangt. Diese Anforderung ist zwar technisch zumeist ohne größere Probleme gegeben, gestaltet sich jedoch *menschlich* gesehen schwierig — insbesondere videogestützte Technologien erfahren oft eine Ablehnung (ein Punkt, auf den später noch detaillierter verwiesen wird).

---

[17] vgl. Lipnach/Stamps: The 90/10 Rule

Im Folgenden werden die Voraussetzungen einer intelligenten Technologienutzung erläutert und einige der Medien vorgestellt.

Vertiefende Inhalte

Eine Checkliste (Checkliste 3), die unterschiedliche Technologien unterschiedlichen Kommunikationshintergründen zuordnet und es erleichtert, die jeweilige Kommunikation dem richtigen Medium zuzuordnen, finden Sie auf Arbeitshilfen Online.

Faktor Mensch und technologische Affinität

Die Grundvoraussetzung für eine Arbeit in virtuellen Teams ist ein gewisses Maß an technologischer Affinität. Technologische Affinität bedeutet, dass moderne Kommunikationsmedien nicht nur bekannt sind, sondern auch gerne und professionell genutzt werden. Leider lässt sich festhalten, dass dies in vielen Unternehmen trotz exzellenter technologischer Ausstattung nicht der Fall ist.

So scheint beispielsweise das Medium Videokonferenz oder Chat bei einer Vielzahl von Personen immense Ängste auszulösen, trotz der Tatsache, dass viele Menschen Webconferencing Medien kennen und nutzen, und eine Videokonferenz heutzutage weitaus einfacher abzuhalten ist als noch vor 20 Jahren. Aber auch zum Telefonhörer wird nur in Notfällen gegriffen und das anonyme Medium E-Mail vorgezogen.[18] Die Gründe dafür sind sicherlich vielschichtig, jedoch in einer modernen virtuellen Arbeitsumgebung und zunehmender virtueller Teamarbeit schlicht und ergreifend nur eins: inakzeptabel. Führungskräfte virtueller Teams stellt dies jedoch nur noch für eine absehbare Zeit vor eine Herausforderung — die jungen Digital Natives, die bald auf den Arbeitsmarkt kommen bzw. sich bereits in diesem befinden, sind mit moderner Gruppentechnologie aufgewachsen und bevorzugen

---

[18] Der IT Dienstleister Atos verkündete 2012 den Zero E-Mail Plan, d. h. die Abschaffung der E-Mail. Hier ein Auszug der Website von Atos: „Wir bei Atos haben uns das Ziel gesetzt, die interne E-Mail-Kommunikation zwischen den Mitarbeitern vollständig durch optimierte Anwendungen aus den Bereichen Kommunikation und Kooperation sowie durch soziale Medien zu ersetzen. Denn wir sind der Überzeugung, dass die E-Mail als primäres Kommunikationsmittel für Unternehmen und die Geschäftswelt schon bald an Bedeutung verlieren wird. Wir produzieren riesige Datenmengen, die unsere Arbeitsumgebung buchstäblich überwuchern und auch im privaten Bereich bereits Überhand nehmen. Daher versuchen wir bei Atos jetzt, eine Kehrtwende einzuleiten. Ähnliches geschah nach der industriellen Revolution, als Unternehmen erste Maßnahmen im Kampf gegen die Umweltverschmutzung trafen", erklärt Thierry Breton, Chairman and CEO. http://de.atos.net/de-de/uber_uns/zero_E-Mail/default.htm, Stand 04.04.2013

schon heute Facebook-ähnliche Medien zur Kommunikation. Dennoch lohnt es sich, einen Blick auf die Hintergründe zu werfen.

Gründe einer verminderten Technologienutzung:

1. Viele Menschen scheuen sich davor, *gesehen* zu werden, auch wenn dies der Sinn videogestützter Technologie ist. Übermäßige Eitelkeit (verzerrtes Aussehen), ein unaufgeräumter Hintergrund oder mangelnde Anonymität mögen hier die Gründe sein.[19]
2. Audiokonferenzen werden von vielen Teammitgliedern ungerne wahrgenommen, weil es hier öfter zu Verständigungsschwierigkeiten kommt (beispielsweise wenn die Unternehmenssprache auf Englisch festgelegt ist und das eigene Sprachvermögen bzw. das Sprachvermögen der anderen Teilnehmer als zu schlecht wahrgenommen wird oder die telefonischen Verbindungen einfach zu schlecht sind).
3. Die Technologien sind unbekannt oder die Nutzung der Technologien wurde nie trainiert.
4. Nur Top-Management hat Zugang zu allen Technologien.
5. Vermehrte E-Mailnutzung anstatt passenderer Medien als vermeintliche „Kontrolle über die eigene Zeit und Person" kann ebenfalls eine Rolle spielen. So lässt es sich trefflich hinter E-Mails verstecken, entgeht man doch durch sie nicht nur direkter Kommunikation, sondern auch der direkten Verantwortung. E-Mails suggerieren eine vermeintliche Kontrolle, Antworten können verzögert werden oder direkt ignoriert werden. Auch dienen sie gerne als Beweismittel, wenn es zu Unstimmigkeiten kommt.

Sicherlich spielen, wie oben gesehen, die eigenen Komfortzonen und Bequemlichkeiten eine große Rolle. Meine Erfahrung jedoch zeigt: Die meisten virtuellen Teammitarbeiter sind nicht unbedingt technologiefeindlich eingestellt, sondern sie wurden nie auf die neuen Technologien trainiert. Oft wissen sie noch nicht einmal, dass es sie im Unternehmen gibt und sie für jeden und nicht nur für das Top-Management zur Verfügung stehen. Hier gilt es für Führungskräfte, zunächst jedem Mitarbeiter eine professionelle Einführung in die neue Technologie zu ermöglichen und ihm oder

---

[19] Ein Webconferencing System, mit dem ich persönlich vor einigen Woche an einer Websession teilnahm, löst das Problem auf ganz eigene Weise – sobald der Kunde auf das Symbol der Videokamera klickt, um die eigene Person sichtbar zu machen, wird er nicht sofort online geschaltet, sondern zuerst aufgefordert, sich „die Haare zu richten, noch einmal auf das eigene Spiegelbild zu sehen, zu lächeln und erst dann noch einmal auf das Kamerasymbol zu klicken". Sicherlich eine humorvolle Art und Weise, mit den Befindlichkeiten einiger Teilnehmer umzugehen.

ihr danach auch die Möglichkeit zu geben, diese häufig, aktiv, erfolgreich und intelligent zu nutzen — nämlich im Team gemeinsam mit den anderen Teammitgliedern. Dazu bedarf es nicht nur der Absprache mit IT, sondern auch mit HR und der Personalentwicklung, denn abgesehen vom Training der Technologien sollte technologische Kommunikationskompetenz als eine der herausragenden Kompetenzen des 21. Jahrhunderts auch im Recruiting und in Beurteilungen ein Thema sein.

Vertiefende Inhalte

Eine Auflistung der verschiedenen Kommunikationsmedien finden Sie auf Arbeitshilfen Online.

4.3.2.2 Regeln für virtuelle Meetings

Virtuelle Kommunikation will geplant sein, nicht nur, was die Auswahl der jeweiligen Technologie betrifft. Die Dauer von Konferenzen, die Moderation und Agenda, die Beiträge einzelner usw.: Ähnlich wie in der Face-to-Face-Kommunikation wird dieser Punkt oft und gerne vernachlässigt, mit der Begründung, dass sich das „schon einspielen wird". Dass sich in virtuellen Teams „nichts einspielt", weil die betreffenden Parteien nicht vor Ort sitzen, wird verdrängt. Führungskräfte und Team ignorieren die Tatsache, dass virtuelle Meetings nicht schnell verschoben oder „mal eben" einberufen werden können, ohne die Planung anderer virtueller Teammitglieder völlig aus dem Ruder laufen zu lassen. Sie ignorieren ebenfalls, dass eine fehlende professionelle Moderation sowie das mangelhafte Timing von Meetings negative Auswirkungen auf das Team haben werden. Als Bagatelle abgetan, beginnen hier die ersten ernsthaften Teamkonflikte, und dass, wenn Führungskraft und Team sie am wenigsten gebrauchen können — nämlich in der Hochphase des Projekts. Insofern gilt für Führungskräfte: Zurren Sie die Kommunikationsregeln schon im Kick-off-Meeting fest und bestehen Sie auf der Einhaltung, denn wenn Ihr Projekt schon in der Luft ist, ist keine Zeit mehr zum „Einspielen".

Dauer von Konferenzen

Alle Meetings, Konferenzen und Gespräche unterliegen einem gemeinsamen Faktor: der menschlichen Konzentrationsfähigkeit. Erlauben Face-to-Face-Konferenzen, sich zurückzulehnen, die Sitzposition zu ändern und sich an Kaffee und den Keksen gütlich zu tun, während man darauf vertraut, dass der Moderator durch seine Körpersprache anzeigt, wann Konzentration wieder gefordert ist, so sieht es in einer

Führen in virtuellen Teams

virtuellen Konferenz ganz anders aus. Ganz abgesehen von der physischen Angebundenheit an PC oder Telefonhörer fehlen die visuellen und körpersprachlichen Reize wie Lachen, eine Handbewegung, ein Handout zum physischen Blättern, um den Geist wach und die Konzentrationsfähigkeit auf einem hohen Niveau zu halten. Dementsprechend sinkt der Konzentrationslevel, Langeweile kommt auf, das Gehirn sucht nach interessanten Ablenkungen wie etwa das Schreiben einer E-Mail oder die Konversation mit dem Kollegen am Schreibtisch gegenüber ... und schon ist es passiert: Der entscheidende Punkt der ganzen Konferenz wurde verpasst.

Deshalb gilt generell für virtuelle Konferenzen aller Art:

- Zeitlimit von 45 bis 90 Minuten,
- 30 Minuten Pause (um jedem Teilnehmer die Gelegenheit zu geben, seine Konzentrationsfähigkeit wiederherzustellen),
- Präsentationen mit PowerPoint sollten die 15 Minuten nicht überschreiten und möglichst interaktive Sequenzen beinhalten, etwa die Möglichkeit, Kommentare gleich einzutippen.

Vertiefende Inhalte

Weitere Hinweise zur Gestaltung der Meetings sowie der Moderation finden Sie auf Arbeitshilfen Online.

Auswahl der Teilnehmer

Die moderne Technologie verleitet dazu, zu viele Teilnehmer zu einem Meeting einzuladen. Zusammenarbeit und Abstimmung ist wichtig, aber oft ist es so, dass nicht alle Teammitglieder zur gleichen Zeit die gleiche Information benötigen. Es ist Aufgabe des Teamleiters zu entscheiden, wer welche Information wann erhält. Wichtig dabei ist, den Nicht-Teilnehmenden genau zu erklären, warum eine Teilnahme nicht notwendig ist als auch das Bereitstellen einer Ergebniszusammenfassung nach dem Meeting.[20]

---

[20] Einer meiner Interviewpartner, der in der internationalen Krisenprävention tätig ist, berichtete zum Teil von unhaltbaren Zuständen in Video/Webkonferenzen. So erzählte er von einem Fall der vorsätzlichen Lebensmittelverunreinigung mit darauffolgender Erpressung, die einem großen ausländischen Unternehmen zu schaffen machte. Der Krisenstab trat in einer Videokonferenz zusammen. Als er (als Sicherheitsbeauftragter) nach den Teilnehmern fragte, musste er feststellen, dass mindestens vier der Teilnehmer niemandem bekannt waren. Dass auf diese Art und Weise nicht nur ein Meeting, sondern ein ganzes Unternehmen nicht funktionieren kann, ist offensichtlich.

Soziale Interaktion der Meeting-Teilnehmer

Routinierte virtuelle Teams bieten eine halbe Stunde vor dem eigentlichen Meeting eine Art virtuellen Chat an, in dem die Teammitglieder Persönliches oder auch Small Talk austauschen können. Themen können das Wetter, Sport, Privatleben oder auch Berufliches sein. Diese Chats ersetzten die informellen Gespräche in der Kantine, in der Teeküche oder auf dem Gang und sind, je nach kultureller Zugehörigkeit, von immenser Bedeutung für eine gute Teamleistung (siehe auch Kapitel 4.4 Kulturelle Aspekte). In vorrangig deutschen Teams wird diese Gelegenheit eher selten genutzt. In internationalen Teams hingegen sind Chats an der Tagesordnung und schaffen so ein Grundvertrauen, das sich im Verlauf der Projekte vergrößert.

Interaktive Sequenzen

Der Einbau von interaktiven Sequenzen (als Gegenpol zu ausufernden Monologen der Vortragenden) in einem Teammeeting ist ein wichtiges Tool der Vertrauensbildung und zur Erhaltung der Konzentrationsfähigkeit und trägt dazu bei, dass die Teilnehmer nicht frühzeitig „geistig" aussteigen. Gemeinsam zu diskutieren und auch einmal konträre Standpunkte auszutauschen sowie gemeinsam Entscheidungen zu treffen, schweißt ein Team zusammen. Interaktive Sequenzen sind Diskussionen, Abstimmungen und Fragen sowie die gemeinsame Bearbeitung von Files oder das gemeinsame Abhalten einer Präsentation. Als Richtlinie gilt: Auf einen fünfzehnminütigen Vortrag sollte mindestens eine fünfminütige moderierte interaktive Sequenz folgen.

Netiquette in virtuellen Teammeetings

Die Teilnahme an virtuellen Meetings erfordert eine Einhaltung von Teamregeln als auch der Netiquette. Dazu gehören u. a. Pünktlichkeit, aktive Teilnahme, volle Konzentration, das Einbringen von Ideen, Teilnahme an Entscheidungen, eine gute Vorbereitung als auch die Bereitschaft zur sozialen Interaktion mit den anderen. Was sich so anhört wie bekannte Regeln im Meetingalltag, ist gerade in virtuellen Teams ein Zankapfel, da es ja „nur" ein Telefongespräch ist. Auch kann man sich hier nicht mit einem strahlenden Lächeln und einer Portion Kuchen bei allen entschuldigen.

4.3.2.3 Entwicklung von Teamnormen und Regeln

Jedes Team besitzt Regeln — seien sie formell oder informell. Aber warum Regeln? Regeln haben allgemeinhin einen schlechten Ruf, gelten sie doch als gestrig und einengend.

Wie die Begriffe Norm und Regel zu so einem schlechten Ruf gekommen sind, ist nicht ganz nachvollziehbar, beruht doch das ganze menschliche Zusammenleben auf Regeln und Normen. So existieren Regeln im Fußball, Regeln in der Liebe, Regeln beim Autofahren, wie beispielsweise an roten Ampeln anzuhalten (zumindest ist dies in einigen Ländern dieser Welt so, bei manchen Reisen war ich mir der herrschenden Verkehrsregeln bezüglich roter Ampeln nicht ganz so sicher). Es gibt Verhaltensnormen in der Gesellschaft — so gehen wir im Allgemeinen nicht einfach hin und treten jemandem vor das Schienbein, auch wenn er es insgeheim und unserer ganz persönlichen Meinung nach vielleicht verdient hätte. Genauso sollte es Regeln in Teams geben, die die Zusammenarbeit und das Miteinander regeln. Leider sind diese Teamregeln in Teilen nicht klar dargelegt und lauern so jedem auf, der von außen neu ins Team kommt. Die neue Person kennt evtl. nicht die ungeschriebenen Regeln, etwa dass man in virtuellen Meetings andere ausreden lässt, nicht gleichzeitig am PC tippt, nicht mit Gleichsprachlichen in muttersprachliche Diskussionen verfällt, wenn andere Nationalitäten und Sprachen dabei sind. Oft sind die Regeln selbst den Führungskräften nicht bekannt, eine traurige Tatsache, die sich insbesondere in virtuellen Teams schnell zu einem Problem auswächst.

Entwicklung von Teamnormen

Teamnormen entwickeln sich in traditionellen Teams zumeist von selbst durch tägliche Interaktionen, die stark von emotionalen verbalen und nonverbalen Signalen begleitet sind. „Wer den letzten Kaffee trinkt, der macht auch neuen", tönt es laut, wenn die Regel verletzt wird. Manch einer ist sich keiner Schuld bewusst, hatte sich doch im letzten Unternehmen die Sekretärin um solche Bagatellen gekümmert. Kommen wir in den virtuellen Bereich, ist ein beliebter Stein des Anstoßes die E-Mail-Kultur, wenn es um Beantwortung und Inhalte geht. Haben die Kollegen im vorherigen Team alle E-Mails als dringend markiert, definiert das neue Team diese Verhaltensweise als mutwillige Aggression und ausgemachte Unhöflichkeit. Meist dauern die unangenehmen Begegnungen mit ungeschriebenen Regeln im neuen Team ein halbes Jahr — dann sind allen die Regeln bekannt und die Dinge laufen so, wie sie laufen sollen.

Dieses halbe Jahr ist virtuellen Teams nicht vergönnt. Teamregeln können nicht zeitraubend ausgehandelt werden, denn von virtuellen Teams wird eine sofortige perfekte Interaktion erwartet — nur finden in virtuellen Teams nicht genügend persönliche Interaktionen statt, um Regeln auf die Sprünge zu helfen. Aufgrund dessen ist die aktive Definition von gemeinsamen virtuellen Teamnormen eines der wichtigsten Tools erfolgreicher virtueller Teambildung. Erst in dem Moment, in dem jedes virtuelle Teammitglied einen klaren Überblick über akzeptable und inakzeptable Verhaltensweisen hat, kann das Team erfolgreich agieren und reibt sich nicht in sinnlosen Kleinkriegen über Regelverletzungen auf. Dazu reicht es nicht, vage Begriffe wie Respekt zu benennen, wichtig ist, festzuhalten, was sie beinhalten. Vermeintliche Kleinigkeiten wie die Vernachlässigung des „Mute"-Button in Audio- oder Videokonferenzen, was nervenaufreibende Raschel- oder Atemgeräusche verursacht, oder auch Redebeiträge ohne die vorherige Nennung des Namens führen tagtäglich zu misslungenen Meetings und Teamkonflikten.

Für virtuelle Teams mitsamt den Führungskräften ist es deshalb dringend notwendig, Regeln vorab zu klären. Definiert werden müssen:

- Telefon-, Video-, E-Mail- und Audio-Etikette; Meeting Management, so z. B. die Teilnahme aller Teammitglieder; die Benutzung des „Mute"-Button in Telefonkonferenzen; das Einräumen von mehr Zeit für Nicht-Muttersprachler; die Nutzung einer Meeting-Agenda; Protokollführung; Umgang mit unterschiedlichen Zeitzonen. Für Verwirrung sorgen oft amerikanische Kollegen, die als Anrede in E-Mails nur den Vornamen des Kollegen benutzen und dann auch direkt zur Sache kommen. In manchen europäischen Kulturen als arrogantes und unhöfliches Verhalten empfunden, ist dies in den USA der übliche freundliche Umgangston.
- Die Festlegung einer gemeinsamen Sprache, Einhaltung der verabredeten Sprache und vorheriges Training in der gewählten Sprache. Oft wechseln Teams in die Sprache der Mehrheit und grenzen so die anderen Teammitglieder, meist ohne böse Absicht, aus. Auch gibt es bei der vermeintlich gemeinsamen Sprache große Unterschiede. British English ist nicht American English, und so kann der ein oder andere damit trotz guter Englischkenntnisse ein akutes Problem haben.
- Der Umgang mit Konflikten, so auch die Definition eines Konflikts und dessen Eskalation. Was für den einen ein Konflikt ist, ist für den anderen lediglich eine Diskussion.
- Die Entwicklung von Richtlinien zur zeitlichen Bearbeitung von Telefongesprächen, E-Mails und Voice Mails.

Führen in virtuellen Teams

- Die Definition von Richtlinien zur Nutzung von E-Mails: Wann ist eine E-Mail angebracht, wann nicht; wie sind E-Mails strukturiert; wann werden sie als wichtig oder dringend markiert?
- Richtlinien für Meetings: Welche Treffen finden face-to-face statt, welche über Audio-, welche über Videokonferenz?
- Richtlinien über Meetingteilnahme.
- Richtlinien zur Bewertung und Freigabe von fertiggestellter Arbeit.
- Die Nutzung von Gruppenterminplanern.
- Die technologischen Voraussetzungen der einzelnen Teammitglieder.

Die gemeinsame Erarbeitung von Teamregeln lässt sich mit etwas Vorbereitung verhältnismäßig leicht in ein Kick-off-Meeting integrieren. Für Führungskräfte gilt es sicherzustellen, dass jedes Teammitglied den Sinn und Zweck der Teamregeln verinnerlicht hat, was am besten dadurch passiert, dass Sie als Führungskraft die Wichtigkeit dieser Regeln betonen und als Vorbild vorangehen.

Unerfahrene Teams tun sich oft schwer in der Benennung von Regeln. Für den Fall, dass Sie die Session moderieren, können Sie sich und den Teammitgliedern die Regelsammlung durch folgende Fragen erleichtern:

- Was muss ein Teammitglied tun, um im Team anzuecken?
- Was muss ein Teammitglied tun, um im Team wohlgelitten zu sein?
- Was muss eine Führungskraft tun, um Respekt zu verlieren?
- Was muss eine Führungskraft tun, um Respekt zu verdienen?
- Was ist an technologischen Medien besonders ärgerlich?
- Was ist an einer Face-to-Face-Kommunikation zu schätzen?
- Wie muss ein Meeting gestaltet sein, um Ergebnisse zu erzielen?

Vertiefende Inhalte

Beispiele für Teamregeln finden Sie als Checkliste 4 auf Arbeitshilfen Online.

Teamregeln sind nicht in Stein gemeißelt und kommen nach einer Weile auf den Prüfstand. Nach zwei Monaten, meist auch früher, hat sich herauskristallisiert, welche Regeln sinnvoll sind und beibehalten werden, welche verändert oder aufgegeben werden sollen und welche Regeln neu hinzukommen müssen. Die Entscheidung über Regeln wird im Allgemeinen demokratisch im Team getroffen, moderiert durch den Teamleiter, welcher für die Einhaltung der Regeln verantwortlich ist (und gemacht wird). Lässt er Regeln einfach unter den Tisch fallen oder Regelverletzungen durchgehen, führt dies zu Macht- und Gesichtsverlust und lässt Chaos entstehen — das, was ein virtuelles Team als letztes benötigt.

Die Erfahrung in internationalen Teams zeigt, dass virtuelle Teams allergrößte Schwierigkeiten haben, zu allgemein akzeptierten Spielregeln zu kommen. Es macht Sinn, Teammitglieder besser früher als später mit Regeln zu konfrontieren, denn als professionelles Tool virtuellen Arbeitens gehört aktive Regelbildung als auch der Umgang mit Regeln in den Kompetenzkoffer eines jeden virtuellen Mitarbeiters.

> **ZWISCHENFAZIT**
>
> Um virtuelle Teams erfolgreich an den Start zu bringen, bedarf es einer intensiven Vorbereitung.
> Dazu gehört:
> 1. Persönliches Kennenlernen in einem Kick-off-Meeting
> 2. Die Möglichkeit, auch informell miteinander in Kontakt zu treten
> 3. Klärung der Gruppenaufgaben
> 4. Absprache über zu nutzende Technologien
> 5. Vereinbarung von Gruppenregeln zum Umgang miteinander — sozial, kulturell, teambildend
> 6. Vereinbarungen über die Art der Kommunikation in Meetings
> 7. Fundierte Kenntnisse der kulturellen Dimensionen in virtuellen Teams (siehe auch nachfolgendes Kapitel)

4.4 Kulturelle Aspekte

Globale Teams stellen eine Herausforderung für jedes Unternehmen dar, treffen hier doch große kulturelle Unterschiede aufeinander, die es zu managen und zu nutzen gilt. Jedoch zeigen sich kulturelle Unterschiede auch in nationalen Teams und innerhalb von Unternehmen. Es ist keine Seltenheit, dass auch diese Teams in unruhiges kulturelles Fahrwasser geraten. Für Führungskräfte ist es daher unabdingbar, sich mit den Details kultureller Aspekte auseinanderzusetzen, wenn sie ein erfolgreiches virtuelles Team führen möchten.

4.4.1 Drei kulturelle Kategorien

Kulturelle Unterschiede lassen sich in drei Kategorien einteilen:

1. Nationale kulturelle Unterschiede: Das ist mal wieder typisch deutsch.
2. Kulturelle Unterschiede zwischen Unternehmen: Das merkt man gleich, dass der früher mal bei einer Versicherung war.
3. Kulturelle Unterschiede innerhalb eines Unternehmens: Marketing spinnt mal wieder.

In traditionellen Teams werden Unterschiede schneller assimiliert als in virtuellen Teams, da häufige Begegnungen und Interaktionen Vertrauen schaffen und Gespräche ermöglichen. Virtuelle Teams hingegen sind rein auf die Ergebnisse ihrer Arbeit angewiesen. Sobald etwas nicht so passiert, wie es sich eine der Parteien vorstellt, werden Gründe gesucht, warum die andere Partei nicht liefert wie verabredet (wenn es denn verabredet war). Die einfachste Erklärung sind kulturelle Unterschiede à la „die Franzosen, die IT-Abteilung, die Düsseldorfer …" Zwar spricht die ganze Welt von Diversity und ihren unendlichen Chancen für Unternehmen, jedoch lässt sich festhalten, dass das, was sich in vielen Teams bemerkbar macht, kulturelle Probleme sind. Im Folgenden werden die drei Kategorien detaillierter erläutert.

Exkurs: Was ist Kultur?

Kultur stellt sowohl eine der beherrschenden Grenzen als auch eine der großen Chancen virtueller Teams dar. So entscheidet Kultur maßgeblich über den Erfolg oder Misserfolg virtueller Teams. Was aber ist Kultur? Kultur ist ein Sammelbegriff für erlernte Sitten, Werte, Einstellungen und Bedeutungen, die von den Mitgliedern einer bestimmten Gruppe geteilt werden. Auch ist Kultur oft der einzige Weg, sich von einer anderen Gruppe abzuheben, wie man an mancher inländischer Kultur oder Subkultur tagtäglich bemerken kann. Kultur ist eine Art kollektive Programmierung, die eine Gruppe Menschen von anderen trennt. Kultur sind die „hidden scripts", die Menschen benutzen, um ihr Verhalten zu bestimmen und zu lenken. Die Skripte entstehen durch wiederholtes gleiches Verhalten in Gruppen, sind jedoch den einzelnen Gruppenmitgliedern nicht bewusst zugänglich.
Mit der Zeit werden sie zu einer Art zweiten Natur und dienen als Abkürzung für Entscheidungen und Handlungen. Wie bei einem Eisberg ist der größte Teil von Kultur verborgen. Unglücklicherweise jedoch kann genau dieser Teil Erwartungen, Annahmen und Verhalten bezüglich Führungsstil, Arbeitsverhalten und Teamnormen stark beeinflussen, was in der Schlussfolgerung bedeutet: Kultur beeinflusst die Leistungsfähigkeit eines (virtuellen) Teams. Dies trifft in besonderem Maße zu, wenn nationale, organisationale und funktionale Kultur ungebremst und unreflektiert aufeinandertreffen.

4.4.1.1 Dimensionen nationaler Kultur

Nationale kulturelle Identitäten entstehen in der Kindheit und werden über den Lebensweg hinweg von weiteren Erfahrungen geprägt. Heraus kommt eine überdauernde Identität, die nicht wieder abgelegt oder durch eine andere Kultur ersetzt werden kann. Dass wir „gründlichen" Deutschen, auch wenn der ein oder andere dies abstreiten mag, nicht besonders gut mit „Laissez faire"-Kulturen des Südens zurechtkommen, wissen wir alle — dass dies auch ein Markenzeichen ist und von „uns" als Nation erwartet wird, ebenso.

Der Wissenschaftler Gert Hofstede kategorisierte schon in den fünfziger Jahren kulturelle Unterschiede und definierte vier kulturelle Dimensionen[21], die u. a. von den Forschern Edward Hall und Michael Bond auf sechs Dimensionen erweitert wurden und eine relativ genaue Analyse kultureller Skripte bieten. Für virtuelle Teams bieten die kulturellen Dimensionen wertvolle Hinweise auf potentielle Stolpersteine, aber auch auf gewinnbringende Synergien.

Die sechs Dimensionen nationaler Kultur

Abb. 12: Nationale Kultur

---

[21] Diese ersten vier Kategorisierungen lassen sich für eine Vielzahl von Nationen auf Hofstedes Website einsehen: http://www.geert-hofstede.com.

Macht (Power Distance)

Die erste kulturelle Dimension ist die Dimension der Macht. Macht bezieht sich auf den Grad der Ungleichheit, den Menschen in einer Kultur erwarten und akzeptieren. In Ländern mit niedriger Akzeptanz herrscht zumeist freier Wettbewerb. So bitten etwa Führungskräfte ihre Mitarbeiter ohne hierarchische Bedenken um ihre Meinung — für einige Kulturen der westlichen Welt ein ganz normaler Vorgang. In Ländern mit einer hohen Machtakzeptanz hingegen nehmen Mitarbeiter hin, dass Entscheidungen ohne das Einbeziehen anderer von Führungskräften gefällt werden, sie erwarten es sogar. Probleme entstehen, wenn das Verhalten des Teamleiters nicht den Vorstellungen der Mitarbeiter entspricht. Ein asiatischer Mitarbeiter beispielsweise wird sich schwer tun, Teamnormen zu akzeptieren, die eine offene Konfrontation mit dem Teamleiter beinhalten. In anderen Kulturen wird eine Führungskraft, die Mitarbeiter um ihre Meinung und Partizipation bittet, schnell als inkompetent und schwach angesehen. Stellen Sie klar, welches Verhalten Sie von Teammitgliedern aus hohen Machttoleranzkulturen erwarten.

Kulturen mit einer hohen Machttoleranz zeigen dabei oft eine Vorliebe für Technologien, die anonymen Input erlauben und eine Vermeidung direkter offener Stellungnahmen zulassen. Im Allgemeinen lassen EMS anonyme Stellungnahmen zu. Allerdings haben oft nur hochrangige Teammitglieder Zugang zu EMS und Video. Sprechen Sie hier im Vorfeld mit dem gesamten Team die Erwartungen ab und klären Sie gegebenenfalls Statusprobleme.

Unsicherheitsvermeidung (Uncertainty Avoidance)

Unsicherheitsvermeidung beschreibt den Grad, bis zu dem sich Menschen mit unklaren Situationen abfinden können. Mitglieder aus Kulturen mit hoher Unsicherheitsvermeidung fragen nach Details, Plänen, Abschlüssen, vorhersagbaren Abläufen. Situationen, die eine hohe Ambiguität bergen, können bei ihnen Ängste auslösen. Personen aus Kulturen mit niedriger Unsicherheitsvermeidung kommen dagegen gut ohne feste Regeln und Ablaufdefinitionen aus — es wird schon irgendwie klappen, lautet die Devise. In virtuellen Teams treten Probleme auf, wenn Teammitglieder unterschiedliche Einstellungen zu Planung, Rollenwahrnehmung, Verantwortlichkeiten und zu Regeln und Deadlines haben. So sind in der Regel deutsche Teammitglieder bemüht, die Unsicherheit so gering wie möglich zu halten, einem brasilianischen Teammitglied hingegen setzt die Unsicherheit wenig zu, da sie Bestandteil seiner nationalen Kultur ist.

4 Kulturelle Aspekte

Das richtige Maß an Strukturen und Informationen muss gefunden werden. Teammitglieder, die umfassende Daten, Terminpläne und Struktur benötigen, sollten diese auch erhalten. Teammitglieder, die mit einem Bruchteil der Struktur auskommen, können sich bei einem Zuviel an Struktur leicht gegängelt und respektlos behandelt fühlen.

Teammitglieder aus Kulturen mit hoher Unsicherheitsvermeidung sträuben sich oft gegen Kommunikationsmedien, die eine genaue Beweislage und Nachprüfbarkeit nicht erlauben. Umgekehrt verstehen Teammitglieder aus Kulturen mit niedriger Unsicherheitsvermeidung oft nicht, warum auf ein Telefongespräch unbedingt noch eine E-Mail folgen soll. Klären Sie auch hier die Teamregeln vorab.

Individualismus und Kollektivismus (Individualism — Collectivism)

Individualismus beschreibt den Grad, bis zu welchem Menschen es vorziehen, als Individuum zu agieren und nicht als Gruppenmitglied. In Kulturen mit einem hohen Individualisierungsgrad bestehen nur lose Beziehungen zwischen Individuen. Es wird erwartet, dass sich jeder um sich selbst kümmert. Freizeit und individuelle Herangehensweisen an Probleme sind hochgehaltene Werte. In Kulturen mit niedrigem Individualismus sehen Menschen sich immer als Teil der Gruppe und ordnen ihre Wünsche der Gruppe unter. Wird beispielsweise ein Mitarbeiter eines Teams aus einer niedrigen Individualismus-Kultur für eine Leistung besonders hervorgehoben und öffentlich belohnt, kann ihn dies in eine missliche Lage bringen, denn seine nationale Identität steht für Gruppenerfolge.

Abhängig von den beteiligten Kulturen muss die Individualität oder die Gemeinsamkeit betont werden. In stark individuell geprägten Kulturen sollten Lob und Aufgaben individuell verteilt werden. Kollektive Kulturen hingegen nehmen ein Lob lieber im Team entgegen und bearbeiten Aufgaben oft gemeinsam, was Sie ihnen auch ermöglichen sollten. Mitglieder aus diesen Kulturen sehen gerne das ganze Team und tun sich unter Umständen schwer mit Einzelkommunikationen per E-Mail, da diese Art der Kommunikation ihnen kein Teamgefühl vermittelt und somit die Identifikation erschwert. Nutzen Sie vermehrt Videomeetings mit sozialer Interaktion.

Maskuline und Feminine Orientierung (Masculinity — Femininity)

Maskuline bzw. feminine Orientierung beschreibt, inwieweit sich eine Kultur maskulinen oder femininen Werten verpflichtet fühlt. Zu den maskulinen Werten zählen: Umsatz/Geld, Statussymbole des Erfolgs, Besitz. Feminine Orientierung beinhaltet: Zusammenarbeit, Teilen und Fördern. Trifft nun ein Mitarbeiter aus einer maskulinen Kultur auf ein feminin orientiertes Team, sind die Probleme vorprogrammiert. So ist es beispielsweise in manch einem Land verpönt, mit Statussymbolen wie Haus, Auto und Boot offen für sich und den eigenen Führungsanspruch zu werben. In manch anderem Land jedoch wird man bereits beim Pförtner abgewiesen, wenn die Automarke und der Anzug nicht den kulturellen Erwartungen entsprechen. In virtuellen Teams kommen diese Werte beispielsweise zum Tragen, wenn es um die Motivation von Teammitgliedern oder auch um die technologische Ausstattung geht: Nicht jeder Mitarbeiter wünscht sich das neueste iPad — aber viele schon. Teammitglieder aus maskulin orientierten Kulturen lieben den harten Wettbewerb und Statussymbole als Motivation, eher feminine Kulturen sind durch gute persönliche Zusammenarbeit und soziale Wärme zu Bestleistung motiviert. Hier kommt es darauf an, dass Sie als Führungskraft beide Wege und beide Technologien beherrschen.

Teammitglieder aus eher feminin orientierten Kulturen beteiligen sich im Allgemeinen stark an Teambuilding via Technologie, sie nutzen Chatrooms und virtuelle Teeküchen als auch alle anderen Medien, um persönliche gute Beziehungen herzustellen. Mitglieder maskuliner Kulturen kommunizieren gerne per unpersönlicher E-Mail und wehren sich oft gegen Chatrooms und andere soziale virtuelle Kontakte. Einigen Sie sich mit dem Team auf einen gesunden Mix, nicht nur aus kulturellen Gründen.

Langfristige und kurzfristige Orientierung (Long Term — Short Term)

Langfristig orientierte Kulturen schätzen Durchhaltevermögen und Wirtschaftlichkeit und sind sehr zukunftsorientiert. Kurzfristig orientierte Kulturen hingegen schätzen eine sofortige physische und finanzielle Befriedigung ihrer Bedürfnisse. So sind Teammitglieder aus langfristig orientierten Kulturen eher durch langfristige Ziele wie etwa ein gemeinsames Unternehmensziel, das in 25 Jahren erreicht werden soll, zu motivieren (z. B. viele asiatische Teammitglieder). Mitglieder aus kurzfristig orientierten Kulturen, wie beispielsweise den USA, hingegen benötigen ständige Bestätigung, zeitlich kürzer angelegte Ziele und unter Umständen auch eine schnellere Entlohnung. Feiern Sie Milestones in Projekten mit kleinen Belohnungen, um die Teammitglieder motiviert zu halten.

Bei der lang- bzw. kurzfristigen Orientierung spielt die Wahl der Technologie eine geringe Rolle.

4 Kulturelle Aspekte

Kontext (Context)

In Kulturen mit hohem Kontextanspruch besitzen Nachrichten ohne Informationen über den Kontext, d. h. den Zusammenhang und die Hintergründe, in denen sie entstanden sind, nur einen geringen Stellenwert. Die Geschichte eines Projekts oder einer Person sind von Bedeutung, ebenso subjektive Einschätzungen von Situationen. Personen aus Kulturen mit niedrigem Kontext benötigen lediglich Zahlen, Daten und Fakten, die Nachricht an sich ist ausreichend. In virtuellen Teams bringt dieser Unterschied Schwierigkeiten mit sich, wenn sich Mitglieder aus Hochkontextkulturen nicht ausreichend informiert fühlen, Mitglieder aus Niedrigkontextkulturen hingegen überinformiert. Klären Sie im Vorfeld, aber auch während der Projekte, ob die Informationen ausreichend sind, bzw. ein Überangebot besteht.

Hochkontextkulturen wie Spanien oder China schätzen persönliche Informationen, gleich in welches Medium sie eingebettet sind.

4.4.1.2 Organisationskultur/Unternehmenskultur

Die Mitglieder Ihres virtuellen Teams setzen sich oft aus Mitgliedern verschiedener Unternehmen (Zweigstellen, Niederlassungen oder anderen Firmen) zusammen. Jedes Teammitglied importiert seine ganz eigene Unternehmenskultur in das Team und erzeugt damit eine höhere Komplexität, die allerdings zu Beginn einer Zusammenarbeit nicht wahrgenommen wird. Mittelfristig erhöhen diese nicht thematisierten Unterschiede den Zeitaufwand bei der Erledigung von Aufgaben.

Besonders Unterschiede bezüglich der Wahrnehmung von *Zeit*, also der Einhaltung von Deadlines und Plänen, und Unterschiede bezüglich eines angemessenen Wettbewerbsverhaltens (aggressive oder reaktive Herangehensweise) kommen hier deutlich zum Tragen, auch prallen Menschenbilder aufeinander, in deren Grundannahmen der Mensch gut oder schlecht ist. Treffen gegensätzliche Unternehmenskulturen unreflektiert aufeinander, sind eine nachlassende Teamleistung und eine hohe Fluktuation das unvermeidbare Ergebnis.

Ein anschauliches Beispiel für kulturelle Probleme zwischen Unternehmen stellt der Fall einer multinationalen Organisation dar, die ein Team aus vier Universitätsprofessoren und sieben Geschäftsführern aus drei Kontinenten zusammenstellte, um ein Recruitment-Programm für Führungskräfte zu entwickeln. Die Geschäftsführer drängten auf schnelle Entscheidungen, da sie schnell neue Mitarbeiter anwerben wollten, die Professoren hingegen dachten in Zeitspannen von mehreren Semestern. Die Geschäftsführer waren bemüht, die Aufgabe schnell zu lösen und sich für ihren Aufstieg zu profilieren, die Professoren nahmen sich Zeit für gründliche Forschung, orientiert an wissenschaftlichem Vorgehen. Wochen ohne Kommunikation vergingen, bis es in einem Meeting zu einem regelrechten Zusammenprall der Kulturen kam. Letztendlich wurde die räumliche und zeitliche Distanz als Anlass dafür genommen, das Projekt aufzugeben — ein wenig Kommunikation über nationale und organisatorische kulturelle Gegebenheiten und die Verständigung auf Regeln und Vorgehensweisen hätte das Problem eventuell erst gar nicht entstehen lassen.

Competing Values Modell

Ein Weg, konstruktiv mit unterschiedlichen Organisationskulturen und ihren potentiellen Problemen umzugehen, ist das Competing Values Model der Forscher Cameron & Quinn. Die Wissenschaftler Cameron und Quinn definieren vier Unternehmenskulturen, in deren Beschreibung sich jedes Unternehmen in der einen oder anderen Form wiederfinden wird. Dabei handelt es sich um Clan Kultur, Marktkultur, hierarchische Kultur und flexible Kultur. Die Wissenschaftler gehen davon aus, dass jedes Unternehmen ein Set von Werten besitzt, denen es folgt und das von der jeweiligen Unternehmenskultur bestimmt wird. Treffen diese Werte auf eine Kultur, die anders orientiert ist, kommt es zu Problemen.[22]

Clan gegen Markt

Die Clan-Kultur sieht das Unternehmen als eine Art ausgeweitete Familie und die Führungskräfte als Vaterfiguren. Clan-Mitglieder sind sehr engagiert, Teamwork und eine Einbindung sowie Teilnahme an allen Aktivitäten und Informationen sind von außerordentlicher Wichtigkeit. Das Motto ist: Wir kümmern uns umeinander. Die *Markt-Kultur* hingegen ist marktorientiert, die Mitarbeiter auch untereinander wettbewerbsorientiert, die Führungskräfte aggressiv. Das Wichtigste ist hier: Gewinnen.

---

[22] Nähere Informationen finden sich unter http://competingvalues.com/competingvalues.com/wp-content/uploads/2009/07/Competing-Values-Leadership-Excerpt.pdf

Hierarchie gegen flexible Organisationsformen

Die *hierarchische Kultur* ist sehr formell und wird bestimmt durch festgelegte Abläufe. Die Führungskraft bestimmt alles, der Rest folgt. Alles passiert unter dem Gesichtspunkt der Stabilität und Kontrolle. Wichtig für den Erfolg sind ein geringes Risiko und die Vermeidung von Überraschungen. Das Motto: Alles bleibt beim Alten. Die *flexible Organisationskultur* ist dynamisch und adaptiv, sie kennzeichnet sich durch eine hohe Risikobereitschaft, der Fokus liegt auf Innovationen. Das Motto hier ist: Neues ausprobieren.

Verständlich ist, dass bei einem Zusammenprall dieser Organisationskulturen Misserfolg vorprogrammiert ist. Die Teammitglieder reiben sich durch unnötige Diskussionen darüber, wer sich wie zu verhalten hat, auf. Hat ihre Führungskraft sie jedoch mit dem Competing Values Model vertraut gemacht und kennen sie die unterschiedlichen Verhaltensweisen der Unternehmenskulturen, ermöglicht dies eine umfassende Reflexion des täglichen Verhaltens durch eine konstruktive Diskussion der unterschiedlichen Ansichten und Einsichten und das Treffen von Vereinbarungen zum Umgang mit den unterschiedlichen Gewohnheiten und Erfahrungen.

4.4.1.3 Funktionskultur

Die dritte kulturelle Kategorie wird als Funktionskultur bezeichnet. Spezialisten in Unternehmen arbeiten in bestimmten funktionellen Gruppen, so etwa Marketing, Technik, Finanzen, Produktion oder HR. Personen aus den gleichen Bereichen verfügen oft über einen ähnlichen Hintergrund, was Ausbildung, Ziele und Fähigkeiten betrifft. In jedem funktionellen Team werden zudem eigene Arbeitsweisen entwickelt und gepflegt. Wenn nun Mitglieder aus unterschiedlichen funktionalen Teams in (virtuellen) Teams aufeinandertreffen, steht Arbeitsweise gegen Arbeitsweise. Ein Designer hat eine andere Auffassung von Projektarbeit als ein Ingenieur, das ständige Brainstorming der PR-Leute geht Controlling an die Nerven. Auch der Faktor Kontext spielt hier eine nicht unwesentliche Rolle. Teammitglieder, die im Marketing, HR und Verkauf angesiedelt sind, bevorzugen Informationen mit höherem Kontext, Finance, IT oder Ingenieurwesen bevorzugen oft nur die Information an sich. Um erfolgreich virtuell zusammenzuarbeiten, lohnen sich auch hier Gespräche und eine Abstimmung über die Werte und Regeln, um spätere Interaktionen schnell, effektiv und fruchtbar gestalten zu können.

4.4.2 Kulturunterschiede als Wettbewerbsvorteil

Da es relativ wahrscheinlich ist, dass kulturelle Unterschiede früher oder später jedes virtuelle Team betreffen, macht es Sinn, das jeweilige Team vorzubereiten und in einem Workshop über kulturelle Unterschiede, ihren Einfluss und ihre erfolgreiche Nutzung zu sprechen. Interessanterweise reicht oft schon ein einzelner Kurzworkshop aus, um eine „cultural awareness" zu schaffen, die alle im weiteren Teamprozess unbelastet und innovativ mit dem Thema umgehen lässt. Die Frage dabei lautet nicht alleine, wie sich nationale, organisationale und funktionale Kultur an das Team anpassen lassen, sondern *was* aus diesen unterschiedlichen Kulturen dazu beitragen kann, das Team erfolgreicher zu machen. Ein Einstieg im türkischen Markt wird einem internationalen Team weitaus leichter fallen, wenn einige der Teammitglieder die lokalen Gepflogenheiten kennen und sie an den Rest des Teams weitergeben. Bei einem meiner Kunden waren es die russischen Kollegen, die das Team voranbrachten. Sie waren es über Jahre hinweg gewöhnt, kreative Workarounds für IT-Probleme zu finden und diese innerhalb kürzester Zeit für das gesamte Team ohne Budgeterhöhung umzusetzen, anstatt Monate auf Bewilligungen zu warten. So können beispielsweise Kollegen aus stark wettbewerbsorientierten Unternehmen neue Wege in der Akquise weisen oder der Controller ein wenig mehr Kostenbewusstsein in ein marketinglastiges Team bringen. Es ist Ihre Aufgabe als Führungskraft, diese Prozesse und das Diversity-Modell erfolgreich zu steuern.

Dass multikulturelle Teams aber nicht von alleine funktionieren und kulturelle Unterschiede und daraus resultierende Probleme an der Tagesordnung sind, zeigt eine Studie von Wirtschaftspsychologin Dr. Viviane A. Winkler von der Universität Bayreuth. Eine kurze Zusammenfassung der Studie findet sich in dem sehr lesenswerten Artikel der Zeitschrift Wirtschaftspsychologie[23].

Weiterführende Website zur Studie von Frau Dr. Winkler:

http://www.oldenbourg-link.com/doi/abs/10.1524/9783486593129.272

---

[23] http://www.psychologie-aktuell.com/news/aktuelle-news-psychologie/news-lesen/article/2013/01/29/1359460837-wirtschaftspsychologie-statuskonflikte-behindern-haeufig-multikulturelle-teams.html

4 Kulturelle Aspekte

ARBEITSHILFE ONLINE

Link zum Artikel der Zeitschrift Wirtschaftspsychologie:

http://www.psychologie-aktuell.com/news/aktuelle-news-psychologie/news-lesen/article/2013/01/29/1359460837-wirtschaftspsychologie-statuskonflikte-behindern-haeufig-multikulturelle-teams.html

Einen tieferen Einblick in die Vor- und Nachteile von Diversity liefert die Studie „Auswirkungen kultureller Diversität in multikulturellen Innovationsteams auf den Innovationsprozess" von Viviane Winkler, die schon 2011 erschien, aber weitgehend unbeachtet blieb. Die Autorin untersuchte multinationale Teams auf Diversity und kommt zu dem Ergebnis, dass der Erfolg globaler Teams nicht nur abhängig von den sechs Dimensionen, sondern vor allem von einer Sache ist: der *kulturellen Sensitivität* des Einzelnen. Kulturelle Sensitivität bedeutet, dass es bestimmten Personen leicht fällt, kulturelle Unterschiede wahrzunehmen und benennen zu können. Die kulturelle Sensitivität der Teammitglieder als auch Persönlichkeitseigenschaften sind wichtige Faktoren und werden von Unternehmen fast immer vernachlässigt. Die richtige Personalauswahl in der Besetzung von globalen Teams ist ein Hauptkriterium für dessen Erfolg, gepaart mit Erfahrung in interkulturell agierenden Teams und einem interkulturellen Training. Es bleibt hier festzuhalten, dass nur ein kulturell sensitiver Teamleiter in der Lage ist, ein kulturell sensitives Team zu führen.

Winkler & al. differenzieren Mitarbeiter in Persönlichkeiten mit

- fehlender Sensitivität für kulturelle Aspekte,
- negativer Einstellung zu kulturellen Aspekten,
- positiver Einstellung zu kulturellen Aspekten und
- ambivalenter Einstellung zu kulturellen Aspekten.

ARBEITSHILFE ONLINE

Vertiefende Inhalte

Ein Interview mit Dr. Viviane A. Winkler, Wirtschaftspsychologie, Universität Bayreuth, und heute für eine namhafte Unternehmensberatung tätig, finden Sie auf Arbeitshilfen Online.

4.4.3 Grenzen der kulturellen Unterschiede

Die Grenzen kultureller Sensibilität sind dort erreicht, wo es um schlechte Leistung und Nichtbeachtung der vereinbarten Teamnormen geht. Nicht eingehaltene Deadlines ohne Erklärung, tagelanges Schweigen trotz mehrfacher Aufforderungen zur Kommunikation, schlechte fachliche Leistung oder auch das Vortäuschen falscher Tatsachen haben wenig mit Kultur zu tun, auch wenn sich der ein oder andere gerne darauf berufen mag — es sei denn, die Vorbereitungen im Team waren so gestaltet, dass kulturelle Belange außen vor gelassen wurden. Sicherlich kann eine nicht eingehaltene Deadline damit zusammenhängen, dass das betreffende Teammitglied auf die Weisung von oben an seinem lokalen Standort gebunden ist und diese zu spät oder auch gar nicht erhält — dies sind jedoch Themen, die in kulturellen Trainings als auch in den Teamregeln mit einbezogen werden müssen. Führungskräfte müssen erkennen können, wann schlechte Leistung schlechte Leistung und nicht kulturbezogen ist. Ein Weg, den Unterschied zwischen Leistungsproblem und kulturellem Problem festzumachen, sind die Fragen:

- Wenn diese Person aus meiner eigenen Kultur käme, würde ich immer noch denken, dass ihr Verhalten ein Problem ist? (kulturell)
- Verletzt diese Person unsere verabschiedeten Teamnormen bezüglich Leistungserbringung? (Leistung)

Vertiefende Inhalte

Eine Checkliste für eine Teamanalyse (Checkliste 1) finden Sie auf Arbeitshilfen Online.

4.5 Nach dem Start: Virtuelle Teams im Alltag

Das Kick-off-Meeting hat stattgefunden, alle Teammitglieder sind zurückgekehrt an ihren Arbeitsplatz. Für Führungskräfte beginnt nun der Alltag der virtuellen Teamführung — das Erarbeitete umzusetzen, zu festigen und das Team engagiert, leistungsstark und erfolgreich zu halten.

4.5.1 Soziale Kontakte aufrechterhalten

Eine Menge Zeit, Überlegung, Mühe, Engagement und auch Budget ist in das erste Kennenlernen der Teammitglieder investiert. Erfahrungsgemäß fokussieren sich Mitglieder virtueller Teams schnell auf die aufgabenbezogenen Aspekte der Teamarbeit. Das ist auch gut so, denn das ist der Sinn und Zweck eines Teams. Allerdings kommt dabei die soziale Seite oft zu kurz. Abgesehen davon, dass jedes Teammitglied individuell an guten sozialen Kontakten arbeiten sollte, gibt es eine Reihe

4 Nach dem Start: Virtuelle Teams im Alltag

von Standardsettings, die soziale Kontakte befördern und die gut angenommen werden, vorausgesetzt, Sie als Führungskraft agieren als Vorbild.

4.5.1.1 Aufbau einer virtuellen Teeküche

Traditionelle Teams pflegen ihre sozialen Kontakte zumeist am Arbeitsplatz — in der Teeküche, in der Kantine, auf dem Flur, in Meetings. Small Talk und Erlebtes halten das Team abseits von Arbeitsaufgaben zusammen. Auch virtuelle Teams benötigen diese informellen Sozialkontakte. In Zeiten von Skype, Facebook etc. lässt sich dieses soziale Setting problemlos in den Arbeitstag virtueller Teams integrieren. Viele Unternehmen gestatten es, dass virtuell arbeitende Teammitglieder über eines der öffentlich zugänglichen sozialen Netzwerke in Kontakt bleiben, in anderen Unternehmen passiert dies via Chatrooms im Intranet oder durch die Einrichtung von Chatzonen vor und nach einer Webkonferenz. Obwohl die positiven Auswirkungen sozialen Netzwerkens in virtuellen Teams wissenschaftlich belegt sind[24], finden sich immer wieder Stimmen, die sich entschieden gegen virtuelle soziale Interaktionen aussprechen, sei es aus persönlichen Vorbehalten heraus oder aus Datenschutzgründen. Fest steht, dass eine dauerhafte Verweigerung sozialen Netzwerkens ein Team nicht erfolgreicher macht und die Gefahr birgt, dass die sowieso schon *aktiven* sozialen Netzwerker das eigentliche Team bilden und damit eine Formation bilden, in der wichtige Informationen nur in besagtem Kreis fließen.[25]

4.5.1.2 Regelmäßige Face-to-Face-Meetings

Virtuelle Teams leben von persönlichen Beziehungen. Ohne regelmäßige Face-to-Face-Meetings ist es für viele Teammitglieder jedoch fast unmöglich, persönliche Beziehungen zu entwickeln. Zwei persönliche Treffen des Teams pro Jahr leisten somit gute Dienste im Vertrauensaufbau. Diejenigen Teammitglieder, die einer verstärkten Reisetätigkeit unterliegen und häufig in anderen Niederlassungen oder Locations unterwegs sind, nutzen diese Gelegenheiten gerne und oft, um mit den Teammitgliedern des virtuellen Teams informelle Kontakte zu pflegen, d. h. sich

---

[24] vgl. Duarte/Snyder
[25] Nicht jede E-Mail kann mit einem Gruß aus dem sonnigen Köln oder frostigen Melbourne versehen sein. Sollten jedoch keine sozialen Chatrooms zur Verfügung stehen, lohnt es sich, ab und an ein privates Wort mitzuschicken. Hierbei ist ein gesundes Mittelmaß Gold wert. Ein Zuviel an Small-Talk-Aktivitäten geht anderen schnell auf die Nerven, die völlige Enthaltsamkeit hingegen lässt das gesamte Team oder einzelne Mitglieder schnell emotionslos und berechnend wirken.

Führen in virtuellen Teams

auch einmal Offsite austauschen und mit ihren Kollegen auf einen Kaffee oder zum Lunch/Dinner gehen. In Kulturen mit einem hohen Kontext wird dies sogar erwartet — wer Geschäfte in Spanien macht, hat sicherlich auch schon diverse Mahlzeiten mit den Kollegen eingenommen, die eine oder andere Runde Tennis gespielt oder den lokalen Golfplatz kennengelernt.

4.5.1.3 Gemeinsame Feiern

Feiern sind ein exzellenter Weg, um Gelerntes zu validieren, gemeinsam Erfolge zu feiern und Danke zu sagen. Anlässe für Teamfeiern sind erreichte Ziele, Milestones in Projekten, Jubiläen, Hochzeiten, Geburtstage und vieles mehr. E-Cards mit einem Geburtstagsgruß, der kurze Dankesanruf bei einem Kollegen für die schnelle Hilfe, eine Webkonferenz, um die erfolgreiche Beendigung eines Projekts gebührend (online) zu feiern, sind kleine Gesten, die, wie es so schön heißt, „die Freundschaft erhalten" — und Vertrauen und Teamkohäsion fördern sowie Ihre natürliche Autorität als Führungskraft untermauern.

4.5.1.4 Integration neuer Teammitglieder

Jede Führungskraft samt Team steht vor der Aufgabe, neue Teammitglieder (oft temporär engagierte Experten) zu integrieren. Eine persönliche Vorstellung durch die Führungskraft via Webkonferenz ist ein Muss, ebenso natürlich der Einblick in das Projekt und dessen Geschichte, sowie eine Einführung in die Teamregeln und die kulturelle Zusammensetzung des Teams. Dabei kommt es darauf an, dass sich beide Seiten entgegenkommen — ein temporär engagierter Experte wird sich, je nach Erfahrung, nicht so gewandt im Team bewegen, wie es erfahrenere Kollegen tun. Es ist Aufgabe der Führungskraft, dafür Sorge zu tragen, dass das Team den externen Experten akzeptiert und, wenn auch temporär, mit in die Gruppe aufnimmt (und ihm den einen oder anderen Lapsus bezüglich der Teamregeln verzeiht). Auch hier nehmen die Kommunikation und die sozialen Kontakte eine immens wichtige Stellung ein.

4.5.2 Gruppendynamik in virtuellen Teams

Virtuelle Teams unterliegen, ganz wie traditionelle Teams, einer Gruppendynamik — mit dem großen Unterschied, dass die Konfliktphase zumeist dann eintritt, wenn sie das Team am schlimmsten trifft, nämlich in der Mitte eines Projektes. Diese gilt es so gut wie möglich zu überstehen — wurde zu Beginn des Projekts (Kick-off) genügend investiert, verfügt das Team nun über das Handwerkszeug, um die Konfliktphase schnell und unbeschadet hinter sich zu bringen.

4.5.2.1 Die 4 Phasen virtueller Gruppendynamik

Anfangsphase — Problemlösungsphase — Konfliktphase — Arbeitsphase

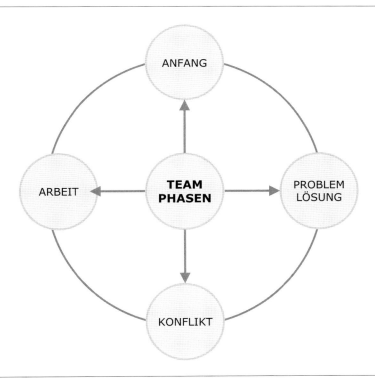

Abb. 13: Phasen virtueller Gruppendynamik

In der *Anfangsphase* sind alle Teammitglieder mit der Sammlung von Ideen, der Definition von Zielen und Abläufen und der Umsetzungsplanung beschäftigt. Auf diese Anfangsphase folgt die Phase der *Problemlösung*, in der fachliche und technische Probleme angesprochen, angegangen und teilweise auch gelöst werden. Allerdings entstehen aus dieser Phase heraus *Konflikte* durch unterschiedliche Standpunkte, verschiedene Herangehensweisen, kulturelle Unterschiede, ungenutztem

Wissen, Unhöflichkeiten und Regelverletzungen, Rollendiskussionen, wechselnden Allianzen und Debatten über den Einsatz von Technologie. Der Übergang in die Konfliktphase ist nicht mehr weit, wenn diese Konflikte nicht aufgefangen werden können. Zumeist passiert dies in der Mitte eines Projekts.

Diagnose der Konfliktphase

Da die Anfangs- und Problemlösungsphasen zumeist völlig ohne Zwischenfälle verlaufen, macht es Sinn, sich an dieser Stelle auf die Konfliktphase zu konzentrieren. In traditionellen Teams zeigen sich Konflikte schnell, denn sie werden öffentlich im Team ausgetragen. In virtuellen Teams ist die Diagnose ungleich schwieriger, da es keine gemeinsamen öffentlichen Räume gibt. Konflikte werden erst oftmals bemerkt, wenn die Leistung von Einzelnen oder des Gesamtteams stark absinkt oder erste Mitglieder das Team verlassen. Daher sollte das gesamte Team, nicht nur der Teamleiter, auf ungelöste Konflikte achten, die sich meist aus bestimmten Faktoren speisen und an spezifischen Verhaltensweisen festmachen lassen, wie die folgenden Punkte zeigen. Machen Sie Ihre Teammitglieder auf die Konfliktphase aufmerksam und gehen Sie regelmäßig in Meetings diese Problempunkte gemeinsam mit dem Team durch.

Problemverhalten in der Konfliktphase

- Probleme mit Kollegen werden nicht angesprochen und unter den Tisch gekehrt/bagatellisiert.
- Konflikte über Technologie beherrschen die Diskussion.
- Konflikte über Status und Expertentum eskalieren.
- Persönliche Animositäten verhindern eine ausgewogene Kommunikation und Interaktion, Wissen wird als Machtmittel eingesetzt.
- Versäumen von Deadlines.
- Schlechtes Feedback vom Top-Management, negative Wahrnehmung des Teams im Unternehmen.
- Dominante Teammitglieder nutzen einen Großteil der Konferenzen für eigene Probleme.
- Einzelne Teammitglieder nehmen ständig viel Zeit des Teamleiters in Anspruch.
- Gruppendruck — es gibt Teammitglieder, die eine Diskussion immer gewinnen, es gibt Teammitglieder, die immer nachgeben.
- Trittbrettfahrer — oft erledigen einige Teammitglieder die gesamte Arbeit, während andere nichts tun.

- Mangelnde Informationsnutzung — wenn Mitarbeiter sich öfter nicht erinnern können, ob sie eine E-Mail oder eine Information erhalten haben, kann es zu starken Konflikten kommen.
- Ungenutztes Fachwissen — einige Mitarbeiter haben wieder und wieder Fachwissen angeboten, trotzdem werden die Probleme von weniger qualifizierten Externen gelöst.
- Netiquette und Regeln werden verletzt.
- Konflikte entzünden sich an Kleinigkeiten.
- Kulturelle Hintergründe beginnen eine Rolle zu spielen (immer die Italiener, immer die Deutschen…).

Interventionen in der Konfliktphase

Wenn sich das Team nicht selbst helfen kann und sich nicht auf vorher vereinbarte Regeln besinnt bzw. von der Führungskraft aktiv durch diese Phase hindurchgesteuert wird, kann ein externer Beobachter herangezogen werden, der das Team in einem oder mehreren Treffen coacht und eine objektive Meinung vertritt. Als goldene Regel jeglicher Konfliktintervention gilt, dass Konflikte immer *face-to-face* mit den betreffenden Personen nach den Regeln des Konfliktmanagements gelöst werden. Ein persönliches Treffen mit dem Teamleiter oder den Kontrahenten mit einer Aussprache hilft vielen Teams weiter. Notfalls kann diese Aussprache auch per Videokonferenz erfolgen, aber ich betone hier: NOTFALLS!

Wichtig für alle Teammitglieder sind das schnelle und sensible Erkennen und sofortige Ansprechen des Konfliktpotentials als auch Grundkenntnisse im Konfliktmanagement. Tragen Sie als Führungskraft dafür Sorge, dass alle Teammitglieder darin ausgebildet sind. Konflikte lösen sich in traditionellen Teams durch häufige Kontakte früher oder später meist oft von selbst auf. In virtuellen Teams hingegen wollen sie schnell erkannt und professionell gemanagt werden, um die virtuelle Zusammenarbeit nicht zu gefährden. Hier gilt die Devise: Lieber einen Konflikt einmal zu viel diskutieren als zu spät an einem unerkannten Konflikt scheitern.

Es gibt Teams, die niemals aus der Konfliktphase herauskommen. In diesen Fällen entscheidet der Teamleiter oft unilateral, wie es weitergeht, was nicht unbedingt die beste Lösung bedeutet, denn er nimmt den einzelnen Teammitgliedern damit einen Teil ihrer Konfliktlösungskompetenz ab. Wie lange die Konfliktphase dauert, liegt an den Teammitgliedern und dem Teamleiter. Je bewusster sich das Team über die Konflikte ist und je offener sie analysiert, diskutiert und gelöst werden, umso schneller kommt das Team voran, je mehr sinnvolle Regeln im Vorfeld vereinbart wurden, umso weniger Probleme und Konflikte entstehen im Nachhinein.

Vertiefende Inhalte

Die Checkliste 5 auf Arbeitshilfen Online zeigt einige Möglichkeiten zum Umgang mit Konflikten auf und ermöglicht Ihnen ein strukturiertes Vorgehen.

Arbeitsphase

Auf diese Phase der Konfliktlösung folgt bestenfalls die Arbeitsphase, anderenfalls eine verlängerte Konfliktlösungsphase oder auch das Auseinanderbrechen des Teams. In der Arbeitsphase sind alle Machtkämpfe über Positionen, Wissen und Ressourcen beigelegt und das Team agiert erfolgreich und aufeinander eingespielt. Alte Pläne, Vorhaben und Agenden werden zugunsten von Neuerungen über Bord geworfen, alle Teammitglieder arbeiten mit Hochdruck daran, das Projekt zeitgerecht fertigzustellen, das Netzwerken nimmt zu und eine Reihe von neuen Teamvereinbarungen führen das Team in die richtige Richtung.

Teams, die an Themen arbeiten, die schon oft erfolgreich in ähnlicher Form durchgeführt wurden, gehen meist von der Anfangsphase direkt zur Arbeitsphase über. Teams, die neue Projekte und Produkte erarbeiten, durchlaufen hingegen alle Phasen, ebenso Teams mit kulturellen Unterschieden und unerfahrene Teams.

In dieser Phase geht es Ihnen als Führungskraft am besten, denn alles „läuft" so wie es soll: Ihnen kommt jetzt nur noch die Aufgabe zu, den erreichten Status der Arbeitsphase zu erhalten — was schwierig genug ist, denn es tauchen tagtäglich neue Herausforderungen und Unwägbarkeiten auf.

4.5.2.2 Auflösung von virtuellen Teams

Verlässt ein einzelnes Teammitglied das Team, verliert das Team nicht nur einen Funktionsträger, sondern auch eine Person, zu der persönliche Beziehungen aufgebaut wurden. Eine persönliche Verabschiedung durch die Führungskraft während eines Teammeetings ist sinnvoll und sorgt dafür, dass das Team in der Lage ist, die Aufgaben neu unter sich zu verteilen. Da es sich bei virtuellen Teams um Teams handelt, die stark auf Selbstorganisation angewiesen sind, erfolgt die Aufteilung der Aufgaben zumeist sehr schnell und effektiv — wenn die richtige Teamzusammensetzung besteht —, trotzdem müssen Sie die Aufgabenverteilung überprüfen, wenn auch aus einiger Entfernung. Löst sich das gesamte Team auf, z. B. bei Beendigung eines Projekts, ist es angebracht, dass Sie in einem Teammeeting die vergangene Zusammenarbeit anerkennend würdigen (face-to-face oder auch online). Dazu gehören:

- Wie geht es für die einzelnen Teammitglieder weiter?
- Dank für die gute Zusammenarbeit.
- Dank für die Expertise und die guten persönlichen Kontakte.
- Vorschau auf eventuelle gemeinsame Projekte in der Zukunft.

Positive Verabschiedungen schaffen Netzwerke und Ressourcen, die für jedes Teammitglied im weiteren Karriereverlauf nützlich sind.

4.5.3 Leistungsmessung in virtuellen Teams

Eine besondere Schwierigkeit für virtuelle Führungskräfte stellt die Leistungsmessung der einzelnen Teammitglieder dar. Gleich ob Jahresendgespräch, Projekt-Milestone, Gehaltsgespräche oder die von anderen Teammitgliedern wahrgenommene Leistung, die virtuelle Situation verlangt nach anderen Methoden der Beurteilung.

4.5.3.1 Ergebnisorientierte Arbeitsweise

In traditionellen Teams ist aufgrund der physischen Sichtbarkeit jedem Einzelnen, und so auch der Führungskraft (vermeintlich) deutlich, wer wann wie viel arbeitet. Ob diese Parameter eine verwertbare Aussage über eine tatsächlich erbrachte Leistung darstellen, ist zwar äußerst fragwürdig, jedoch suggerieren sie eine vermeintliche Kontrolle bezüglich der Leistungsbeurteilung anderer. Die mangelnde physische Sichtbarkeit der virtuellen Teammitglieder, gepaart mit Teamkonflikten, führt bei einigen Teams schnell zu der Annahme, dass manche im Team nicht wirklich arbeiten und nur einzelne Teammitglieder die gesamte Last tragen. Auch Teamleiter virtueller Teams unterliegen dieser Gefahr einer verzerrten Wahrnehmung.

Fest steht, dass sich die mangelnde Sichtbarkeit nur durch eine stark *ergebnisorientierte Arbeitsweise* ausgleichen lässt, was für die Führungskraft bedeutet, alle Einzel- und Teamergebnisse ständig für alle Teammitglieder offen zugänglich bereitzuhalten. Neben gängigen Projektmanagement-Tools und Projektmanagement-Software können Sie Ergebnisse vor allem in den regelmäßigen wöchentlichen Meetings zum Stand der Projekte und Aufgaben verbal und per Videotechnologie kommunizieren. Lassen Sie die Teammitglieder kurz referieren — gefragt sind keine ellenlangen Ausführungen oder Rechtfertigungen über die Arbeit der letzten Woche, sondern eine kurze Zusammenfassung der Fortschritte oder der geleisteten Arbeit. Dreißig Sekunden pro Teammitglied reichen oft schon aus, um den empfundenen Kontrollverlust zu ersetzen. Keinesfalls sollten in diesen kurzen Statements die aktuellen Probleme und aufgelaufenen Schwierigkeiten der einzelnen Teammitglieder erörtert werden. Diese können in einem persönlichen Gespräch oder als gesonderter Agendapunkt besprochen werden.

4.5.3.2 Individuelle Zielvereinbarungen in virtuellen Teams

Eine der ersten Aufgaben des Teams und der Führungskräfte/Teamleiter nach der Kick-off-Session ist die Definition und die Vereinbarung messbarer Ziele. Die Zielvereinbarungen dienen nicht nur der Messbarkeit der Projektaufgaben, sondern auch als Grundlage für Personalgespräche. Die Ziele virtueller Teams müssen um ein Vielfaches konkreter definiert sein als in traditionellen Teams, fehlt doch der tägliche Austausch und das direkte Feedback. Teamziele können schon im Kick-off-Meeting definiert werden, individuelle Ziele müssen zusammen mit dem Teamleiter in Einzelterminen face-to-face oder per videogestützter Technologie stattfinden. Die Zielvereinbarungskriterien unterscheiden sich bis auf die Inhalte nicht von denen traditioneller Teams. Die vielbemühte, aus dem Projektmanagement stammende SMART Formel leistet dabei gute Dienste.

S — Spezifisch: Ziele müssen eindeutig definiert sein.
M — Messbar: Ziele müssen messbar sein.
A — Akzeptiert: Ziele müssen von den Empfängern akzeptiert werden/sein.
R — Realisierbar: Ziele müssen erreichbar sein.
T — Terminierbar: Zu jedem Ziel gehört eine klare Terminvorgabe.

Zeitgleich ist es ratsam, eine Vereinbarung über eine gerechte Bewertung und adäquate Beurteilung der Zielerreichung zu treffen.

4.5.3.3 Beurteilungen in virtuellen Teams: Resultat als Bewertungskriterium

Ob Zwischenbeurteilung, Bonusgespräch oder Jahresendgespräch — in virtuellen Teams gilt vor allem eins: das Resultat der Arbeit.

Virtuelle Teamleiter verfügen selten über eine andere Möglichkeit, als die Leistung ihrer Mitarbeiter über die gelieferten Resultate zu bewerten. Dabei können Unstimmigkeiten auftreten, so beispielsweise, wenn Teammitarbeiter in mehreren Teams tätig sind. In diesem Fall werden für eine Beurteilung durch HR auch die Bewertungen der anderen Teamleiter herangezogen. Hier gilt es sicherzustellen, dass allen die Bewertungskriterien transparent kommuniziert wurden und dass ihre Bewertungskriterien übereinstimmen. Auseinandersetzungen über Loyalitäten und Arbeitsverteilung, die unter den lokalen und virtuellen Führungskräften ausbrechen, werden schon einmal auf dem Rücken der Teammitglieder ausgetragen – lokale Teamleiter erwarten aufgrund der physischen Anwesenheit virtueller Teammitglieder eine bevorzugte Behandlung bezüglich akuter Probleme. Verweist das Teammitglied den lokalen Teamleiter oder lokalen Kollegen nun an den zuständigen Sachbearbeiter, der unter Umständen in Indien sitzt, sind Konflikte vorprogrammiert und eine schlechte Bewertung fast sicher. Diese Situationen stellen ein fast unlösbares Dilemma für den Teammitarbeiter dar und können nur auf Teamleiterebene und im ganzen Team geklärt werden. Besonders von diesem Problem betroffen sind beispielsweise bestimmte Bereiche einiger IT-Abteilungen, die sich oft mit externen Mitarbeitern verstärken.

4.5.3.4 Kontrolle in virtuellen Teams

Eine Kontrolle der Ausführung von Aufgaben ist für Führungskräfte in virtuellen Teams schlichtweg unmöglich. Zudem ist sie unerwünscht, denn Mitarbeiter virtueller Teams sind es gewohnt, autonom und selbstbestimmt zu arbeiten und reagieren äußerst sensibel auf Mikromanagement und ständige Kontrollen. Teamleiter, die ein Stück Verantwortung abgeben (shared leadership) und mit Grenzsetzungen arbeiten (d. h. was darf passieren, was nicht), sind zumeist die besseren Führungskräfte für virtuelle Teams. Die Mitarbeiter werden in ihrer Kreativität und ihrem Fachwissen nicht eingeengt und bleiben leistungsfähig und motiviert. Teammitglieder, die eine ständige Kontrolle benötigen, sollten schnell aus dem Team entfernt werden oder es selbsttätig verlassen, denn sie erfüllen die Grundvoraussetzungen für eine Mitarbeit in virtuellen Teams nicht.

4.5.3.5 Feedback

Im Gegensatz zu Kontrolle ist Feedback eine äußerst erwünschte und auch erwartete Verhaltensweise in virtuellen Teams. Feedback wird nicht nur von Führungskräften/Teamleitern erwartet, sondern von allen Teammitgliedern, denn Feedbackgespräche geben Auskunft über Erfolg oder Misserfolg des Teams und der Teammitglieder, über Leistung, momentanen Entwicklungstand sowie Arbeits- und Sozialverhalten.

Führen in virtuellen Teams

Sind in traditionellen Teams Feedbackgespräche oft spontan an der Tagesordnung, bedürfen sie in virtuellen Teams der Planung. Gelegenheiten für Gruppenfeedback bieten sich in den regulären Teammeetings als fester Punkt auf der Agenda, aber auch in Einzelgesprächen mit dem Teamleiter oder einem Teamkollegen. Die wichtigste Voraussetzung ist die Beherrschung des Feedbackgebens und des Feedback-Entgegennehmens. Feedback ist ein heikles Thema, geht es doch oft nicht nur um gute Leistung und andere erfreuliche Dinge, sondern auch um vermeintliche oder reale Fehler und Schwächen. In virtuellen Teams kommt noch die jeweilige kulturelle Dimension hinzu, eine Tatsache, die die Angelegenheit noch komplexer gestaltet. Jeder weiß, dass regelmäßige Feedbackgespräche absolut notwendig sind, um das Team und die Aufgabe am Leben zu erhalten und exzellente Resultate zu erzielen, aber kaum jemand schätzt negatives Feedback. Einige Verhaltensregeln im Umgang mit Feedback können dazu beitragen, Feedback als wertvollen Bestandteil einer Teamkultur zu etablieren. Stellen Sie sicher, dass alle Teammitglieder Feedback beherrschen.

Vertiefende Inhalte

Einige Richtlinien zum richtigen Feedback finden Sie in der Checkliste 6 auf Arbeitshilfen Online.

Feedback Tool SSC

Das aus dem Change Management stammende Tool SSC eignet sich für virtuelle Teams, die eine Feedbackkultur einführen und sich in regelmäßigem Feedback üben wollen. Alle drei Monate durchgeführt, kann es zu einem wertvollen Ritual im Teamprozess werden.

SSC steht für *Start*, *Stop* und *Continue*. Jedes Teammitglied ist aufgefordert, jedem anderen Teammitglied drei Sätze als Feedback zu geben. Ein Anwendungsbeispiel, das häufig in virtuellen Teams aufkommt, ist folgendes:
- START calling me more often instead of using E-Mail.
- STOP talking so loud in telephone conferences.
- CONTINUE being a respectful and caring colleague.

Auf diese Weise erhalten alle Teammitglieder virtueller Teams ein 360-Grad-Feedback, das motiviert und informiert. Lassen Sie sich als Führungskraft ebenfalls ein Feedback geben — Sie werden erstaunt sein, was das Team alles für Sie bereithält (hoffentlich im positiven Sinne, wenn Sie alle Regeln der virtuellen Teamführung bis hierhin beherzigt haben).

4.6 Recruiting: Kompetenzen virtueller Teammitglieder

Die Teammitgliedschaft in virtuellen Teams trifft Führungskräfte und Mitarbeiter nicht immer aus heiterem Himmel, aber zuweilen doch recht unvorbereitet. Als Führungskraft im Rekrutierungsprozess des virtuellen Teams sollten Sie die Anforderungen, die an Mitglieder virtueller Teams gestellt werden, und die benötigten Kompetenzen kennen.

Die Kompetenzen virtueller Teamarbeit unterscheiden sich in einigen Bereichen beträchtlich von den Kompetenzfeldern traditioneller Teammitarbeiter. Nicht jeder eignet sich für virtuelle Teams, obwohl die zu erwerbenden Kompetenzen für fast jeden (nicht für alle!) erlernbar sind. Anbei finden Sie verschiedene Faktoren, anhand derer Sie die Kompetenzen Ihrer Mitarbeiter überprüfen und ggf. updaten können.

Hohe Lernbereitschaft

Auch in traditionellen Teams wird Lernbereitschaft gefordert, allerdings nicht in dem Maße, in dem es virtuelle Teams betrifft. Die Lernbereitschaft bezieht sich im Wesentlichen nicht auf die fachliche Seite der Teamarbeit, sondern auf das Erlernen virtueller sozialer Fähigkeiten und Fertigkeiten wie beispielsweise die Akzeptanz und Einhaltung von Regeln sowie den Erwerb interkultureller Kompetenzen.

Hohe individuelle Produktivität

In vielen Bereichen zählt das, was am Ende als Teamresultat herauskommt. Das eine Teammitglied hat dazu mehr, das andere weniger beigetragen. Nicht so in virtuellen Teams: Hier ist eine hohe individuelle Produktivität gefragt, um das Teamziel zu erreichen. Kein Teammitglied kann es sich leisten, eine mittelmäßige oder schlechte Leistung zu erbringen, da es in virtuellen Teams selten eine Zusammensetzung gibt, die ein Auffangen schlechter Leistung erlaubt. Werden in traditionellen Teams Kollegen mit einer schlechten Leistung schon einmal mit durchgezogen, ist Minderleistung in virtuellen Teams ein Ausschlusskriterium.

Gutes Onlineverhalten

Gutes Onlineverhalten ist für jedermann erlernbar. Einige Kandidaten stolpern jedoch über ihren aggressiven und unhöflichen Grundton in der Onlinekommunikation. Ein Brummbär im traditionellen Team mag noch tragbar sein, in virtuellen Teams hingegen hat er nichts zu suchen.

Zuhören können

Zuhören können in virtuellen Teams bringt nicht nur Information, sondern auch Vertrauen.

Selbstdisziplin

Zum Thema Selbstdisziplin lässt sich nur festhalten: Entweder man hat sie, oder man hat sie nicht. Sich diszipliniert an alle Regeln zu halten, sich diszipliniert selbst zu überprüfen und auch infrage zu stellen, sich lockenden Ablenkungen zu entziehen, zeitgerecht zu liefern und persönliche Bedürfnisse auch einmal hintenan zu stellen, ist nicht jedermanns Sache. In traditionellen Teams fordert der Teamleiter Disziplin ein — in virtuellen muss sich jeder Mitarbeiter selbst darum kümmern, weil die Führungskraft nicht immer vor Ort ist.

Fähigkeit zum selbstständigen Arbeiten

Kein Teamleiter, der ständig antreibt, kein Kollege, der kontrolliert, kein Chef, der einem allmorgendlich sagt, was zu tun ist: Was wie Urlaub klingt, ist ein Talent. Virtuelle Teamarbeit verlangt eigenständiges Denken, das Erkennen und Antizipieren von Aufgaben und Problemen und die aktive Lösung der definierten Bereiche.

Identifikation mit dem Team

Die Fähigkeit, auch ohne die Motivation eines physisch anwesenden Teams motiviert zu arbeiten und sich mit dem Team verbunden zu fühlen, wird von allen virtuellen Teamarbeitern geteilt.

Vertrauensfähigkeit

Die Fähigkeit, anderen zu vertrauen, ist eine der Kernkompetenzen virtueller Teams. Vertrauensfähigkeit bedeutet, etwas von sich preisgeben zu können, ohne Ängste, dass andere diese Information missbrauchen könnten.

Kommunikations- und Konfliktfähigkeit

Gerne kommunizieren, Konflikte offen angehen, andere überzeugen können und sich selbst überzeugen lassen sind Grundvoraussetzungen.

Frustrationstoleranz

Ein Projekt entwickelt sich nicht wie geplant, unerwartete Hindernisse stellen sich in den Weg, die E-Mail vom Kollegen lässt auf sich warten, die Technologie funktioniert nicht, der lokale Vorgesetzte wartet auf die Erledigung seiner Aufträge — virtuelle Teamarbeiter benötigen ein hohes Maß an Frustrationstoleranz.

Zuverlässigkeit

Zuverlässigkeit ist eine der absoluten Kernkompetenzen. Ein Mangel an Zuverlässigkeit führt zu Teamausschluss.

Geübter Umgang mit Termindruck

Termindruck existiert überall. In virtuellen Teams nimmt er jedoch größere Ausmaße an, da viele Teammitglieder in unterschiedlichen Zeitzonen sitzen und die benötigte Leistung vielleicht schwer zur Verfügung zu stellen ist.

Hohe Eigenmotivation

Virtuelle Teams eigenen sich für Menschen, die sich schnell und leicht selbst motivieren können. Alle Projekte sind spannend, virtuelle Kontakte inspirierend, der Drang, ein Projekt optimal fertigzustellen, treibt an.

Teamdenker

Einzelkämpfer sind in virtuellen Teams fehl am Platz. Gefragt sind Teamsinn, die Bereitschaft, Opfer für das Team zu bringen und zugunsten anderer zurückzustecken oder Kompromisse einzugehen. Auch die Bereitschaft, immer wieder mit Freude an teambildenden Maßnahmen teilzunehmen, zeichnet einen professionellen Teamarbeiter aus.

Verzicht auf Informationsmonopolisierung als Machtmittel

Was in traditionellen Teams eher schwerfällt, nämlich das Zurückhalten von Informationen, bietet in virtuellen Teams ungeahnte Möglichkeiten der Machtausübung. Die Versuchung, einige Teammitglieder durch besondere Informationen enger an sich zu binden und eine Clique mit Informationsmonopol zu starten, ist durchaus gegeben. Ein virtuelles Team hält das auf Dauer nicht aus und bricht auseinander.

Technische Affinität

Technische Affinität bedeutet nicht nur das Beherrschen der vorhandenen Technologie, sondern auch deren aktive und intelligente Nutzung. Das Wissen, wann wer welches Medium zu welchem Zweck benutzt, ist eine Kernkompetenz der virtuellen Teamarbeit.

Interpersonelle Sensibilität

Erfolg in virtuellen Teams basiert zu 90% auf Social Skills. Die Fähigkeit, Bedürfnisse und Stimmungen anderer Menschen zu erkennen und respektvoll und angemessen darauf zu reagieren, gehört zum Kompetenzen-Set eines jeden virtuellen Arbeiters.

Interkulturelles Interesse

Ohne ein Interesse an Menschen anderer Kulturen wird es jedem Teammitglied schwerfallen, in virtuellen Teams zu arbeiten. Je internationaler das Team, umso höher muss diese Kompetenz ausgeprägt sein.

Networkkompetenzen

Virtuelle Teamarbeiter können sich nicht immer darauf verlassen, dass ihr Vorgesetzter Informationen beschafft und Entscheidungen trifft. Sie sind hochgradig selbstorganisiert und deshalb auch gut vernetzt — im lokalen Bereich, aber auch darüber hinaus. Sie kennen Experten und wissen, wer über welche Ressource verfügt, wer ein Projekt blockiert, wer es unterstützt.

4.7 Anforderung an Führungskräfte

Viele Führungskräfte sehen sich mit der Aufgabe konfrontiert, zum ersten Mal ein virtuelles Team leiten zu müssen. Generell lässt sich sagen, dass die Anforderungen an einen Leiter virtueller Teams nicht *höher* sind als die Anforderungen an einen Leiter traditioneller Teams — es ist hauptsächlich die Beherrschung der virtuellen Techniken und spezifischen Tools, die einen virtuellen Teamleiter auszeichnen.

4.7.1 Kompetenzen der Führungskräfte

Vertrauensfähigkeit

Vertrauensfähigkeit ist die Fähigkeit und Bereitschaft, seinen Teammitgliedern zu vertrauen und ohne ständige Kontrolle auszukommen. Der Arbeitsprozess der Mitarbeiter ist nicht beobachtbar, Fortschritts- und Erfolgskontrolle kann nur über die vereinbarten Ziele erfolgen. Daher ist ein „management by objectives" ein geeignetes Führungsinstrument in virtuellen Teams, gepaart mit der Fähigkeit der Führungskraft, Vertrauen aufzubauen und aufrechtzuerhalten.

Führungsfähigkeit & Führung teilen

Ein virtuelles Team weder autokratisch noch in Laissez-faire-Manier zu führen, ist die Kunst virtueller Teamführung. Führungskräfte, die gerne einsame Entscheidungen treffen und von anderen nur Informationen entgegennehmen, sind als Teamleiter virtueller Teams nicht geeignet. Auch Teamleiter, die der ständigen bedingungslosen Zustimmung des Teams bedürftig sind und keine offenen Diskussionen lieben, das Team vielleicht unbedingt auf die eigene Denkrichtung einschwören wollen oder gar mehr Wert auf die Art der Durchführung als auf das Resultat legen, geraten früher oder später in Schwierigkeiten. Führungskräfte, die nie zu erreichen sind, dem Team in problematischen Situationen nicht den Rücken frei halten oder das Team wegen jeder kleinen Entscheidung zusammentrommeln und entscheiden lassen, um selbst nichts tun zu müssen, gehören in die Kategorie „Marshmallow Manager" und nicht an die Spitze eines virtuellen Teams. Führung teilen lautet die Devise in virtuellen Teams.

Kommunikative Fähigkeiten

Ausgeprägte kommunikative Fähigkeiten wie Netzwerken, interpersonale Sensibilität, Konfliktmanagement, Moderationsfähigkeit, die Fähigkeit, Gruppenergebnisse zusammenzufassen und zu präsentieren, als Vorbild zu agieren, Teambuilding und soziale Kontakte aufrechtzuerhalten und weiter voranzutreiben, sind unabdingbar.

Coaching-Kenntnisse

Grundkenntnisse von Gesprächstechniken sind von unbestreitbarem Vorteil bezüglich der Selbstständigkeit und Weiterentwicklung der Teammitglieder.

Controlling-Kenntnisse

In vielen virtuellen Teams obliegen Teile des Controllings dem Teamleiter. Ähnlich wie in Projektteams macht es Sinn, die Grundbegriffe des Controllings zu beherrschen, um wertvolle Informationen an das Team weiterleiten zu können.

Interkulturelles Verständnis

Ein interkulturelles Verständnis ist eine der Grundvoraussetzungen für virtuelle Führung. Mitarbeiter unterschiedlicher Kulturen zu führen ist eine nicht zu unterschätzende Herausforderung.

Fokus

Fokus ist die Fähigkeit, die Teamziele im Auge zu behalten und sich immer wieder darauf konzentrieren zu können.

Fachliche Kompetenz

Im Gegensatz zu traditionellen Teams, in denen auch disziplinarische Vorgesetzte (in Ergänzung zu einem fachlichen Vorgesetzten) an der Tagesordnung sind, muss ein virtueller Teamleiter die notwendige Fachkompetenz besitzen, um im Team akzeptiert zu werden. Das bedeutet nicht, Spezialist auf jedem Gebiet zu sein, aber eine intensive Kenntnis der einzelnen Bereiche ist dringend zu empfehlen.

Technische Affinität

Technische Affinität bedeutet, Kommunikationstechnologien nicht nur zu kennen, sondern sie auch aktiv und intelligent zu nutzen.

4.7.2 Erwartungen der Teamitglieder an die Führungskraft

Es gibt viele Erwartungen, die Mitglieder virtueller Teams an ihre Teamleiter stellen. Diese lassen sich unter einigen Hauptpunkten zusammenfassen.

Koordination vs. Kontrolle

Die beste Kontrolle ist die Kontrolle von innen, d. h. die Kontrollmaßnahmen, die das Team selbst beschlossen hat. Eine Balance ist hier nicht einfach, denn ein Übermaß an Richtlinien wird als unnötig empfunden, zu wenige Richtlinien hingegen als schlechte Koordination.

Erreichbarkeit vs. Nichterreichbarkeit oder Omnipräsenz

Teamleiter sind nicht immer erreichbar. Es gibt andere Wege, um Antworten zu erhalten — Stellvertreter oder Shared Leadership —, eine Grunderreichbarkeit muss jedoch sichergestellt sein.

Information vs. Overload

Information ist das Herzblut virtueller Teams, aber für den Teamleiter sehr schwierig zu handhaben. Gibt es zu viele Meetings? Fehlen Informationen?

Hier gilt es, über einige Monate hinweg zu testen, wer welche Information in welcher Form benötigt, um erfolgreich arbeiten zu können. Festgelegte Kommunikationspläne sind dazu da, verändert zu werden.

Feedback vs. Ratschläge

Die meisten Menschen fürchten nicht negatives Feedback, sondern ungewollte Ratschläge, die eine verheerende Wirkung auf die Teammoral haben können. Ratschläge kommen einer Einmischung gleich und haben nichts mit Mentoring oder Coaching zu tun, auch nicht mit Hilfestellung.

Fairness vs. Bevorzugung

Virtuelle Teams sind besonders anfällig für Bevorzugung. Der Teamleiter tendiert unter Umständen dazu, Aufgaben an Mitglieder zu geben, die aus seinem lokalen oder regionalen Team oder aus derselben Kultur stammen. Auch Lob wird öfter in der eigenen Kultur angewandt. Fairness bedeutet konkret, beispielsweise nicht immer dieselben Personen lange Anreisewege in Kauf nehmen zu lassen, Fairness bedeutet, alle mit einzubeziehen und nicht nur bevorzugte Mitarbeiter, Fairness bedeutet auch, selbst einmal mitten in der Nacht zu einer Telefonkonferenz mit Japan aufzustehen.

Aktives Kümmern vs. Apathie

Teammitglieder erwarten neben einem persönlichen Interesse an ihrer Person auch das aktive „Kümmern" um Probleme, Ressourcenbeschaffung und Lösung von Konflikten. Auch Training, Weiterentwicklung und Karrierechancen sind von Bedeutung. Sinnvolle Trainings außerhalb der individuellen Fachbereiche sind: Business Training (Kunden, Märkte, Finanzen, Wettbewerb), Technisches Training (Kommunikationstechnologien), Interpersonelles Training (Konfliktmanagement, Teambildung, interkulturelles Training, Feedback, Entscheidungen treffen etc).

4.8 Virtual Leadership im Unternehmen

4.8.1 Schaffen Sie die Grundlagen für standardisierte Unternehmens- und Teamprozesse!

Die Definition von Standard-Teamprozessen reduziert den Zeitaufwand, den das Team zumeist am Anfang der Zusammenarbeit hat, und eliminiert unnötige Neudefinitionen des Umgangs miteinander, wenn neue Teams zusammenkommen. Die Regeln sollten flexibel gestaltet sein, um der jeweilgen Teamsituation gerecht werden zu können. Definiert werden sollten: Kosten, Kompetenzverteilung, Teamregeln und Teamnormen, Umgang mit Konflikten, Team Charta, Projektplanung, Projektdokumentation, Reporting, Controlling.

4.8.2 Beschaffen Sie State of the Art-Kommunikationstechnologie!

Virtuelle Teams benötigen eine gute technologische Ausstattung. Idealerweise finden Sie folgende Situation vor:

- Das Unternehmen verfügt über ein finanziell gut ausgestattetes und erfahrenes IT-Team, das an unterschiedlichen Standorten ohne Probleme die relevanten Geräte/Anwendungen installieren als auch den nötigen Support leisten kann, sei es in einer eigenen Abteilung oder in Zusammenarbeit mit externen Anbietern.
- Das Unternehmen verpflichtet sich, immer die neueste Version einer Anwendung zu haben. Bei Nichtbeachtung dieses Punktes verlieren Mitarbeiter oft sehr viel Zeit durch Workarounds.
- Das Unternehmen verfügt über ein gut funktionierendes Unternehmensnetzwerk, das es einfach macht, ein virtuelles Team jederzeit technologisch aufzustocken und andere Unternehmen zu integrieren.
- Als Basis-Equipment ist Folgendes vorhanden: Telefone, Smartphones/Communicator, Audio- und Videokonferenzequipment, Voice Mail, Fax, E-Mail, Groupware, EMS, Webconferencingsysteme, gemeinsame Zeit- und Projektpläne, elektronische Whiteboards, PCs, Laptop, Tablets usw.

4.8.3 Beeinflussen Sie die Organisationskultur!

In jeder Organisationskultur existieren Normen, die den freien Fluss von Informationen und den Umgang miteinander und übergreifende Zusammenarbeit beinhalten. Diese Organisationskultur setzt die Standards für virtuelle Teams. Eine flexible, technologisch fortgeschrittene Organisation mit flachen Hierarchien und schnellen Entscheidungswegen ist eher für virtuelle Teams prädestiniert als eine stark strukturierte, auf Kontrolle basierende Organisation. Organisationskultur ist schwer veränderbar — insofern lohnt es sich, virtuelle Teams gemeinsam mit ihrer Führungskraft eine eigene Organisationskultur schaffen zu lassen, die mit dem Gesamtsystem interagiert.

4.8.4 Fordern Sie Akzeptanz ein!

Erfolgreiche virtuelle Teams sind auf die Unterstützung durch Mitglieder der Geschäftsführung angewiesen. Oft sind Interventionen auf höherer Ebene nötig, um gewisse Entscheidungen und Investitionen durchzusetzen. Auf der anderen Seite müssen lokale Mitarbeiter informiert werden, dass die neuen Ansprechpartner Tausende von Kilometern entfernt sitzen. Das Verständnis kann nur durch eine konstante Werbung für das virtuelle Team und Informationen über dieses zustande kommen, ein Feld, das sich auch für die hausinterne Kommunikationsabteilung als Tätigkeitsfeld anbietet.

Ebenso wichtig ist die Unterstützung durch Kunden und andere Stakeholder. Dies bedeutet eine aktive Involvierung der Kunden in die virtuelle Form der Zusammenarbeit, was natürlich auch eine Teilnahme an Technologie- und Kommunikationstraining beinhalten kann. Einige Unternehmen bieten ihren Kunden die Teilnahme an ihrem gesamten Trainingskonzept für virtuelle Teamarbeit an.

Zeit und Budget: Virtuelle Teams kosten anfänglich viel Zeit und vor allen Dingen Geld, Faktoren, über die sich die Geschäftsführung vor der Einführung virtueller Teamarbeit im Klaren sein muss.

4.8.5 Schaffen Sie Kompetenz und Erfahrung!

Ohne bestimmte Kompetenzen der Führungskräfte und Teammitglieder scheitern virtuelle Teams früher oder später. Die Kompetenzen Projektmanagement, Networkkompetenz, technologische Intelligenz, interpersonelle und kulturelle Kompetenz als auch ein effektives Zeitmanagement tragen wesentlich zum Teamerfolg bei. Wenn sich im Unternehmen keine vergleichbaren Kompetenzen finden, lohnt sich der Einkauf von Projektleitern, die auf die Arbeit in virtuellen Teams spezialisiert sind.

> **ZUSAMMENFASSUNG**
>
> Vom wissenschaftlichen Standpunkt aus gibt es eine ganze Reihe von Faktoren, die erfüllt sein müssen, um virtuelle Teamführung und Teamarbeit erfolgreich zu gestalten: Unterstützung durch HR mitsamt einer Karriereplanung, eine ausgefeilte IT-Technik auf dem neuesten Stand der Kooperationssysteme, eine ausreichende Finanzierung für Technik und Training, die tatkräftige Unterstützung durch Top-Management. Wichtig für Sie als Führungskraft ist jedoch: Vom praktischen Standpunkt aus lässt sich ein virtuelles Team für einige und auch längere Zeit ohne die Erfolgsfaktoren aufbauen und führen. Ein rechtzeitiges und umfassendes Training, festgelegte Teamprozesse und Teamregeln sowie eine funktionierende Kommunikationstechnologie sind das Grundrüstzeug eines virtuellen Teams. Gepaart mit einer klaren Vorstellung über erforderliche Kompetenzen und einem gehörigen Schuss Motivation erlauben sie Ihnen einen guten Start in die neue virtuelle Teamwelt.
>
> Dazu gehört: Invest in beginnings — ein guter Start beinhaltet ein Kick-off-Meeting, bestenfalls face-to-face, in welchem die Standards und Besonderheiten der Zusammenarbeit besprochen und festgelegt werden, so etwa die Aufgabendefinition, die Verteilung der Kompetenzen und der Verantwortung, die Auswahl der richtigen Technologie für die virtuelle Kommunikation, kulturelle Aspekte als auch Gruppenregeln des Umgangs miteinander.

Vertiefende Inhalte

Als weiteres Zusatzmaterial auf Arbeitshilfen Online finden Sie:

- Interview mit Dr. Stephan Bauer, Gründer und Geschäftsführer der Duende Management Consulting, Berlin

- Interview mit Barbara Palmer (PR Direktorin) und Frank Behrendt (Vorstand) der Agenturgruppe fischerAppelt

5 PSI – Positive Soziale Interaktionen

5	PSI – Positive Soziale Interaktionen	217
5.1	Positive Beziehungsstrukturen als Grundlage für Arbeitsgesundheit	218
5.2	Konzept und Benefits	221
5.2.1	Negative soziale Interaktionen	222
5.2.2	PSI und körperliche Funktionssysteme	223
5.2.3	Die drei Benefits	225
5.2.3.1	High Quality Relationships	225
5.2.3.2	Lernen	226
5.2.3.3	Psychologische Sicherheit	227
5.2.4	Gute Führung als Vorbild	228
5.2.4.1	Beziehungsintelligenz	229
5.2.4.2	Sinn	229
5.3	Methoden zur Gestaltung Positiver Sozialer Interaktionen	230
5.3.1	Human Resources Tools	231
5.3.2	PSI – Die sechs Techniken	233
5.3.2.1	Highlights statt Meetings	233
5.3.2.2	Angewandtes Emotionsmanagement	238
5.3.2.3	Bonding	246
5.3.2.4	Energie durch Sprache	254
5.3.2.5	Identitäten	258
5.3.2.6	Ohne Sinn nur Unsinn	261
5.3.3	Weitere Einflussfaktoren: Das Unternehmensumfeld	266

> **MANAGEMENT SUMMARY**
>
> Das Kapitel Positive Soziale Interaktionen, im Folgenden auch abgekürzt PSI genannt, zeigt Wege auf, die Führungskräfte einschlagen können, um die Gesundheit ihres Unternehmens und ihres Teams auf ein Toplevel zu bringen — im mentalen als auch im physiologischen Sinne. Die Forschung weist beeindruckend nach, dass es besonders Positive Soziale Interaktionen am Arbeitsplatz sind, die es Mitarbeitern erlauben, nach Arbeitsschluss in die körperliche und mentale Regeneration zu gehen, eine Voraussetzung für ein gesundes und erfüllendes Arbeitsleben. Die Positiven Sozialen Interaktionen führen zu High Quality Connections, diese wiederum zu High Quality Relationships, welche verantwortlich sind für gesunde Hochleistungsteams. Verschiedene Techniken und Methoden, angefangen bei Highlights statt Meetings, über das Setzen emotionaler Standards und angewandtem Emotionsmanagement, Emotionsmapping und dem Schaffen emotionaler Sicherheitszonen, dem Teambonding und der Schaffung von Vertrauen, der Nutzung von sprachlichen positiven und negativen Energizern, der Berücksichtigung und Nutzung von stabilen und multiplen Identitäten und letztendlich der Schaffung von Sinn unter Nutzung der sieben Sinnfragen, weisen den Weg zu einem gesunden Unternehmen.

5.1 Positive Beziehungsstrukturen als Grundlage für Arbeitsgesundheit

Die Grundlage eines jeden Unternehmens sind die menschlichen Beziehungen, die in ihm stattfinden. Interaktion und Kooperation sind die Basis aller Handlungen, die erforderlich sind, um Arbeitsaufgaben zu lösen. Ganz gleich, ob die Interaktionen nur kurze Begegnungen sind oder eine langfristige Zusammenarbeit und Beziehung beinhalten — alle Interaktionen hinterlassen unauslöschliche Spuren sowohl in der Psyche als auch in der Physis eines Menschen. Eine immens wichtige Rolle spielt dabei die Qualität dieser Interaktionen, denn sie entscheidet darüber, ob Menschen in einem Unternehmen mit Freude beste Leistungen erbringen oder passiv verharren. Je positiver die Interaktionen im Unternehmen, umso gesünder stellen sich nicht nur die Beziehungen dar, sondern auch die im Unternehmen agierenden Menschen. Diese qualitativ hochwertigen Beziehungen, im Folgenden auch High Quality Relationships genannt, sind die Lebensadern eines jeden funktionierenden Unternehmens. Sind sie verstopft und negativ belastet, kommt es früher oder später zum Infarkt. An der langsamen, aber stetigen Anhäufung vieler negativer Interaktionen lässt sich der Verlauf dieser „Krankheit" ablesen und vorhersagen. Dass das soziale Klima am Arbeitsplatz die Gesundheit der an ihm arbeitenden Mitarbeiter beeinflusst, wissen wir seit Jahrzehnten. Gesundheit und Leistungsfähigkeit stehen in einem engen wechselseitigen Verhältnis. Sind wir gesund, sind wir leistungsfähig, ist unsere Leistungsfähigkeit beeinträchtigt, leidet unsere physische und psychische Gesundheit — diese beiden Faktoren bedingen einander.

Dafür oder dagegen?

Viele Schlagzeilen von heute lassen uns nicht ruhen. Wir lesen von Stress, hoher Arbeitsbelastung und Burnout und was wir dagegen tun können — persönlich, als Führungskraft und als Unternehmen. Aber haben Sie sich schon einmal gefragt, warum wir uns intensiv damit beschäftigen, was wir *dagegen* tun können? Prävention, Kampf dem Burnout und den psychischen Erkrankungen etc.: Alles, was wir tun, geht von einem Standpunkt aus, der weit im Negativen liegt. Wir treiben Sport und versuchen Work-Life-Balance (ein „Unwort" an sich), alles nur um der drohenden Gefahr der Unbalanciertheit und ihren Folgen zu entkommen. Sind wir alle reif für die vorgezogene Rente oder die Therapie und wird auch uns der Burnout früher oder später ereilen? Wie wäre es, wenn wir statt von Prävention von positiv geprägter Führung und Unternehmenskultur sprechen würden, und davon, wie wir unsere Freude an der Arbeit und unserer Gesundheit erhalten und steigern? Sollte die Frage nicht lauten: Wie sind robuste, resiliente und gesunde Organisationen mit ebensolchen Mitarbeitern beschaffen? Was machen sie richtig, und was können Führungskräfte tun, um nicht nur die eigene, sondern die Gesundheit anderer zu erhalten?

Die Antwort ist nicht einfach, aber sie wird von einer Reihe von Forschern gegeben, die sich mit sozialen Beziehungen am Arbeitsplatz auseinandersetzen und sich auf den Weg gemacht haben, genau diese gesunden und robusten Unternehmen zu beleuchten, so etwa Emily D. Heapy, Marcial Losada, Barbara Fredrickson, Jane Dutton u. v. m.

Jobressource Körper

Insbesondere die Forschungen und Resultate von Emily D. Heaphy und Jane Dutton sind ein Novum und gleichzeitig ein exzellentes Beispiel für die fruchtbaren Ergebnisse interdisziplinärer Forschungsarbeit, statt eines Nebeneinanderforschens einzelner Fachgebiete. Forscher aus dem Bereich Medizin sowie Gesundheitspsychologen sind hauptsächlich mit Krankheitsprävention und Gesundheitsförderung

PSI – Positive Soziale Interaktionen

befasst und beschäftigen sich eher mit Ernährung, Sport, Rekonvaleszenz und Stressmanagement. Organisationspsychologen gestalteten ihre Theorien „bodiless", ohne Berücksichtigung des Körpers und seines Funktionierens. Heaphy et al. hingegen bringen Organisationspsychologie und Medizin zusammen, indem sie den Körper nicht nur als ausführendes Organ des Geistes betrachten, sondern ihn als wichtigen Einfluss- und Erfolgsfaktor in die Unternehmenspsychologie einreihen. Bis heute wissen wir relativ wenig darüber, was der Körper zur menschlichen Leistungsfähigkeit, zu Kreativität und Einfallsreichtum, zu Resilienz und Gesundheit beiträgt — ein Fakt, der Forscher antreibt, immer gezielter interdisziplinär zu arbeiten.

So werteten beispielsweise Heaphy et al. eine Vielzahl von Untersuchungen der letzten zwanzig Jahre aus, die sich mit dem Zusammenspiel von *Positiven Sozialen Interaktionen* und körperlicher Gesundheit am Arbeitsplatz auseinandersetzen. Aufgrund der aufsehenerregenden Ergebnisse führten sie eine Reihe von eigenen Untersuchungen über den Zusammenhang von Gesundheit und Positiven Sozialen Beziehungen durch. Ihre Ergebnisse sprechen eine klare Sprache:

Positive Soziale Interaktionen verbessern die körperliche und mentale Gesundheit der Mitarbeiter und sind somit ein nicht zu vernachlässigender Erfolgsfaktor für Unternehmen, Teams und Mitarbeiter. Auch Krankenkassen und Versicherungen dürften sich für die Forschungsergebnisse erwärmen können, denn sie versprechen eine andere Herangehensweise an betriebliche Gesundheit als das bloße Zählen von Krankentagen.[1]

„Das wissen wir schon seit Ewigkeiten", lautete die Antwort eines Kollegen aus der Consultingbranche (mit dem ich neue Konzepte immer gerne diskutiere, da seine Antworten zumeist von heftigen Gegenargumentationen geprägt sind und mir ein wunderbares Training für die Überprüfung meiner eigenen Argumentationen bieten). Er hat Recht — *wissen* tun wir das seit Ewigkeiten. Auf die Frage hin, mit welchen Tools er denn diese Positiven Sozialen Interaktionen in seinem Unternehmen umsetze, entstand eine lange Stille. „Ich lass sie halt machen, was sie wollen, und schreite nur ein, wenn was passiert." Das mag eine Weile sicherlich funktionieren, nur hat es wenig mit Führung gemein — und dass *Laisser-faire* weit entfernt von der Schaffung Positiver Sozialer Interaktionen ist, muss hier sicher nicht erklärt werden. Für Sie als Führungskraft sind die Forschungsergebnisse von

---

[1] vgl. auch Stressreport Deutschland 2012, Bundesanstalt für Arbeitsschutz und Arbeitsmedizin (BAuA), Januar 2013: Psychische Belastung ist nach wie vor in der deutschen Arbeitswelt verbreitet. Faktoren wie das gute soziale Klima in deutschen Betrieben oder Handlungsspielräume für die Beschäftigten, um ihre Arbeit zu planen und einzuteilen, helfen psychische Belastungen zu bewältigen (BAuA Aktuell, 1/13, Schwerpunkt: Arbeit und Gesundheit, S. 8.).

unschätzbarem Wert, bieten sie Ihnen doch die Möglichkeit, auf relativ schnelle und budgetschonende Art und Weise ein schlagkräftiges, dynamisches und gesundes Team zu schaffen.

Dieses Kapitel stellt Techniken und Aktivitäten vor, die es Ihnen erlauben, eine nachhaltige körperliche und mentale Gesundheit, Leistungsfähigkeit und Widerstandsfähigkeit bei Ihren Mitarbeitern zu fördern, indem Sie die Möglichkeiten Positiver Sozialer Interaktionen nutzen. Im folgenden Unterkapitel finden Sie eine detaillierte Beschreibung der physiologischen und psychischen Auswirkungen von PSI, sowie eine Auflistung der Benefits.

5.2 Konzept und Benefits

Positive Soziale Interaktionen schaffen gesunde, kreative, ressourcenreiche, engagierte und motivierte Mitarbeiter und Unternehmen. So lauten, kurz gefasst, die Forschungsergebnisse Heaphy et al. Was aber sind Positive Soziale Interaktionen, und was bewirken sie im Körper?

Soziale Interaktionen (von Heaphy und Dutton auch als High-Quality-Connections bezeichnet, wenn sie positiv verlaufen) sind die subjektiven Erfahrungen, die ein Individuum mit sozialen Kontakten am Arbeitsplatz macht (Umgang mit Kollegen, Vorgesetzten, aber auch Kunden und Lieferanten). Diese Erfahrungen nehmen einen sofortigen, anhaltenden und vor allen Dingen Konsequenzen auslösenden Einfluss nicht nur auf die menschliche Psyche, sondern auch in direkter Art und Weise auf den menschlichen Körper — in positiver oder negativer Art. Ein „direkter Einfluss" auf den menschlichen Körper bedeutet, dass soziale Interaktionen am Arbeitsplatz (selbstverständlich auch im Privatleben) bleibende Eindrücke im Funktionssystem (z. B. dem kardiovaskulären System) des menschlichen Körpers hinterlassen. Ob diese Eindrücke gut oder schlecht sind, bestimmt der Arbeitskontext, ob sie zu Gesundheit oder Krankheit führen, ebenfalls. Die gute Nachricht ist: Der Arbeitskontext lässt sich maßgeblich durch Interventionen von Führungskräften beeinflussen. Die schlechte Nachricht dabei ist, dass diese zu nicht unerheblicher Zahl einen negativen Arbeitskontext erst verursachen, wenn auch oft unbewusst.

PSI – Positive Soziale Interaktionen

Positive Soziale Interaktionen bezeichnen subjektive Erfahrungen, die positiv wahrgenommen werden, so etwa

- die Unterstützung durch Kollegen,
- ein respektvolles Gespräch mit dem Vorgesetzten,
- ein positiv verlaufenes Meeting,
- wahrgenommene Unterstützung von Kollegen und unmittelbaren sowie höheren Vorgesetzten,
- eine starke Gruppenkohäsion,
- der jeweilige Interaktionsstil,
- Fairness,
- die Art und Weise, wie Informationen weitergegeben werden,
- das Vorhandensein und der Ausdruck von Sinn und Gefühlen,
- verbale und nonverbale Nachrichten,
- Empowerment,
- eine gute Arbeitsumgebung,
- kompetente Kollegen und Führungskräfte als auch
- persönliches Interesse von Kollegen und Vorgesetzten.

Es sind die Positiven Sozialen Interaktionen am Arbeitsplatz, die darüber entscheiden, wie gesund und mental ressourcenreich und innovativ ein Mitarbeiter sich fühlt, und erst an zweiter Stelle die Arbeitsbelastung an sich.

Negative soziale Interaktionen bezeichnen subjektive Erfahrungen, die negativ wahrgenommen werden, so etwa Beleidigungen, Mobbing, Ungerechtigkeiten, verweigerte Unterstützung, Unhöflichkeiten, langweilige Meetings, sinnlose E-Mails, arrogante oder inkompetente Kollegen und Vorgesetzte, Gleichgültigkeiten etc. Interaktionen können als positiv, neutral, negativ oder gar als ambivalent wahrgenommen werden.[2]

5.2.1 Negative soziale Interaktionen

Untersuchungen zeigen, dass negative soziale Interaktionen (beispielsweise unterminierendes Verhalten, respektloses Auftreten, Unhöflichkeiten und verweigerte Unterstützung) einen stärkeren Einfluss auf die körperliche Gesundheit haben als Positive Soziale Interaktionen. Insofern ist es von besonderer Bedeutung, diese negativen Interaktionen wieder zu neutralisieren, indem man — und damit

---

[2] vgl. Uchino et al., 2001.

sind vorrangig Sie, die Führungskraft, gemeint — Gelegenheiten für Positive Soziale Interaktionen schafft.³

Nun werden viele Gegner dieses positiven Ansatzes aufschreien und eine Lanze brechen wollen für Negativität. „Man muss doch auch mal Klartext reden können, die Wahrheit sagen können und schlecht gelaunt sein dürfen …" Diesen sei gesagt: Natürlich sollen Sie Klartext und Wahrheit reden, oder das, wovon Sie ganz persönlich meinen, dass es die Wahrheit ist.⁴ Aber: Für das Ausleben Ihrer schlechten Laune haben Sie ein Privatleben oder einen Sandsack im Keller.

Nachfolgend finden Sie die wesentlichen Merkmale:

1. Negative soziale Interaktionen definieren sich in destruktivem Verhalten (Mobbing, Sabotage, Herrschaftswissen, Aggressivität, Beleidigungen etc.). Positive Interaktionen wie professionell ausgetragene Konflikte gehören nicht zu negativen sozialen Interaktionen.
2. Negative soziale Interaktionen gibt es immer und wird es immer geben. Ob diese allerdings förderungswürdig sind, ist stark zu bezweifeln. Hierzu eine Anmerkung: Es geht um *Interaktionen* und nicht um *Emotionen*. Positive Soziale Interaktionen können durchaus auch die Äußerung negativer Emotionen beinhalten, die Interaktion bleibt jedoch positiv, weil die Akteure wissen, wie sie konstruktiv und erfolgreich mit negativen Emotionen in sich selbst und anderen umgehen. Negative Emotionen haben einen Sinn, wie wir später noch sehen werden.
3. Positive Soziale Interaktionen können nicht gespielt oder erzwungen werden. Wir Menschen haben einen meist untrüglichen Sinn dafür, ob andere sich authentisch verhalten oder nicht. Also entspannen Sie sich — ein ganzer Tag im aufgesetzten „Keep Smiling"-Modus wird wenig zu positiven Interaktionen beitragen und ist nicht das, worum es in diesem Kapitel geht.

5.2.2 PSI und körperliche Funktionssysteme

Werfen wir einen Blick auf Untersuchungen zu „work recovery", der körperlichen Erholung von Individuen nach einem Arbeitstag — ein Vorgang, den jeder von uns gut nachvollziehen kann.

---

[3] Siehe auch Losadas Untersuchungen zu erfolgreichen Teams.
[4] Hier sei auf den Kommunikationsforscher Paul Watzlawick verwiesen, der die Wahrheit und die Ehrlichkeit für die größten Utopien der Menschheit hielt, siehe: Wie wirklich ist die Wirklichkeit, Watzlawick, P. 1978.

PSI – Positive Soziale Interaktionen

Nach einen arbeitsreichen Tag mit Herausforderungen, Anstrengungen und Aufregungen begibt sich unser Körper abends in die Regenerationsphase. Er fährt seine Funktionen auf den Stand vor dem Arbeitstag herunter, kardiovaskuläres System, Immunsystem und neuroendokrines System haben Zeit, sich zu regenerieren. Wir erholen uns und tanken neue Kraft. Nutzen wir diese Erholungsphase nicht oder nicht richtig, zeigen sich vermehrt Gesundheitsprobleme und nach einem Zeitraum von zwei Jahren auch eine Häufung von Krankentagen. Allerdings fanden Heaphy und Kollegen heraus, dass Personen, die vermehrte Positive Soziale Interaktionen am Arbeitsplatz erlebten, sich abends leichter in die Regeneration begeben als nach einem Tag voll mit *neutralen* oder *negativen* Interaktionen.

Stresshormon Cortisol: Eine interessante Rolle dabei spielt das oft als „Stresshormon" bezeichnete Cortisol. Es steuert in Belastungssituationen verschiedene Stoffwechselvorgänge (und stärkt u. a. die Wundheilung). Langfristig jedoch schwächt Cortisol (in großen Mengen) das Immunsystem. Untersuchungen zeigen, dass sich ein erhöhter Cortisol-Level *während der Regenerationsphase* mit erhöhten Krankheitskosten in Verbindung bringen lässt, wohingegen ein höherer Cortisol-Level *während der Arbeitszeit* nicht mit erhöhten Krankenkosten korreliert.[5] Das bedeutet: Stress am Arbeitsplatz hat u. a. die Funktion, uns für den Moment leistungsfähiger zu machen und anzutreiben — eine herausfordernde Aufgabe ist also nicht schädlich. Die Forschungsergebnisse lassen die Vermutung zu, dass ein niedriger Cortisol-Level in der Erholungsphase für die Regeneration und langfristige Gesundheit förderlich ist. In der Schlussfolgerung bedeutet dies neben einer erhöhten Lebensqualität auch weniger Krankheiten und weniger Krankentage.

Doch körperliche Gesundheit und Regeneration sind nur einige der interessanten Begleiterscheinungen Positiver Sozialer Interaktionen. Eine weitere, für Führungskräfte, Mitarbeiter und Unternehmen ungemein wertvolle Auswirkung ist ein verstärktes Engagement der Mitarbeiter — aufgrund zusätzlicher körperlicher Ressourcen, die in Energie für und Freude an der Arbeit investiert werden können, anstatt in die Bewältigung negativer Interaktionen.

Dass sich diese oben angeführten verbesserten physiologischen Ressourcen zu einem gewissen Teil auch durch eine bessere Ernährung, Sport und ein ausgeklügeltes Stressmanagement erreichen lassen, steht außer Zweifel. Jedoch sind dies äußere Einflüsse und Aktivitäten, auf die Führungskräfte, Unternehmen, Krankenkassen und Versicherungen wenig bis gar keinen Einfluss nehmen können. Worauf Sie als Führungskraft jedoch Einfluss nehmen können, ist die Gestaltung von *Positiven Sozialen Interaktionen*.

---

[5] vgl. Heaphy et al.

5.2.3 Die drei Benefits

Die Frage, die Sie sich als Führungskraft stellen sollten, wenn es um den Einsatz neuer Techniken geht, ist: What's in it for me — was habe ich davon?

Wenn Sie darin investieren, sich neue Tools und Techniken anzueignen, muss dies auch einen Sinn haben, der nicht alleine darin bestehen kann, dass Sie nun etwas Neues tun. Nachfolgend finden Sie die drei wesentlichen Vorteile:

5.2.3.1 High Quality Relationships

Positive Interaktionen am Arbeitsplatz ziehen auf Dauer die Entwicklung von *positiven Beziehungen* nach sich, diese wiederum auf Dauer die Entwicklung von *High Quality Relationships*[6], die wiederum im engen Zusammenhang mit hochinnovativen und leistungsfähigen Teams stehen, wie wir später noch sehen werden.

Vorweg eine Definition: Positive Beziehungen am Arbeitsplatz können zwischen zwei Individuen bzw. Gruppen von Individuen entstehen und definieren sich als eine Abfolge von positiven Interaktionen, gekennzeichnet durch eine Gegenseitigkeit in den Handlungen — eine Person agiert, die andere reagiert. Aus den Interaktionen erwachsen Beziehungen. Diese Beziehungen sind jedoch nicht zwingend festgezurrt und überdauernd, sondern verfügen über einen dynamischen Charakter, abhängig von Umgebung und Situationen, aber insbesondere davon, wie sich die die Beziehung zusammenhaltenden sozialen Interaktionen gestalten. Vertiefen sich positive Beziehungen am Arbeitsplatz, z. B. im Team oder der Abteilung, in Mentorenbeziehungen, aber auch unter Personen, die beispielsweise eine ähnliche Ausbildung besitzen/einem ähnlichen Beruf nachgehen, und entstehen Beziehungen, die sehr eng und durch eine äußerst vertrauensvolle Kommunikation geprägt sind, so handelt es sich um High Quality Relationships. Positive Beziehungen und High Quality Relationships sind nicht unbedingt an eine Face-to-Face-Beziehung geknüpft. Sie können auch durchaus virtueller Art sein, wie es sich in virtuellen Gruppen im Web 2.0 zeigt (und früher in Brieffreundschaften). Sie sind eine Art positives soziales Kapital[7], welches die Innovationsfreudigkeit und den Entwicklungswillen von Individuen und Gruppen fördert und es ihnen so erlaubt, Ziele schneller und anders als zuvor zu erreichen.

---

[6] vgl. in der Literatur auch „High Quality Connections".
[7] vgl. Baker & Dutton.

5.2.3.2 Lernen

Die Gestaltung von guten Beziehungen am Arbeitsplatz hat nicht nur einen positiven Einfluss auf die physischen und psychischen Aspekte. Schon im Jahr 2000 wiesen Forscher[8] nach, dass High Quality Relations (die aus Positiven Sozialen Interaktionen entstehen) der Schlüsselfaktor für organisationales Lernen sind. Koordination, Fehlersuche, Innovation sind nur einige der Vorteile, die Unternehmen aus diesen Beziehungen davontragen. Die Gestaltung der positiven Beziehungen durch positive Interaktionen versetzt Teammitglieder in die Lage, Informationen nicht nur besser, sondern auch auf einem höheren Niveau auszutauschen, Innovationen zu diskutieren, Lösungen auszutauschen und kreative Prozesse in Gang zu setzen, die Arbeitsprozesse und Resultate betreffen. Dabei profitieren nicht nur die Unternehmen durch Innovationen, sondern auch die einzelnen Gruppenmitglieder dadurch, dass sie sich anerkannt, gewertschätzt und vor allem sicher fühlen — sicher dadurch, dass sie sich in einer Gruppe von Menschen befinden, die durch gute soziale Beziehungen eng miteinander verknüpft sind.

Interviewauszug: „Als ich als studentische Hilfskraft in meine jetzige Abteilung versetzt wurde, hatte ich keine Erwartungen — und die sollten übererfüllt werden. Mein neuer Abteilungsleiter begrüßte mich nicht nur, sondern widmete mir die ersten drei Monate sehr viel Zeit. Er führte mich in Networks ein, behandelte mich wie eine feste Mitarbeiterin, nahm mich zum Lunch zu Kunden mit und erklärte mir, wie die Dinge in seiner Abteilung und im Unternehmen generell laufen als auch detailliert in den sensiblen politischen Bereichen. Ich habe noch nie in so kurzer Zeit so viel gelernt, und ich habe noch nie so hinter einer Abteilung gestanden wie jetzt." (Studentische Hilfskraft einer großen PR-Agentur)

Teammitglieder in High-Quality-Beziehungen erfahren eine höhere Vitalität dadurch, dass sie sich von anderen gemocht und bestätigt fühlen und dadurch, dass jedes Teammitglied bestrebt ist, anderen Mitgliedern ein Weiterkommen und eine Entwicklung zu ermöglichen, sei es durch gegenseitiges Feedback oder aktiven Support. Die Gegenseitigkeit der Beziehungen motiviert und führt zu besseren Leistungen, Learning und Weiterentwicklung — für Ihr Team.

---

[8] vgl. Lewin/Regine.

5.2.3.3 Psychologische Sicherheit

Hinzu kommt das Element der psychologischen Sicherheit. Individuen, die über High Quality Relations verfügen, fühlen sich wohl in diesen Beziehungen und wagen es so, auch Emotionen zu zeigen und zu diskutieren, Konflikte anzusprechen und beizulegen, als auch offene und konstruktive Diskussionen zu führen, ohne das Gefühl zu haben, abgelehnt zu werden. Diese Möglichkeit wiederum führt zu einem vermehrten Engagement und dem Willen, Change mitzugestalten, eine Situation, von der viele Führungskräfte und Change-Manager nur träumen können.

Platz für negative Emotionen

High Quality Relationships unter ihren Mitarbeitern sind durch die damit eintretende psychogische Sicherheit so tragfähig, dass sie in eine weitere Dimension eintreten können, die geprägt ist von dem Gefühl der Zusammengehörigkeit und Leistungsfähigkeit. Anzeichen für diese sehr belastbaren und tragfähigen Beziehungen sind beispielsweise der Ausdruck von starken Emotionen, ohne dass sich daraus negative Konsequenzen ergeben. Wenn sich solche Beziehungen aufbauen, werden Sie bemerken, dass sie zu Beginn noch stark von rein positiven Emotionen geprägt sind. Sind tragfähige High Quality Relationships erst implementiert, vertragen sie durchaus auch einen Anteil an negativen Emotionen, wenn diese gut erklärt und im Rahmen der Gruppenregeln ablaufen. Diese Beziehungen halten auch Konflikten stand und entwickeln sich ständig weiter, da jedes Mitglied einen Sinn darin sieht, Win-Win-Beziehungen aufzubauen und zu erhalten.

Engagement

Engagement im Arbeitsleben ist ein vieldiskutiertes Thema nicht nur unter Organisationspsychologen, sondern auch zwischen Mitarbeitern und Vorgesetzten — denn Mitarbeiter sind nicht ständig und auch nicht in jeder von ihnen wahrgenommenen Rolle engagiert. Engagement fordert Anstrengung und kostet viel Kraft, was wiederum bedeutet, dass hier Ressourcen abgerufen werden, die nicht nur rein psychischer, sondern auch physischer Natur sind. Diese Ressourcen können sich unter erschwerten Arbeitsbedingungen schnell einem Ende zuneigen; erschwerte Arbeitsbedingungen können z. B. physischer Art sein, wie etwa Arbeitsbedingungen in glühender Hitze, oder auch psychischer Natur, d. h. psychische Stressoren wie ungelöste Konflikte, Aggressivität etc.

PSI – Positive Soziale Interaktionen

Die körperliche Gesundheit und Leistungsfähigkeit, die durch Positive Soziale Interaktionen am Arbeitsplatz entstehen, stellen eine zusätzliche Quelle der Kraft und Energie dar, die engagierte Mitarbeiter benötigen, um weiterhin mit Elan ihre Projekte und Aufgaben zu verfolgen. Die dazugewonnenen Ressourcen helfen dem Körper, Anstrengungen besser zu verkraften, sich leichter an veränderte Umstände und Change anzupassen und Energie in richtigen Dosen einzusetzen und zu verbrauchen. Auch lässt sich nachweisen, dass Positive Soziale Interaktionen dazu beitragen, Stresssituationen körperlich als weniger bedrohlich wahrzunehmen. Heaphy et al. bezeichnen die von Individuen so dringend benötigte physische Energie auch als *physiologische Ressourcen*. Weiterhin lässt sich festhalten: Positive Beziehungen nehmen nicht nur eine langfristige Wirkung auf die körperliche Gesundheit, sondern wirken sofort, fast wie eine Injektion, auf die körperlichen Ressourcen. Personen, die sich in emotionaler Sicherheit, d. h. Positiven Sozialen Interaktionen, positiven Beziehungen bis hin zu High Quality Relationships, befinden, gehen effektiver und besser mit Stress um als vergleichbare Individuen, zeigen aber auch ohne Stresseinwirkung eine stark verbesserte Gesundheit.[9]

Ein zusätzlicher Effekt: Positive Soziale Interaktionen tragen auch zur Mitarbeiterbindung bei, denn kaum jemand wird ein Unternehmen verlassen, nur weil er ein paar Euro mehr verdient — wenn er sich wohlfühlt.

5.2.4 Gute Führung als Vorbild

Auch die Politik in Deutschland hat das Problem erkannt und fordert ein Anti-Stress-Gesetz. Laut des Hamburger Abendblatts vom 03.05.2013[10] waren die steigenden Zahlen bei den psychischen Erkrankungen der Anlass, die nach einer Studie an der Spitze bei den Gründen für Krankschreibungen stehen.

„Unsere Verordnung soll das Arbeitsschutzgesetz konkretisieren und Leitlinien geben, wie Betriebe die arbeitsbedingte psychische Belastung ermitteln und welche Schutzmaßnahmen sie ergreifen können", sagte Hamburgs Gesundheitssenatorin Cornelia Prüfer-Storcks (SPD). „Durch die Verordnung wollen wir ein konkretes und wirkungsvolles Instrument zur gesundheitlichen Prävention am Arbeitsplatz schaffen."

---

[9] vgl. Heahphy/Carmeli/Dutton.
[10] http://www.abendblatt.de/hamburg/article115825306/Bundesrat-soll-Anti-Stress-Gesetz-heute-beschliessen.html, Stand 03.05.2013.

Laut Verordnung sei die Arbeitsumgebung so zu gestalten, dass psychische Belastungen vermieden oder so weit wie möglich verringert würden.

Ob ein Gesetz es richten kann, ist fraglich — nicht fraglich hingegen ist, dass gute Führung das Problem nicht nur lösen kann, sondern erst gar nicht entstehen lässt. Gute Führung bedeutet: eine ausgeprägte Beziehungsintelligenz.

5.2.4.1 Beziehungsintelligenz

Ihr Verhalten, d. h. das Verhalten von Führungskräften jeglicher Hierarchieebene, beeinflusst die Anzahl der Positiven Sozialen Interaktionen stark. Um Positive Soziale Interaktionen bewusst zu steuern, ist eine „relational attentiveness"[11] (Beziehungsintelligenz) vonnöten.

Beziehungsintelligenz, ein wichtiger Bestandteil der emotionalen Intelligenz, bezeichnet die Fähigkeit eines Menschen, emotionale Zustände anderer Menschen wahrzunehmen und darauf eingehen zu können. Salovey, Mayer & Caruso wiesen schon 2002 nach, dass im Besonderen die Fähigkeit, als schmerzlich empfundene emotionale Zustände bei Mitarbeitern wahrzunehmen und anzusprechen, einen ausgesprochen positiven Effekt auf die Beziehung zwischen Mitarbeiter und Führungskraft hat. Auf das ganze Team ausgedehnt, bildet Beziehungsintelligenz gemeinsam mit Positiven Sozialen Interaktionen den emotionalen Klebstoff, der Teams und Unternehmen zusammenhält.

5.2.4.2 Sinn

Ein weiteres nicht zu vernachlässigendes Führungsverhalten ist die Vermittlung von Sinn, ein Thema, das auch sehr stark im Bereich der charismatischen Führung thematisiert wird.[12] Sinn motiviert zur Zusammenarbeit und lässt Menschen vertrauensvoll miteinander umgehen, was wiederum die Positiven Sozialen Interaktionen fördert und somit die körperliche Leistungsfähigkeit. Dazu gehört eine Sprache, die inklusiv agiert, d. h. den Mitarbeitern das Gefühl vermittelt, zu etwas, d. h. zum Team und zum Unternehmen, zu gehören (das „Wir", die Gruppenidentität); eine Führung, die die psychologische Sicherheit fördert als auch eine ständige Interaktion mit allen Gruppenmitgliedern sowie die bewusste und verantwortungs-

---

[11] vgl. Heaphy et al.
[12] vgl. Müller 2012.

volle Steuerung der Interaktionen, die Förderung von sozialen Interaktionen, die Bereitstellung von strukturellen Möglichkeiten zur sozialen Interaktion als auch die Möglichkeit, soziale Interaktionen zu trainieren (mit Coachs, in Workshops).

Fest steht: Sie, die Führungskraft mit Beziehungsintelligenz, spielen eine Schlüsselrolle in Unternehmen, denn Sie sind es, die Gruppen zusammenhalten und auftretende „Risse im Gebälk" wieder kitten kann und damit zu einem großen Teil verantwortlich sind für die physiologischen Ressourcen der Mitarbeiter.

> **ZWISCHENFAZIT**
>
> PSI — Positive Soziale Interaktionen sind verantwortlich dafür, dass Ihre Mitarbeiter gesünder und motivierter und vor allem gemeinsam arbeiten können. Sie haben nicht nur psychische, sondern physische Auswirkungen, unter anderem senken sie in der abendlichen Regenerationsphase den Cortisolspiegel, wenn der Körper es benötigt. Als physiologische Ressource oft vernachlässigt, ergeben sich vielfältige Benefits für alle Beteiligten — Mitarbeiter, Team, Führungskraft und Unternehmen —, darunter High Quality Relationships. Ein gutes Leben zwischen Arbeit und Freizeit lässt sich nicht nur über reduzierte Arbeitszeiten erreichen, sondern vor allem über verbesserte Beziehungen am Arbeitsplatz. Um diese als Führungskraft vorleben und schaffen zu können, bedarf es der Beziehungsintelligenz und der Fähigkeit, eine Sinnhaftigkeit der Arbeit vermitteln zu können.

5.3 Methoden zur Gestaltung Positiver Sozialer Interaktionen

Techniken, Methoden und Möglichkeiten, Positive Soziale Interaktionen und High Quality Relationships zu gestalten, gibt es viele. Einige davon sind in den HR-Abteilungen verankert, andere wiederum von Führungskräften selbst planbar und umsetzbar. Da dies ein Fachbuch für Manager und Führungskräfte ist, werde ich mich auf die Umsetzbarkeit im täglichen Leben konzentrieren und nur kurz auf HR-Tools eingehen. Diejenigen, die direkt zu den *sechs Techniken* der Führungskräfte wechseln wollen, lesen bitte ab Punkt 5.3.2 weiter.

5.3.1 Human Resources Tools

Human Resources Abteilungen können Positive Soziale Interaktionen befördern, indem sie eine Struktur schaffen, die PSI befördert. Jedoch liegt es nicht alleine an ihnen, denn ganz gleich, welche Struktur sie bereitstellen, es liegt an der Qualität und Beziehungsintelligenz der Führungskräfte, ob die Strukturen greifen oder nicht. Anbei finden Sie einige der wirksamsten Tools.

1. *Personalauswahl* (Auswahl und Training geeigneter Mitarbeiter, die ein Verständnis für positives soziales Kapital und High Quality Relationships mitbringen)
2. *Personalintegration* (Begleitung neuer und bestehender Mitarbeiter durch Paten oder Mentoring)
3. *Mitarbeiterevaluation* (z. B. professionelle, stärkenbasierte Mitarbeitergespräche)
4. *Belohnungssysteme* (z. B. ein innovatives und als gerecht empfundenes Bonussystem)

Mitarbeiterintegration als Vehikel Positiver Sozialer Interaktionen

Organisationen unterscheiden sich erheblich in der Art und Weise darin, wie sie Mitarbeiter unterstützen, sich in neue Abteilungen/Teams zu integrieren, neue Projekte in Angriff zu nehmen oder sich engagiert einzubringen. Ohne Frage leisten Unternehmensmission und ein sinnstiftender Arbeitsplatz das ihre. Vernachlässigt wird allerdings fast immer die strukturelle Gestaltung von wertvollen sozialen Kontakten in Unternehmen, da sie zum einen wenig publicityträchtig einsetzbar sind (eine Unternehmensvision findet man auf den Webseiten und Jahresberichten vieler Unternehmen auf der ersten Seite, Methoden zur Förderung wertvoller Interaktionen hingegen eher selten), und sie erfahren zum anderen oft keine Akzeptanz unter Führungskräften und in der Unternehmensleitung, ganz gleich, wie stark HR daran arbeiten mag, diese Konzepte als wertvollen Bestandteil einer Personalentwicklung zu integrieren. Im Folgenden möchte ich zwei Beispiele für eine HR-basierte Förderung der Positiven Sozialen Interaktionen geben, bevor es darum geht, wie Führungskräfte auch ohne HR-Beteiligung durch den Einsatz von PSI führen können.

Job Rotation

Ich bin wahrlich kein Befürworter einer top down verordneten Job Rotation — allerdings mit einer Ausnahme, nämlich wenn es sich um die strukturelle Verankerung von Positiven Sozialen Interaktionen in Unternehmen handelt.

Gemäß einem vorher mit Mitarbeitern und Führungskraft festgelegten und überprüften Programm wechseln Mitarbeiter temporär die Abteilungen im Unternehmen oder hospitieren für einige Tage, um die Arbeitsweise der anderen Abteilung kennenzulernen und vor allem auch, um wertvolle soziale Kontakte zu knüpfen. Das klingt in den Ohren vieler Forscher wie eine wundervolle Idee, sieht in der Praxis aber oft anders aus. Wird die Methode nicht vom Top-Management gefördert, von HR professionell eingeführt und dauerhaft begleitet, sowie von jeder Führungskraft und jedem Mitarbeiter unterstützt und gelebt, wird aus dem Job-Rotation-Tool schnell eine ungeliebte Routine, die als Zeitverschwendung deklariert und irgendwann eingestellt wird. Schafft es das Unternehmen jedoch, Job Rotation als wertvollen Bestandteil des Unternehmens nicht nur im Sinne von Wissenserwerb, sondern im Sinne von wertvollem Networking und der Schaffung von PSI zu begreifen und umzusetzen, ergeben sich für die Mitarbeiter eine Vielzahl von Möglichkeiten und Erfahrungen, die sich auch in der körperlichen Gesundheit und dem Ressourcenreichtum aller Mitarbeiter niederschlagen.

Aufgabe der Führungskräfte:

Führungskräfte, deren Mitarbeiter für einige Zeit die Abteilung wechseln, stehen vor der Herausforderung, dafür zu sorgen, dass

- der jeweilige Mitarbeiter die Anbindung an das „Home Team" nicht verliert und weiterhin bewusst Positive Soziale Interaktionen mit ihm pflegen kann (Einladung zu Meetings, Einladung zu Zwischenberichten für das Home Team, gemeinsame Feiern, Einzelgespräche mit der Führungskraft),
- der jeweilige Mitarbeiter die Möglichkeit zu Positiven Sozialen Interaktionen am neuen, temporären Arbeitsplatz bekommt (Kontakt mit der Führungskraft des neuen Teams, Signalisierung von Interesse für das gesamte neue Team durch Besuche oder einen Tag im neuen Team des Mitarbeiters, Einladen des gesamten Teams, Treffen beider Teams),
- der jeweilige Mitarbeiter nach Beendigung der Job Rotation in der Lage ist, die geknüpften Beziehungen weiterhin zu pflegen und auszubauen,
- der jeweilige Mitarbeiter Unterstützung erfährt, falls er in ein „toxisches" Team gerät (Gespräche mit dem neuen Team, HR, Führungskräften, Mitarbeiter).

Mentoring

Auch außerhalb von Job Rotation bieten sich vielfältige Möglichkeiten, Positive Soziale Interaktionen zu fördern. In manchen Unternehmen werden Mitarbeitern Mentoren zur Seite gestellt, die nicht nur die Karriere des Mentees fördern, sondern auch darin unterstützen, die Regeln und die Kultur des Unternehmens zu verstehen, und Positive Soziale Interaktionen herstellen, indem sie Vorgesetzte, Mitarbeiter und Teams miteinander bekannt machen bzw. zusammenbringen, den Prozess der Zusammenarbeit begleiten und moderieren. Führungskräfte, die selbst als Mentor agieren, sind so in der Lage, das Konzept der PSI an alle Beteiligten zu vermitteln und dafür Sorge zu tragen, dass die wertvollen psychischen und physischen Ressourcen der Mitarbeiter wachsen können.

5.3.2 PSI – Die sechs Techniken

Im Folgenden finden Sie sechs Techniken, die, wenn sie intelligent eingesetzt und professionell genutzt werden, das tatsächliche Stattfinden Positiver Sozialer Interaktionen stark erhöhen und dazu motivieren, neue, qualitativ hochwertige Verbindungen am Arbeitsplatz zu schaffen. Sie stellen ein bedeutungsvolles Führungsinstrument dar — Sie müssen es nur nutzen.

1. Highlights statt Meetings
2. Angewandtes Emotionsmanagement
3. Bonding
4. Energie durch Sprache
5. Identitäten
6. Ohne Sinn nur Unsinn

5.3.2.1 Highlights statt Meetings

Nicht schon wieder das Thema Meeting! Doch! Meetings sind aus dem Führungsalltag nicht wegzudenken und das richtige Know-how über eine PSI-förderliche Sitzung führt ohne großen Aufwand zu einem exzellenten Gruppenzusammenhalt durch Positive Soziale Interaktionen und Beziehungen. Meetings eignen sich insbesondere durch ihre Regelmäßigkeit und Planbarkeit dazu, Positive Soziale Interaktionen zu befördern. Sowohl virtuelle Meetings als auch Face-to-Face-Meetings sind Foren für soziale Integration und soziale Begegnungen. Ein Grund für die besondere Bedeutung von Meetings besteht darin, dass hier auch Personen zusammenkommen, die sonst nicht täglich oder nicht in dieser Intensität miteinander kommunizieren. Hier bieten sich Ihnen unzählige Möglichkeiten für Positive Soziale Interaktionen, wenn Sie sie sorgfältig vorbereiten und durchführen. Gut gestaltete und moderierte Meetings (Agenda, Moderator, interessante Inhalte, Beiträge und Diskussionen aller Teilnehmer) bilden nämlich Zusammenhalt, Vertrauen und Respekt und sie bieten eine wunderbare Möglichkeit, soziale Anerkennung zu erhalten, was wiederum die Motivation fördert.

> Wie Daniel Goleman in seinem Buch „Emotionale Intelligenz" schon 1995 festhält, ist die „elementarste Form von organisatorischem Teamwork" die Besprechung. Goleman beschreibt einen Sachverhalt, der im Lichte von virtuellen Teams, kollaborativ agierenden Unternehmen und Networks als auch der Diskussion in und über Social Technology nicht mehr wegzudenken ist: Harmonie. Wann immer Gruppen zusammenkommen, besitzen sie einen Gruppen-IQ, die Summe der Talente und Fähigkeiten der Beteiligten. Goleman hält nicht den Gruppen-IQ als entscheidend für den Erfolg eines Teams, sondern die soziale Harmonie. Es liegt an den Fähigkeiten dieser Harmonie, dass in einem Vergleich von gleich talentierten Gruppen die Gruppe mit der größten Gruppenharmonie, sprich die Gruppe, die am besten mit ihren Emotionen umgeht, am besten abschneidet. Warum? Weil es die Funktionsweise der Gruppe erlaubt, alle Talente einzubringen und nicht nur die, die am lautesten auf sich aufmerksam machen. So zeigte sich in Versuchen, dass Personen, die ein Übermaß an Eifer zeigten, die Gruppe behinderten, indem sie anmaßend und beherrschend alles kontrollierten. Ihnen fehlte die soziale Intelligenz zu erkennen, wann etwas sozial angebracht und wann unangebracht war. In Gruppen, wo Angst und Wut, Konkurrenzdenken und Vorurteile vorherrschen, waren die emotionalen und sozialen Spannungen groß. Dies ist nicht alleine auf Teams beschränkt, denn vieles „was Menschen bei der Arbeit zustande bringen, hängt von ihrer Fähigkeit ab, sich an ein lockeres Netzwerk von Arbeitskollegen zu wenden." Goleman hält fest, dass der berufliche Erfolg wesentlich davon abhängt, wie gut jemand ein Netzwerk gestalten kann, in dem sich unterschiedliche Experten befinden, die ein zeitlimitiertes „Ad-hoc-Team" bilden. Was Goleman damals noch als zweifelhafte Erkennungsgewinnung und neurobiologisch nur beschränkt nachweisbar angekreidet wurde, weist Losada Jahre später in Versuchen nach. Die fehlende Operationalisierung des Konzepts von Goleman findet gerade statt — in der positiven Psychologie.[13]

Aber was passiert tagtäglich in den Meetings dieser Welt? Langeweile, Frustrationen, Zeitverschwendung, Anfeindungen, Selbstdarstellung, Mobbing, Kaffee trinken ... — wir können diese Liste endlos fortsetzen.

---

[13] vgl. Goleman S. 205ff.

5 Methoden zur Gestaltung Positiver Sozialer Interaktionen

Die Frage ist: Warum tun Sie nichts dagegen? Und wie sieht ein gutes Meeting aus, das nicht nur informativ ist, sondern auch Positive Soziale Interaktionen fördert?

Wertschätzendes Verhalten in Meetings

Eine grundlegende Rolle spielt dabei das Verhalten in Meetings. Positives Soziales Verhalten drückt sich unter anderem aus in

- Zuhören,
- Unterstützung der Ideen und Vorhaben anderer,
- aktiver Mitarbeit und Diskussion aller Teilnehmenden als auch
- in respektvollem Umgang mit anderen.[14]

Halten Sie an dieser Stelle bitte kurz inne und fragen Sie sich, ob Ihre Meetings wirklich so aussehen? Hören Ihre Mitarbeiter zu oder warten sie nur darauf, den eigenen Redebeitrag einbringen zu können? Erleben Sie es täglich, dass Vorschläge anderer unterstützt werden, anstatt die eigene Meinung zu pushen? Äußert sich Respekt auch durch Körpersprache oder gestaltet es sich eher so, dass jeder am Laptop oder Smartphone vor sich hin tippt und jegliche Präsenz und Fokus vermissen lässt? Leider zeichnen sich Meetings eher als Kampfarena oder Anwesenheitsveranstaltung aus als als Interaktionsbühne.

Highlights

Positive Soziale Interaktionen in Meetings lassen sich fördern, indem Sie zu Beginn eines Meetings zuallererst Raum für eine (moderierte) Diskussion darüber lassen, was in der vergangenen Woche (Monat, Tag) *gut* war:

- Was waren die Highlights der Woche? Für jeden Einzelnen, und für die Gruppe?
- Welche Probleme wurden gelöst? Fragen Sie individuell als auch in der Gruppe ab und stellen Sie klar, dass Sie Wert darauf legen, auch Teamerfolge zu sehen.
- Worauf ist jeder einzelne Teilnehmer besonders stolz?

Wenn Sie diese Technik einsetzen, achten Sie darauf, *alle drei Fragen* zu stellen. Erst die intensivere Beschäftigung mit positiven Gefühlen wie Stolz führt dazu, dass wir wirklich Stolz empfinden und damit in eine positive Gefühlslage kommen, die wiederum es erst ermöglicht, konstruktiv an einem Meeting teilzunehmen. Es kann

---

[14] vgl. auch Losada, detailliert im Unterkapitel Hochleistungsteams unter Punkt 1.3. 2. 3.

passieren, dass die Befragten in der Antwort Ihre Frage abändern, etwa in „Worauf ich nicht so stolz bin" oder „Nur ein wenig stolz" oder etwa: „Highlights — gab's keine!" Weisen Sie Ihre Mitarbeiter/Kollegen darauf hin, dass es in diesem Teil des Meetings nicht um negative Äußerungen geht. Dazu wird es später noch genug Gelegenheit geben.

Zu einfach?

Probieren Sie es aus! Gefragt sind nicht stundenlange Selbstbeweihräucherungen (drehen Sie den Selbstwerbungsfachleuten ganz schnell den Hahn ab, indem Sie eine Redezeit vorgeben und diese als Moderator deutlich einfordern), sondern kurze und knappe, aber *gefühlsinvolvierende* Äußerungen aller Anwesenden. Sie fördern damit nicht nur den Informationsaustausch, sondern ermöglichen es den Teilnehmenden, sich *positiv zu Erfolgen anderer* zu äußern, was wiederum die Grundlage für positive soziale Beziehungen ist. Agieren Sie als Vorbild und äußern auch Sie sich positiv zu den vorgetragenen Highlights und Problemlösungen, und fragen Sie genauer nach, wenn Sie etwas besonders interessiert. So zeigen Sie, dass Sie die Diskussion der Erfolge ernst nehmen.

Nun müssen Meetings nicht betont positiv ablaufen — sie müssen nur betont positiv beginnen und enden. Auseinandersetzungen, die unter Umständen auch negative Äußerungen enthalten, folgen zum Teil sowieso im weiteren Verlauf der Meetings, d. h., Sie müssen sich wahrlich keine Sorgen darüber machen, dass Sie in einen Kaffeeklatsch verfallen.

Neid?

Es kann durchaus passieren, dass die positive Berichterstattung über Highlights bei anderen Teilnehmern Neidgefühle auslöst. Neid (oft auch als deutsche Form der Anerkennung bezeichnet) ist ein Gefühl, das zu funktionierenden Beziehungen gehören kann, wenn es den Faktor der Missgunst nicht beinhaltet. Wir können neidisch sein (falls Sie den Begriff nicht mögen, ersetzen Sie ihn gerne mit „kompetitiv") und es kann uns als Ansporn dienen, wenn wir es dem anderen gönnen — wenn nicht, haben wir ein Problem, und der andere meistens auch. Insofern gilt: Sobald Sie Missgunst in Ihrem Team bemerken, sprechen Sie es mit den betreffenden Personen an — oft liegen ein geringes Selbstbewusstsein und ein eingeschränktes Selbstwertgefühl zugrunde. „Jetzt hat der es doch geschafft, den Kunden zu akquirieren und war nur einmal da ... — ich war zehnmal da und hab nichts geschafft", ist ein Gedanke, der noch keine Missgunst beinhaltet, und auch ein „Ich beneide Dich" ist keine negative Gefühlsäußerung, wohl aber „Ich neide es Dir". Missgunst löst im Allgemeinen eine Einstellung der Kommunikation aus, oft einseitig bedingt, was wiederum den positiven Interaktionen nicht förderlich ist, da sie nun kaum noch zustande kommen können.

Inoffizielle Meetings

Es sind nicht immer die Sachthemen, die Positive Soziale Interaktionen fördern. Small Talk über die letzten Fußballergebnisse oder das neue Restaurant, abgehalten auf dem Flur oder in der Küche, lässt mancher Führungskraft die Haare zu Berge stehen und hat zur Konsequenz, dass die Konversation unterbunden wird — leider, denn eine Studie der Tel Aviv University stellt fest, dass informelle Positive Soziale Interaktionen am Arbeitsplatz die Gesundheit verbessern.

Weiterführende Website zur Studie der Tel-Aviv-University

http://www.google.de/url?sa=t&rct=j&q=&esrc=s&source=web&cd=2&ved=0CD oQFjAB&url=http%3A%2F%2Fwww.apa.org%2Fpubs%2Fjournals%2Freleases%2F hea-30-3-268.pdf&ei=OVL_UeDGMIiJPcfQgYgD&usg=AFQjCNGTFZ6j7NxV-uXzKPIAl6v K9gYYGQ&sig2=oyTVlGDKgMs7Rt8xjcD_hQ&bvm=bv.50165853,d.ZWU

Das Schwätzchen auf dem Flur hat ganz besondere Fähigkeiten. Es sorgt dafür, dass psychologische Sicherheit entsteht, und damit das Gefühl, im Notfall auf die Hilfe mehrerer sozialer Beziehungen zugreifen zu können. Sharon Toker, Professor an der Recanati Graduate School of Business, stellt heraus, dass soziale Interaktionen zudem die gute Laune und die Lernfähigkeit der Mitarbeiter fördern: „Social support enhances our ability to gain knowledge, make use of resources and, thus, promotes both personal and organizational well-being."[15] Dies ist zurückzuführen auf einen hormonellen Vorgang im Körper.

Von dem physiologischen Standpunkt her weisen die sozial Interaktiven ein höheres Maß an Oxitocin (Hormon, das die Bereitschaft steigert, sich auf andere Menschen einzulassen und mit einem verringerten Stresslevel in Verbindung gebracht wird) auf, das während der Interaktion freigesetzt wird. Die interagierenden Mitarbeiter empfinden das Gefühl der Zugehörigkeit dem Team und dem Unternehmen gegenüber, was wiederum in einigen der untersuchten Unternehmen den Effekt hatte, dass die Mitarbeiter verstärkt an in Unternehmen angebotenen Gesundheitsprogrammen teilnahmen. Toker stellte weiterhin fest, dass von Führungskräf-

---

[15] vgl. http://www.apa.org/news/press/releases/2011/05/co-workers.aspx, Stand 12.03.2013.

ten und Unternehmen geförderte Positive Soziale Interaktionen chronische Krankheiten verhindern helfen und die Krankentage senken.

Toker ermutigt Unternehmen, Mitarbeiter gemeinsam zum Lunch gehen zu lassen (was oft nicht passiert, da ja immer jemand die „Stellung halten muss") und Face-to-Face-Interaktionen zu fördern, wo es nur geht, anstatt auf eine rein virtuelle Kommunikation zu bauen. „If we give employees an opportunity to bond, through coffee corners, unofficial meetings or social networks, we allow them to make friends at work", sagt Toker und nimmt die Unternehmen samt Führungskräfte in die Pflicht. Die Botschaft für Führungskräfte ist eindeutig: Es ist ihre Aufgabe, zwischen harter Arbeit und Spaß eine Balance zu schaffen. Spaß bedeutet nicht nur das Gespräch auf dem Flur, sondern auch andere gemeinsame Aktivitäten, wie etwa die „Thursday Night in Haarlem" (Donnerstag Spätnachmittag Treffen bei Drinks und Käsewürfeln in einem niederländischen Kaufhaus, an welchem auch Kunden gerne teilnehmen), der „Treff nach Fünf" eines rheinischen PR-Unternehmens oder die „Fußballwetten" in Unternehmen[16]. In welcher Form Sie diese Interventionen in Ihrem Unternehmen institutionalisieren können, müssen Sie für sich klären. Wichtig jedoch ist, dass Sie als Führungskraft an diesen informellen Treffs *teilnehmen* und auch andere dazu einladen (evtl. einen Kunden, den Vorstand, einen Kollegen oder andere Teams). Die Erfahrung zeigt, dass Führungskräfte hier eine immense Sogwirkung ausüben: Nehmen sie an den informellen Treffs aktiv und immer teil, entwickeln sich diese zu einem gesunden Ritual — halten sie sich fern, kommen zu spät oder verabschieden sich früher, sterben die informellen Treffs. Überlegen Sie daher gut, ob Sie es sich zutrauen, diese Aufgabe auch erfüllen zu können, bevor Sie es initiieren!

5.3.2.2 Angewandtes Emotionsmanagement

Unternehmen sind Orte, an denen Emotionen stattfinden, Orte, die Emotionen beeinflussen, Orte, die Emotionen nutzen oder vergeuden — ob positiv oder negativ, durch die in ihnen handelnden Personen. *Emotionen bestimmen die Interaktionen am Arbeitsplatz* zu einem nicht unbeträchtlichen Teil, denn jede noch so sachliche Interaktion wird begleitet von einem Gefühl, das darüber entscheidet, ob die Interaktion positiv oder negativ interpretiert wird. Wir alle kennen diese Sach- und Ge-

---

[16] Eine gute Gelegenheit, viele Menschen auch außerhalb der üblichen Arbeitskontakte kennenzulernen, die Sie aber natürlich nicht offiziell einführen dürfen, da dies ja verboten ist!

fühlsebenen aus zahllosen Kommunikationstrainings, und — wir wenden sie nicht an, wie das in allen Unternehmen tagtäglich passierende „Wörlitzen"[17] zeigt:

> **! ACHTUNG: Wörlitzen?**
>
> Nehmen Sie den Satz: „Herr Wörlitz, wie lange benötigen Sie für das Konzept?" Nun kann Herr Wörlitz das als Affront auffassen und Ihnen unterstellen, dass Sie ihn nur antreiben und unter Druck setzen wollen. Herr Wörlitz kann aber auch lachen und Ihnen eine sachliche Antwort geben.
> Viele Führungskräfte in Unternehmen versuchen, hier durch den Tonfall und eine Satzabänderung zu kommunizieren, dass sie selbst unter Druck stehen, und diesen auch ausüben wollen (es aber nicht wagen, ihn offen zu kommunizieren). Das klingt dann so: „Wörlitzchen, mein Lieber, was meinen Sie denn, wie lange Sie dafür benötigen — ich will Sie ja gar nicht antreiben, ich wollte nur so mal eben fragen?!" Die Frage ist, ob „Wörlitzchen" versteht, was Sie von ihm wollen. Emotionales Management beinhaltet klare Kommunikation, so etwa: „Ich habe einen Riesendruck mit dem Projekt und bin deshalb ziemlich nervös — es ist wichtig für mich zu wissen, wie ich Ihre Konzepterstellung zeitlich einplanen kann."

Emotionalen Standard vorleben

Ihr Ziel als effektiv agierende Führungskraft ist es, einen *emotionalen Standard* vorzuleben, der von positiven Interaktionen geprägt ist und Ihre Handschrift trägt — d. h. einen professionellen Umgang mit Emotionen im Team und im Unternehmen. Ihnen kommt die Aufgabe zu, durch Führung eine Umgebung und eine Struktur zu schaffen, welche Ihre Mitarbeiter befähigt, Positive Soziale Interaktionen zu erleben und zu gestalten.

---

[17] Eine Interaktion, der ich ungewollt beiwohnen musste und die ich seitdem mit „Wörlitzen" bezeichne, und der Ihnen vielleicht unter dem Begriff Kommunikation mit sprachlichen Weichmachern bekannt ist.

PSI – Positive Soziale Interaktionen

Um emotionale Standards zu setzen, lohnt sich ein Blick auf die Voraussetzungen. Salovey & Mayer definieren 2004 vier Standards, die einen Einblick in die Fähigkeiten der emotionalen Intelligenz[18] geben:

1. Emotionen identifizieren (eigene Emotionen und die Emotionen anderer erkennen und ausdrücken können): Wenn Sie nervös wegen einer Deadline agieren, macht es Sinn, dies anderen auch mitzuteilen. Wenn Wörlitz keinerlei Anzeichen von Überforderung und Stress zeigt, macht es keinen Sinn, Wörlitz dies einzureden, indem Sie mit weichmachenden Worten agieren. Wenn Wörlitz das Gesicht verzieht und Sie böse anblickt, heißt dies, Wörlitz aufzufordern, seine Gedanken und Gefühle auch sprachlich auszudrücken, da Sie Gedanken nicht lesen können und eine Interpretation nur ungenau sein kann — und damit setzen Sie schon einen emotionalen Standard, nämlich den, dass Gedanken geäußert werden können und sollen.
2. Emotionen nutzen, um ressourcenvolles Denken zu ermöglichen (bewusst positive Emotionen nutzen, um kreative Denkprozesse voranzutreiben): Wenn Wörlitz sich emotional unter Druck gesetzt fühlt, wird er nicht über seine vollen geistigen und körperlichen Ressourcen verfügen, denn seine negativen Gefühle ziehen immens viel Energie ab, die er besser in die kreative Bewältigung der Aufgabe stecken könnte.
3. Emotionen verstehen (die Komplexität und Vielschichtigkeit verschiedener Emotionen verstehen und ihre Verzahnungen untereinander zu erkennen): Wörlitz kann die Aufgabe, die Sie ihm geben, vielleicht durchaus lösen, hatte aber gerade zuvor eine negative Interaktion mit einem Kollegen, die ihn wiederum in dem Verhalten Ihnen und der Aufgabe gegenüber beeinflusst.
4. Emotionen managen (Regulation und Kontrolle von Emotionen auf eine konstruktive und positive Art und Weise): Unterstützen Sie Wörlitz und sich selbst darin, Emotionen professionell zu managen, d. h. in einem ressourcenreichen Zustand zu bleiben.

Die vier Standards sollte *jeder* in Ihrem Team beherrschen, nicht nur Sie als Führungskraft. Sie gehen einher mit sozialen (verbale Kommunikation und Interaktion: „Herr/Frau Wörlitz, bitte machen Sie ...") und emotionalen (nonverbale Kommunikation und Interaktion: Ihre Mimik, Gestik, Tonfall etc.) Skills. Sie als Führungskraft als auch Ihre Mitarbeiter müssen in der Lage sein, über beide Kanäle zu kommunizieren.

---

[18] Die „emotionale Intelligenz" beinhaltet, sich selbst samt der eigenen Emotionen zu kennen, kritisch zu reflektieren und zu wissen, warum Emotionen auftreten bzw. was sie auslösen, und ist seit Daniel Golemans Buch über emotionale Intelligenz vielfältig diskutiert worden – ob sie in Unternehmen jedoch wirklich angewendet wird, ist eine ganz andere Frage. Wie es scheint, gilt eher die Maxime: You get hired for your skills, you get fired for your personality.

Methoden zur Gestaltung Positiver Sozialer Interaktionen

Emotionale und soziale Skills angelehnt an Riggio & Carney

Skill	Definition	Führungskraft Verhalten
Emotionen äußern	Nonverbale Kommunikation, emotionale Nachrichten aussenden, nonverbaler Ausdruck von Einstellung, Dominanz und interpersonellen Beziehungen	Motivation und Inspiration der Mitarbeiter durch positive nonverbale Bestätigung und Anerkennung
Emotionale Sensitivität	Nonverbale emotionale Signale anderer erkennen, empfangen und interpretieren können	Bedürfnisse und Gefühle der Mitarbeiter verstehen und mit ihnen in einen Austausch treten können
Emotionen kontrollieren	Die eigenen Emotionen und deren nonverbale Äußerung regulieren und nutzen können	Regulierung unangemessener nonverbaler Emotionsäußerungen der Mitarbeiter und Coaching in der Beherrschung derselben
Emotionen verbal äußern	Emotionen verbal benennen können und andere motivieren, in Gespräche und Diskussionen über Emotionen einzutreten	Öffentlich Emotionen ansprechen und überzeugen können, Coaching der Mitarbeiter
Verbale Sensitivität	Verbale emotionale Äußerungen anderer interpretieren können, soziale Situationen anderer verstehen können, soziale Regeln und Normen erkennen	Effektives, aktives Zuhören, Regulierung und Monitoring von Sozialverhalten und verbalen Äußerungen der Mitarbeiter
Verbale Emotionen kontrollieren	Eigene emotionale verbale Äußerungen durch Rollenspiele und Übungen kontrollieren	Ein Vorbild in taktvollem Umgang sein, Souveränität im Auftreten

Tab. 7: Emotionale und soziale Skills

Sie können Ihre positiven emotionalen Standards durch einige der folgenden Verhaltensweisen und Maßnahmen setzen.

Emotionen verstehen (eigene und andere)

Professionell miteinander umgehen beinhaltet heutzutage, dass Emotionen nicht offen und mit aller Kraft, sondern „verdeckt" ausgedrückt werden.[19]

---

[19] Der Ausdruck von Emotionen stellt für Sie, aber auch für alle anderen Interaktionsteilnehmer eine wichtige Informationsquelle dar. Sie kommuniziert Authentizität, die augenblickliche

PSI – Positive Soziale Interaktionen

Dies macht es nicht nur für Sie, sondern für jeden von uns sehr schwer, die Emotionen anderer zu verstehen. Die Äußerung *positiver Emotionen* wird gerne gesehen, allerdings in einem Rahmen, der Freudensprünge im Büro (bei einer Beförderung oder Projektgewinn) ausschließt. *Negative Emotionen* wie Wut, Angst oder starker Ärger werden ungerne offen gesehen, von manchen Zeitgenossen aber ungehindert trotzdem bei anderen abgeladen. Die Folge: Eine Person entledigt sich ungebremst ihrer negativen Emotionen, z. B. durch einen cholerischen Anfall, Beleidigtsein oder schlechte Laune, der Rest des Teams schweigt still und knabbert für den Rest des Tages oder für mehrere Tage an dem Ausbruch, da sie die Emotionen nicht zuordnen können, sondern interpretieren müssen. Und diese Interpretation kann es in sich haben: Aggressionen gegenüber der Person können die Folge sein, aber auch Rückzug, oder schlimmer noch, die Abwertung der Person als „Vollidiot" o. ä., was eine positive soziale Interaktion mit betreffender Person in allen Fällen in Zukunft behindert, beeinflusst oder gar ausschließt. Beides, sowohl das Zurückhalten der Gefühle als auch das Leiden unter den Gefühlsäußerungen anderer, ist ziemlich ungesund. Ihre Aufgabe als Führungskraft ist die gezielte Moderation der auftretenden Emotionen. Dazu müssen Sie diese aber zuerst erkennen und verstehen können: Dies können Sie bewerkstelligen, indem Sie

1. in wiederkehrenden Sessions offen mit dem Team besprechen, wer welche Emotionen wann empfindet, wie er sie ausdrückt und wie diese einzuschätzen sind. Wenn jeder im Team versteht, dass Person X zweimal pro Tag einen emotionalen Ausbruch bekommt, weil er oder sie mit Ärger nicht anders umgehen kann, haben die Ausbrüche einen anderen Charakter — die einen können nun damit umgehen, derjenige, der „ausbricht", stellt diese Verhaltensweise meist ein, weil er sich nun sicherer im Team fühlt (wie mir u. a. ein Interviewpartner, der früher als heftiger Choleriker bekannt war, berichtete). Die „Sessions" können Sie professionell durch einen Trainer begleiten lassen, aber auch selbst durchführen. Sie beginnen, indem jeder Mitarbeiter äußert, was ihn heute/gestern/während der Woche
   - besonders gefreut hat, begeistert hat, stolz gemacht hat,
   - weiterführend, was ihm zu schaffen gemacht hat, wütend gemacht hat, ärgerlich gemacht hat, neidisch gemacht hat und
   - wie er darauf reagiert hat.
2. Individuen mit einer starken Tendenz zum öffentlichen Ausdruck von negativen/positiven Emotionen vermitteln, dass Sie diese Emotionen zum Teil durchaus nachvollziehen können (unterschiedliche Personen reagieren un-

---

Verfassung eines Menschen. Deuten eine erhobene Stimme und gerunzelte Augenbrauen darauf hin, dass ein Teammitglied Bedenken bezüglich einer anstehenden Entscheidung hat, kann dies ein wichtiger Hinweis auf etwas sein, das vielleicht von anderen übersehen wurde, oder auch auf eine Blockade, die das Teammitglied hindert, einer Entscheidung zuzustimmen, oder es kann auf das u. U. unangemessene Verhalten anderer hinweisen.

terschiedlich auf Situationen), jedoch in der Interaktion mit anderen nicht für erstrebenswert halten, es sei denn, beide Parteien haben gelernt, konstruktiv damit umzugehen. Machen Sie deutlich, dass andere, d. h. Kollegen oder Kunden, dieses Verhalten nicht „verstehen". Wirklich konstruktiv gehen damit nur Personen um, die vorher eine High Quality Relationship aufgebaut haben.

3. Ihre eigenen Emotionen erklären und steuern, d. h. anderen verständlich machen, was in Ihnen vorgeht — auf eine sachliche Art und Weise, was nicht immer leicht ist, da außer Führungsaufgaben auch Unternehmensziele und operationale Aufgaben Ihren Tag beeinflussen. Wenn Sie sich über etwas ärgern, äußern Sie es, indem Sie offen, aber neutral über Ihr Gefühl sprechen. Sie besitzen eine Vorbildfunktion, die ein negatives, destruktives Verhalten nicht erlaubt. Von Ihnen wird ein gewisser Grad an Reife, Seriosität und Professionalität erwartet, der sich durch unkontrollierte Gefühlsäußerungen Ihrerseits nicht verbessert.

4. trainieren, Emotionen Ihrer Mitarbeiter oder anderer Personen und ihre Wirkung auf das Team frühzeitig zu erkennen und zu managen. Sie erkennen die Emotionen anderer oft schon an Stimme, Tonfall und Mimik. Wenn Sie beobachten, dass starke negative Emotionen in Interaktionen im Spiel sind, sprechen Sie Ihre Bobachtung offen und konstruktiv an. So lernen Sie, Emotionen anderer zu verstehen und diese später effektiv zu managen. Oft im Beschwerdemanagement angewendet, wundert es, dass diese Technik es noch nicht in den Alltag geschafft hat.

5. das Team daraufhin ausbilden lassen, Gefühle und Konflikte zu erkennen und professionell zu managen als auch konstruktives Feedback zum emotionalen Verhalten anderer geben zu können.

6. Einzelgespräche regelmäßig einplanen, um Situationen, Probleme, Einstellungen und Emotionen zu diskutieren.

7. darauf achten, dass emotionsauslösende Gewohnheiten von Mitarbeitern oder Führungskräften (lautstark telefonieren, Füße auf den Tisch legen, Türen schließen etc.) die Interaktionsbereitschaft nicht stören.

8. sich darüber im Klaren sind, dass viele Mitarbeiter das Team/das Unternehmen als eine Art Familie betrachten, was dazu führt, dass Verhalten, dass klassischerweise nur im engsten Vertrautenkreis praktiziert wird, in das Unternehmen übertragen wird, wie etwa defensives Verhalten, das Interpretieren von kleinsten Äußerungen anderer, der unbedingte Wunsch, von allen geliebt zu werden, oder auch „Klartext" zu reden, was meist darauf hinausläuft, andere zu beleidigen.

Vielen mag der Fokus auf Emotionen im Team lästig sein oder gar unverständlich und sinnlos. Die Forschung sagt etwas anderes, was auch die eine oder andere Managementschmiede erkannt hat, die mittlerweile ebenfalls Themen wie Psychoanalyse und Emotionale Intelligenz auf den BWL-Lehrplan setzen.

Vertiefende Inhalte

Ein Erfahrungsbericht zum Thema finden Sie auf Arbeitshilfen Online.

Eine Anleitung zum Mapping von Emotionen finden Sie ebenfalls auf Arbeitshilfen Online.

> An dieser Stelle eine offen geäußerte negative Emotion meinerseits:
> Was mich persönlich nach wie vor ärgert, ist, dass der professionelle Umgang mit Emotionen nur auf Führungskräfte beschränkt wird. Ich bin der festen Überzeugung, dass *jeder* ein Meister der eigenen Gefühle sein sollte.

Nonverbale Gefühlsäußerungen: Der Augenroller

Emotionen zeigen sich verbal und nonverbal — wenn das Team weiß, dass Teammitglied Laura Maier die Augen rollt oder wild gestikuliert, wenn sie sich über etwas aufregt, kann ihr Beitrag konstruktiv und nicht defensiv angegangen werden. Was aber oft passiert, ist ein unbewusstes, teilweise auch bewusstes Abstrafen dieser Verhaltensweisen à la „Hast Du gesehen, die Maier hat schon wieder ...", was nicht zu Positiven Sozialen Interaktionen beiträgt — aus Unwissenheit um die Folgen solcher Emotionen. Was hält Sie bzw. die Teammitglieder davon ab, Laura Maier zu fragen, warum sie mit den Augen rollt, wenn etwas passiert und welches Gefühl dahinter liegt? Nichts! Sie interpretieren z. B. Arroganz — für Laura Maier ist es vielleicht Unsicherheit. Zudem — wenn Laura Maier sich ihrer Verhaltensweise bewusst wird, fällt es ihr leichter, diese emotionale Verhaltensweise so zu kontrollieren, dass sie sie nicht im Umgang mit anderen behindert. Gleiches gilt für *positive* nonverbale Äußerungen: Ein freundliches Lachen, ein erhobener Daumen sind große Motivatoren — unterstützt durch eine verbale Äußerung wirken sie noch mehr.

Verbalisieren

Es liegt an Ihnen, nonverbal geäußerten Emotionen in die „Verbalität" zu bringen, etwa indem Sie auf ein Augenrollen oder Kopfschütteln reagieren und die betreffende Person bitten, die Emotion bzw. ihren Beitrag doch verbal einzubringen. Viele Unternehmen und Führungskräfte erwarten von ihren Mitarbeitern, Emotionen zurückzuhalten und rein sachlich zu argumentieren, was sicherlich den Sinn von Emotionen verkennt, dienen sie doch als Abkürzungssignal für Gefahren, als Motivationsmittel oder auch als Hilferuf.

5
Methoden zur Gestaltung Positiver Sozialer Interaktionen

Die wirklich guten Führungskräfte zeichnen sich dadurch aus, dass sie die Stimmungen anderer Menschen erkennen, verstehen und beeinflussen können. Sie als Führungskraft wissen, dass

- Emotionen die kognitiven Prozesse eines Menschen stark beeinflussen,
- die kognitiven Prozesse wiederum das Verhalten steuern, d. h. die Aufmerksamkeit und die Entscheidungen anderer,
- ein Nicht-Ansprechen unklar geäußerter Emotionen dazu führt, dass Sie keinerlei Einfluss auf die Entscheidung anderer haben — und dass dies eine alte Verkäuferweisheit ist, die Sie nutzen können.

Sie müssen nicht befürchten, dass Ihre Meetings zu Therapiesitzungen der Gefühle verkommen — erfahrungsgemäß haben andere sehr schnell verstanden, worum es Ihnen geht.[20]

Emotionale Ansteckung: Sunnyboy vs. Grantler

Sunnyboy vs. Grantler — so könnte die plakative Überschrift der Yellow Press zu dem Erfolgsfaktor *Emotionale Ansteckung* lauten. Das Phänomen der emotionalen Ansteckung (Gefühlsansteckung) sagt aus, dass Menschen sich von Emotionen anderer (positiv wie negativ) anstecken lassen.

Bei diesem Phänomen orientieren Personen sich vornehmlich am Gesichtsausdruck anderer, d. h., die Prozesse der emotionalen Ansteckung laufen affektiv bzw. unbewusst ab. Daniel Goleman machte sich schon 1999 in seinem Buch „Emotionale Intelligenz" daran, zu erforschen, wie emotionale Ansteckung funktioniert. Goleman geht davon aus, dass Beziehungen und Interaktionen mit anderen gemanagt werden können, indem die „Brain states", d. h. die neuronalen Systeme im Gehirn eines anderen, beeinflusst werden. Allerdings: Goleman stellte in Untersuchungen fest, dass sich nicht jeder als Sender der emotionalen Ansteckung eignet, ganz gleich, wie positiv oder auch negativ er sich in seinen Interaktionen bewegt. In

---

[20] Die Psychologieprofessorin Barbara Fredrickson weist nach, dass positive Gefühle wie Freude, Interesse, Zufriedenheit oder Liebe den Wahrnehmungsfokus von Menschen erweitern. D. h., es erlaubt ihnen, Probleme leichter zu lösen, weil sie mehrere Lösungen in Betracht ziehen, und es unterstützt dabei, Wissen, Fähigkeiten und Fertigkeiten aufzubauen. Negative Emotionen haben einen Sinn, sind in Problemlösungssituationen jedoch eher hinderlich, da sie die Wahrnehmung einengen. Beide Arten der Emotionsäußerung tragen zu gesunden Beziehungen und physiologischer Gesundheit bei, wobei die positiven Emotionen überwiegen müssen. Wenn negative Gefühle überwiegen, behindern sie eine kreative Problemlösung – positive Gefühle hingegen, die getragen sind von Freude an der neuen Herausforderung, eröffnen neue Ressourcen.

Teams ist die Person mit der größten Macht der größte Beeinflusser, d. h., Sie, die Führungskraft, oder der informelle Führer. Das bedeutet für Sie: Zeigen Sie positive Emotionen, treten Sie in Positive Soziale Interaktionen ein und übertragen Sie diese auf Ihr Team. Sorgen Sie damit für eine bessere Gruppenleistung und bedenken Sie, dass es genauso funktioniert mit negativen Emotionen. Aber beachten Sie: Emotionen sind nicht dazu da, von Ihnen gespielt zu werden, sonst wären Sie ein hochbezahlter Hollywood Star. Bringen Sie sich in eine Verfassung, in der Sie diese Emotionen auch tatsächlich vermitteln können.

Emotionale Sicherheitszone

Sie haben es geschafft. Ihr Team interagiert vertrauensvoll miteinander und verfügt über Positive Soziale Interaktionen und Beziehungen. Es befindet sich in der *emotionalen Sicherheitszone*[21], die ihm einen klaren Wettbewerbsvorteil gegenüber anderen verschafft. Ihre Aufgabe als Führungskraft ist nicht nur die Aufrechterhaltung dieses Status, sondern auch dessen Ausbau. Wenn Sie erleben, dass das Team offene, konstruktive Äußerungen von negativen und positiven Emotionen zulassen kann, ohne außer Balance zu geraten, sind Sie auf einem guten Weg. Beobachten Sie hingegen, dass Ihr Team noch leicht aus der Bahn zu werfen ist, wenn eine Bemerkung wie „Das geht mir hier alles auf die Nerven" fällt, so ist diese Zone noch nicht geschaffen. Der Unterschied liegt darin, dass Teams in der emotionalen Sicherheitszone in der Lage sind, diese Äußerung anders zu interpretieren, indem sie sie entkodieren und in eine konstruktive Äußerung, wie z. B. „Ich merke gerade, dass ich mich über das Projekt ärgere", übersetzen. Diese Fähigkeit versetzt Ihr Team in die Lage, über das Thema zu diskutieren, ohne sich durch die Emotion beeinträchtigen zu lassen. Testen Sie daher immer wieder, wie es um die Formulierungen in Ihrem Team steht und fragen Sie bei unklaren Äußerungen ruhig einmal „ganz penetrant" nach, denn: Sie setzen den Standard, nicht die anderen!

5.3.2.3 Bonding

Der renommierte Organisationspsychologe George Kohlrieser hält fest, dass Bonding, die (emotionale) Bindung in Gruppen, einen starken Einfluss auf Positive Soziale Interaktionen nimmt. Es ist das Gefühl der Zugehörigkeit zu einem Team, das Gefühl, an der richtigen Stelle zur richtigen Zeit gemeinsam mit anderen zu sein. Dieses Gefühl entsteht in keiner Gruppe oder keinem Team dieser Welt, ohne dass

---

[21] In der Literatur auch als „emotional carrying capacity (ECC) bezeichnet.

eine Führungskraft dieses Gefühl durch Interventionen initiiert hat. Sie ist es, die das Umfeld für diese vertrauensvollen Beziehungen schafft — dies war zu merken beim FC Bayern München, den Jupp Heynckes von einem Club der Millionäre zu einem tollen Team gemacht hat und der Guardiola als nachfolgende Führungskraft kein leichtes Erbe hinterließ.

Für die Teammitglieder bzw. Interaktionspartner bedeutet eine emotionale Bindung *nicht*, die anderen im Team „mögen" zu müssen. Es geht darum, dass es *eine* Sache, ein Ziel, einen Sinn gibt, der das Team zusammenhält, insbesondere wenn Herausforderungen und Probleme anstehen, wie etwa die Champions League oder das nächste Projekt. Diese Sachen, dieses Ziel, dieser Sinn heißt: das Team und seine Qualitäten, oder auch: Egal, was passiert, wir stehen für uns ein, und das funktioniert nur, wenn wir uns an Regeln halten. Bonding funktioniert vor allem über gegenseitigen Respekt.

High Quality Teams: Der Umgang mit Emotionen

Ihr Ziel ist eine Transition von einem „normalen" Team zu einem *High Quality Team*, was Sie daran erkennen, dass es

- über ein professionelles, sicheres Beziehungsgeflecht verfügt, in welchem sowohl positive als auch negative Emotionen offen und konstruktiv geäußert werden,
- Teammitglieder offen neue Ideen diskutieren und sich auch gegen Meinungen anderer stellen,
- Teammitglieder risikobereit sind, wenn es um neue Projekte oder Lernen geht,
- Teammitglieder offen äußern können, dass sie Angst vor dem neuen Projekt haben, Ärger empfinden, wenn bestimmte Dinge immer noch nicht passieren, und so
- gemeinsam im Team lernen. Dabei kommt es zum allergrößten Teil darauf an, dass die Interaktionspartner sich und ihre Emotionen sowie die Art der Äußerung kennen.

Das Respekt-Prinzip

Es gibt wohl kaum einen ausgehöhlteren Begriff als den des Respekts, und es ist mir fast peinlich, darüber zu schreiben. Jedoch zeigen die Erfahrungen vieler Unternehmensberater und Trainer, dass sich in Unternehmen und Teams ein Bild bietet, das an Respektlosigkeit teilweise kaum zu überbieten ist. Jeder ist sich selbst der

PSI – Positive Soziale Interaktionen

Nächste, fordert Respekt für sich selbst ein, denkt aber im Traum nicht daran, ihn auch anderen zu erweisen. Die Politik erweist sich als schlechtes Vorbild. Da ist von Clowns statt von gewählten Volksvertretern die Rede, Politikeraussagen wie „Schnauze Iwan" oder „Du intrigantes Schwein" sind gang und gäbe und so auch im Internet verewigt.[22] Wie die Gen Y, sozialisiert durch teilweise anonyme Internetforen, in welchen Beleidigungen und Schmähungen an der Tagesordnung sind, diesen Begriff versteht, bleibt abzuwarten. Auf der anderen Seite wird der Gen Y eine geringe Kritikfähigkeit nachgesagt als auch der Hang zu einer „Wellness-Umgebung", in welcher die Kollegen und die Arbeit Spaß machen und man gemeinsam etwas schaffen kann, was wiederum für die Notwendigkeit eines respektvollen persönlichen Umgang spricht.

Respekt ist ein recht dehnbarer Begriff, der für jeden etwas anderes bedeutet. Fest steht: Respektloser Umgang miteinander steht an erster Stelle, wenn es darum geht, positive Interaktionen zu demontieren, und das nicht nur im Privatleben. Ein respektvoller Umgang miteinander verlangt, dass Sie als Führungskraft dafür sorgen, dass die Teammitglieder die Bedingungen für Respekt vorab miteinander aushandeln — unter Ihrer Moderation. In Zeiten, in denen Verhaltensknigge „out" ist, benötigen Sie ein funktionierendes Regelwerk, um Positive Soziale Interaktionen entstehen zu lassen.

Absolvieren Sie mit Ihrem Team eine Respektsession, in der es darum geht, was Respekt für jeden bedeutet und was sich jeder Einzelne vom anderen wünscht. Themen, die in Respektsessions aufkommen, betreffen oft auch Sie als Führungskraft, wie Sie in der folgenden Auflistung sehen können:

1. *Präsent sein:* Oft liegt unser Fokus überall, nur nicht bei unserem Gegenüber, mit dem wir gerade eine Konversation führen. Schwacher Augenkontakt, ein Gespräch, während wir gleichzeitig den PC oder das Smartphone bedienen, negative Formulierungen, wie „Das ist unser neuer Mitarbeiter, mal sehen, was der so kann", sind täglich gelebte Respektlosigkeiten. Im Thema Präsenz sind Sie als großes Vorbild gefragt. Zeigen Sie keinen Respekt, werden andere es Ihnen gleichtun, und wenn Sie Interaktionen dieser Art in Ihrem Team beobachten und nicht darauf reagieren, werden Sie keinen Respekt säen. Was tun? Sprechen Sie die Teammitglieder darauf an und machen Sie ihnen klar, dass präsentes Zuhören und Interagieren der Grundstein für High Quality Relationships sind. Respekt bedeutet den achtungsvollen Fokus auf andere zu legen. Ein Republikaner, der Bill Clinton begegnete, drückte dies einmal so aus: „I hated

---

[22] vgl. http://www.augsburger-allgemeine.de/politik/Streitkultur-im-Bundestag-Schnauze-Iwan-id16995316.html, Stand 12.04.2013.

him before we met. When I met him, I loved him. After, I hated him."²³ Natürlich sollen Ihre Mitarbeiter Sie nicht hassen, jedoch zeigt das Beispiel deutlich, worum es im Thema Fokus und Präsenz geht.

2. *Respektlose Umgangsformen:* Gespräche unter Mitarbeitern, während eine Person die Füße auf den Tisch legt und die Schuhsohlen dem Gesprächspartner entgegenstreckt, sind keine Seltenheit. Antworten wie „Wir sind doch hier unter uns" helfen dem Mitarbeiter, der mit den betreffenden Schuhsohlen kommunizieren und positiv interagieren soll, wenig. Setzen Sie auch hier eine klare Richtlinie, aber erklären Sie diese. Die Aussage, dass dies doch Allgemeingut sein sollte, hilft nicht weiter.

3. *Unterstützung:* Für andere da sein bedeutet, anderen zu zeigen, dass Sie eine Kultur im Team fördern, die eine gegenseitige Unterstützung beinhaltet. Überlastete Teammitglieder oder Personen, die gerade eine harte Zeit durchmachen, benötigen Hilfe, und dass, auch ohne dass sie danach fragen müssen. Eine Interviewpartnerin, die als Ärztin in einem Krankenhaus tätig ist, sagte: „Was mich nach dem Krebstod meines Mannes gerettet hat, war das Team, in dem ich arbeite. Sie haben mich unterstützt, wo es nur ging, emotional und auch in meiner Arbeit. Heute tue ich das Gleiche für sie – ganz gleich, ob sie zu viel Arbeit haben oder private Schwierigkeiten, ich möchte das, was sie mir gegeben haben, zurückgeben." Unterstützung kann in Form von Arbeitsunterstützung passieren, aber auch in Form emotionaler Unterstützung („Ich sehe, es geht Ihnen heute nicht gut, wie kann ich helfen?"). Letztendlich ist das Ziel aber eine offene Äußerung dieser Gefühle bzw. Zustände. Wenn neue Mitarbeiter ins Team kommen, stellen Sie ihnen für die erste Zeit einen festen Ansprechpartner zur Seite, der für die nächsten Monate zur Verfügung steht – im Gegensatz zu vielen Teams, in denen es heißt: „Dann setzen Sie sich mal dahin, Sie finden dann alles schon von selbst."

4. *Stärken suchen:* Stärken sind nicht immer übereinstimmend mit den Kompetenzen der Mitarbeiter. Sie müssen die Stärken ihrer einzelnen Teammitglieder kennen. Nur weil ein Teammitglied fünf Jahre lang in der Kundenberatung tätig war oder zwei Jahre bei der Beschwerden-Hotline, bedeutet das nicht, dass diese Tätigkeiten zu ihren Stärken gehören. Unter Umständen ziehen die Tätigkeiten ihnen eine Menge Energie ab und sie wären besser in anderen Bereichen aufgehoben. Sie sollen jetzt nicht Ihren Torhüter zum Stürmer machen, aber Ihr Stürmer kann vielleicht auch einmal auf der anderen Seite spielen oder mit verteidigen. Durch das Interesse an den Stärken der Teammitglieder vermitteln Sie dem Team und jedem Einzelnen das Gefühl, gut aufgehoben zu sein.

5. *Positiv kommunizieren:* Positiv kommunizieren bedeutet, auszusprechen, welche Ziele und Verhaltensweisen man *anstrebt*, und nicht, welche man *nicht* anstrebt.

---

[23] Dies wurde mir in den USA im Gespräch von einer Geschäftspartnerin berichtet.

Rechtfertigungen, Drohungen, Schwarzmalerei, Zynismus und abwertende Kommunikation gehören nicht zu respektvoller Kommunikation. Ein gutes Beispiel dafür eine Führungskraft in einem norddeutschen Energieunternehmen, die immens viel Wert auf positive Kommunikation legt und diese mit ihrem Team monatlich in einer abendlichen Runde trainiert. Das Team bringt alle negativen Kommunikationen als Fall mit ein und formuliert gemeinsam daraus positive Kommunikation: „Sie müssen nicht alle fünf Minuten in mein Büro kommen" — stattdessen „Ich stelle mir vor, dass wir uns einmal in der Woche gründlich austauschen." „Reißen Sie sich zusammen, sonst verlieren wir Kunden" — stattdessen: „In der vergangenen Woche haben sich drei Kunden über Sie beschwert — wie kam es Ihrer Meinung nach dazu, und was können wir tun?"

6. Interesse für andere: Wilde Diskussionen, die zu nichts führen, kennen wir alle. Jeder hat eine Meinung zu allem und will diese durchsetzen, ganz gleich, was andere dazu beitragen. Diese „Ja, aber"-Pingpongspiele als Antwort auf die Vorschläge und Ideen von anderen Teammitgliedern erzeugen allenfalls Ärger und lange Meetingzeiten, aber keinen Zusammenhalt. Teams, die gelernt haben, Fragen zu den Ideen anderer zu stellen und auch anderen das „Scheinwerferlicht" zu gönnen, bauen eine starke Bindung auf. Hier sind Führungskräfte gefragt, die Teams *wirklich leiten können*, indem sie eine kreative Diskussionskultur aufbauen. Hier können Sie durch einige kleine Sprachbausteine selbst beitragen: Anstatt einem „ja, aber" oder einem „Ich" probieren Sie einfach einmal:
„Was meinen Sie genau, wenn Sie über … sprechen?"
„Was begeistert Sie daran?"
„Wie sehen Sie …"
„Wie könnte es Ihrer Meinung nach …"

Fazit: Es wird in Teams immer wieder zu respektlosem Verhalten kommen. Soziale Beziehungen sind dynamisch und unterliegen einer natürlichen Fluktuation, Teammitglieder kommen und gehen, Prioritäten ändern sich. Ihre Aufgabe besteht darin, neuen als auch bestehenden Teammitgliedern immer wieder zu vermitteln, wie bedeutsam Positive Soziale Interaktionen für das Team sind, welche Regeln des Respekts vorherrschen und was zu tun ist, wenn diese vernachlässigt werden, nämlich das offene, konstruktive Gespräch zu suchen. Heute scheint es sich jedoch manchmal so zu verhalten, dass die durchsetzungsfähigsten Personen, die es verbal so richtig „krachen" lassen, die Interaktionen bestimmen. Dass nicht alle Beteiligten die Unhöflichkeiten, Beleidigungen und Schnoddrigkeiten ertragen können und wollen, liegt auf der Hand und so kommt es zu dauerhaften Beschädigungen von Beziehungen, d. h. einige der Beteiligten verlassen ihr Team emotional und damit auch als Unterstützer und Innovator. Diese Vorgänge verringern die Produktivität eines Teams und führen zu einer Kultur des Kampfes, die letztendlich auch physische Folgen zeitigt — was keiner weiteren Erläuterung bedarf.

Methoden zur Gestaltung Positiver Sozialer Interaktionen

Hierzu führte ich kürzlich ein Gespräch mit einer Führungskraft, die seit Jahren in Unternehmen mit „Kampf-Rhetorik" arbeitet, Mitarbeiter beleidigt und relativ respektlos behandelt, sich aber gleichzeitig über mangelnde Motivation und Engagement der Mitarbeiter beklagt. Auf den Vorschlag hin, es mit einem anderen, positiveren sprachlichen Umgang zu versuchen, meinte besagte Führungskraft: „Und was sollen die dann von mir denken? Dass ich altersmilde geworden bin oder auf einem Seminar war?" Hier bleibt nur zu sagen: Die Probleme von heute mit Techniken von gestern zu lösen hat selten geholfen.

High Performance Teams — Losadas 3:1 Teams

Wie entwickeln Sie High Quality Team zu High Performance Teams? Der chilenische Mathematiker, Organisationspsychologe und Managementberater Marcial F. Losada zeigt, wie Hochleistungsteams wirklich funktionieren und was Sie tun können, um gemeinsam mit Ihrem Team dorthin zu gelangen. Losada beobachtete über viele Jahre hinweg Interaktionen einer Vielzahl von Teams, die an strategischen Themen arbeiteten. Losadas Interesse galt den Unterschieden dieser Teams. Dabei fand er Hochleistungsteams, Teams, die eine mittlere Leistung erbrachten, und Low Performance Teams. Festgemacht wurde dies an den drei Messeinheiten *Profitabilität*, *Kundenzufriedenheit* und *Bewertung* durch Vorgesetzte, Kollegen und Mitarbeiter.

Losada kam zuerst nicht voran, er fand keinerlei Gesetzmäßigkeit, bis er nach einer Weile begann, sich vorrangig für die Interaktionen der Teammitglieder untereinander zu interessieren. Er beobachtete die Teams während ihrer Meetings durch eine einseitig transparente Glasscheibe, wobei den Teams nicht bewusst war, dass sie einen Zuschauer hatten. Losada konzentrierte sich nach kurzer Zeit auf die die Interaktionen begleitenden Äußerungen der Teammitglieder und teilte die Interaktionen in drei Dimensionen auf:

1. *Positive vs. negative Äußerungen/Beiträge*: Ermutigung, Unterstützung, Wertschätzung vs. Missbilligung, Sarkasmus.
2. *Selbstbezogene vs. fremdbezogene Äußerungen:* von sich selbst/der anwesenden Gruppe/Unternehmen sprechen und sich „im eigenen Saft" bewegen vs. von Personen/Gruppen/Organisationen, die sich außerhalb des Unternehmens befinden, sprechen, die einen wertvollen Input/Innovation/neue Gedanken in das Team bringen können.

PSI – Positive Soziale Interaktionen

3. *Fragen vs. Verteidigung*: Fragen stellen und unterstützen anderer vs. den eigenen Standpunkt verteidigen.[24]

Losada fand heraus, dass Teams, die Hochleistungen erbrachten, über eine hohe *Konnektivität* zwischen den Gruppenmitgliedern verfügten, d. h., sie fragten oft nach, was andere Teammitglieder dachten, sie sprachen genauso oft über Ergebnisse und Gedanken anderer, die sich auch außerhalb des Teams befanden, wie über sich selbst, und sie kommunizierten über positive Ausdrücke und Statements. Auf eine negative Äußerung kamen sechs positive Äußerungen.[25] Mitglieder der Teams, die im mittleren Leistungsbereich anzusiedeln waren, verbrachten viel Zeit damit, sich und ihren Standpunkt zu verteidigen, sie tendierten stark zu selbstbezogenen Statements, die positiven und negativen Äußerungen hielten sich die Waage. Low Performing Teams zeigten eine Anhäufung von negativen Äußerungen, agierten rein selbstbezogen und defensiv.

Losadas High Performance Teams

Teams	Konnektivität	Positiv vs. negativ	Fremdbezogen vs. selbstbezogen	Fragen vs. Verteidigung
Hochleistung	Hoch	Hochgradig positiv	Ausgewogen	Ausgewogen
Mittlere Leistung	Mittel	Mitte zwischen positiv und negativ, Tendenz zu negativ	Selbstbezogen	Verteidigung
Low Performance	Niedrig	Vorrangig negativ	Selbst dominant	Verteidigung dominant

Tab. 8: Losadas High Performance Teams

Dass Losadas Untersuchungen zu High Performance Teams genau das nachweisen, was Heaphy und andere Forscher seit Jahren propagieren, ist ein Glücksfall und so sollte man annehmen, dass jede Führungskraft und jedes Unternehmen dieser Welt ein Interesse daran hat, Losadas Ansatz auch umzusetzen. Fakt ist jedoch, dass seine Forschungen in Europa fast unbeachtet blieben, eine Tatsache, die mehr als zu denken gibt.

Überprüfen Sie Ihr Team in Ihrem nächsten Teammeeting. Notieren Sie die positiven und negativen Interaktionen per Strichliste.

---

[24] vgl. Losada & Markovitch, 1990, oder http://leaderforum.net/wp-content/uploads/2010/11/positive-to-negative-attractors-in-business-teams1.pdf, Stand 12.03.2013.
[25] vgl. Fredrickson, B.L., Positivity. 2009.

Methoden zur Gestaltung Positiver Sozialer Interaktionen

High Performance Team Analyse	
Positiv	Negativ
Fremdbezogen	Selbstbezogen
Fragen	Verteidigung
Gesamt:	*Gesamt:*

Tab. 9: High Performance Team Analyse

Notieren Sie sich ebenfalls Äußerungsbeispiele, sodass Sie in späteren Gesprächen auch konkret argumentieren und optimieren können.

- Positive vs. negative Äußerungen/Beiträge:
  Beispiel: „Das ist eine gute Idee." vs. „Das ist ja das Dümmste, was ich je gehört habe."
- Fremdbezogene vs. selbstbezogene Äußerungen:
  Beispiel: „XY hat eine interessante Vorgehensweise erarbeitet." vs. „Ich weiß, wie das gehen kann."
- Fragen vs. Verteidigung:
  Beispiel: „Das ist interessant. Wie genau geht das weiter?" vs. „Ja, aber meine Lösung ist besser."

Vertrauen und Konflikt

Schon die soziologische und psychologische Literatur der 70er Jahre des vergangenen Jahrhunderts hält fest, dass soziale Beziehungen auf einem Tauschgeschäft beruhen. „Du gibst mir etwas und dafür gebe ich Dir etwas zurück", lautet die Formel, wie auf jedem Marktplatz dieser Welt. Auch in sozialen Beziehungen werden Waren gehandelt, so etwa Ratschläge, Informationen, soziale Unterstützung, Vertrauen und positive Gefühle. Insbesondere der Faktor Vertrauen spielt eine herausragende Rolle im sozialen Austausch, d. h. in Positiven Sozialen Interaktionen und positiven Beziehungen. Verlässlichkeit, Authentizität und ein guter Umgang miteinander kennzeichnen eine vertrauensvolle Beziehung.

Insbesondere wenn kein Vertrauen vorhanden ist, entstehen bei Konflikten nicht nur negative Interaktionen, sondern ganze Interaktionsabbrüche. Diese sind geprägt von Stereotypen wie „Der kommt aus dem Marketing, das wusste ich gleich, dass das nichts wird" und negativen Erwartungen wie „Der hat das letzte Mal schon nicht ausreichend kommuniziert, warum sollte es diesmal besser werden?"

Der Konflikt besteht darin, dass die jeweils andere Person davon überzeugt ist, dass die Beziehung von Unzuverlässigkeit, bösem Willen/Absicht, exzessiver

Kontrolle, Ignoranz von Person und Information, abwertendem Verhalten oder auch inkonsistenten Aktionen geprägt ist. Ihre Aufgabe als Führungskraft ist es, den sich im Konflikt befindlichen Parteien die Möglichkeit zu geben, unter Ihrer Moderation einen Weg zu finden, der zu einer vertrauensvollen Beziehung führt.

Klären Sie Ihre Mitarbeiter über das Ziel „Vertrauensvoll konfligieren" auf und definieren Sie die Grundlagen und die Vorgehensweise:

- Vertrauen und High Quality Relationships basieren auf vertrauensvollen Beziehungen — was nicht bedeutet, dass sich die Interaktionspartner sympathisch sein müssen.
- Vertrauen erwerben bedeutet, einem anderen Menschen zu vermitteln, dass wir selbst glauben, dass er verlässlich ist und dass er unsere (zu diskutierenden) Erwartungen erfüllen wird. („Few things help an individual more than to place responsibility upon him, and to let him know that you trust him", Booker T. Washington)
- Vertrauen bedeutet zu unterstellen, dass der andere gute Absichten hat.

Fragen Sie die Konfliktparteien:
- Was haben Sie bereits an Vertrauen in die andere Person investiert?
- Was haben Sie Ihrer Meinung nach zurückbekommen, was nicht?
- Wie möchten Sie beide dies in Zukunft handhaben?

Möglichkeiten zur Konfliktbeseitigung sind unter anderem Ressourcen teilen, Einfluss des anderen zulassen und fördern, in „wir" sprechen, Versprechen und Ankündigungen wahrmachen, Empathie zeigen, d. h. sich in die Sichtweise und Wahrnehmung anderer einfühlen können.

Weisen Sie darauf hin, dass jedes Teammitglied offen sein sollte und auch einkalkuliert, dass man sich ab und an „verletzt" fühlt, wenn der andere „ehrlich" kommuniziert, d. h. seinen Standpunkt darlegt. Hilfreich ist es auch zu benennen, wie und wodurch beide von der Beziehung profitieren.

5.3.2.4 Energie durch Sprache

Das Konzept der persönlichen Energie[26] einer Führungskraft und ihrer Mitarbeiter ist in der Literatur wenig thematisiert — leider, denn es ist insbesondere auch die interpersonale Energie in Beziehungen, die Interaktionen und High Quality Relationships am Leben erhält. Als eine Eigenschaft von Führung, die jedem zugänglich ist (im Gegensatz etwa zu Innovationsstärke), spielt sie eine große Rolle in der Schaffung von Positiven Sozialen Interaktionen. Die Forscher Baker & Cross be-

---

[26] Energie definiert sich als ein positives Gefühl, in welchem wir Selbstvertrauen, Zuversicht und Tatendrang verspüren.

schäftigen sich seit Jahren mit dem Phänomen der Energie in Unternehmen.[27] Sie kommen zu dem Schluss, dass die persönliche Energie einen wirtschaftlichen Wettbewerbsfaktor darstellt. Ein hohes Maß an Energie stärkt interpersonale Beziehungen und wirkt sich damit positiv auf Zusammenarbeit und Leistung in Gruppen aus. Auch hier befinden Sie sich in einer Schlüsselrolle, denn Sie alleine können durch Ihre Führung die Voraussetzungen für energiegeladene Teams schaffen.

Widmen wir uns noch für einen Moment der Forschung. Baker & Cross unterscheiden zwischen verschiedenen Arten der Energie — positive und negative Energie. In jedem Unternehmen existieren energiegeladene *positive Energizer* und *negative Energizer*, d. h. energieraubende Charaktere. Die jeweilige Energie äußert sich interessanterweise vornehmlich in der verbalen Kommunikation, das heißt, Menschen beeinflussen den Energielevel anderer durch ihre Art und Weise, mit ihnen verbal zu kommunizieren. Wenn Sie also Positive Soziale Interaktionen in Ihrem Team befördern möchten, bedeutet das für Sie, auf die *Sprache* der unterschiedlichen Energizer zu achten, diese darin zu trainieren und diese sprachlichen Mittel auch für sich selbst einzusetzen.

Die Sprache der positiven Energizer (PEZ)

Eine positive Sprachkultur in Ihrer Abteilung/Ihrem Unternehmen zu fördern, führt Sie über folgende Interventionen: Wenn Sie realisieren, dass Ihre Mitarbeiter bzw. vereinzelte Personen als negative Energizer (siehe unten) auftreten, intervenieren Sie, indem Sie selbst die Frage stellen bzw. das Verhalten an den Tag legen, das Sie von Ihren Mitarbeitern erwarten. In einen zweiten Schritt machen Sie ihnen unmissverständlich klar, dass Sie diese Verhaltensweisen unbedingt erwarten, und zwar von allen.

Positive Energizer

- geben Unterstützung: „Wie kann ich helfen?" — Wann haben Sie das letzte Mal jemanden gefragt, ob Sie helfen können?
- geben Anerkennung: „Was mir gefällt/geholfen hat …" — Wann haben Sie das letzte Mal zugegeben und mitgeteilt, dass Ihnen etwas geholfen hat, eine Aussage, ein Gespräch etc.?

---

[27] vgl. http://webuser.bus.umich.edu/wayneb/pdfs/energy_networks/what%20creates%20energy%20in%20organizations.pdf, Stand 12.04.2013.

- sind kongruent, in Worten, in Emotionen, im Denken, in der Körpersprache, sie erscheinen authentisch und ehrlich: „Das halte ich für eine ganz ausgezeichnete Idee" wird körpersprachlich begleitet durch eine kongruente Mimik und Präsenz.
- kommunizieren beschreibend. Sie nehmen eine objektive Beschreibung der Situation ohne Bewertung der Person vor und agieren problemorientiert: „Mir fällt auf, dass wir gerade recht laut miteinander sprechen und uns die ‚Ja, aber'-Bälle nur so hin und her werfen. Ich frage mich, ob wir zum ersten Punkt zurückkehren sollten und noch einmal anfangen?"
- kommunizieren wertschätzend. Die Meinung /Perspektive des Gegenübers ist wichtig und hörenswert: „Das ist interessant"; „So habe ich das noch nie betrachtet"; „Wie ist Ihre Meinung dazu?"
- kommunizieren zusammenhängend. Die Antwort bzw. Erwiderung bezieht sich auf das vorher Gesagte, nicht auf etwas völlig anderes.
- kommunizieren spezifisch. Die Erwiderung bezieht sich auf ein spezifisches Verhalten oder ein Beispiel und nicht auf irgendein fiktives Erlebnis oder Geschehnis: „Wenn wir uns die gestrige Veranstaltung noch einmal genau ansehen, was können wir daraus lernen?" anstatt: „Man müsste doch mal drüber nachdenken …"
- besitzen Mut. Sie übernehmen die Verantwortung für die eigenen Aussagen. Damit ist nicht gemeint: „Das hast Du falsch verstanden", sondern eher: „Ja, das ist meine Meinung dazu, ich weiß, dass hier nicht alle mit mir konform gehen" oder „Das habe ich gerade zu hart formuliert, dafür entschuldige ich mich. Was ich sagen möchte, ist, dass …"
- hören zu: zuhören, nachdenken und nachfragen/antworten/ beraten. Das aktive Zuhören können — und damit meine ich nicht nur das Nachfragen, sondern die uneingeschränkte körpersprachliche Fokussierung auf den Gesprächspartner — ist einer der Kernpunkte, die charismatischen Menschen zugeschrieben werden. Bekannterweise sorgen diese für Positive Soziale Interaktionen.[28]

▶ BEISPIEL einer studentischen Hilfskraft

In einem Interview zu Positiven Sozialen Interaktionen bemerkte eine studentische Hilfskraft eines großen Unternehmens: „Wir haben ziemlich genau zwei positive Energizer in unserer Abteilung. Wenn ich mit ihnen zu tun habe, fühle ich mich immer kraftvoll, die vermitteln mir richtig Lust am Arbeiten und an Dingen, die mir sonst zu schwierig sind. Die sehen mich als Mensch und als Experten, obwohl ich nur eine Hilfskraft bin … Ich vergesse alle Probleme und den Stress, es ist einfach immer genial, mit den beiden zu arbeiten. Die Zusam-

---

[28] vgl. Müller 2012.

menarbeit hat mich verändert — ich versuche auch in anderen Projektteams, diese Art der positiven Energie einzubringen."(Studentische Hilfskraft, Projektmitarbeiter IT)

Negative Energizer

Natürlich gibt es auch die negativen Energizer. Diese sind vergleichbar mit den schwarzen Löchern im All. Sie absorbieren das gesamte Licht im System und geben es nie wieder her, sie zerstören den Enthusiasmus und positive Gefühle anderer. Populärwissenschaftlich auch als „Energievampire" bezeichnet, hinterlassen sie durch Egoismus, Inflexibilität und Unzuverlässigkeit viel Demotivation. Da wir Menschen dazu tendieren, dem Negativen weitaus mehr Betrachtung zu schenken als dem Positiven[29], finden sie zumeist auch Gehör, was Positive Soziale Interaktionen unmöglich macht.

Es ist an Ihnen, den Einfluss der negativen Energizer so weit wie möglich zu neutralisieren. Dies kann gelingen, indem Sie direktes Feedback auf negatives Verhalten geben: „Ich habe eben im Meeting bemerkt, dass Sie sich sehr abfällig über unsere neue Strategie geäußert haben. Ich begrüße eine konstruktive Diskussion über unsere Projekte sehr, jedoch die Art und Weise, wie Sie Ihre Punkte vortragen, löst bei mir Ärger aus. Was ich von Ihnen benötige, sind Ihre Ideen, Ihren Input — vorgetragen ohne Beleidigungen und Abwertungen der anderen Beteiligten."

Viele Unternehmen externalisieren die Verantwortung für ihre negativen Energizer, indem sie ihnen ein Kommunikationstraining bzw. individuelles Coaching zur Seite stellen. Dies kann temporär helfen, jedoch nicht die finale Lösung sein, denn Sie müssen das Gelernte festigen und negativen Energizern zeigen, dass sie ihre Beiträge auch emotional intelligenter an den Mann oder die Frau bringen können. Sie erinnern sich: Sie geben den emotionalen Standard vor, nicht ein fremder Trainer, und es liegt an Ihnen, ob Ihre Mitarbeiter einen Lernprozess durchmachen oder nicht.

Negative Energizer besitzen aber durchaus eine Berechtigung in Unternehmen. Obwohl sie sich auf negative Dinge fokussieren, d. h. auch auf die negativen Seiten von Beziehungen, oft ein destruktives Verhalten an den Tag legen, indem sie andere stark negativ und unangemessen kritisieren, Ideen niedermachen, anderen Kompetenzen absprechen, sich oft nicht an Projekten und Unternehmungen beteiligen und zumeist sehr selbstbezogen agieren, muss ein Unternehmen auch diese Schwarzdenker besitzen, um realistisch zu bleiben. Oft sind negative Energizer leider die großen Talente oder auch die Vielleister, die ein wenig engagiertes Verhalten an den Tag legen und sich im

---

[29] vgl. Fredrickson zu Negativity Bias.

Labor einschließen, oder die Mahner, die ein Unternehmen benötigt, um nicht blindlings in unrealisierbare Projekte zu laufen. Dennoch gilt: Selbst negativen Energizern ist klarzumachen, dass sie mit ihren unreflektierten Äußerungen negative Interaktionen herbeiführen, was dem gesamten Arbeitsklima schadet. Vielmals sind negative Energizer sich ihrer Kommunikation gar nicht bewusst und empfinden ihren zynischen oder sarkastischen Beitrag als spaßig oder als humorvoll. Herrschen in einem Unternehmen die negativen Energizer vor, wird das Arbeitsklima nicht von Gesundheit und Innovation geprägt sein. Positive Energizer bringen Innovationen nicht nur auf den Markt, sondern auch in die Herzen der Mitarbeiter und tragen zur Entwicklung von High Quality Relationships bei.

5.3.2.5 Identitäten

Soziale Interaktionen fördern eine überaus wichtige persönliche Entwicklung — die Entwicklung der persönlichen Identität. Wir wissen seit langem, dass andere Menschen eine bedeutsame Rolle bei der Entstehung unserer Persönlichkeit spielen. Der Soziologe Mead (Symbolischer Interaktionismus) sieht den Menschen als soziales Wesen, welcher seine Identität und sein „Selbstbewusstsein" erst durch soziale Interaktionen erlangt. Erst Kommunikation macht den Menschen zum Menschen, der Moment, in welchem Allgemeinbegriffe (Symbole) von einem Menschen als auch von anderen als gleichen Sinn oder gleiche Bedeutung tragend erfahren werden.

Wann immer wir uns mit unserem Selbst beschäftigen, sitzen noch eine ganze Reihe anderer mit in unserem Boot. Zwar ist das „Ich" eine Definition dessen, wie wir uns selbst sehen, doch sehen wir uns nie nur alleine mit all unseren Persönlichkeitseigenschaften, sondern auch immer als Mitglied verschiedener Gruppen und als Partner in Beziehungen. Die Gruppen und Partner spiegeln uns ein Bild des „Ich" zurück, wie sie es sehen. Wir integrieren dieses Bild in unser „Ich". Da wir einen großen Teil unserer Lebenszeit am Arbeitsplatz und in Gruppen und Beziehungen des Arbeitsplatzes samt der damit verbundenen Interaktionen positiver, negativer oder neutraler Art verbringen, haben diese Konstellationen einen nicht unerheblichen Einfluss auf unser „Ich".

5 Methoden zur Gestaltung Positiver Sozialer Interaktionen

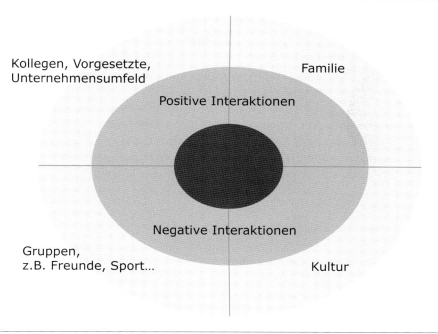

Abb. 14: Ich-Identität

Stabile Identitäten — Wer bin ich?

Verlaufen die Interaktionen mit Gruppen und Partnern am Arbeitsplatz positiv, entwickeln sich stabile Identitäten. Wir fühlen uns psychologisch sicher und sind bereit, unsere Identität immer weiter auszubauen, und können somit über den vollen Ressourcenreichtum verfügen. Je besser die Beziehungen, umso mehr tragen sie durch Feedback, Unterstützung und Anerkennung dazu bei, dass bei uns eine Art Selbst- und Sinnentwicklung einsetzt. Unnötig zu erwähnen ist, dass negative soziale Interaktionen und instabile Beziehungen das ihrige tun, um eine negative Arbeitsidentität zu befördern, die in geringerer Leistung, wenig Motivation und schlechter Gesundheit endet. Menschen besitzen mehrere Identitäten, die sie meist fein säuberlich voneinander trennen. So existiert das Arbeitsplatz-Ich, das Privatleben-Ich, das sich wieder aufsplitten lässt in Eltern-Ich und Partnerschafts-Ich, das Sportclub-Ich und viele mehr. Wissenschaftler gehen davon aus, dass jeder von uns fünf bis sieben Identitäten[30] mit sich herumträgt.

---

[30] vgl. Roccas & Brewer 2002.

PSI – Positive Soziale Interaktionen

Für Ihre Führung bedeutet dies, dass Sie für die Stärkung dieser Identitäten mit verantwortlich sind und dass Sie nicht nur alleine Einfluss auf das Unternehmens-Ich nehmen können. Es bieten sich weitaus mehr Möglichkeiten, Positive Soziale Interaktionen zu fördern — die Ressource Identität ist mit einer Identität nämlich noch nicht ausgeschöpft. Neuere Forschungen beweisen, dass diese Identitäten nicht so voneinander abgeschottet sind wie zuvor angenommen. Identitäten vermischen sich oder „schwappen" über, wie die Forscher Rothbard & Edwards klarstellen. [31] Erhält ein Mitarbeiter (der Vater oder Mutter ist) einen Anruf seines Kindes am Arbeitsplatz, ist nicht nur die Arbeitsplatzidentität aktiviert, sondern auch die Vater/Mutter-Identität. Je nachdem, wie Sie als Führungskraft mit dieser Aktivierung umgehen, können Sie einen positiven oder auch einen negativen Effekt erzeugen. Führen Sie ein Gespräch mit ihrem Mitarbeiter darüber, dass Sie sich freuen, wenn er Teile seiner „Elternidentität" auch im Unternehmen mit einbringen kann (nämlich sich um andere zu kümmern, ihnen als Mentor zur Seite zu stehen und Vorbild zu sein), so ist die Aktivierung seiner anderen Identität gelungen und positiv für alle Beteiligten, denn Ihr Mitarbeiter ist engagiert, weil er sich emotional anerkannt fühlt, weil seine *integrierte Identität* ihm neue Positive Soziale Interaktionen bringt. Andere im Team profitieren von seinem Wissen, und damit die gesamte Abteilung und auch das Unternehmen. Reagieren Sie negativ auf andere Identitäten, die ab und an überschwappen, und „verbieten" diese Anteile, kann es durchaus zu negativen Auswirkungen auf Interaktionen kommen, die positiv hätten verlaufen können.

Somit gilt für Sie als Führungskraft: Interessieren Sie sich nicht nur für die anderen Identitäten Ihrer Mitarbeiter, sondern arbeiten Sie daran, einige davon aktiv zu integrieren. Das, was Marketing schon lange nutzt, wenn es um zielgruppenspezifische Ansprachen geht, ist auch in der Führung möglich, und auch nötig, denn wir werden aufgrund des demographischen Wandels nicht mehr die freie Auswahl an Mitarbeitern haben, und die Zeiten von einheitlichen Arbeitskräften und Arbeitsplätzen sind lange vorbei.

Analyse und Aktivierung von Identitäten

Nehmen Sie eine Analyse der Mitarbeiteridentitäten vor, indem Sie die weiteren Identitäten neben dem Arbeitnehmer-Ich eruieren, daraus ableiten, welche dieser Identitäten das Team weiterbringen können und wie diese Identitäten in das Team oder das Projekt integriert werden können.

---

[31] Zur weitergehenden Information: Checking your identities at the door? Positive Relationships between Nonwork and Work identities, N.P. Rothbard & L. Ramajaran, www.centerforpos.org/, Stand 03.06.2013.

Nachfolgend finden Sie Beispiele einer möglichen Nutzung von weiteren Identitäten:

> **BEISPIELE für die Nutzung weiterer Identitäten**
> - Beispiel 1: Die Projektmitarbeiterin Yvonne V. spielt an drei Abenden in der Woche in einem Volleyballteam, das recht erfolgreich in der Amateurliga ist. Sie können davon ausgehen, dass Yvonne V. Wissen darüber besitzt, welche Regeln im Team wichtig sind, wie das Team motiviert wird und was das Team zusammenhält. Dieses Wissen können Sie auch für Ihr Team aktivieren, indem Sie Yvonne V. fragen, wie diese Prozesse in ihrem Volleyballverein vonstattengehen und ob sie glaubt, dass einige der Methoden auch im Arbeitsteam funktionieren würden.
> - Beispiel 2: Der Marketing-Fachmann John F. ist Vater zweier Kinder im Alter von sieben bis neun Jahre. Sprechen Sie mit John F. darüber, welche Teile seiner Vateridentität er glaubt, im Beruf nutzen zu können. Wie vermittelt er seinen Kindern etwas? Durch Vorbildverhalten? Wie genau kann er sich vorstellen, dieses Wissen einzubringen?
> - Beispiel 3: Die Teamleiterin Ewa K. ist aus der polnischen Niederlassung in Ihr Team versetzt worden. Welche kulturellen Erfahrungen bringt Ewa mit, die dem Team nutzen können? Und welche Erfahrungen in der Führung hat sie gemacht?

Ermutigen Sie Ihre Mitarbeiter, ähnlich inklusiv zu agieren. Identitäten werden nicht mit dem Betreten des Unternehmens beim Pförtner abgegeben. Nutzen Sie diesen Fakt, um Ihre Führung zu verbessern.

5.3.2.6 Ohne Sinn nur Unsinn

„Ohne Sinn nur Unsinn" lautete einer der Lieblingssprüche meines Großvaters. Als Abteilungsleiter in einem großen Werk beschäftigt, tüftelte er in seiner Freizeit nicht an Autos herum, sondern an den Sinnfragen für seine Mitarbeiter. Aber was ist Sinn? Sinn beantwortet die Frage: Warum bin ich hier? — und diese Frage bezieht sich nicht alleine auf den Arbeitsplatz.

Wann immer Menschen fühlen, dass sie ein wirklich wichtiges, für sie selbst und für andere bedeutsames Ziel verfolgen, oder eine Tätigkeit verrichten, die ihnen und anderen hilft oder wichtig erscheint, reduzieren sich — wissenschaftlich nachgewiesen — Stress, Depressionen, Abwesenheiten vom Arbeitsplatz, Arbeitsplatzwechsel sowie Unzufriedenheit. Hingegen erhöhen sich Commitment, Anstrengung, Leistung, Engagement und Motivation.[32]

Deshalb sind Aussagen wie die folgenden falsch:

1. Sinn gehört immer eng zu der ausgeübten Tätigkeit.
2. Sinn hat für alle, die diese Tätigkeit ausüben oder im Unternehmen arbeiten, den gleichen Inhalt.
3. Sinn entsteht nur in einem selbst, ohne Beteiligung von anderen.

Jemand kann für ein Unternehmen arbeiten und wenig Sinnhaftigkeit in seiner Fließbandtätigkeit sehen, aber einen Sinn darin finden, dem Unternehmen anzugehören und stolz darauf zu sein. Ein anderer mag seinen Sinn daraus ziehen, dass er Kundenkontakt hat, ein Dritter bezieht die Sinnhaftigkeit darüber, dass seine Gruppe, sein Team einen gemeinsamen Sinn in etwas sieht und er dem Team darin folgt. In unserer westlichen Welt kommt jedoch zu der Frage „Warum bin ich hier" noch eine weitere Frage dazu, und zwar: „Wer bin ich?" In individualistischen Kulturen entsteht Sinn zuallererst über die eigene Identität, und diese Identität speist sich aus der Gruppenzugehörigkeit und der Tätigkeit. Erst in einem zweiten Schritt folgt die Frage nach dem „Warum bin ich hier?"[33]

Abb. 15: Die Entstehung von Sinn, in Anlehnung an Cameron, Dutton Quinn, S. 313, 2003, Positive Organizational Scholarship

---

[32] vgl. Cameron, K & Wooten, L, 2009, Leading positively – strategies for extraordinary performance – at a glance, www.centerforpos.org, Stand 03.06.2013.

[33] vgl. Cameron & Dutton & Quinn 2003.

Die Konsequenz heißt für Sie als Führungskraft, dass Sie Sinn nicht nur individuell über die Tätigkeit und die Einzelperson vermitteln können, sondern berücksichtigen müssen, dass die Gruppe, das Team, das Unternehmen und die Zugehörigkeit der Individuen zu diesen Gruppen eine mindestens gleich große Rolle spielen. Besitzt ein Team keinen Stolz, sieht es sich nicht als sinnstiftendes, nach außen abgegrenztes Team, so ist es weniger wahrscheinlich, dass Einzelpersonen eine Sinnhaftigkeit für sich entwickeln. Führungskräfte sind hier gefragt, mit einem transformationalen bzw. charismatischen Führungsstil zu führen, d. h. über kollektive Identitätsbildung, Empowerment, gemeinsame Ziele.[34]

Sinn vermitteln	
Sinn	**Führungsintervention**
„Das Team": Teamzusammenhalt	Sorgen Sie in positiven Interaktionen dafür, dass alle das gemeinsame Ziel und die gemeinsame Arbeit sehen und nicht nur die eigenen Interessen/Erfolge. Sprechen Sie in Meetings, aber auch in Einzelgesprächen immer wieder darüber.
„Die Tätigkeit": die Bedeutung der Tätigkeit für andere, z. B. den Kunden	Sorgen Sie dafür, dass in Interaktionen allen deutlich wird, dass sie einen Beitrag leisten zu etwas, das anderen Menschen hilft und Freude macht. Nehmen Sie Ihre Mitarbeiter mit zum Kunden, zeigen Sie ihnen, was ihre Arbeit ausmacht und bewirkt — durch die positive Interaktion mit dem Kunden entsteht Sinn und Stolz.
„Die Timeline": die langfristige Bedeutung der Tätigkeit/des Produkts	Sorgen Sie dafür, dass Ihre Mitarbeiter in positiven Interaktionen mit Ihnen und Kunden erleben können, dass sie etwas „hinterlassen". Wenn Ihre Mitarbeiter seit 30 Jahren Autos montieren, so hinterlassen sie viel mehr als einen Haufen Blech!

Tab. 10: Sinn

Eine kleine Sinnreflexion:

Menschen folgen der Zukunft

Sinn entsteht aus einem Fokus auf Möglichkeiten, die in der Zukunft liegen: Wie sehen Ihre Themen und Herausforderungen für die Zukunft aus? Sind sie inspirierend und realistisch? Sind sie ansprechend für Ihre Mitarbeiter? Beinhalten Sie Ziele und Visionen, in denen sich nicht nur alle wiederfinden, sondern an denen sich auch alle als Team beteiligen können und wollen?

---

[34] vgl. Cameron, Dutton, Quinn; Müller, E.B.: Charisma – mit Strategie und Persönlichkeit zum Erfolg. 2012

Menschen folgen Fortschritt

Sinn entsteht durch Fortschritt. Dass diese Fortschritte teamgetrieben sein müssen, liegt auf der Hand. Fordern Sie Ihr Team auf, Gedanken und Ideen für Fortschritt einzubringen und diskutieren sie diese gemeinsam. Lassen Sie sich auch vom Team überzeugen.

Menschen folgen Verlässlichkeit

Führungskräfte, die es schaffen, Mitarbeiter für ein Projekt so stark zu begeistern, dass diese vor Vorfreude brennen, sind Gold wert. Machen Sie sich aber auch für die fortschrittlichen Zukunftsprojekte stark und gewährleisten Sie hier, dass diese in die Tat umgesetzt werden.

> **ACHTUNG: Führungsfehler bei der Sinnvermittlung**
> - Führungskräfte, die ein Ziel im Sinn haben, den Weg dorthin aber offen und sich von ihren Mitarbeitern auch überzeugen und überraschen lassen, wenn es um den Projektfortschritt geht, geben ihren Mitarbeitern viel Energie — durch ihr Vertrauen und die Beteiligung. Negative Energizer lassen Projekte ausarbeiten und entscheiden dann, es doch auf ihre Art und Weise zu tun — und nehmen anderen damit die Möglichkeit, zum Projekt beizutragen. Oft sind Personen, die in Feuerwehrmanier auf den letzten Drücker etwas durchboxen wollen, wenig zuträglich für Positive Soziale Interaktionen.
> - Führungskräfte, die es anderen ermöglichen, mit ihrer Meinung gehört und mit all ihren Fähigkeiten gesehen zu werden, schaffen eine positive Energie und damit auch Positive Soziale Interaktionen. Beiträge und Sichtweisen anderer benötigen eine Plattform, um den Sinn einer Teammitgliedschaft, Unternehmensmitgliedschaft oder auch nur der Teilnahme an einem Meeting herauszustellen. Meetings, in welchen Entscheidungen schon feststehen, negative Energizer das Wort haben, Präsentationen, die nur von Vorgesetzten gehalten werden, tragen nicht zu einem Sinn bei, und damit auch nicht zu Positiven Sozialen Interaktionen.

Sieben Sinnfragen:

Ulrich & Ulrich bezeichnen in ihrem Buch „The Why of Work"[35] Unternehmen, die einen „Sinn" besitzen, als „abundant organizations", d. h. als Unternehmen, die ein Arbeitsumfeld bereitstellen, in welchem Mitarbeiter ihre Wünsche, Pläne und Ziele als auch ihre Handlungen nutzen (können), um für sich selbst einen Sinn herzustellen und so durch ihre Motivation Stakeholder zufriedenzustellen und der Menschheit einen Dienst zu erweisen. Dazu wird ein Überfluss (abundance) an folgenden Zutaten benötigt: Kreativität, Resilienz, Willpower & Waypower, echte Führung, Ideenreichtum und Entschlossenheit. Diese Unternehmen samt der eben genannten Fähigkeiten ihrer Mitglieder richten sich auf neue Möglichkeiten und Synergien, nicht auf die Angst, Marktanteile verlieren zu können. Dies bedeutet nicht, dass den Unternehmen der Erfolg in den Schoß fällt wie ein reifer Apfel — sie erreichen Erfolge, indem sie sich auf Zukunft und Fortschritt orientieren und nicht auf Vergangenes. Besonders wichtig dabei sind die Führungskräfte, denn sie sind die „Sinnmacher" in Unternehmen. Eine Sinnkrise in Unternehmen bedeutet also gleichzeitig eine Führungskrise.

Stellen Sie sich gemeinsam mit Ihren Mitarbeitern und Ihrem Team sieben Fragen, die sowohl auf einem persönlichen Level, auf einem zwischenmenschlichen Level, einem Unternehmenslevel und auf einem gesellschaftlichen Level beantwortet werden sollten und die dazu dienen, Sinn zu stiften, Werte zu kreieren und aufrechtzuerhalten und Motivation zu spenden.

Die sieben Fragen:

1. Wofür bin ich bekannt (Identität)?
   (d. h. mir selbst, meinen Mitarbeitern und Mitmenschen, meinem Unternehmen, der Gesellschaft)
2. Wo bewege ich mich hin?
   (Zweck meiner Existenz, meiner Arbeit)
3. Mit wem „reise" ich?
   (Beziehungen und Team)
4. Wie erschaffe ich eine positive Arbeitsumgebung?
   (Arbeitskultur oder auch Umfeld)
5. Welche Herausforderungen beschäftigen und interessieren mich?
   (Was kann ich beitragen)

---

[35] How Great Leaders Build Abundant Organizations That Win, Dave Ulrich, D. Ulrich, W. 2010

PSI – Positive Soziale Interaktionen

6. Wie reagiere ich auf Change?
   (Wachstum, Lernen, Resilienz)
7. Was bereitet mir Freude?
   (Glück und Höflichkeit, Freundschaft)[36]

5.3.3 Weitere Einflussfaktoren: Das Unternehmensumfeld

Sind die gerade genannten Techniken und Aktivitäten relativ schnell für Sie umsetzbar, sieht es hinsichtlich der Organisationskultur anders aus. Fest steht: Die im Unternehmen vorherrschende Organisationskultur beeinflusst soziale Interaktionen wesentlich, sowohl positiv als auch negativ — auch wieder etwas, was wir alle eigentlich wissen …

Untersuchungen von Heaphy et al. zeigen, dass Unternehmen, die ein partnerschaftliches Verhältnis mit ihren Kunden als auch mit internen Stakeholdern pflegen, eine *weitaus höhere Anzahl an Positiven Sozialen Interaktionen* aufweisen als Unternehmen, die den Kunden, Geschäftspartner und Mitarbeiter als lästige Nebeneffekte der Unternehmensführung betrachten. Ein positiver Umgang mit Geschäftspartnern und Mitarbeitern vermittelt den Mitgliedern einer Organisation, dass Vertrauen und Fürsorge für andere Menschen und Organisationen wahre und gelebte Werte des Unternehmens sind. Das Erleben und die subjektive Wahrnehmung dieser Werte wiederum führen zu Positiven Sozialen Interaktionen. So mag es für einen CEO durchaus überlegenswert sein, sich ab und zu auch einmal eine halbe Stunde in ein Team zu setzen und sich nach deren Arbeit, Einstellung, Befinden und Veränderungswünschen zu erkundigen. Auch lassen sich auf dem Markt genügend Tools einkaufen (z. B. 360-Grad-Befragungen), die die momentane Unternehmenskultur widerspiegeln und die Grundlage für Veränderungen bieten können — wenn sie nicht in der Schublade verschwinden, weil gerade „Wichtigeres" zu tun ist oder die Ergebnisse zu schlecht waren. Oft wird es der Top-Etage angelastet, dass unbedingt anstehende Veränderungen nicht in Angriff genommen werden. Meine Erfahrung zeigt jedoch, dass die in Angriff genommenen Maßnahmen in der Zusammenarbeit von HR und dem mittleren Management scheitern. Insbesondere letztere sind zu stark in das operative Geschäft eingebunden, um die Ergebnisse in konkrete Maßnahmen umsetzen zu können, ganz abgesehen davon, dass sie das nötige Know-how nicht besitzen. HR leidet in vielen Unternehmen darunter, dass mangelnder Einfluss und spärliche finanzielle Mittel sie in eine Situation der Blockade bringen. Nichtsdestotrotz benötigt HR als auch die Riege

---

[36] vgl. Ulrich, D. & Ulrich, W., The Why of Work: How Great Leaders Build Abundant Organizations That Win, 2010.

der Führungskräfte eine gute Plattform, um sich mehr auf aktuelle und kommende Führungsaufgaben konzentrieren zu können. Dass sie dies nicht alleine schaffen können, liegt auf der Hand — ein Zusammenschluss in Arbeits- und Interessengruppen zum Thema „Neue Führung" wäre wünschenswert, ebenso wie eine öffentliche Diskussion mit Unternehmenslenkern, die durch ihre starke BWL-Lastigkeit und Marktorientierung Unternehmen unbestritten gute Dienst erweisen, jedoch eine größeren Offenheit gegenüber neuen Führungsthemen und den dazugehörigen Investments besitzen sollten.

Was also tun? — Anfangen!

ZUSAMMENFASSUNG

Die Forschungen von Heaphy et al. belegen, dass persönliche physiologische (körperliche) Ressourcen von Individuen, Dyaden, Gruppen und Organisationen beeinflusst werden können. Die Auswirkungen Positiver Sozialer Interaktionen am Arbeitsplatz auf den Körper sind vielfältig und dienen dem Aufbau und Erhalt von physiologischen Ressourcen. Positive Soziale Interaktionen und der vermehrte Ausdruck von positiven Emotionen in einem Unternehmen tragen dazu bei, die Leistungsfähigkeit der Mitarbeiter zu erhalten.

Es liegt an Ihnen — den Führungskräften —, ob emotionale Standards nicht nur gesetzt, sondern auch gelebt werden. Schaffen Sie Positive Soziale Interaktionen durch Interaktionshighlights in Begegnungen wie Meetings, durch Emotionale Transparenz und Emotionsmanagement, durch Bonding, Energie durch Sprache, Identitätsförderung und Sinnschaffung. Arbeiten Sie an Ihren eigenen Emotionssteuerungen als auch an einem effektiven Emotionsmanagement ihrer Mitarbeiter. Beginnen Sie, Emotionen und Interaktionen zu regulieren und steuern, sei es verbal oder nonverbal, denn Sie als Führungskraft stellen mit der Förderung und Stärkung von Positiven Sozialen Interaktionen sicher, dass Ihr Team einen immensen Wettbewerbsvorteil gegenüber allen anderen besitzt — den der High Quality Relationships.

6 Selbstführung

6	**Selbstführung**	**269**
6.1	Versteckte Potenziale nutzen durch Selbstführung	271
	6.1.1 High Potentials	271
	6.1.2 Durch effektive Selbstführung zum High Potential	275
6.2	Selbstführung durch kognitive Denkstrategien	276
	6.2.1 Was ist Psychologisches Kapital?	277
	6.2.2 States, not traits	278
	6.2.3 Selbstreflexion	279
6.3	Techniken der Selbstführung	280
	6.3.1 Selbstwirksamkeit	281
	6.3.1.1 Die fünf Denkprozesse der Selbstwirksamkeit	281
	6.3.1.2 Nutzen der Selbstwirksamkeit für Ihre Mitarbeiter	285
	6.3.1.3 Reflexion	286
	6.3.1.4 Selbstwirksamkeit entwickeln	287
	6.3.1.5 Generalisierte Selbstwirksamkeit	295
	6.3.2 Willpower und Waypower	297
	6.3.2.1 Wie Sie Big W's erkennen	299
	6.3.2.2 Nutzen von Willpower & Waypower für Ihre Mitarbeiter	300
	6.3.2.3 Dealer in Hope – vom Umgang mit Willpower & Waypower	301
	6.3.2.4 Willpower & Waypower stärken	304
	6.3.2.5 Vorsicht	306
	6.3.3 Optimismus	307
	6.3.3.1 Zuschreibungsstile	308
	6.3.3.2 Nutzen von Optimismus für Ihre Mitarbeiter	312
	6.3.3.3 Optimismus entwickeln durch Perspektivenänderung	313
	6.3.3.4 Vorsicht	314
6.4	Schlusswort	317

Selbstführung

> **MANAGEMENT SUMMARY**
>
> Selbstführung unterstützt sowohl die Führung der eigenen Person als auch die der Mitarbeiter. Sie ist trainierbar durch die Technik der Reflexion und baut auf drei Pfeiler auf, die allesamt kognitiv entwickelbar sind, im Gegensatz zu den nicht entwickelbaren, überdauernden und starren Persönlichkeitseigenschaften.
>
> 1. **Selbstwirksamkeit:** Der erste Pfeiler ist die Denkstrategie der Selbstwirksamkeit und beschreibt das starke Vertrauen einer Person in die eigene Fähigkeit, im richtigen Moment die persönliche Motivation und die relevanten Skills mobilisieren zu können, um eine Aufgabe erfolgreich und besser als Wettbewerber lösen zu können. Selbstvertrauen alleine reicht nicht aus, denn Selbstwirksamkeit verlangt die genaue Kenntnis der eigenen Motivationen und Skills. Um diese zu erlangen, bedarf es ständiger Reflexion durch Feedback, das aus einem selbst heraus entsteht, aber auch zu großen Teilen aus dem Umfeld kommt. Dabei ist eine strategische Anleitung und konstante Unterstützung via strategischer Reflexion des Verhaltens durch die Führungskraft von großer Bedeutung.
> 2. **Willpower & Waypower:** Der zweite Pfeiler, die psychologische Ressource des Willpower & Waypower, bedeutet, über einen festen Willen (bezüglich der Zielerreichung) auch die strategischen Ressourcen für den *Weg* mobilisieren zu können. Willenskraft ist erlernbar und trainierbar (und nicht, wie viele meinen, angeboren) und mit Waypower untrennbar verbunden.
> 3. **Optimismus:** Optimismus als dritter Pfeiler beinhaltet die psychologische Ressource, nicht nur auf die Zukunft und ihre Chancen zu vertrauen, sondern zudem auch eine stark strategisch geprägte, kognitive Analyse dessen, warum Erfolge und Misserfolge eingetreten sind bzw. eintreten, ganz gleich, ob es sich um Vergangenheit, Gegenwart oder Zukunft handelt. An dieser Stelle kurz vorweggenommen: Das Element Optimismus hat nichts mit dem populärwissenschaftlich gerne bemühten „immer positiv Denken" gemein. Auch hier sind Führungskräfte gefragt, eine qualitativ hochwertige Balance des Optimismus bei ihren Mitarbeitern herzustellen, zu unterstützen und abzusichern.
>
> Eine wichtige Voraussetzung ist, dass qualifizierte Führungskräfte nicht nur selbst tagtäglich exzellente Selbstführungstechniken anwenden, sondern ihren Mitarbeiter diese Techniken als Mehrwert und Führungstechnik auch vermitteln können, anstatt diese Aufgabe auf Trainer und Personaler abzuwälzen. Nur so ist es möglich, im Alltag immer wieder balancierend und unterstützend eingreifen zu können.

# 6 Versteckte Potenziale nutzen durch Selbstführung

6.1 Versteckte Potenziale nutzen durch Selbstführung

Sie kennen vielleicht die Worte Napoleons, als er auf dem Schlachtfeld von Waterloo bat: „Lieber Gott, lass die Kanonen schweigen!" – überrollt von der Komplexität der Situation und vor allem von seiner mangelnden vorausgegangenen Selbstreflexion. So mag sich heute manch ein Mitarbeiter fühlen, und Sie vielleicht selbst auch. Leider wissen Unternehmen oder ihre Führungskräfte oft nicht, über welches Humanpotential sie bei den Mitarbeitern tatsächlich verfügen, da sie das trainierbare *psychologische Kapital* des Einzelnen völlig vernachlässigen. Würden sie darin investieren, sich selbst und ihre Mitarbeiter durch das Training strategischer kognitiver Denkstrukturen (Selbstführung) in die Lage zu versetzen, auch in komplexen Momenten zuverlässige Höchstleistungen zu erbringen, würde sich in jedem Unternehmen ein anderes Bild bieten, ganz abgesehen von den Vorteilen, die ein aktiv lernendes Unternehmensumfeld im heiß umkämpften Employer Branding Markt beschert.

6.1.1 High Potentials

„The War for Talents" – die Jagd auf hochausgebildete und befähigte Mitarbeiter (High Potentials) gastiert als Dauerthema in den Medien. Fast kann man schon ein wenig wohlwollenden Sarkasmus entwickeln ob dem hysterischen Hype um die Gewinnung neuer „Stars" für Unternehmen. Was klingt wie die erfolgreichste Folge des Hollywood-Streifens „Star Wars", bezeichnet die kollektive Angst der Wirtschaft, sich nicht genügend Talente für das eigene Unternehmen sichern zu können. Aber worin genau liegt diese Angst? Handelt es sich um einen Mangel an Universitätsabsolventen? Geht es darum, dass nur wenige dieser Absolventen Talente bzw. High Potentials sind? Und was ist überhaupt ein High Potential? Ein fachlich besonders begnadeter Mensch, der Unglaubliches in seinem jeweiligen Arbeitsgebiet leisten wird? Das mögen viele von uns gerne glauben – jedoch ist Talent, d. h. eine Begabung, Dinge besser als andere tun zu können, noch lange kein Garant für Produktivität, Kreativität und Erfolg, denn wenn dieses sogenannte Talent in ein Unternehmen eintritt, trifft es auf Strukturen und Gesetze, die wenig daran interessiert sind, sein Talent auszubauen, sondern daran, das Talent so schnell wie möglich in ein Unternehmenskorsett zu pressen, welches jedem noch so vielversprechenden Talent früher oder später den Garaus macht. Die einzige Rettung für die Talente scheint darin zu bestehen, auf eine Führungskraft (Sie) zu treffen, die die Entwicklung der Talente und der Persönlichkeit eines Menschen wirklich vorantreibt. Zudem stellt sich eine weitere Frage: Was ist mit den Talenten, die es bereits in Unternehmen gibt und die Sie bestimmt schon identifiziert haben – oder auch nicht?

Selbstführung

Eine nähere Definition der Begriffe „Talents" oder „High Potentials" findet sich in einer Untersuchung der Harvard Business School:

High Potentials

Die Besten unter den Besten[1]
US-Forscher haben untersucht, was echte High Potentials ausmacht und wie man von ihnen lernen kann — eine Studie, die auch Zeit Online in einem Artikel aufgreift.

High Potentials
In ihrer Forschungsarbeit „Are you a High Potential"[2] analysieren Douglas A. Ready, Jay A. Conger, und Linda A. Hill 45 weltweit agierende Unternehmen und deren High Potentials. Die vier vorrangigen Faktoren sind

- herausragender Leistungswille,
- unternehmerisches Denken und Handeln,
- überdurchschnittliche Fähigkeit, Gelerntes umsetzen zu können und
- ein untrügliches Gefühl für Chancen, Möglichkeiten als auch ein Gespür für mögliche Hindernisse auf dem Weg.

Auch verhalten sich High Potentials so, „wie es der Kultur und den Werten ihres Unternehmens in vorbildlicher Weise entspricht. Darüber hinaus beweisen sie, dass sie überaus fähig sind, während ihrer gesamten Karriere innerhalb eines Unternehmens zu wachsen und Erfolg zu haben — und zwar schneller und effektiver als ihre Vergleichsgruppen." (Zeit Online)

ARBEITSHILFE ONLINE

Weiterführende Website zur Studie:
http://hbr.org/2010/06/are-you-a-high-potential/
(die Studie ist kostenpflichtig)
Link zum Artikel von Zeit Online:
http://www.zeit.de/karriere/beruf/2012-01/high-potentials-leistungstraeger

Übersetzt hieße dies: Laut genannter Studie sind High Potentials

- deutlich besser als vergleichbare Mitarbeiter bezüglich des Leistungsniveaus (diese besseren Mitarbeiter gibt es in jedem Team);
- Personen, die der Kultur und den Werten des Unternehmens folgen (dies tun viele Mitarbeiter, sonst würden sie kaum für das Unternehmen arbeiten);

---

[1] Den vollständigen Artikel finden Sie unter http://www.zeit.de/karriere/beruf/2012-01/high-potentials-leistungstraeger, Stand 26.02.2013.

[2] Are You a High Potential? by Douglas A. Ready, Jay A. Conger, and Linda A. Hill, ist kostenpflichtig zu erwerben bei: http://hbr.org/2010/06/are-you-a-high-potential/

- Personen, die wachsen und lernen und Erfolg haben und immens stark in der Umsetzung des Gelernten sind (wenn es ihnen gemäß ihrer Talente und Interessen und Stärken ermöglicht wird, siehe Job Crafting);
- Personen, die Glaubwürdigkeit, Vertrauen und Sicherheit vermitteln (wenn sie darin gefördert wurden, dies auszustrahlen);
- emotional und sozial kompetent, d. h. sie beherrschen die Selbstregulation (siehe PSI) und greifen bei negativen Stimmungen ein, können sich beherrschen und strategisch denken, auch in Krisensituationen;
- vom Unternehmergeist beseelt (wenn er ihnen zuvor nicht ausgetrieben wurde, siehe Job Crafting);
- im Besitz eines starken Erfolgswillens und haben keine Versagensangst (dies bedingt Optimismus, Selbstwirksamkeit und Willenskraft und lässt sich trainieren);
- exzellent im Bereich Selbstwahrnehmung bezüglich Fehler (wenn sie ihnen konstruktiv zurückgespiegelt werden bzw. die Möglichkeit zur Selbstreflexion gegeben wird);
- schnelle Erfasser von Situationen und Möglichkeiten (eine Frage der Übung) und exzellente Umsetzer von Change;
- ausgezeichnete Networker (siehe Network Leadership).

Und, was sagen Sie? Superman bzw. Superwoman oder doch für gemeine Erdlinge zu leisten? Fassen wir zusammen, obiger Beitrag behauptet Folgendes: Einfach zu lernen, sich wie ein Top-Talent zu verhalten, lässt sich leider nicht.

Ich (und falls Sie das Gesetz der Mehrheitsmeinung beruhigt, auch eine ganze Reihe von Wissenschaftlern) behaupte: Wenn wir das Wort „einfach" streichen (denn „einfach" lernt sich noch nicht einmal das Radfahren, auch hier muss man „mehrfach" üben), lassen sich oben genannte Faktoren erlernen, und das sehr gut — unter der Prämisse, dass Mitarbeiter auf eine Führungskraft (Sie) treffen, die sie in diesen Bereichen fördert und weiterentwickelt und coacht durch Techniken der Selbstführung und Selbstreflexion.

Nicht, dass dies ohne Voraussetzungen wäre: Was Ihre Mitarbeiter benötigen, sind ein hohes Maß an Selbstdisziplin, einen Drang, relativ autonom arbeiten zu wollen (und zu können), als auch das Gefühl, durch die eigene Kraft Dinge bewältigen und verändern zu können. Diese eigene Kraft ist nicht gottgegeben oder genetisch bedingt, sondern sie beruht auf erlernbaren Denkstrukturen und Denkstrategien. Sagt sich Ihr Mitarbeiter beispielsweise, dass er eine Aufgabe aufgrund seiner Skills bewältigen *kann*, auch wenn sie neu, komplex und sehr herausfordernd ist, so liegt in vielen Fällen eine strategische Denkweise hinter dieser Art, an Dinge heranzugehen, genau wie bei einem Mitarbeiter, der sich sagt, dass er diese Aufgabe niemals

Selbstführung

schaffen wird. In ersterem Falle sprechen wir von Selbstführung, im zweiten von einer machtlosen Figur auf einem Schachbrett:

> **Die Schachfigur**
>
> Stellen Sie sich ein Schachbrett vor. Sie haben eine Menge Figuren auf dem Brett. Die Figuren einer Partei bestehen aus König, Dame, zwei Türmen, zwei Läufern, zwei Springern und acht Bauern. Welche dieser Figuren möchten Sie gerne sein? Als welche Figuren sehen Sie Ihre Mitarbeiter?
> Wie wäre es mit: Gar keine! Wollen Sie und Ihre Mitarbeiter eine Figur auf einem Schachbrett sein und hin- und hergeschoben werden? Nein, das wollen Sie nicht — und darum geht es in diesem Kapitel. Sicherlich genießen wir alle es ab und an, nicht immer etwas „tun" zu müssen, ein wenig „geschoben" zu werden, denn es ist bequem — aber nicht nachhaltig und weit entfernt von sinnstiftend und zufriedenstellend. Machen Sie sich und insbesondere Ihren Mitarbeitern klar: Es werden nicht immer Menschen um uns herum sein, die mit Rat und Tat zur Seite stehen. Nur Menschen, die auf sich selbst zählen und sich selbst führen können, werden neue Ufer entdecken. Die vielbeschworenen neuen Ufer befinden sich nicht wie früher in der exotischen Umgebung ferner Kontinente, sondern kommen unaufhaltsam in der Form von Komplexität, Globalisierung und Web 2.0 auf uns zu. Was zählt, ist wie früher ein gerütteltes Maß an Mut, Zuversicht und Glaube an sich selbst, die Kenntnis der inneren Landkarte, die sich um die Eckpunkte der strategischen Selbstführung dreht.

Selbstführung — jahrelang als elitäres Führungswissen gehandelt und ausschließlich für Führungskräfte gefordert und bei ihnen gefördert, ist auf dem Sprung in die Mitarbeiterwelt. In einer modernen Zeit, in der wir von Mitarbeitern Entrepreneurship erwarten, ist es mehr als an der Zeit, den eigenen Mitarbeitern Techniken der Selbstführung zu vermitteln. Denn zum einen sind Mitarbeiter keine kleinen Kinder, die wir ständig „führen" müssen, zum anderen werden die neuen Generation Y-Mitarbeiter nur dort bleiben, wo es sich für sie lohnt zu verweilen — und das ist ein Ort bzw. eine Umgebung oder Person, die ihnen eine Garantie für Lernen und persönliches Wachstum anbietet. Oder anders formuliert: Wenn wir von unseren Mitarbeitern erwarten, erwachsen und kreativ zu handeln, dann erwarten unsere Mitarbeiter, dass wir ihnen auch die Gelegenheit dazu geben.

Fakt ist, was die Forscher der Harvard Business School als High Potential oder Talent definieren, ist nichts anderes als das, was die Wissenschaftler Luthans et al. als „Psychologisches Kapital" bezeichnen, oder das, was allgemeinhin als effektive Selbstführung bekannt ist. Die wohl wichtigste Feststellung besteht darin, dass das psychologische Kapital *nicht auf einige Wenige*, die o.g. High Potentials, beschränkt ist, sondern *jedermann* zugänglich ist, der bereit ist, in Reflexion und Selbstführung zu investieren.

6.1.2 Durch effektive Selbstführung zum High Potential

Trotzdem bläst seit Jahren eine ganze Heerschar von Unternehmensberatern zur Jagd auf das letzte „High Potential", ein rares, scheues Einhorn, das sich durch bestimmte, nicht immer nachzuvollziehende Persönlichkeitsmerkmale kennzeichnen soll. Entweder man ist ein High Potential oder man ist es nicht, scheint diese Vorgehensweise zu besagen, denn Persönlichkeitsmerkmale (z.B. die Big Five[3]) gelten als unveränderlich, die Grundsteine werden bereits in der Jugend gelegt. In einer (westlichen) Welt, deren rückläufige Geburtenraten für einen allseits beklagten Arbeitskräftemangel sorgen, scheint diese Vorgehensweise kein gutes Mittel der qualifizierten Arbeitskraftbeschaffung zu sein, denn irgendwann wird die Quelle der lediglich über Persönlichkeitseigenschaften definierten Einhörner versiegen. Diese Sichtweise, im Marketing auch unter dem Begriff der „künstlichen Verknappung" bekannt, schürt in den Unternehmen Ängste und wird medienwirksam unterstützt von allen, die davon profitieren: Personalvermittler, Headhunter und Consultingunternehmen.[4]

Die Aussage des oben zitierten Artikels aus der *Zeit* zeigt jedoch ein ganz anderes Bild. Nicht überdauernde und relativ unveränderliche Persönlichkeitseigenschaften, sondern *fluide, durch bewusste und strategische Nutzung kognitiver Denkstrukturen trainierbare Eigenschaften* sind die Indikatoren, die High Potentials definieren. Diese Einsicht scheint mir zukunftsträchtiger zu sein, denn: Zwar wird die Suche nach neuen Talenten nach wie vor eine der wegweisenden Aufgaben der Zukunft sein, jedoch kommt ein ganz neuer Aspekt ins Spiel, nämlich die Entwicklung und Nutzung des psychologischen Kapitals, das ein jeder Mensch mitbringt, so auch Mitarbeiter und Personen, die bisher durch die Raster der Human Resources Abteilungen gefallen sind. Dass diese Sichtweise den Vertretern der „künstlichen Verknappung" kräftig in die „Geschäfte"-Suppe spuckt, ist besonders augenscheinlich, wenn beispielsweise die Forscher Luthans et al., aber auch viele andere zeigen, dass die High-Potential-Qualitäten unter relativ geringem Aufwand (durch oben erwähnte kognitive Denkstrukturen und später folgende Trainingsanleitungen, d. h. durch eine effektive Selbstführung) trainierbar sind. Damit nicht genug — die kognitive Selbstführung und Entwicklung bedeutet gleichzeitig einen ungemeinen Wettbewerbsvorteil für Unternehmen, denn: *Produkte sind kopierbar, Menschen nicht.*

---

[3] Als Big Five wird in der Persönlichkeitspsychologie das Fünf-Faktoren-Modell bezeichnet, welches fünf Persönlichkeitsdimensionen beschreibt: Neurotizismus, Extraversion, Offenheit für Erfahrungen, Verträglichkeit und Gewissenhaftigkeit.

[4] Um Missverständnissen vorzubeugen: Die Rede ist von High Potentials, wie oben definiert, und nicht von spezialisierten Fachkräften.

Selbstführung

Dieses Kapitel beschäftigt sich damit, wie Sie als Führungskraft Ihre Mitarbeiter durch Techniken der Selbstführung unterstützen, fördern und zu eigeninitiierten Höchstleistungen motivieren — mit der Betonung auf *eigeninitiiert*, denn die Zeiten der „Leistungstierchen", wie wir sie heute kennen, neigt sich mit dem demografischen Wandel dem Ende zu. Die Generation *„Nine to five und dann Privatleben"* steht vor der Tür, was jedoch kein Grund zur Sorge ist, wie die Trendforscherin Birgit Gebhardt in einem Interview bestätigt.

ARBEITSHILFE ONLINE

Vertiefende Inhalte

Das Interview mit Trendforscherin Birgit Gebhardt findet sich auf Arbeitshilfen Online.

Selbstführung ist ein weites Feld und an sich kein wissenschaftlich fest definiertes Konzept, es finden sich unzählige Ansätze, Tipps und Techniken. Insbesondere im populärwissenschaftlichen Bereich gibt es wahrscheinlich mehr Ideen und Beiträge zum Thema der Selbstführung als Sandkörner am Nordseestrand. Dieses Kapitel beschäftigt sich jedoch nicht mit den Sandkörnern, sondern ist in Teilen angelehnt an das Konzept des „Psychologischen Kapitals [5]". 2007 von den Organisationspsychologen Luthans, Avolio und Youssef definiert als der „positive psychologische Entwicklungszustand eines Individuums", ist Psychologisches Kapital bei ihnen charakterisiert durch die vier Denkstrategien der Selbstwirksamkeit, des Optimismus, der Hoffnung und der Resilienz, die Individuen dazu befähigen, ihre individuellen, sozialen und psychologischen Fähigkeiten auf innovative Art und Weise gewinnbringend einzusetzen und als Wettbewerbsvorteil nutzen zu können.[6]

6.2 Selbstführung durch kognitive Denkstrategien

Selbstführung ist die Fähigkeit eines Menschen, das eigene Denken, Fühlen und Handeln so zu steuern und zu verändern, dass er sich den eigenen Zielen nicht nur annähert, sondern sie auch erreicht. Die einzigen beiden Voraussetzungen sind

---

[5] Luthans, F:Youssef, C.M., Avolio, B.J.: Psychological capital. Developing the Human Competitive Edge, Oxford 2007.
[6] Siehe auch Rüdiger Reinhardt (Hrsg.): Wirtschaftspsychologie und Organisationserfolg. Pabst, Lengerich/Berlin/Wien 2012.

- die Fähigkeit zur *Selbsterkenntnis*, die laut Volksmund zwar der erste Weg zur Besserung sein soll, aber die, wie wir alle wissen, nicht besonders weit verbreitet ist und zudem auch noch einer recht subjektiven Einschätzung unterliegt. Der eine überschätzt sich, der andere unterschätzt sich, persönliche Werte und eigene, durch das bisherige Leben erworbene und meist ziemlich einengende Ansichten und Perspektiven beschränken einen rationalen strategischen Umgang mit der eigenen Selbsterkenntnis und der damit einhergehenden *Fähigkeit zum Handeln*, sowie mit deren wertvollstem Tool, der
- *Selbstreflexion*. Selbstreflexion wiederum ist ein Prozess, in welchem ein Mensch sich selbst und seine Denkstrukturen[7] beobachtet, analysiert und erforscht, um mit einer gestärkten Selbstkenntnis sein Handeln anzupassen und seine Ziele zu erreichen.

Wie oben angedeutet, orientiert sich dieses Kapitel im weiteren Sinne an Luthans et al.'s „Konzept des psychologischen Kapitals (PsyCap)", aber auch an den Forschungen weiterer Wissenschaftler. Die Strategien der Selbstwirksamkeit, des Optimismus und auch des Willpower & Waypower stehen dabei im Mittelpunkt. Auf die Resilienz werde ich nicht eingehen, da sie sich einerseits aus den anderen drei Denkstrategien heraus entwickelt und zudem häufig in der Literatur und Praxis thematisiert wird (Resilienz ist bei VW, der Telekom und vielen anderen Unternehmen Bestandteil des Mitarbeitertrainingsprogramms), sodass ich hier vermeiden möchte, bereits bekannte Fakten zu wiederholen.

6.2.1 Was ist Psychologisches Kapital?

Wie alles in der Psychologie ist das Konzept des Psychologischen Kapitals nicht brandneu. Es ist verankert in der Positiven Psychologie, die sich zu einem großen Teil aus der Humanistischen Psychologie eines Abraham Maslow und eines Carl Rogers aus den 1950ern und 1960ern speist. Es waren die humanistischen Psychologen, die den Begriff der *Selbstaktualisierungstendenz* — den Drang und die Suche eines jeden, die eigenen positiven Potentiale auszufüllen — in den Mittelpunkt ihrer Konzepte stellten. Beruhten Maslows und Rogers Forschungen noch auf nur wenig reliablen Untersuchungen, kann die moderne Positive Psychologie auf ein ungeheures Daten- und Forschungsmaterial zugreifen, das Auskunft darüber gibt, wie unterschiedliche Individuen ihre Stärken einsetzen, um ihr gesamtes Potential auszunutzen. Auf Unternehmen bezogen übernimmt die Teilwissenschaft der POB

---

[7] Denkstrukturen beschreiben die Art und Weise, wie wir denken, Dinge wahrnehmen und auch Informationen und Erlebnisse abspeichern. Diese Strukturen entwickeln sich über die Lebensspanne hinweg und beeinflussen zu einem großen Maße unsere Gefühle, unser Verhalten, unseren Erfolg als auch Misserfolg.

Selbstführung

(Positive Organizational Behavior) diese Aufgabe und zeigt einen ganz anderen Blickwinkel als die reichlich populärwissenschaftliche und wissenschaftlich nie belegte Literatur zum Thema, die sich auf dem Markt findet.

6.2.2 States, not traits

Wie bereits in der Einleitung angedeutet, wurden *Persönlichkeitsmerkmale* lange als das Nonplusultra in der Beurteilung und Weiterentwicklung von Mitarbeitern und Führungskräften gesehen. Allerdings gelten Persönlichkeitsmerkmale als *überdauernd und nicht veränderbar*, d. h., sie gehören relativ unveränderlich zu ihrem „Inhaber", was die Personalauswahl, Personalentwicklung und Führung verständlicherweise nicht nur stark einschränkt, sondern zudem auch völlig widersinnig erscheinen lässt.

> Überlegen Sie einen Moment: Wenn Sie als Führungskraft nur nicht veränderbare Mitarbeiter bekommen, ausgewählt nach Persönlichkeitseigenschaften, welche Frage stellt sich dann?

Richtig! Es stellt sich die Frage, wie und was Sie denn nun führen, entwickeln und verändern sollen, wenn es per se eigentlich gar nicht geht? Dieses Paradoxon beschäftigte auch den Psychologen Martin Seligman. Als Seligman in den 1990ern begann, sogenannte „Charakterstärken" (und deren zugrundeliegenden Denkstrukturen und Denkstrategien, wie etwa Hoffnung, Optimismus und auch Resilienz) zu untersuchen, ging er davon aus, dass auch diese einen überdauernden Aspekt besitzen, d. h. sich nur schwer oder gar nicht verändern lassen. Im Zuge der weiteren Forschung jedoch kristallisierte sich heraus, dass dem nicht so war, denn einige der Denkstrukturen, also die quasi automatisierte Art und Weise, zu denken, zeigten sich als durchaus veränder- und entwickelbar.[8]

Diese veränderbaren Strukturen werden als „states" bezeichnet, als das Abbild eines momentanen Zustands, im Gegensatz zu „traits", den unveränderlichen Persönlichkeitseigenschaften. Die „states" korrelieren alle positiv mit der Leistung von Individuen, was nicht wundert, denn lässt sich auch durch gute Führung und Selbstführung nur das verändern, was *beweglich* ist. Allerdings sind bewegliche Strukturen ganz natürlich Schwankungen unterworfen und so kann sich die Ausprägung einer Denkstruktur und Anwendung einer Denkstrategie je nach Situation verändern und unter Umständen auch in eine temporär negative Spirale geraten.

---

[8] Mehr zu Seligman und den 24 Signaturstärken finden Sie beispielsweise unter: http://www.authentichappiness.sas.upenn.edu/Default.aspx oder unter: http://www.genial-positiv.de/charakterstaerken/charakter.html.

Selbstführung durch kognitive Denkstrategien 6

ARBEITSHILFE ONLINE

Vertiefende Inhalte

Weiterführende Website zu den Charakterstärken: http://www.authentichappiness.sas.upenn.edu/Default.aspx

▶ **BEISPIEL: Aus der Praxis**

Ein Beispiel aus der Praxis ist Diana S., die aufgrund einer Beförderung eine Reihe neuer Aufgaben übernahm und zu Beginn von einem niedrigeren *Selbstwirksamkeitsgefühl* (Glaube an die eigenen Motivationen und Skills) berichtete, nämlich immer dann, wenn ihr Fehler unterliefen. Dies war eine Situation, die ihr aus den letzten Jahren unbekannt war. Was sich bei Diana innerlich abspielte, beschrieb sie folgendermaßen: „Vor kurzem noch hatte ich aufgrund meiner Skills und Fertigkeiten alles gut im Griff — nun versagen diese Stärken. Ich weiß nicht warum, aber ich fühle mich dadurch wie ein Versager." Diana weist ein hohes Maß an Selbsterkenntnis auf; was nun noch folgen muss, ist eine Analyse dessen, was die Gefühle des Versagens auslöst und wie sie diese durch die Anwendung von effektiven Denkstrategien, zum großen Teil durch relativ gut zu erlernende Selbstreflexionen, ändern kann.

Sie kennen diese Situationen sicherlich von Ihren Mitarbeitern — sie entstehen temporär, wenn es um die Bewältigung neuer, komplexer Aufgaben geht. Sie als Führungskraft lösen diese Situation meist durch unterstützenden Zuspruch oder Unterstützung durch Ihr eigenes Know-how, jedoch bieten Ihnen die drei Denkstrategien weitere Möglichkeiten, nämlich die, den Mitarbeitern ein gesundes Maß an Selbsterkenntnis und Selbstreflexion zu vermitteln und damit insbesondere deren katalytisches Lernen zu stärken.

6.2.3 Selbstreflexion

Der Begriff *Selbstreflexion* bezeichnet den mentalen Vorgang der Eigenbeobachtung und Selbstanalyse durch die Hinterfragung des eigenen Denkens und Handelns. Ziel ist eine möglichst objektive Momentaufnahme der eigenen Funktionsweise und der daraus resultierenden bewussten Handlungsplanung:

Wie denke ich, was denke ich, wie hängen meine Gedanken kausal mit meinen Handlungen zusammen, wie hängen die Ereignisse zusammen, wie interpretiere ich sie, wie gehe ich erfolgreich mit mir, anderen und meiner Umwelt um, und welche Denkstile muss ich verändern, um im Handeln erfolgreicher zu werden.

Selbstführung

Bewusste Selbstreflexion wird von vielen Menschen nur halbherzig betrieben, sei es, weil viele Denkprozesse unbewusst ablaufen, oder eine ungeschönte Selbstanalyse von einigen lieber erst gar nicht in Betracht gezogen wird. Wie Sie sich vorstellen können, stellt dies ein großes Problem dar, wenn es darum geht, die Wirkung des eigenen Verhaltens auf andere, die Situation und die Umwelt kennenzulernen, denn im Grunde genommen ist es diese Information, die in der Analyse von ungemeiner Bedeutung ist, erlaubt sie doch erst eine zielgerichtete Kurskorrektur. So obliegt es Ihnen, einige klassische Fragen der Selbstreflexion anzusprechen, nämlich wenn es sich um die Auswirkungen des Mitarbeiterverhaltens, die Bewertung des Verhaltens, die Frage der persönlichen Motivationen für das Verhalten als auch die Schlüsse, die daraus gezogen werden können, handelt. Als Richtlinie gilt:

1. Wenn Sie nicht selbstreflektiert agieren und zeigen, dass auch Sie Selbstführung leben, wird es schwierig für Sie, authentisch durch diese Technik zu führen. Das bedeutet: Arbeiten Sie die folgenden Kapitel für sich selbst durch, bevor Sie daran gehen, mit Ihren Mitarbeitern zu arbeiten.
2. Führen Sie wertschätzend und mit echtem Interesse an anderen Menschen, denn nur dann wird Ihnen und Ihren Mitarbeitern eine Analyse und Veränderung der Denkstrukturen gelingen.
3. Arbeiten Sie *mit* Ihren Mitarbeitern immer wiederkehrend an den Reflexionen und Denkstrukturen. Selbstverständlich können Ihre Mitarbeiter diese selbst durchführen, die Erfahrung zeigt jedoch, dass die wenigsten es wirklich tun. Das starke operative Geschäft und bei vielen jungen Nachwuchskräften auch mangelnde strategische Weitsicht führen dazu, dass die Reflexionen vernachlässigt werden. Planen Sie deshalb feste Termine mit den Mitarbeitern ein, um diese Reflexionen als Intervention (geplante und gezielt eingesetzte Maßnahmen/ Gespräche, um Denkstrukturen zu analysieren und ggf. verzerrten Wahrnehmungen vorzubeugen) zu setzen.

6.3 Techniken der Selbstführung

Einen Tag strategisch denken bringt mehr als 30 Tage Arbeit.

Andrè Kostolany

Uns ist nicht bekannt, wie oft Kostolany strategische Tage eingelegt hat, aber er hat es weit gebracht. Mit den Denkstrategien der Selbstwirksamkeit, des Willpower & Waypower als auch des Optimismus wird er mit Sicherheit gearbeitet haben. In den folgenden drei Unterkapiteln wird beleuchtet, wie Sie durch die Förderung dieser Denkstrategien effektiv und gewinnbringend führen können.

6.3.1 Selbstwirksamkeit

Geht nicht gibt's nicht.

Selbstwirksamkeit wird geprägt von der Selbstwahrnehmung, die eine Person von sich bezüglich ihrer Fähigkeiten und Fertigkeiten hat, und beschreibt ein Denksystem, das ihr ermöglicht, (auch teilweise selbst) gestellte Aufgaben und Herausforderungen erfolgreich zu bewältigen. Anhand der Ausprägung der Selbstwirksamkeit lässt sich vorhersagen, ob jemand in schwierigen Situationen reüssieren wird und aus diesen lernt. Im Gegensatz zu Menschen, die an sich und ihren Fähigkeiten zweifeln, denken, fühlen und verhalten sich Personen mit einem hohen Maß an Selbstwirksamkeit zuversichtlich und souverän. Ist die Einstellung davon geprägt, dass Herausforderungen und auch schwierige Situationen durch die eigenen Stärken bewältigt werden können, spricht man von einer hohen Selbstwirksamkeit. Ist hingegen die eigene Einstellung geprägt von der Überzeugung, dem Handeln anderer ausgeliefert zu sein und durch die eigenen Fähigkeiten nur wenig oder nichts bewegen zu können, spricht man von einer niedrigen Selbstwirksamkeit (oder dem Klassiker Akteur vs. Opfer). Selbstwirksame Menschen beeinflussen ihre Denkstrategien aktiv, indem sie sich eine von Optimismus geprägte Sichtweise aneignen (was die Selbstwirksamkeit in einen engen Zusammenhang mit Optimismus rückt, mit gegenseitiger Wechselwirkung — aber dazu mehr zu einem späteren Zeitpunkt). Schon 1977 von dem renommierten Psychologen Bandura als Theorie definiert, manifestiert sich Selbstwirksamkeit in fünf kognitiven Prozessen, d. h., selbstwirksame Menschen wenden fünf strategische Denkstrategien an.

6.3.1.1 Die fünf Denkprozesse der Selbstwirksamkeit

Symbolizing

Kreatives *Nachdenken* darüber, wie ein Problem gelöst werden kann. Der Vorteil unseres Menschseins ist unbestreitbar, dass wir mehrere Lösungen geistig durchspielen können, d. h. kreativ nachdenken und testen können, ob etwas funktioniert oder nicht, ohne uns dabei in das möglicherweise sehr gefährliche direkte Umsetzen von Ideen zu begeben, um herauszufinden, was funktioniert. Sie erinnern sich daran, wie Sie als Kind mit Ihren Legobausteinen gespielt und ausprobiert

Selbstführung

haben. Wenn Sie heute als Architekt das Gleiche vor Ort am Bau machen würden, könnte Ihnen dies eine Menge Ärger einbringen. Ob das klassische Brainstorming hilft, um kreativ zu sein, sei dahingestellt — oft ist es so, dass zu viele Ideen, die nicht nur gesammelt, sondern dann auch hinterfragt werden, nur belasten und nicht kreativ machen. Auch ist ein einsames Nachdenken über eine Lösung oder kreative Idee längst passé, die neue Generation sammelt Gedanken über das Web 2.0. Das wusste aber auch schon Walt Disney, der seine Teams in Träumer, Realisten und Kritiker aufteilte — alle argumentierten aus ihrer zugewiesenen Rolle heraus.[9]

Beispiel: Frank betreut als Senior Consultant eines Headhunters ein großes Unternehmen in der Industrie. Seinen neuen Kunden hat er gerade der Konkurrenz abgeworben. Der Kunde gab ihm klar zu verstehen, dass vor allem Premium-Service für ihn zählt. Frank entwirft mehrere theoretische Modelle für ein Angebot.

Forethought

Wie sind die realen Gegebenheiten, deren Kenntnis zur *Umsetzungsplanung* notwendig ist? Was sind die Konsequenzen, die ein Handeln mit sich bringt? Wie könnten andere reagieren, wen würde es betreffen?

Beispiel: Frank denkt nicht nur darüber nach, eine spezielle Hotline für seinen „Premium"-Kunden einzurichten, sondern spielt mögliche Szenarien durch: Wie könnte der Kunde reagieren, wen würde die Einrichtung seiner Premium-Hotline betreffen (wahrscheinlich verursacht sie zusätzliche Kosten) etc.

Observation

Wie haben andere dieses Problem gelöst (Kollegen, Kunden, Vorgesetzte)?

Beispiel: Franks Kollegin Anna kennt Franks neuen Kunden gut aus ihrer vorherigen Firma und gibt ihm einige Tipps.

---

[9] Eng verwandt damit ist das Konzept der „Sechs Denkhüte" des britischen Kognitionsforschers Edward de Bono, in welchem in einem Team sechs Perspektiven von unterschiedlichen Personen eingenommen werden, die helfen, Themen und Probleme aus unterschiedlichen Winkeln zu betrachten.

6 Techniken der Selbstführung

Self-Regulation

Die Hotline ist eingerichtet. Nun geht es darum sich selbst zu beobachten. Wie verhält sich Frank gegenüber dem Kunden und den betroffenen Abteilungen (z. B. Finanzen)? Ist das Verhalten zielführend und das, was er erreichen wollte? Waren die Ziele genau richtig gesetzt, waren sie zu hoch oder zu niedrig angesetzt? Unterstützen Sie Ihre Mitarbeiter darin, diese Evaluation vorzunehmen, denn hat sich ein Mitarbeiter zu hohe Ziele gesetzt und versagt, wird er unter Umständen in Zukunft weniger motiviert agieren, gleich wie bei zu wenig herausfordernden Zielen, die keinerlei Learning oder Verhaltensänderung beinhalten.

Beispiel: Frank reguliert sein Verhalten, indem er seine selbstgesetzten Ziele mit seinem Wissen und seinen Fähigkeiten abgleicht. Er bemerkt schnell, dass er sich intensiver mit dem kaufmännischen Bereich auseinandersetzen und sein Wissen dort erweitern muss, um den Kunden zufriedenzustellen.

Self-Reflection

Eine rückblickende Analyse und Überprüfung der Erfolge, Misserfolge und Festhalten der Learnings mit dem Ziel, in Zukunft noch selbstwirksamer agieren zu können.

Beispiel: Frank überprüft nach seinen ersten Erfolgen, wie er gehandelt hat, was zum Erfolg geführt hat und was er optimieren kann.

In der Führungspraxis:

Symbolizing: Unterstützen Sie Ihre Mitarbeiter durch kleine gemeinsame Brainstorming-Sessions bzw. andere Kreativitätstechniken bezüglich der Herausforderung/des Problems und zeigen Sie ihnen, wie Kreativität entstehen kann.

Forethought: Trainieren Sie Ihre Mitarbeiter sowohl darauf, alle Gegebenheiten in Betracht zu ziehen und Informationen zu sammeln, als diese auch *umzusetzen*. Dies funktioniert am besten über Networks (siehe auch Network Leadership), die unterschiedliche Perspektiven und Informationen beisteuern.

Observation: Weisen Sie immer darauf hin, wie wichtig es ist, andere zu beobachten und deren Problemlösungsfähigkeit für sich selbst zu nutzen. Auch hier kommen gut ausgebaute Networks zum Tragen.

Selbstführung

Self-Regulation: Überstützen Sie dabei, die Zielsetzung und Überprüfung bzw. den Abgleich des benötigten Wissens mit dem vorhandenen Wissen vorzunehmen, denn dies ist der Punkt, der Menschen wachsen lässt. Versetzen Sie Ihren Mitarbeiter in die Lage, selbst feststellen zu können, welches Wissen er sich aneignen muss und welche Verhaltensänderung er vornehmen muss.

Self-Reflection:

Nutzen Sie folgende Tabelle als Unterstützung und lassen Sie Ihre Mitarbeiter relevante Aktionen/Tatsachen aus ihrem Projektalltag beschreiben.

Selbstwirksamkeit: Die 5 Denkprozesse	
5 DENKPROZESSE	**AKTION**
Symbolizing Wie kann das Problem kreativ gelöst werden?	Mögliche Lösungen mental durchspielen und dokumentieren, Infos aus Networks abziehen.
Forethought Was sind die realen Gegebenheiten, die berücksichtigt werden müssen? Was muss geliefert werden?	Konsequenzen der einzelnen Lösungen sowie die Beteiligten und ihre möglichen Reaktionen eruieren.
Observation Wie haben andere das Problem gelöst?	Suche im Network bzw. außerhalb nach Lösungen, die andere schon gefunden haben.
Self-Regulation Während der Umsetzungsphase: Welche Ziele sind richtig, welches Wissen ist notwendig, welches Verhalten wird benötigt?	Überprüfung des Wissens und des Handelns — reicht es für das Ziel, und welches Verhalten muss angepasst werden?
Self-Reflection Rückblickend nach Beendigung: Erfolge, Misserfolge, Learning.	Genaue Überprüfung der Erfolgsfaktoren und der Misserfolgsfaktoren, Belohnung der Erfolge, schnelle Verarbeitung der Misserfolge.

Tab. 11: Selbstwirksamkeit: Die 5 Denkstrukturen

Vermitteln Sie Ihren Mitarbeitern diese Denkprozesse nicht nur als temporäres Tool, sondern als eine überdauernde Strategie, um das tägliche Leben erfolgreich zu meistern — im Gegensatz zu sich „durchwursteln"!

Skills und der Glaube an sich selbst

Selbstwirksame Menschen setzen sich hohe Ziele und suchen sich schwierige Aufgaben aus. Sie lieben Herausforderungen, sie sind hochmotiviert, sie investieren in Anstrengungen, um ihre Ziele zu erreichen, und sie beweisen Durchhaltevermögen, wenn sie auf Hindernisse treffen. Wenn Sie sich erinnern, sind dies auch Merkmale der High Potentials. Diese Menschen beziehen ihre Einstellung aus zwei Faktoren:

1. zu einem nicht unbeträchtlichen Teil aus ihrem Wissen, ihren Fähigkeiten und Fertigkeiten — die Aufgaben, die sie erfolgreich aufgrund ihrer Skills meistern, versorgen sie mit dem motivierenden Gefühl des Erfolgs;
2. zusätzlich jedoch definiert sich Selbstwirksamkeit darüber, dass Menschen an ihre auf einer *Metaebene* liegenden Stärken glauben — so etwa die Stärke, sich gerne auf etwas Neues einzulassen, oder die Stärke, Ängste und Widerstände überwinden zu können.

In Kombination führen diese beiden Faktoren zum Gefühl des Selbstvertrauens, welches davon geprägt ist, dass selbstwirksame Menschen *genau* definieren können, *worin* sie sich vertrauen können, im Gegensatz zu einem Selbstvertrauen, das aus einer Arroganz oder Selbstüberschätzung entsteht. Selbstwirksamkeit entwickelt sich ein ganzes Leben hindurch.

Nun werden nicht alle Ihre Mitarbeiter über eine starke Selbstwirksamkeit verfügen, was ganz normal ist — manche Menschen entwickeln schon früh eine hohe Selbstwirksamkeit, andere verfügen über eine sehr niedrige bis kaum vorhandene Selbstwirksamkeit. Wenn Sie die richtigen Interventionen einsetzen, können Sie Ihre Mitarbeiter mit einer nur geringfügig entwickelten Selbstwirksamkeit innerhalb kürzester Zeit dahin bringen, ein starkes Selbstwirksamkeitsgefühl zu entwickeln.

6.3.1.2 Nutzen der Selbstwirksamkeit für Ihre Mitarbeiter

Wir alle reagieren unterschiedlich auf Herausforderungen und Stressoren — der eine fällt in panische Hektik, der andere erstarrt, der dritte wiederum handelt überlegt und wendet Denkstrategien an, die das Gefühl bzw. die Wahrnehmung der eigenen kognitiven Kontrolle über diese Faktoren erzeugen. Genau dies scheint der Schlüssel für den Erfolg zu sein. Studien, unter anderem auch aus der militärischen Traumaforschung, zeigen, dass Gruppen, die Situationen als bedrohlich, aber noch unter Kontrolle bezeichnen, weitaus bessere Leistungen (Erfolg) erbrachten als Gruppen, die sich Situationen ohne Kontrolle ausgeliefert sahen bzw. diese Situationen als solche wahrnahmen.

Selbstführung

Selbstwirksamkeit funktioniert also nicht nur durch das Gefühl des Erfolgs, sondern auch über das Gefühl, die *Kontrolle* über das eigene Leben zu besitzen. Dies passiert durch die Anwendung von Denkstrategien aller Art, nicht nur der obigen, denn sie lenken ab vom Lärm und der überwältigenden Komplexität, die manche Projekte begleiten. Insbesondere die Selbstregulation und die Selbstreflexion, aber auch die gründliche Abarbeitung der davorliegenden Schritte unterstützen darin, das Wesentliche zu sehen und erlauben Individuen, ihr Verhalten so zu regulieren und anzupassen, dass sie ihre Ziele erreichen. Eine objektive Beobachtungsgabe, ein kognitives Verstehen und eine realistische Einschätzung der eigenen Fähigkeiten und Fertigkeiten sind somit die Reflexionsmittel, die den Erfolg ausmachen[10] und dazu führen, dass Menschen mit hoher Selbstwirksamkeit kaum einen Input von außen benötigen, um ihre Aufgabe zu meistern. Die Vorteile für alle Beteiligten liegen auf der Hand: Ihre selbstwirksamen Mitarbeiter erbringen eine hohe Leistung und suchen proaktiv Feedback, um sich selbst immer wieder infrage zu stellen und zu wachsen. Selbstzweifel, negatives Feedback, Hindernisse oder Misserfolge belasten sie psychisch kaum, ganz im Gegensatz zu Menschen mit einer niedrigen Selbstwirksamkeit. Ist ein Ziel erreicht, nehmen sie schnell neue Ziele und schwierige Herausforderungen in Augenschein und sind somit die Mitarbeiter, die ein Unternehmen wettbewerbsfähig halten.

Selbstwirksamkeit beeinflusst

- die Entscheidungen, die Menschen in Beruf und Privatleben treffen,
- das Maß der individuellen Motivationsfähigkeit,
- das Zurechtkommen in einer herausfordernden Umwelt,
- die Resilienz im Umgang mit Widrigkeiten,
- die Verletzlichkeit durch Stress und/oder Depression bzw. Burnout.

6.3.1.3 Reflexion

Luthans et al. bieten Reflexionsübungen[11] an, die sie speziell für die Stärke der Selbstwirksamkeit konzipiert haben (die komplette Reflexion finden Sie bei Luthans et al). Um die Selbstwirksamkeit Ihrer Mitarbeiter auf einem stabilen Niveau zu halten und um sie erfolgreich weiterzuentwickeln, lohnt es sich, diese Reflexion wie

---

[10] vgl. Self-efficacy and health-related outcomes of collective trauma: A systematic review. Luszczynska, Aleksandra; Benight, Charles C.; Cieslak, Roman, European Psychologist, Vol 14(1), 2009, 51-62.

[11] Luthans, F; Youssef, C.M.; Avolio, B.J.: Psychological capital. Developing the Human Competitive Edge, Oxford 2007.

auch alle weiteren Reflexionsübungen öfter als einmal durchzuführen. Besonders wenn sich Ihre Mitarbeiter schwierigen Situationen gegenübersehen, sind die Reflexionen eine mentale Hilfe.

Zusammengefasst geht es in der Selbstwirksamkeitsreflexion darum, folgende Fragen für sich zu reflektieren:

1. In welchem Bereich Ihres Lebens fühlen Sie sich *besonders sicher* und voll Selbstvertrauen (berufliches Umfeld, familiäres Umfeld etc.)? Auf welche Herausforderungen treffen Sie in diesen Bereichen und welche Ihrer Fähigkeiten nutzen Sie, um die Herausforderungen zu bewältigen?
2. In welchem Bereich Ihres Lebens möchten Sie dringend etwas verändern? Welche schwierigen Herausforderungen möchten Sie angehen? Wie würden und werden Sie diese angehen? Auf welche Ihrer Fähigkeiten können Sie vertrauen? Hier kommen Sie mit Ihrem Mitarbeiter in einen Bereich hinein, der sich außerhalb der Komfortzone befindet. Analysieren Sie gemeinsam, wie es hier um die Selbstwirksamkeit bestellt ist und was Sie tun können, um sie zu erhöhen (siehe 3.).
3. Stellen Sie sich nun die Frage: Decken sich die Aufgaben, Herausforderungen und Herangehensweisen, die Sie gerade beschrieben haben, mit den unter 1. aufgelisteten Herausforderungen und Herangehensweisen? Oder haben Sie hier Neuland betreten?

Es gibt keine richtige oder falsche Antwort — was zählt, ist die kognitive Analyse Ihrer Erfolgsfaktoren und die Schlüsse, die Sie daraus ziehen. Reichen Ihre alten Herangehensweisen aus, um neuen Anforderungen zu begegnen, oder verlangen sie nach Lernen, nach dem Aufbau neuer Selbstwirksamkeit in neuen Bereichen?

6.3.1.4 Selbstwirksamkeit entwickeln

Bandura stellte schon 1997 fest, dass Selbstwirksamkeit durch Mastery Experience (Erfolgserlebnisse), durch Vorbildlernen (Modelllernen), positives Feedback, das psychologische Gefühl des Well Being als auch durch bestimmte physiologische Zustände ausgelöst werden kann. Diese unterschiedlichen Auslöser werden im Folgenden kurz beschrieben und dienen Ihnen als Anleitung, wie Sie die Selbstwirksamkeit Ihrer Mitarbeiter steigern bzw. bewusst erzeugen.

Selbstführung

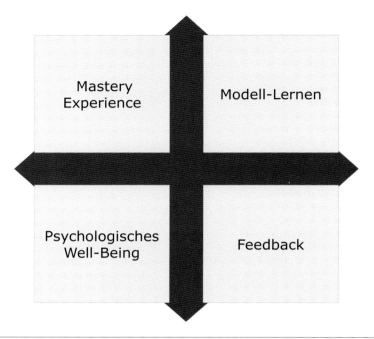

Abb. 16: Selbstwirksamkeit entwickeln

Mastery Experience — Kognitive Erfolgserlebnisse

Zugeschnittene Aufgaben

Sorgen Sie dafür, dass Ihre Mitarbeiter Erfolgserlebnisse einfahren und dass sie diese analysieren! Das bedeutet in einem ersten Schritt: Geben Sie ihnen Aufgaben, die außerhalb der täglichen Routinen liegen und die es ihnen ermöglichen, ein Erfolgserlebnis zu haben, ihre Fähigkeiten einzusetzen und Neues zu wagen. Dies verlangt von Ihnen, dass Sie Aufgaben finden, die auf den Entwicklungsstand eines jeden Mitarbeiters zugeschnitten sind und immer eine kleine Herausforderung beinhalten, aber nicht überfordern.

Leider ist es aber so, dass jeder davon redet, aber wenige es auch in die Tat umsetzen, was daran liegt, dass außer dem recht nebulösen Begriff der Mitarbeitermotivation und höheren Leistung niemand weiß, *warum* man in der Aufgabenstellung seiner Mitarbeiter intelligent vorgehen soll, und Seminare oder Workshops zum Thema zumeist schnell in der Erinnerung verblassen. Befragt man Führungskräfte zu der tatsächlichen Umsetzung des Themas Mastery Experience, sind die Antworten zumeist folgende:

- Frage Nr. 1: „Tun Sie es? Wirklich?"
  Hier antworten viele mit einem Nein oder mit „Ich versuche es immer wieder mal."
- Frage Nr. 2: „Wie handeln Sie, wenn Ihr Mitarbeiter einen Erfolg eingefahren hat?" Hier antworten die meisten: „Loben."
- Frage Nr. 3: „Was tun Sie dann?" — „Dann? ... Nichts mehr."

Genau hier liegt der Unterschied in der Führung durch Denkstrategien vs. Führen durch Lob, und damit auch Schritt zwei der Mastery Experience. Wenn Sie Ihren Mitarbeiter weiterbringen wollen, bedeutet dies, dass Sie es nicht bei einem Lob belassen, sondern mit Ihrem Mitarbeiter Schritt für Schritt durchgehen, warum (!) er diesen Erfolg eingefahren hat (und damit ist keine unqualifizierte Selbstbeweihräucherung à la „Du bist einfach gut" gemeint). Es geht vielmehr um das Erlernen von Erfolgsmustern.

Analysegewohnheiten schaffen

Wenn Sie Aufgaben weitergeben, planen Sie diese sorgfältig mit Ihren Mitarbeitern und besprechen Sie sie immer analytisch nach. Diese immer wiederkehrende Analysegewohnheit schafft auch eine Denkgewohnheit, die Ihren Mitarbeiter irgendwann dazu befähigt, sich alleine zu führen, was nicht bedeutet, dass Sie dann arbeitslos sind. Es bedeutet auch nicht, dass Sie für den Rest Ihres Arbeitslebens als Führungskraft *jede* Aufgabe für Ihren Mitarbeiter gestalten müssen. Es gibt Routineaufgaben, die erledigt werden müssen und die auch wenig bis keine Herausforderungen beinhalten. Jedoch lohnt es sich immer wieder zu reflektieren, dass es die herausfordernden Aufgaben sind, die Selbstwirksamkeit erzeugen. Ein interessanter Nebeneffekt der Selbstwirksamkeit ist, dass Ihre Mitarbeiter früher oder später selbst beginnen, sich Herausforderungen zu suchen, was Sie wiederum zu einem gewissen Zeitpunkt, bei erhöhter Selbstwirksamkeit Ihrer Mitarbeiter, entlastet und mit einem schlagkräftigen Team ausstattet.

Die Motivation

Teilen Sie Ihren Mitarbeitern mit, dass Sie sich darüber bewusst sind, dass eine besondere Aufgabe außerhalb der täglichen Routine liegt und dass Sie ein großes Interesse daran haben zu sehen, wie er oder sie das Problem löst. Zwar sollen Sie

Selbstführung

Ihren Mitarbeitern hier durchaus das Vertrauen aussprechen, dass Sie von ihrem Erfolg überzeugt sind, aber gestalten Sie auch einen kleinen Anreiz durch Ihre Erwartungshaltung. Der Hintergrund ist folgender: Erfolg und eine *Mastery Experience* benötigen immer auch einen externen Zuschauer oder Bewerter. Ihre Mitarbeiter lernen so, Leistung und Herausforderung als potentiell *angenehme* Situation zu denken.

> **BEISPIEL: Fälle aus der Praxis:**
> **Erfolg ist nicht immer gleich Selbstwirksamkeit!**
>
> Selbstwirksamkeit zieht *immer* kognitive Prozesse (Erfolgsanalysen) nach sich, die sich jedoch oft nicht von selbst, d. h. in Form einer Selbstanalyse, ereignen. Blicken wir auf Anna G., die seit zwei Monaten an dem neuen Kunden akquiriert und es nach dem letzten Pitch endlich geschafft hat, den Kunden zu gewinnen. Was sie erlebt, ist ein Erfolg, aber zusätzlich auch eine Mastery Experience, die nur durch Situationen entsteht, die eine große Herausforderung darstellen und in welchen eine handelnde Person zunächst nicht weiß, wie die zu lösende Aufgabe angegangen werden kann. Das Finden der Lösung durch eigene Anstrengung schafft erst das starke Gefühl der Selbstwirksamkeit (und ist einer der Gründe, warum sich „Talente" immer wieder selbsttätig neue Herausforderungen suchen). Ihre Aufgabe als Führungskraft besteht nun darin, gemeinsam mit Anna G. den Erfolgsweg zu rekapitulieren und festzuhalten, welche Stärken und Skills dazu geführt haben, dass sie erfolgreich war, samt einer Reflexion darüber, ob Neuland betreten oder alles noch aus der Komfortzone gehandelt wurde (und wenn ja, wie diese erweitert wurde bzw. erweitert werden kann). Diese kognitiven analytischen Nachgespräche sind immens wichtig für eine Weiterentwicklung Ihrer Mitarbeiter, denn um Selbstwirksamkeit effektiv und effizient zu trainieren, bedarf es einer stetigen genauen Analyse der Erfolge und natürlich auch der Misserfolge.
> Annas Kollege Tom L. war weniger erfolgreich in seiner Kundenakquise, der Etat des Kunden ging an ein anderes Unternehmen. Auch hier ist es an Ihnen als Führungskraft, ein analytisches Nachgespräch zu führen. Konnte Tom seine Fähigkeiten einsetzen, hätte er andere benötigt oder war es einfach nur Pech (ein Punkt, auf den wir in einer anderen Strategie später noch genauer zu sprechen kommen).
> Mastery Experience ereignet sich nicht bei jedem Erfolgserlebnis. So hat Martin K. durch einen reinen Zufall einen neuen Kunden bekommen, eigentlich hat er gar nichts dafür getan, alles, was passiert ist, ist, dass sein Kollege gekündigt und er den Etat geerbt hat. Martin K. erlebt Freude und Erfolg, der jedoch zufällig kam und somit keine kognitive Analyse der Vorgehensweise benötigt.

Techniken der Selbstführung

In folgender Tabelle können Sie die Entwicklung einer Mastery Experience in sechs Phasen nachverfolgen und einschätzen, auf welcher Stufe sich Ihr Mitarbeiter befindet.

Phase 1	Ihre Mitarbeiter - sind sich ihres Wissens oder ihrer Skills nicht bewusst. - sind sich nicht bewusst, dass Wissen oder Skills fehlen. - verharmlosen oder ignorieren die Relevanz der neuen Skills.
Phase 2	Ihre Mitarbeiter - beginnen, sich ein Bild von fehlenden Skills/Wissen zu verschaffen, die zu vermehrter Kompetenz führen. - beginnen, sich das Wissen anzueignen. - unternehmen erste Schritte in der Umsetzung des Gelernten. - unternehmen erste Schritte im Lernen am Beispiel/Vorbild. - können noch nicht alleine mit dem neuen Wissen umgehen. - fühlen sich unsicher.
Phase 3	Ihre Mitarbeiter - beginnen, sich das neue Wissen tiefer anzueignen und neue Informationen zu integrieren. - beginnen, neu erlernte/s Strukturen und Wissen in Problemsituationen anzuwenden. - kämpfen noch damit, das neue Wissen in gänzlich unbekannten Situationen anzuwenden und liefern nicht immer zuverlässig. - benötigen Unterstützung und Feedback. - benötigen noch mehr Selbstvertrauen.
Phase 4	Ihre Mitarbeiter - haben sich an den Einsatz des neuen Wissens gewöhnt und setzen es bei der Lösung von Routineproblemen erfolgreich ein. - machen weniger Fehler und benötigen nur ab und zu Feedback und Unterstützung bei komplexen Problemen. - fühlen sich zuversichtlich, mit ihren neuen Skills Probleme lösen zu können. - nutzen Reflexion, um eigene weitere Wissensdefizite zu entdecken.
Phase 5	Ihre Mitarbeiter - sind effektiv im Umgang mit dem neuen Wissen geworden, - analysieren und lösen nun auch komplexere Probleme relativ zuverlässig, - geben ihr Wissen an andere weiter, - kennen ihr Wissen und die Grenzen ihres Könnens, - arbeiten effizient und zuversichtlich.

Selbstführung

Phase 6	Ihre Mitarbeiter - haben das neue Wissen völlig absorbiert und setzen es täglich hocheffektiv um, - setzen das neue Wissen in Verbindung mit altem ein und erkennen Zusammenhänge, - beginnen, kreativ an der Verbesserung des neuen Wissens in der eigenen Fachumgebung zu arbeiten, - äußern den Wunsch, sich weiterentwickeln zu können, - sind Experten geworden.

Tab. 12: Mastery Experience

Lernen durch Vorbild (Modelllernen)

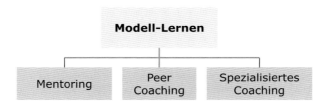

Abb. 17: Modelllernen

Menschen lernen aus Erfolgen und Misserfolgen anderer Menschen (zumindest die meisten von uns) und das aus einem ganz einfachen Grund: Wir sind genetisch so veranlagt, dass wir erfolgreiche Verhaltensweisen anderer nachahmen. So lernen wir als Kinder. Seltsamerweise scheint uns diese Fähigkeit abhandengekommen zu sein, was sicherlich der westlichen Individualismus-Kultur geschuldet ist — warum etwas von anderen abschauen, wenn es auch komplizierter geht, dann aber ganz meins ist? Fest steht, dass wir es mit der immer größer werdenden Komplexität und des Wissens (und dessen Halbwertzeit) nicht mehr werden leisten können, alles zu wissen. Wir sollten aber wissen, wo es steht oder wer es kann oder von wem ich es lernen kann. Die Gen Y hat dies längst erkannt und profitiert schon davon. Gelernt wird nicht mehr auf Vorrat, sondern dann, wenn es benötigt wird — und von anderen.

Die Voraussetzung für ein erfolgreiches Lernen „am Modell" ist eine empfundene Ähnlichkeit der Situationen und der Personen. Eine reine Vermittlung von Wissen nutzt wenig, wie Sie sicherlich auch schon am eigenen Leibe erfahren haben. Sie können Ihrem Mitarbeiter wiederholt erklären, was er in einer bestimmten Situation zu tun hat. Kommt er nun in die Situation, kann er das Wissen oft nicht abrufen.

Hat er allerdings die Möglichkeit, Sie oder einen Kollegen dabei zu beobachten, wie Sie die Situation auflösen, hat er besser gelernt und kann das Gelernte erfolgreich anwenden — was seine Selbstwirksamkeit steigert, wohingegen ein Misserfolg (er konnte Gelerntes nicht abrufen) die Selbstwirksamkeit schmälert. Sie können diese Situation im Unternehmen bewusst herstellen, indem Sie sich beispielsweise als Mentor zur Verfügung stellen bzw. es Ihren Mitarbeitern ermöglichen, an einem Mentorenprogramm teilzunehmen. Es müssen nicht immer ältere Mentoren sein, die diesen Nutzen des Modellernens bieten. In Zeiten flacher Hierarchien und Networks hat sich Mentoring durch Kollegen oder Peers als äußerst effektiv erwiesen[12], denn ganz abgesehen von einem Fachlernen erzeugen Sie eine Motivation dadurch, dass Ihre Mitarbeiter sehen, dass andere es können. Und wenn diese es können, dann wollen sie es ebenfalls können. Auch hier gilt: Wenn die Erfolge nicht gemeinsam analysiert werden, tritt der gewünschte Effekt der Selbstwirksamkeit nicht ein und damit auch keine selbstgesteuerte Weiterentwicklung zur Stärkung der eigenen Kompetenzen.

Auch das Lernen mit *spezialisierten* Trainern/Coachs fällt in diesen Bereich. Trainingsmaßnahmen, die lediglich ein idealisiertes, nicht konkret arbeitsplatzbezogenes Wissen vermitteln, können eines nicht: Erfolgserlebnisse kreieren. Die Lösung liegt in individuellem Einzel- und Teamcoaching bzw. Einzel- und Teamtraining zu spezifischen Fragen mit spezifischen Fachcoaches aus dem jeweiligen Gebiet. Wenn Sie Ihre Mitarbeiter mit Coachs arbeiten lassen, stellen Sie sicher, dass diese aus dem Fachbereich kommen und wirklich wissen, in welcher Situation sich die Coachees befinden.

Positives Feedback durch Social Recognition

Ein positives Feedback, von der eigenen Führungskraft gegeben, ist eine schöne Anerkennung. Sie leistet bei weitem jedoch nicht das, was eine Anerkennung durch Dritte ausmacht. *Social recognition* beinhaltet die Anerkennung eines räumlich weiteren sozialen Umfeldes, d. h. von Kollegen, Geschäftsführern, Kunden und auch aus dem privaten sozialen Umfeld. Dieses positive Feedback von anderen nach Erreichen des Erfolgs, aber auch das Feedback vor dem Erfolg (Zuversicht, dass der Mitarbeiter sein Ziel erreichen bzw. eine neue Herausforderung erfolgreich bewältigen wird) steigert die Selbstwirksamkeit und motiviert. Dies bedeutet, dass Sie als Führungskraft willens und in der Lage sind, die Erfolge Ihrer Mitarbeiter im sozialen

---

[12] Die deutsche Telekom arbeitet mit Reverse Mentoring, bei dem jüngere, technikaffine Mitarbeiter älteren Mitarbeitern zeigen, wie sie besser in der digitalen Welt zurechtkommen, und die Älteren den Jüngeren ihre Erfahrungen auf anderen Gebieten vermitteln.

Selbstführung

Umfeld des Mitarbeiters auch kommunizieren zu können, bzw. es Ihre Mitarbeiter selbst kommunizieren lassen, wozu diese ein bestimmten Maß an Geschicklichkeit bezüglich der Eigen-PR besitzen sollten. Sollte Ihr Mitarbeiter ein eher mittelmäßiger PR-ler sein, ist es an Ihnen, seine Erfolge auch anderweitig publik zu machen, z. B. beim nächsthöheren Vorgesetzen, beim Kunden, in der Personalabteilung, bei einem Zulieferer, in einer Arbeitsgruppe.

> Die Beeinflussung der Selbstwirksamkeit durch andere ereignet sich auf zwei Arten. Wenn andere uns nur oft genug zu verstehen geben, dass sie aufgrund bestimmter Faktoren an uns glauben, glauben auch wir früher oder später daran (vgl. auch Pygmalion Effekt).

Well being

Der physische und psychische Zustand eines jeden Einzelnen ist ein weiterer nicht zu vernachlässigender Faktor, der zu einer verstärkten Selbstwirksamkeit beiträgt. Ein positiver emotionaler Zustand löst Zuversicht aus, wohingegen Menschen, die sich in einer negativen emotionalen Spirale befinden, d. h. Hoffnungslosigkeit, Perspektivlosigkeit, Ressourcenarmut etc. erfahren, eine massiv beeinträchtigte Selbstwirksamkeit besitzen. Hoffnungslosigkeit und Perspektivlosigkeit sind nicht so selten in Unternehmen anzutreffen. Sie entstehen immer dann, wenn Mitarbeiter keinen Weg sehen, sich ihren Neigungen gemäß weiterzuentwickeln bzw. sich eine Karriere aufzubauen. Unterstützen Sie Ihre Mitarbeiter zum einen darin, ihre emotionale Intelligenz weiter auszubauen, indem sie Reflexion und Gefühlsregulation in ihren Trainingsplan integrieren (siehe auch PSI), so dass es nicht zu diesen negativen Gefühlen kommt, und beschäftigen Sie sich mit der Schaffung von Perspektiven (siehe auch Job Crafting).[13]

! **ACHTUNG: Bereichsbezogene Selbstwirksamkeit**

Menschen können nicht auf allen Gebieten über ein gleich hohes Maß an Selbstwirksamkeit verfügen, obwohl es auch den Begriff der „generalisierten Selbstwirksamkeit" gibt (siehe unten). So lassen sich für jeden Mitarbeiter eine ganze Reihe von unterschiedlichen Arten der Selbstwirksamkeit festhalten, z. B. Leadership, Kreativität, Ethik, Technologie, Unternehmertum, For-

---

[13] Emotionale und psychische Gesundheit in Unternehmen ist momentan ein großes Thema und befindet sich erfreulicherweise auf dem Weg, in Unternehmen durch die Führungskräfte aktiv gemanagt zu werden (siehe Kapitel PSI). Aber auch Unternehmen können eine Menge dazu beitragen (Betriebskindergärten, Wellnessangebote, familienfreundliche Arbeitszeiten, persönliche Coachs, Trainings aus den Bereichen der Positiven Psychologie wie beispielsweise Resilienztrainings).

schung, öffentliches Auftreten, Karriereentscheidungen, Networking, Lernen.[14] Ein exzellenter Fachbereichsleiter, der von seinen Mitarbeitern aufgrund seines Wissens verehrt und geschätzt wird, mag beim Kunden aufgrund seiner mangelnden Kommunikations-Skills nicht ankommen. Die exzellente Führungskraft eines Unternehmens kann ihre Selbstwirksamkeit nicht unbedingt auf die Führung ihrer Kinderwochenendgruppe übertragen, da sich hier die Parameter und Herausforderungen stark unterscheiden.

Das bedeutet für Sie: Versuchen Sie nicht, bei Ihren Mitarbeitern Selbstwirksamkeit auf einem Gebiet zu *erzwingen*, das nicht zu den jeweiligen Stärken und Talenten passt. Ein Geräteturner wird nie zum Riesentalent über den 100-m-Sprint werden, was natürlich nicht ausschließt, dass er sich auf diesem Gebiet weiterentwickeln kann und möchte. Allerdings liegt hier der sprichwörtliche Hase im Pfeffer — Ihr Mitarbeiter muss nicht nur wollen, sondern auch über ein gewisses Talent auf dem Fachgebiet verfügen. Selbstwirksamkeit hängt eng damit zusammen, wie wir die Chancen auf einen Erfolg einschätzen — bauen Sie daher zuerst mit ihren Mitarbeitern eine Selbstwirksamkeit in bekannten Bereichen auf, bevor Sie in Bereiche gehen, die neu sind. Ein Beispiel lieferte mir einer meiner Interviewpartner, der seine Selbstwirksamkeit bezüglich Kundenpräsentationen als recht hoch einschätzte, jedoch vor seiner ersten Podiumsdiskussion mit Fernsehaufzeichnung tausend Tode starb. Wie das dem römischen Dichter Horaz zugeschriebene Zitat so passend sagt: Rule your mind or it will rule you.

6.3.1.5 Generalisierte Selbstwirksamkeit

Generalisierte Selbstwirksamkeit ist unsere Überzeugung, dass die eigenen Fähigkeiten es erlauben, Herausforderungen zu bewältigen, Ziele zu erreichen und erfolgreich zu agieren, ganz gleich in welchem Bereich. Besonders High Potentials verfügen über diese generalisierte Selbstwirksamkeit. Diese hat jedoch zwei Seiten: Auf der einen Seite dient sie den Personen, die darüber verfügen, dazu, sich konstant selbst zu motivieren und proaktiv zu agieren, auf der anderen Seite jedoch führt sie bei manchen Menschen zu einem übersteigerten Selbstvertrauen (unrealistisches Vertrauen in die eigenen Fähigkeiten), das dazu führt, dass sie sich stark überschätzen und unkalkulierbare Risiken eingehen. Von dieser Spezies fanden sich in den letzten Jahren eine ganze Menge exzellenter Beispiele in den Gazetten dieser Welt, angefangen von der Bankenkrise bis hin zu Firmenpleiten. Neben einer exorbitanten Überschätzung litten diese Negativexemplare der

---

[14] vgl. Luthans et al., S. 42.

Selbstführung

Selbstwirksamkeit vor allem unter einer zusätzlichen Wahrnehmungsverzerrung, einer überhöhten Selbstverehrung, gefördert durch eine zu starke soziale Anerkennung, d. h. *ungerechtfertigtes* Lob. Dazu gehören Vorgesetzte, Kollegen und natürlich auch die Presse.

Sie finden einen Fragebogen zu generalisierter Selbstwirksamkeit auf der Website der Freien Universität Berlin, ebenso wie weitere Literatur über Selbstwirksamkeit.

ARBEITSHILFE ONLINE

Weiterführende Website der FU Berlin:

http://userpage.fu-berlin.de/~health/germscal.htm

ZWISCHENFAZIT

Die Voraussetzung für eine praktizierte Selbstführung ist Selbsterkenntnis und Selbstreflexion. Alleine das Erkennen bringt uns nicht weiter — erst die Reflexion, d. h. die analytische Beobachtung und darauffolgende Veränderung des eigenen Verhaltens, bringt uns nach vorne. Insbesondere die Denkstrategien der Selbstwirksamkeit, des Willpower & Waypower und des Optimismus bergen das Werkzeug für eine exzellente Nutzung der Selbstführung. Um eine erhöhte Selbstwirksamkeit zu erreichen, ist eine ständige Analyse der Situationen, die Selbstwirksamkeit verringern, nötig, begleitet von einem Aufbau der fachlichen Kenntnisse und mentalen Stärken. Je höher der Grad der Selbstwirksamkeit ausgeprägt ist, umso eher werden Ihre Mitarbeiter ihre Ziele tatsächlich erreichen. Dabei dient die Selbstwirksamkeit als Regulator, der Ihre Mitarbeiter in die Lage versetzt, das richtige Verhalten in der richtigen Situation auszuwählen — nämlich die Fähigkeit, relevante Informationen zu finden und intelligent zu interpretieren, die analytischen und strategischen Denkprozesse effizient vorzunehmen, Entscheidungsfähigkeit einzusetzen, operational umsetzungsstark zu agieren, Stressresistenz zu zeigen. Ein Selbstwirksamkeitsdefizit hingegen löst unberechenbares Denken aus, wirkt sich negativ auf die Problemlösungsfähigkeit aus, hängt oft mit Ängsten, Depressionen und negativem Stress zusammen, ebenso mit empfundener Hilflosigkeit und Hoffnungslosigkeit sowie schlechter Leistung.

6.3.2 Willpower und Waypower

Wo ein Wille ist, da ist auch ein Weg.

Willpower und Waypower bezeichnen als Wortpaar das Ausmaß, in welchem ein Mensch *Motivation, Zuversicht, Willen* und eine starke *Zukunftsorientierung* aufweist, die ihn dazu befähigen, den Weg zum Ziel zu finden und auf eben diesem Weg ein immens *starkes Durchhaltevermögen* an den Tag zu legen. Als Einzelbegriff beschreibt Willpower den starken Antrieb, etwas erreichen zu wollen, eine Fixierung auf das Ziel. Waypower hingegen beinhaltet die innovative Seite des Paares, die Gestaltung des Weges zum Ziel, die Umsetzung. Ganz gleich, wie sehr wir etwas wollen, wenn wir nicht in der Lage sind, den Weg dorthin strategisch zu planen und in die Tat umzusetzen, werden wir kein Ergebnis erzielen. Und genauso verhält es sich umgekehrt — der beste Stratege wird seine Pläne niemals umsetzen, wenn er sie nicht wirklich mit all seiner Willenskraft begleitet. Bei High Potentials treten diese beiden „Big W's" immer in Union auf und sind verantwortlich für den Erfolg der Talente.

Die Psychologen Snyder, Irving & Anderson definieren in ihrer Forschung[15] die beiden W's als ideale Kombination. Willpower (der unbedingte Wille, etwas zu tun) und Waypower (die Fähigkeit, den Weg/die Wege zur Zielerreichung zu finden und durchzusetzen) sind für sie ein unschlagbares Team. In der psychologischen Literatur auch mit dem Begriff der „Hoffnung" belegt, sind sie Garanten für eine gelungene Selbstführung, die insbesondere in Situationen benötigt wird, die Innovation, Erfindergeist und Stehvermögen verlangen, sowie Eigenmotivation und die Fähigkeit, in Innovations- und Changeprozessen die Situation zu verbessern und durchzuhalten. Sie helfen, in schwierigen Situationen, selbst in Katastrophen, den Willen nicht zu verlieren und ständig weiter nach einem (Aus)Weg zu suchen. Ohne das Zusammenspiel der Big W's wäre keine Erfindung dieser Welt zustande gekommen, sie sind es, die die Menschen zur Umsetzung antreiben. Bekannte Beispiele gibt es viele, darunter Carl Benz oder Alfred Krupp. Ein Beispiel für Menschen mit Willpower und Waypower in Krisensituationen ist Juliane Koepke. Sie überlebte als 17-Jährige im Jahr 1971 als einzige einen Flugzeugabsturz in Peru. Koepke schlug sich elf Tage lang verletzt allein im Urwald durch. „Für mich war der Dschungel nie eine grüne Hölle, sondern der Ort, der mich am Leben hielt", sagt Koepcke[16] und

---

[15] Snyder, C. R., Irving, L. M., & Anderson, J. R.(1991). Hope and health: Measuring the will and the ways. In C. R. Snyder & Donelson R.Forsyth (Eds.), The handbook of social and clinical psychology: The health perspective (pp. 285-307). Elmsford, NY.

[16] vgl. http://www.tz-online.de/aktuelles/muenchen/koepcke-ueberlebt-absturz-dschungel-elf-tage-tz-1492671.html.

Selbstführung

gibt damit ein Beispiel, was Willpower & Waypower (Hoffnung[17]) vermögen. Und, am Rande bemerkt, auch in Kombination mit Selbstwirksamkeit, denn Koepcke war mit dem Konzept „Dschungel" vertraut. Sie hatte zwei Jahre mit ihren Eltern in einem Dschungelgebiet gelebt und glaubte fest daran, dass sie die Fähigkeit besaß, sich auch durch diesen Dschungel zu bewegen.

Vier Faktoren

Willpower & Waypower setzen sich aus vier Kategorien zusammen. Ist eine davon nicht vorhanden, kann eine volle Ausnutzung des Potentials nicht stattfinden.

1. *Ziele*, die attraktiv sind, deren *Erreichen jedoch nicht sicher ist*. Sie stellen die Grundvoraussetzung für jenes besondere Gefühl der Herausforderung dar, das Menschen antreibt. Erst sie geben eine Richtung und einen zu erreichenden Endzustand vor.
2. *Wege zum Ziel* bezeichnen die wahrgenommene eigene Fähigkeit und Energie eines Menschen, ein ins Auge gefasstes Ziel auf einem bestimmten Weg, einer bestimmten Art und Weise zu erreichen. Hier kommen stark planerische Aspekte ins Spiel.
3. *Überzeugung der Handlungsfähigkeit* bezieht sich auf das Vertrauen, das jemand bezüglich seiner Handlungsfähigkeit hat — er plant nicht nur strategisch, sondern hat den festen Willen und die starke Überzeugung, seine Strategie in Handlungen umsetzen zu können.
4. *Hindernisse* blockieren die Zielerreichung oft. Jeder Mensch muss hier die Entscheidung über Aufgeben oder Weitermachen treffen. Falls er sich für das Weitermachen entscheidet, geht es auch um die Entwicklung von neuen Wegen zur Zielerreichung. Verfügen Ihre Mitarbeiter über eine starke Ausprägung in den Big W's, begegnen sie Hindernissen anders als Menschen mit einer niedrig ausgeprägten Hoffnung. Für sie sind Hindernisse Herausforderungen, die

---

[17] Auch wenn der Begriff Hoffnung im Deutschen als auch im Englischen zuweilen eher Konnotationen oder Assoziationen mit teils zynischen, teils humorvollen Bemerkungen à la „die Hoffnung stirbt zuletzt" auslöst, bedeutet er das genau das Gegenteil. Hoffnung drückt das aus, was alle Menschen, die ein Ziel im Auge haben, teilen: einen festen Willen und die Überzeugung, dass es einen Weg gibt, wenn man bereit ist, sich zu engagieren. Hoffnung ist immer gerichtet auf die Zukunft und einer der größten menschlichen Motivatoren, sei es in Unternehmen, im Privatleben oder in Katastrophensituationen. Alle erfolgreichen Unternehmensgründer dieser Welt erlebten Setbacks, Misserfolge und Pleiten und ihr Wille ließ sie einen anderen Weg finden. Auf Ihre Mitarbeiter übertragen bedeutet dies: Wenn Sie erfolgreiche Mitarbeiter wollen, stärken Sie ihren Willen und ihre Fähigkeit, einen neuen Weg zu finden, wenn der zuerst eingeschlagene sich als Sackgasse erweist.

a) es zu überwinden gilt und
b) ihnen erlauben, zu lernen und sich zu entwickeln, insbesondere was die eigene Handlungsfähigkeit als auch alternative Wege zum Ziel betrifft.[18]

6.3.2.1 Wie Sie Big W's erkennen

Sie erkennen Mitarbeiter, die über die Stärke der Big W's verfügen, zumeist sehr leicht. Es sind oft die „Querköpfe" im Unternehmen. Menschen wie beispielsweise Elena U., eine Researcherin aus Süddeutschland, die in einem großen medizinischen Forschungslabor arbeitet und die bei allen besonders dafür bekannt ist, sich solange im Labor einzuschließen, bis sie ihr Ziel erreicht hat, auch wenn es sich um Monate handelt.

Als ich Elena in einem Interview kennenlernte, fiel mir zuallererst ihr immens starker Willen auf. Ihre unbedingte Entschlossenheit, ihre Ziele zu erreichen, machte sie mir auf provokante Weise deutlich, indem sie mir, sprachlich und körpersprachlich ziemlich eindeutig, erklärte, dass sie ihre Ziele „immer, immer, immer" erreiche, auch wenn sie manchmal die eine oder andere Korrektur vornehmen müsse. Auf die Frage nach dem Warum antwortete sie, dass sie fest davon überzeugt sei, durch ihr Studium, ihre Erfahrungen und vor allem durch ihre Kreativität über die Fähigkeiten zu verfügen, die notwendig sind, um nicht nur ihr Ziel zu erreichen, sondern auch ihren weiteren Lebensweg zu steuern, von welchem sie eine ziemlich klare Vorstellung besäße. Ihre persönliche Unterscheidung zwischen einem gesunden, unbedingten Willen und der eher negativen Verbissenheit mancher Kollegen beschrieb sie mit ihrem Motto: „Lass niemals locker, aber bleib locker! Ich arbeite viel, und es bedeutet eine ganze Menge Hingabe an das Thema, und es bedeutet, einen Plan zu entwickeln, diesem Plan zu folgen, diesen Plan zu adjustieren und diesen Plan durchzuführen. Wer sitzt schon gerne für lange Zeit Tag und Nacht im Labor? Ich! Und ich genieße jede Sekunde des Wegs. Wenn es fertig ist, benötige ich schnell ein neues Ziel."

Strategie und Kreativität — ein Test

Menschen wie Elena verfügen über ausgeprägte strategische Fähigkeiten. Bevor Sie einige Wege kennenlernen, strategisches Willpower- und Waypower-Denken bei Ihren Mitarbeitern zu fördern und zu fordern, lohnt sich eine kurze Analyse. Wie sieht es bei Ihren Mitarbeitern aus?

---

[18] vgl. Snyder, Irving, Anderson 1991, 2000.

Selbstführung

- Arbeiten Ihre Mitarbeiter proaktiv daran, *Wege* zur Zielerreichung zu finden oder verharren sie oft in reaktiver Passivität oder erwarten, dass andere sich bewegen?
- Denken Ihre Mitarbeiter eigenständig über alternative Wege zum Ziel nach, anstatt nur eine einzige Lösung ins Auge zu fassen?
- Wenn sich Ihren Mitarbeitern Hindernisse in den Weg stellen, sorgen sie selbst dafür, dass sie Wege finden, diese zu umschiffen, oder warten sie darauf, dass Sie die Hindernisse beseitigen?
- Kennen Ihre Mitarbeiter die eigenen Stärken, mit denen sie ihre Schwächen ausgleichen können?

Wenn Sie alle Fragen mit „Ja" beantwortet haben, verfügen Sie über ein wundervolles Team, das die beiden W's beherrscht. Wenn Sie die Fragen mit „Nein" beantwortet haben, verfügen Sie über ein wundervolles Team, das noch viel von Ihnen lernen kann.

6.3.2.2 Nutzen von Willpower & Waypower für Ihre Mitarbeiter

Eine hohe Ausprägung von Willpower und Waypower werden vor allem mit Kreativität und Innovation in Verbindung gebracht, beides Felder, die nicht nur die Unternehmen von heute und morgen dringend benötigen, sondern auch Fähigkeiten, die für jeden Einzelnen von großer Bedeutung sind — sind sie doch entscheidend dafür, ob die eigenen Ziele und Träume erreicht werden. Die beiden W's stellen sicher, dass Innovationen nicht nur Gedankenspiele bleiben, sondern in die erfolgreiche Umsetzung gehen. So lassen sich in der Konsequenz enge Zusammenhänge zwischen Willpower & Waypower, Leistung und dem Zufriedenheitsgrad der Mitarbeiter nachweisen.[19]

Des Weiteren sorgen die beiden W's für eine gute körperliche und psychische Gesundheit, sie unterstützen die Fähigkeit Ihrer Mitarbeiter, positiv mit Widrigkeiten und Hindernissen umgehen zu können und unabhängig zu denken. Vor allem diejenigen unter Ihnen, die in Zeiten von Budgetcuts wenige Ressourcen zur Verfügung haben, mag interessieren, dass Willpower & Waypower dafür sorgen, dass kreatives Problemlösen, selbst bei geringem bzw. nicht vorhandenem Budget, an der Tagesordnung ist.

---

[19] vgl. Luthans et al. 2007, Rego, Sousa, Marques & Cunha 2011.

6 Techniken der Selbstführung

> **Powerpack: Willpower & Waypower**
>
> Waypower und Willpower sind untrennbar mit einander verknüpft. Fehlt das eine, funktioniert das andere nicht. Mitarbeiter und Führungskräfte, die eine starken Willpower besitzen, aber wenig Waypower, sind gezwungen, sich mit Personen zu umgeben, die stark im Waypower sind. Personen, die über eine starke Waypower verfügen, aber wenig Willpower besitzen, benötigen ein Gegenüber, das über das Durchhaltevermögen zur Zielerreichung verfügt. Nur so können fruchtbare Beziehungen und starke Leistungen entstehen.

Reflexion

Eine strategische Reflexion von Luthans et al. eignet sich besonders dafür, sie in einer Gruppe/einem Team einzusetzen im Rahmen eines kleinen Workshops zu Selbstführung. Dabei geht es darum, zwischen kurzfristigen Strategien und langfristigen Strategien abzuwägen. Ein Beispiel: Wenn Sie Ihre Mitarbeiter danach fragen, wie sie mit einem cholerischen Kunden umgehen würden, ist die erste Reaktion vielleicht die, dass der Mitarbeiter auch unhöflich zurück agiert. Betrachtet man jedoch die Situation unter einem längerfristigen Aspekt, wie einer überdauernden Kundenbeziehung, fällt die Strategie sicherlich anders aus, nämlich weitaus überlegter — ein Plan kommt ins Spiel. Ein weiteres Beispiel: Ein Kollege, dem Sie bisher stark vertraut haben, hintergeht Sie.

1. Wie sieht Ihre erste Reaktion aus?
2. Was wäre strategisch klüger, langfristig gesehen?

Haben Ihr Team bzw. Ihre Mitarbeiter diese Art der Reflexion erst einmal verinnerlicht, können Sie davon ausgehen, dass sie dieses strategische Denkmuster auf alle Herausforderungen und Probleme anwenden werden.

6.3.2.3 Dealer in Hope – vom Umgang mit Willpower & Waypower

Von Napoleon Bonaparte stammt der Satz: „A leader is a dealer in hope." Er besagt, dass es die Aufgabe der Führungskraft ist, die Stärke der Hoffnung (Willpower & Waypower) als auch das Fehlen von Hoffnung bei den eigenen Mitarbeitern zu erkennen und entsprechend zu reagieren, indem Hoffnung gefördert und unterstützt wird. Dass hier viele Führungskräfte scheitern, ist vorprogrammiert, verfügen doch wenige von ihnen über die Stärke und Weitsicht, dies bei ihren Mitar-

Selbstführung

beitern zu erkennen (Sie selbstverständlich ausgenommen, denn Sie lesen gerade darüber und werden es im Sinne von Willpower & Waypower umsetzen ...).

Der Querulant?

So stoßen sich Führungskräfte oft an Mitarbeitern, die über eine hohe Ausprägung an Willpower & Waypower verfügen. Diese zeichnen sich meist dadurch aus, dass sie einen „eigenen Kopf" besitzen und selbstständig denken und handeln. Sie benötigen viel Freiraum, um ihre Energie und ihre Kreativität auszuüben, und durch den Eintritt der Gen Y in den Arbeitsmarkt wird sich diese Verhaltensweise potenzieren. Leider ist allzu oft Mikromanagement (stark kontrollastiges, detailorientiertes, engmaschig agierendes Management) die Antwort auf diese Art Mitarbeiter, was im Sinne der Stärkung von Hoffnung wenig zielführend ist, da es diese Mitarbeiter nur demotiviert.

> **BEISPIEL: Aus der Praxis**
>
> Sina T. musste dies schmerzlich in ihrem letzten Unternehmen erfahren, einer großen Bank, in der sie für die Beziehungen zu ausländischen Investoren verantwortlich zeichnete und einen ausgezeichneten Umsatz einfuhr. Sina T., bekannt dafür, ihrer Meinung nach kleinkarierte Anweisungen wie etwa die Einstellungspolitik bei studentischen Hilfskräften zu ignorieren und auch einmal ohne vorherige Absprache zum Abendessen nach Moskau zu einem guten Kunden zu fliegen, bekam einen neuen Vorgesetzten, der jeden ihrer Briefe kontrollierte, ihr vorschrieb, ihre Reisebuchungen nicht mehr wie bisher über das Sekretariat, sondern selbst und erst nach Rücksprache mit ihm abzuwickeln und keinesfalls mehr studentische Hilfskräfte eigenständig einzustellen. Ihr Vorschlag, die Aktivitäten der Bank auch in außereuropäische Länder auszuweiten, wo sie gute Kontakte besaß, wurde als Zeitverschwendung abgelehnt. Sina tat das, was alle intelligenten Mitarbeiter, die über eine starke Selbstführung und Willpower & Waypower verfügen, in solchen Fällen tun. Sie investierte all ihre Energie darin, das Mikromanagement zu umgehen, wurde äußerst kreativ in der Sabotage aller neuen Anordnungen und geriet in einen zermürbenden Kleinkrieg mit ihrem neuen Vorgesetzten. Sie wechselte letztendlich das Unternehmen und arbeitet heute erfolgreich in der Akquisition neuer Märkte für eine andere Bank.

Menschen wie Sina T., oft als Troublemaker oder Nonkonformisten angesehen, verfügen zwar über ein hohes Maß an Willpower & Waypower, erfreuen sich aber nicht immer der vollständigen Unterstützung durch ihre Führungskraft. Dass sie recht risikofreudig sind, trägt nicht dazu bei, ihren Ruf zu verbessern, und so enden diese Entrepreneure zumeist früher oder später in der Privatwirtschaft, wo sie fernab aller Regeln agieren können. Eines der leuchtendsten prominenten Beispiele für Willpower und Waypower ist der britische Unternehmer Sir Richard Branson, der wahrscheinlich gut daran tat, sich frühzeitig in die Selbstständigkeit zu begeben, denn anderenfalls wäre er sicherlich zur Geißel so manch einer althergebrachten Führungskraft avanciert.[20]

Gegen die Innovation — wie Sie Willpower & Waypower zerstören

Manche Unternehmen sind von einer Kultur der Arroganz geprägt, die oft mit der Erfahrung von Erfolgen einhergeht und einen Habitus der Unverwundbarkeit und völligen Immunität hervorbringt. Die Herausforderung für Unternehmen liegt darin, diesen Denkfallen der Unverwundbarkeit zu entkommen, denn was diese Erfolgsattitüde leider mit sich bringt, ist die Ignoranz neuer Ideen. Die Musikindustrie ist ein gutes Beispiel für die Auswirkungen dieser gefährlichen Arroganz. Als zum ersten Mal Musik als Download zur Verfügung stand, wurde die Idee von allen Erfolgreichen der Branche ignoriert und als sie nicht mehr zu ignorieren war, rationalisiert, indem angenommen wurde, dass sie nicht attraktiv genug sei, um viele Kunden anzuziehen und zu binden. Als auch dies nicht der Fall war, rollten die gerichtlichen Feldzüge ins Land.

Die Moral von der Geschicht': Um nicht mutwillig Willpower und Waypower zu zerstören, sollten Sie neue Ideen immer als Hypothesen behandeln, die auf ihre Entwicklung hin überprüft werden sollten. Wichtig ist es zudem, Querdenkern und „Dissidenten" zuzuhören. Unternehmen benötigen Menschen, die den Status Quo oder Industriedogmen infrage stellen.[21] Dinge so zu tun, wie sie immer getan wurden, ist auf Dauer tödlich für jedes Unternehmen. Ein Beispiel dafür ist die Videospiele-Industrie, die davon ausging, dass die Spieler im Sitzen spielen wollen. Nintendo stellte diese Idee infrage und so kam es zu Wii.

Ohne Steine

Wenn Sie ein Dealer in Hope sind, werden Sie dafür Sorge tragen, dass Ihren Mitarbeitern keine unnötigen Steine in den Weg gelegt werden, wie teilweise in obigem Fall mit Sina T. und ihrem Vorgesetzten. Um aber zu wissen, wie die Steine beschaffen sind, müssen Sie sich konkret über die Steine unterhalten und diese

---

[20] vgl. Müller 2012
[21] ebda.

Selbstführung

verhandeln, denn nicht alles, was ein Stein für den Mitarbeiter ist, kann von Ihnen aus dem Weg geräumt werden. Es gibt immer einen Rahmen, in dem Sie und ihre Mitarbeiter sich bewegen werden. Stecken Sie diesen gemeinsam ab und *erklären* Sie, warum manche Steine sinnvoll sind.

ARBEITSHILFE ONLINE

Vertiefende Inhalte

Die Reflexion zum Thema (Reflexion 1) finden Sie auf Arbeitshilfen Online.

6.3.2.4 Willpower & Waypower stärken

Zur Stärkung eignen sich:

- *Häufige Gespräche und Unterstützung* zu Willpower & Waypower in der Form von Reflexion als auch in der Form von Mentoring. Sie selbst können als Vorbild dienen und aus Ihrer eigenen Erfahrung berichten. Achten Sie dabei darauf: Professionelle Unterstützung durch Tipps und die eigene Erfahrung sind etwas anderes als gute Ratschläge und die Märchenstunde aus den guten alten Zeiten. Orientieren Sie sich an Prozessen, die im Mentoring üblich sind.[22]
- *Trainings*, die zu Innovation, Kreativität und Selbstwahrnehmung anregen, als auch Trainings und Coachings, die sich spezifisch mit dem Thema Willpower & Waypower beschäftigen, so etwa mit folgenden Inhalten:
    - Selbstmotivation durch Selbstbeeinflussung (lernen über Erfolge — seien sie vergangen, gegenwärtig oder in der Zukunft — mit sich selbst und anderen zu besprechen, um die Selbstwirksamkeit zu steigern),
    - lernen, Probleme und Hindernisse, die in der Vergangenheit liegen, nicht als mangelndes Talent, sondern als Auswahl der falschen Strategie zu sehen,
    - lernen, Ziele als Herausforderungen zu sehen, nicht als potentielle Versagensgefahr (Wir alle beherrschen dies, sonst hätten wir nie das Radfahren oder das Schwimmen erlernt, oder gar das Alphabet.),
    - Vorbilder finden und ihre Vorgehensweise analysieren,
    - lernen, über sich selbst lachen zu können,
    - Re-Goaling erlernen — nicht jedes Ziel bleibt erreichbar, wenn sich Umstände ändern oder das Ziel zu hoch angesetzt war.

---

[22] Siehe z. B. http://muellercommunications.de/blog/archives/39.

6 Techniken der Selbstführung

- Für Trainings und Coachings gilt: Augen auf bei der Trainerauswahl. Trainer, die mit plakativen Methoden à la „Tschakka, Du schaffst es" arbeiten, erzielen nur Erfolge am Tag des Trainings, aber nicht danach. Trainings und Coachings, die Willpower & Waypower fördern, gehören in den Seminarkatalog, müssen aber danach von Ihnen in der Praxis weiter mit den Mitarbeitern eingeübt werden. Nehmen Sie deshalb unbedingt an den Seminaren Ihrer Mitarbeiter teil oder lassen Sie sich von den Coaches briefen, was Ihre Rolle in den nächsten Wochen und Monaten betrifft. Eine „passive" Teilnahme Ihrer Mitarbeiter an einem Seminar verleitet dazu, Dinge zwar aufzunehmen, aber keine Waypower zu suchen, d. h. das Gelernte in den Alltag einzupassen und auszuprobieren.
- *Klare gemeinsame, beidseitig akzeptierte Zielsetzungen*
  Befragt man Führungskräfte und Mitarbeiter zu ihren Zielsetzungen, stellt man zumeist fest, dass diese (1) nicht klar formuliert sind, d. h. weder dokumentiert noch nachverfolgt, und (2) dass sie sich oft unterscheiden. Führungskräfte mögen Ziele mit den Mitarbeitern im Jahresgespräch definiert haben, der Mitarbeiter mag diese zur Kenntnis genommen haben: Interessiert sich die Führungskraft nun im Laufe des Jahres kaum noch für die Erfolge der Zielerreichung bzw. für die Prozesse, die der Mitarbeiter durchläuft, wird bald wenig von der beidseitig akzeptierten Zielsetzung übrig sein, da eine oder beide Parteien das bzw. die Ziele irgendwann einfach ignorieren. Die Zielsetzung lautet also: Sprechen Sie über die Prozesse, die zum Ziel führen, und das nicht nur zweimal im Jahr. (Für Führungskräfte, die ihre Mitarbeiter nicht ganztägig sehen: Verschaffen Sie sich durch einige Tage erhöhter Präsenz immer wieder einen Eindruck davon, wie Willpower & Waypower umgesetzt werden und kommentieren Sie dies durch Ihr dezidiertes Feedback.)
- *Partizipative Entscheidungsfindung und Empowerment*
  Manche Entscheidungen werden von Führungskräften alleine getroffen, ohne Einbeziehung der Mitarbeiter. Dass diese Vorgehensweise in Zeiten flacher Hierarchien, Web 2.0 und Networks immer mehr in die Kritik gerät, liegt auf der Hand. Dabei ist es eine alte Weisheit: Beteilige Menschen an der Entscheidung und lasse ihnen den Weg der Zielerreichung offen, und sie werden alles dafür tun, das Ziel auch zu erreichen, im Sinne von Willpower & Waypower.
- Als weitere Maßnahme eigenen sich *Teamworkshops*, in welchen Willpower & Waypower diskutiert werden.

Vertiefende Inhalte

Eine Anleitung hierzu (Reflexion 2) finden Sie auf Arbeitshilfen Online.

Selbstführung

> **Vom Umgang mit Low Hopers**
> Mitarbeiter mit einer niedrigen Ausprägung in Willpower & Waypower sind zumeist dadurch gekennzeichnet, dass sie ständig bemüht sind, nirgendwo anzuecken. Auch als „low hoper" bezeichnet, kennzeichnen sie sich durch folgende Verhaltensweisen. Sie
> - lehnen zusätzliche Arbeiten oft ab,
> - halten sich sklavisch an Regeln,
> - treffen keine eigenen Entscheidungen,
> - übernehmen keine Verantwortung,
> - lehnen Herausforderungen ab,
> - sind wenig innovativ.
>
> Wenn diese Mitarbeiter auf einen Vorgesetzten treffen, der ihnen die Ziele eng vorgibt und jeden Schritt überwacht, ist die Paralyse perfekt. Um diese „low hopers" zu fördern, sind eine intensive Beschäftigung mit den vorab genannten Punkten sowie intensive Gespräche notwendig.

6.3.2.5 Vorsicht

„Als wir das Ziel endgültig aus den Augen verloren hatten, verdoppelten wir unsere Anstrengungen", heißt es so treffend bei Mark Twain.

Es bedarf einer gehörigen Portion Realismus, um die Big W's als Stärke einzusetzen. Wann immer Willpower & Waypower unrealistische Züge annehmen und Individuen sich Ziele setzen, die nicht erreichbar sind, werden sie Energie und Ressourcen vergeblich, aber mit gleicher Hartnäckigkeit investieren, ohne zu bemerken, wann ein Ziel modifiziert oder korrigiert werden muss, sei es, weil es so nicht erreichbar ist oder weil es strategisch gesehen seine Bedeutung verloren hat. Besonders gut lässt sich dies bei vielen von uns beobachten, die in den Aktienmarkt investieren. Die Aktienkurse sinken, und doch glauben wir an unsere Willpower & Waypower. Durchhalten heißt die Devise, denn wir haben ja viel investiert, und wir sind nicht bereit, dies aufzugeben. Dass diese Einstellung schon oft bis zur völligen Vernichtung eines Portfolios geführt hat, ist belegt. Willpower & Waypower wären hier besser in ein wenig Realitätssinn investiert, der das Ziel wieder fest ins Auge fasst (z. B. mit Aktien Finanzkraft erhalten oder mehren und nicht am alten Portfolio festhalten, nach dem Motto „Komme, was wolle") und den Weg dorthin plant und umsetzt (Altes verkaufen, Neues kaufen). Die Fähigkeit und die Intelligenz, eine Korrektur oder Neudefinition (Re-Goaling) von Zielen vorzunehmen, gehört auf jeden Fall dazu. Trainiert werden kann dies in Seminaren, Coachings, Case studies, Training on the job oder in Simulationen — kontrolliert und umgesetzt werden kann es nur gemeinsam mit Ihnen, der Führungskraft.

6 Techniken der Selbstführung

6.3.3 Optimismus

„Für den Optimisten ist das Leben kein Problem, sondern bereits die Lösung."

Marcel Pagnol

Optimismus wird oft in einem Atemzug mit „Denke Positiv" genannt, Millionen von gelben grinsenden Smileys zieren Bürowände und Autos, die selbsternannten Erfolgstrainer dieser Welt stehen vor einem andächtig lauschenden Publikum und schütten halbvolle und halbleere Gläser auf den teuren Hotelteppich als Parabel für die Sichtweise auf die Welt. Als populärwissenschaftlicher Begriff seit Jahrzehnten gequält und in eine Lebenshilfeschublade gestopft, scheint der Begriff wenig für eine High-Potential-Denkstrategie herzugeben.

Das Element Optimismus als Denkstrategie hat wenig mit diesen abgegriffenen Anmutungen gemein. Optimismus beinhaltet nicht nur

1. die Erwartung, dass die Zukunft Gutes bereithält, sondern auch eine
2. Annahme darüber und eine
3. gründliche Analyse dessen, warum etwas Erfolgreiches, Gutes oder auch Negatives passiert, d. h., wie es mit den eigenen Stärken und dem eigenen Verhalten oder mit günstigen/ungünstigen *Bedingungen der Umwelt* zusammenhängt, ganz gleich, ob es sich um Vergangenheit, Gegenwart oder Zukunft handelt.

Der Psychologe Martin Seligman, Begründer der Positiven Psychologie, definiert Optimismus als *Attributionsstil* (Zuschreibungsstil), d. h., es ist die Art und Weise, wie wir über die Ursachen von positiven/negativen Ereignissen denken. Sind wir die Verursacher dieser Ereignisse oder sind sie ohne unser Zutun passiert? Stellen Sie sich kurz vor, dass ein Fremder auf Sie zukommt und Ihnen das Kompliment macht: „Sie haben eine besonders eindrucksvolle Persönlichkeit." Was passiert nun? Freuen Sie sich und schreiben Sie dies Ihren besonderen Fähigkeiten zu oder den Anstrengungen, die Sie unternommen haben? Oder wehren Sie ab und denken sich: „Die Person kann ja nicht mehr bei Trost sein. Ich bin ein austauschbarer Manager in einem handelsüblichen grauen Anzug"?

Wählen Sie erstere Zuschreibungsvariante, ist es wahrscheinlich, dass Sie über Ihr Verhalten nachdenken werden, das zu diesem Kompliment geführt hat, oder über die Gründe, die die Person dazu bewogen haben, Ihnen dieses Kompliment zu machen. Sie werden nach einer fundierten Analyse in Zukunft das erfolgreiche Verhalten verstärken. Wählen Sie Variante zwei, ist es wahrscheinlich, dass Sie psychisch noch kleiner werden (auch als *Impostor-Syndrom* bekannt). Seligman geht davon aus, dass sich die Attributionsstile und Denkstrukturen während der Kindheit entwickeln und sich nicht mehr verändern, es sei denn, wir werden aktiv und arbeiten bewusst daran, sie zu verändern. Sie stellen den Denkstil, die Brille dar, durch die wir unser Leben und damit auch unsere Handlungen und uns selbst betrachten, und sie nehmen einen wesentlichen Einfluss auf unsere Karriere und unser Berufsleben. Menschen, die dauerhaft optimistisch attribuieren (realistisch optimistisch, wohlbemerkt, dazu später mehr) verfügen über Denkstrukturen, die sie befähigen, zu wachsen und andere zu beeinflussen.

6.3.3.1 Zuschreibungsstile

Janine F. und Marthe G. haben ihr erstes Projekt für den Vorstand mit Bravour gemeistert. Von ihrem Coach darauf angesprochen, welchen Handlungen und Denkweisen sie ihre Erfolge zuschreiben, antwortet Janine: „Das war eine Menge Glück." Janine attribuiert ihren Erfolg *extern*, sie schreibt ihn dem Glück zu und nicht ihren Stärken (positiv verlaufende Handlung, negative Zuschreibung). Marthe hingegen antwortet auf die gleiche Frage: „Ich war exzellent vorbereitet" (positiv verlaufene Handlung — positive Attribuierung). Sie attribuiert *intern*, d. h. sie schreibt die Ursache für den Erfolg sich selbst zu.

John L. und Leo M. hingegen haben in ihrer Vorstandspräsentation eine miserable Leistung abgeliefert. Johns Antwort lautet: „Na, da hatten wir wohl alle wegen der miesen Laune vom Vorstandschef keinen guten Tag, und ich muss zugeben, wir waren auch nicht gut vorbereitet. Beim nächsten Mal sind wir optimal vorbereitet und um die Laune des Vorstands kümmern wir uns dann auch" (negativ verlaufene Handlung — positive Attribuierung). John attribuiert extern. Leo hingegen stellt fest: „Wir sind einfach nicht dazu in der Lage, das ist eine Nummer zu groß für uns, ich konnte das schon an der Uni nicht" (negativ verlaufende Handlung — negative Attribuierung). Leo attribuiert intern, d. h. er schreibt die Ursache für den Misserfolg sich selbst zu.

Welche Mitarbeiter werden es weiter bringen und ihrem Team als auch dem Unternehmen besser helfen können? Kennen Sie die Attributionsstile Ihrer Mitarbeiter? Wissen Sie, welchen Parametern sie ihre Erfolge und Misserfolge zuschreiben?

6 Techniken der Selbstführung

Um Ihre Mitarbeiter[23] darin zu unterstützen, einen effektiven Optimismus zu entwickeln, ist es vonnöten, dass Sie die unterschiedlichen Zuschreibungsstile kennen und erkennen. Dabei handelt es sich um drei Dimensionen, die wir alle nutzen, um unsere Lebensereignisse zu interpretieren.

Intern vs. Extern:

Intern: „Ich war es."
Extern: „Etwas oder jemand anderer war es."

Permanent vs. Temporär:

„Es wird ewig dauern."
„Es wird nur kurze Zeit anhalten."

Global vs. Spezifisch:

Global: „Es wird alles betreffen, das ich anpacke."
Spezifisch: „Es wird nur diese Situation beeinflussen."[24]

Personalisierung — Intern vs. Extern

In dieser Dimension geht es darum, wer die Schuld an einem negativen Ereignis trägt und den Verdienst an einem positiven Ereignis hat — man selbst oder das Umfeld/die Situation.

---

[23] Männer weisen in Untersuchungen einen höheren Grad an Optimismus auf als Frauen – wenn es um den Arbeitsplatz geht. Sie attribuieren Fehler eher extern, situationsspezifisch oder als temporär. In Bezug auf soziale Probleme der Interaktion mit anderen Fehlern jedoch zeigen sie sich eher pessimistisch, wohingegen sich bei Frauen das umgekehrte Bild zeigt – sie lassen sich von Rückschlägen im interpersonalen Bereich weniger negativ beeindrucken, sind jedoch pessimistischer, wenn es um ihre Leistung geht. Seligman geht davon aus, dass Frauen langsamer in Unternehmen aufsteigen, weil sie Fehler und Versagen sich selbst zuschreiben bzw. solche Attribuierungen von außen zulassen, wohingegen Männer umgekehrt attribuieren und negative Attributionen von außen weniger akzeptieren und somit optimistischer bleiben, was ihnen wiederum eine Ressourcenvielfalt beschert, die sie befähigt, schneller weiterzukommen und unter Umständen auch eine bessere Leistung zu bringen.

[24] vgl. auch Abraham, Seligman & Teasdale, Learned Helplessness in Humans: Critique and Reformulation, in: Journal of Abnormal Psychology, 1978.

Selbstführung

Attribuierung Intern vs. Extern		
	Positives Ereignis	**Negatives Ereignis**
Optimistische Attribution	Intern verursacht (persönliche Stärke)	Extern verursacht (wenig Einfluss auf Situation)
Pessimistische Attribution	Extern verursacht (kein persönlicher Beitrag)	Intern verursacht (persönliche Schuld)

Tab. 13: Attribuierung Intern vs. Extern

Personen mit einer pessimistischen Einstellung internalisieren bei negativen Ereignissen, d. h., sie schreiben sich selbst Fehler zu. Personen mit einer optimistischen Einstellung externalisieren die Verantwortung für negative Ereignisse bis zu einem bestimmten Grad, d. h., sie sehen Dinge, die außerhalb der eigenen Kontrolle lagen, als Mitverursacher für negative Ereignisse. Handelt es sich um positive Ereignisse, neigen Personen mit einer negativen Einstellung dazu, den Erfolg zu externalisieren und den eigenen Beitrag herunterzuspielen, Menschen mit einer positiven Einstellung hingegen internalisieren, d. h., sie schreiben sich und ihren Handlungen einen großen Teil des Erfolgs zu. Individuen, die sich selbst für jeden Fehler verantwortlich machen, verfügen meist über ein sehr geringes Selbstwertgefühl, wohingegen ihre Counterparts, die extern attribuieren, ein positives Selbstwertgefühl behalten. Diese dritte Dimension ist in Trainings recht schwierig zu vermitteln, denn sie impliziert, dass jemand nur mit dem Finger auf andere bzw. die Umwelt/Situation zeigen muss, wenn er keine Verantwortung übernehmen möchte. Jedoch hat die externe Attribution durchaus auch Vorteile: Individuen, die nicht nur sich selbst als verantwortlich sehen, sondern sich auch dafür interessieren, was aus dem Umfeld dazu beigetragen haben könnte, verfügen nach dieser Analyse über ein weitaus größeres Wissen als auch Möglichkeiten, externe Umstände zu verändern/unter die eigene Kontrolle zu bringen als jemand, der ausschließlich intern attribuiert.

Der Glaube an temporäre und permanente Ursachen für Erfolge und Misserfolge

Der Vertriebler, der einen Kundenbesuch macht, schreibt seinen erfolgreichen Termin der Ursache zu, dass er bei jedem Besuch einen Mehrwert für seine Kunden bietet. Verläuft der Termin nicht gut, schreibt er diesen Fakt der Situation zu, dass der Kunde vielleicht diesmal nicht genügend Zeit hatte und er es nächste Woche wieder versuchen wird. Er attribuiert optimistisch. Der Vertriebler, der pessimistisch attribuiert, schreibt einen Erfolg dem Faktor „Glück gehabt" zu, einen Misserfolg hingegen sich selbst, indem er sich sagt, dass er es nie schafft, zur richtigen Zeit am richtigen Ort zu sein und dies auch in Zukunft so bleiben wird.

Attribuierung Temporär vs. Permanent

	Positives Ereignis	Negatives Ereignis
Optimistische Attribuierung	Permanent (überdauernde Stärke)	temporär (vorübergehend)
Pessimistische Attribuierung	extern verursacht (vorübergehend)	intern verursacht (überdauernd)

Tab. 14: Attribuierung Temporär vs. Permanent

Menschen, die pessimistische Attributionen treffen, glauben fest daran, dass negative Ereignisse nicht temporärer Natur, sondern überdauernd sind. Eine schlechte Präsentation, eine Fehlinvestition werden als überdauernde Probleme interpretiert, d. h., sie glauben, dass sie auch zukünftig diese Situationen nicht meistern können, da sie zu schwierig sind.

Personen, die optimistische Attributionen treffen, sehen negative Ereignisse als temporäre Rückschläge an, die keinerlei Auswirkung auf weitere Ereignisse in der Zukunft haben werden. Sie sind davon überzeugt, dass sie beim nächsten Versuch reüssieren werden.

Der Glaube an universelle und spezifische Ursachen

Hier geht es darum, welche Auswirkungen Erfolge und Misserfolge auf andere Lebensbereiche nehmen. Personen mit einem negativen Attributionsstil sehen eine nicht optimal verlaufene Situation als generelle Schwäche ihrer Person an und tendieren dazu, das Versagen in einer Situation auf alle möglichen vergangenen und zukünftigen Situationen des Lebens auszuweiten, wohingegen Personen mit einem positiven Attributionsstil davon ausgehen, dass die momentane Situation lediglich spezifisch etwas über sie und eine eventuelle Schwäche aussagt, aber generell nichts mit ihren anderen Fähigkeiten und Stärken zu tun hat („mir kann alles gelingen, wenn ich nur hart genug arbeite").

Attribuierung Universell vs. Spezifisch

	Positives Ereignis	Negatives Ereignis
Optimistische Attribuierung	Universelle Ursache	Spezifische Ursache
Pessimistische Attribuierung	Spezifische Ursache	Universelle Ursache

Tab. 15: Attribuierung Universell vs. Spezifisch[25]

---

[25] Tabellen vgl. auch Abraham, Seligman & Teasdale 1978.

Selbstführung

Zusammenfassend lässt sich sagen: Optimistische Denker fokussieren sich auf die Ursache des Problems, pessimistische Denker machen sich selbst zum Problem und der Ursache.

6.3.3.2 Nutzen von Optimismus für Ihre Mitarbeiter

Unsere Arbeitswelt ist durch viele Veränderungen gekennzeichnet, die eine Mehrzahl von Jobs bzw. Berufen über die Lebensspanne hinweg für jeden Einzelnen mit sich bringen, ein Trend, der sich verstärken wird. Eine interessante Frage lautet: Wie viel Negatives und wie viel Positives bringen Ihre neuen Mitarbeiter mit, wenn sie zu Ihnen kommen? Optimismus — die Fähigkeit, Negatives zwar zu sehen, aber sich dadurch emotional nicht beeinflussen zu lassen — ist ein starker Pfeiler einer stabilen Persönlichkeit, die Sie in Ihrem Team wollen. Optimismus steht in einem engen Zusammenhang nicht nur mit Arbeitsleistung, sondern vor allen Dingen mit der Fähigkeit, Probleme effektiv zu bewältigen. Menschen mit optimistischen Denkstilen gehen nicht nur besser mit Unsicherheiten und neuen Dingen um, sondern fördern sie sogar, weil sie wissen, dass diese eine Chance für sie bergen können. Dies bringt mit sich, dass sie effektiver kommunizieren, Networks pflegen und qualifiziertere Entscheidungen treffen. „Just go with the flow", ist das Credo der Optimisten, die die ständige Veränderung, die Ups und Downs genießen.

Der Optimismus Ihrer Mitarbeiter speist sich aus positiven Emotionen, die durch die Attributionsstile entstehen. Positive Emotionen sind zu einem erheblichen Maße dafür verantwortlich, dass Menschen über ihre Ressourcenvielfalt (sozialer, kognitiver als auch physischer Art) auch in kritischen Situationen verfügen können, da sie keinerlei Energieverluste erleiden, die wiederum durch negative Gefühle wie Angst und Distress entstehen. Optimisten bauen zudem als weiteren Vorteil gute Beziehungen zu anderen auf, Pessimisten hingegen nicht, da sie oft nur auf rein Negatives fokussiert sind, was nicht dazu beiträgt, ein Problem zu lösen, und sich zumeist in Sarkasmus oder Zynismus äußert und andere zum Teil befremdet. Aber auch hier gibt es unterschiedliche Facetten, denn gut vorgetragene pessimistische Sichtweisen bereichern ein Team und ein Unternehmen, denn sie halten zu naive Optimisten davon ab, alles extern zu attribuieren und der Realität ins Auge zu sehen. Dass auch ein gewisses Maß an Pessimismus bei manchen Individuen als Antreiber und Motivator gilt, ist erforscht, ebenso wie die Tatsache, dass das Erzwingen positiver Gefühle negative Auswirkungen auf Körper und Geist nimmt.

6 Techniken der Selbstführung

> **Willpower & Waypower — Optimismus**
>
> Willpower & Waypower und Optimismus hängen eng zusammen. Sie sind klar mit festen Denk- und Handlungsstrukturen verknüpft, die kritisches, analytisches und zielgerichtetes Denken beinhalten. Optimismus ergänzt diese Fähigkeit durch eine innere Einstellung, die aussagt, immer das Beste für die Zukunft zu erwarten, und bringt Individuen in die Position, hoffnungsvoll zu agieren, d. h. den Weg in die bessere Zukunft zu suchen. Optimismus ohne die tatkräftigen Analysen und Erfolge des Willpower & Waypower verflüchtigt sich schnell.

ARBEITSHILFE ONLINE

Vertiefende Inhalte

Eine Reflexion zu Optimismus (Reflexion 3) finden Sie auf Arbeitshilfen Online

6.3.3.3 Optimismus entwickeln durch Perspektivenänderung

Die Zwillingsforschung zeigt, dass ca. 25 bis 50 Prozent unserer Persönlichkeitseigenschaften ererbt sind, d. h. unsere Grundeinstellungen, wie etwa Begeisterungsfähigkeit, Aggression, Aufgeschlossenheit, Passivität oder Launenhaftigkeit sind zu maximal 50 Prozent im Erbgut festgelegt.[26] Seligman hält fest, dass die Tendenz zu Optimismus zwar zu einem Teil genetisch bedingt ist, jedoch zu einem größeren Teil dem Zuschreibungsstil, dem Attributionsstil („explanatory style") der Eltern bzw. anderer Einflüsse (Lehrer, Verwandte, Freunde) unterliegt, die jeden von uns als Kind prägen. Wenn Kinder Erfolge oder Misserfolge erleben, gehen Eltern damit auf eine bestimmte Art und Weise um. Benutzen sie negative Attributionen, tritt früher oder später die selbsterfüllende Prophezeiung in Kraft, d. h., ihre Voraussage, dass das Kind es beispielsweise nie schaffen wird, eine gute Note in Mathematik zu erhalten, wird sich bewahrheiten — nicht etwa, weil das Kind es nicht schaffen könnte, eine gute Note zu erhalten, sondern weil ihm unterschwellig suggeriert wurde, dass es in Mathematik ein „Versager" ist. Das Kind übernimmt diesen Attributionsstil leider nicht nur in Bezug auf mathematische Leistungen, sondern generalisiert diesen Stil schlimmstenfalls und übernimmt ihn mit ins Erwachsenenleben. Da jedoch maximal 50 Prozent genetisch bedingt sind, bleiben 50 Prozent zur persönlichen Veränderung der Denkstile übrig — Feld genug, um die Stärke des Optimismus bei jedem ausbauen zu können. Optimisten, die ihren Level

---

[26] vgl. Seligman.

Selbstführung

an Optimismus erhöhen möchten, als auch Pessimisten, die ihren Denkstil verändern möchten, profitieren gleichermaßen.

Perspektiven und Attributionen lassen sich u. a. in Themengesprächen, die Sie im Team/in Workshops führen, verändern:

1. Nachsicht mit der Vergangenheit (dem Vergangenen, dem Passierten)
   Nehmen Sie gemeinsam im Team eine Analyse der Fehler als auch der Erfolge der Vergangenheit vor (d. h. alles, was sich nicht genau in diesem Moment abspielt). Diese Analyse ist ein Muss, das Schwelgen in negativen Gedanken jedoch nicht. Vermeiden Sie unter allen Umständen, dass Ihre Mitarbeiter/Ihr Team aus einer neutralen, sachlichen Analyse, selbst wenn es die Gefühle und Gedanken betrifft, in eine Negativspirale abrutschen. Fest steht: Das Ereignis war negativ und Ihre Mitarbeiter als auch andere Faktoren haben dazu beigetragen. Nun geht es jedoch darum, die Zukunft zu planen, und nicht darum, den Misserfolg noch einmal in all seinen emotionalen Facetten zu durchleben. Sie können die Reflexion auch abkürzen und die Analyse eines nicht ganz rund gelaufenen Projekts als auch eines sehr erfolgreichen Projekts nach folgenden Gesichtspunkten vornehmen:
   - Welches waren die kontrollierbaren Faktoren?
   - Welches waren unkontrollierbare Faktoren?
   - Worin besteht das Learning für die Zukunft?
   - Ist es aufgrund der Analyse (wirklich) notwendig, engmaschiger zu kontrollieren und jedem Risiko aus dem Weg zu gehen?
   - Haben andere ähnliche Fehler gemacht?
2. Wertschätzen der Gegenwart
   Ein Abgleich der Vergangenheit mit der Gegenwart lässt die eigenen Fortschritte erkennen. Stellen Sie in Ihrer gemeinsamen Analyse folgende Fragen:
   - Konnten die Learnings aus der Vergangenheit in die Gegenwart umgesetzt werden?
   - Was ist heute positiv, was kann erfolgreich geleistet werden?
   - Wo sind die Chancen und Herausforderungen der Zukunft?

6.3.3.4 Vorsicht

Menschen, die einen unrealistisch optimistischen Denkstil an den Tag legen, glauben, dass sie nur härter und härter arbeiten müssen, damit der Erfolg eintritt. Dass dies nicht immer wahr ist, wissen wir. Ein mittelmäßig begabter Sportler wird nie zu den Olympischen Spielen kommen, ein durchschnittlicher Physiker nie den Nobelpreis gewinnen. Diese Menschen setzen sich selbst massiv unter Druck und gefährden so ihre Gesundheit. Fehlschläge extern zu attribuieren ist hier nicht mehr möglich, und so geraten sie in eine gefährliche Negativspirale. Eine Überschätzung des Ich kann zu leichtsinnigem Verhalten führen, nicht nur, wenn es um die eigene Gesundheit und Leistung geht.

Blutige Optimisten

Es gibt „blutige" Optimisten, denen kein Risiko zu hoch ist, weil sie ganz einfach glauben, dass es gutgehen wird. Unternehmenszusammenbrüche, Unfälle, Burn-out und schlechte Gesundheit, Probleme im Job etc. sind die Folgen. Risikofaktoren werden ignoriert, die Situation nicht analysiert, die externen Faktoren nicht berücksichtigt. Dass dies teuer werden kann, zeigen Projekte wie Stuttgart 21, der Berliner Flughafen oder auch nur der Kauf einer neuen Wohnungseinrichtung. Die Eröffnung des Berliner Flughafens war für 2011 geplant, nun sind wir bei 2014. Die Kosten betrugen anfänglich geschätzte 1,7 Milliarden, nun sind es 4,3 Milliarden. Dass hier „blutige" Optimisten am Werk waren, scheint offensichtlich. Hongkong und Denver hatten vor Jahren ähnliche Probleme und es stellt sich die Frage, warum dies niemand gewusst haben mag. Wie wir unter dem Punkt „Selbstwirksamkeit" bei den fünf Denkprozessen gesehen haben, ist *Observation* — die Fähigkeit, zu überprüfen, wie andere mit dem Thema umgegangen sind — eine der ältesten Methoden der Welt, wenn es um effiziente Planung geht. Für 4,3 Milliarden wäre zu erwarten gewesen, dass einige der Beteiligten sich mit diesen Denkprozessen im Zusammenspiel mit „blutigem Optimismus" beschäftigt hätten oder zumindest von den üblichen Ausreden, sprich extremer, realitätsferner externer Attribuierung in Form von „Ich bin es nicht gewesen", abgesehen hätten. Aber es lässt sich leicht über andere urteilen: Ähnlich ergeht es uns, wenn wir Zusagen treffen, weil wir zu optimistisch sind, dass wir es schaffen werden — die Arbeit am Wochenende, die Teilnahme am Meeting — und dann Schwierigkeiten haben, die Zusagen einzuhalten.[27]

Eine weiterführende Website mit der Auflistung der problematischen Persönlichkeitstypen, wenn es um Misserfolge geht, finden Sie unter:

http://hbr.org/2011/04/managing-yourself-can-you-handle-failure/ar/1

(Stand 11.05.2013)[28]

---

[27] Über Denkfehler weiterlesen?: Daniel Kahnemann: Schnelles Denken, langsames Denken, München 2012.
[28] Auch im Harvard Business manager, Edition 2/2013 auf Deutsch.

Selbstführung

Situativ pessimistisch attribuieren — flexibler Optimismus

Als der Österreicher Felix Baumgartner 2012 aus 39 Kilometern Höhe sprang, benötigte er ein gehöriges Maß Optimismus. Alles andere hatte er im Griff. Es wäre für Baumgartner tödlich gewesen, den Sprung zu wagen, wenn er die externen Faktoren nicht gründlich berücksichtigt hätte. Er war bestmöglich vorbereitet, auch was die Sicherheitsaspekte betraf. Hätte er nach seinen ersten Probesprüngen, die nicht gut bzw. fehlerhaft verliefen, einen naiv optimistischen Denkstil in der Situationsanalyse an den Tag gelegt, etwa den, dass nur externe Sicherheitsmängel für die Misserfolge verantwortlich waren, so wäre dies nicht sehr zuträglich für seinen Erfolg gewesen. Baumgartner musste auch seine eigene Technik verbessern und an sich arbeiten, wie er später in Interviews berichtete, in denen es um seine massiven Ängste wegen des sehr engen Raumanzugs ging. Hier zu sagen, „das klappt dann schon, wenn ich springe", hätte seinen Tod bedeuten können. Baumgartner wandte also eine *situativ pessimistische Attribution* an. Dies wird als flexibler Optimismus bezeichnet, d. h. es handelt sich um Situationen, in denen ein Individuum eine Situation gründlich und korrekt analysiert und sich dann entscheidet, ob er bei einem Fehlschlag eine optimistischen oder pessimistischen Denkstil an den Tag legt. Eine rein optimistische Attribution kann, wie oben am Beispiel des Berliner Flughafens dargestellt, folgende Nachteile besitzen: Es kann davon abhalten, der Realität klar ins Auge zu sehen, und es kann dazu führen, dass Personen die Verantwortung für ihre Fehler ablehnen. Mentoring und Coaching können diese Fehleinschätzungen korrigieren, was bei den schon fehlgeschlagenen Großprojekten auch nichts mehr helfen wird. Eine realistische Beurteilung, ganz gleich, ob es sich um die eigene Person, um Umstände oder andere Menschen handelt, ist für die Entwicklung von Optimismus unbedingt vonnöten, wenn diese Denkstruktur zum Erfolg führen soll.

Vor kurzem bekam ich das Buch „Die Kunst des klugen Handelns" des Schweizer Schriftstellers und Unternehmers Rolf Dobelli geschenkt. Darin lässt sich Folgendes lesen:

Der Papst fragte Michelangelo: „Verraten Sie mir das Geheimnis Ihres Genies. Wie haben Sie die Statue von David erschaffen – dieses Meisterwerk aller Meisterwerke?" Michelangelos Antwort: „Ganz einfach. Ich entfernte alles, was nicht David ist."[29]

Zu einem Teil möchte ich Dobelli und seinem Michelangelo hier Recht geben. Wenn es um Denkstile geht, lohnt es sich, all das zu entfernen, was nicht gut für uns ist. Trotzdem müssen wir einen positiven Blick für die Realität behalten, und dass

---

[29] Den vollen Text finden Sie unter: http://dobelli.com/?page_id=77.

bedeutet, dass wir auch negative Gedanken integrieren müssen und sollten, denn sie haben durchaus einen Wert.

6.4 Schlusswort

Denken heißt Handeln – im Inneren des Kopfs.

William R. Ashby

Selbstführung ist nichts, was ewig überdauert, sondern etwas, das von Ihnen und Ihren Mitarbeitern ständig weiterentwickelt und gestärkt werden muss. Zwar ist es keine Ressource, die aufgebraucht und verloren gehen kann, aber es ist ein Asset Ihrer Mitarbeiter, das es in Übung zu halten gilt, insbesondere dann, wenn Hindernisse auf dem Weg (nicht) absehbar sind.

ZUSAMMENFASSUNG

Erfolgreiche Denkstrategien sind aus der Selbstführung nicht wegzudenken. Dabei sind drei Strategien von besonderer Bedeutung: Selbstwirksamkeit, Willpower & Waypower und Optimismus. Diese Denkstrategien können nicht nur von den sogenannten High Potentials, sondern von allen Mitarbeitern genutzt werden. In der Selbstführung geht es darum, seine eigenen Denkstrukturen, die sich im Laufe der Zeit, d. h. seit der Kindheit über das Jugendalter samt seinen Prägungen durch Eltern, Lehrer und Peers und den Erfahrungen des Berufslebens, zu entwickeln. Nicht alle dieser Denkstrukturen sind förderlich für eine erfolgreiche Bewältigung der täglichen (Lebens)Aufgaben. Zumeist wenig hinterfragt und strategisch nicht auf ihre Sinnhaftigkeit analysiert, boykottieren festgefahrene Denkstrukturen den eigenen Erfolg. Gute Selbstführung durch einen intelligenten und ständigen Einsatz von erfolgsfördernden Denkstrategien tragen dazu bei, das persönliche und unternehmerische Potential zu entwickeln, und führen vor allem zu einem: **„Having the equipment for life"**

Vertiefende Inhalte

Als weiteres Zusatzmaterial auf Arbeitshilfen Online finden Sie:

- Interview mit Professor Dr. rer. nat. habil. Wilfried Echterhoff, Universität Wuppertal

Literatur- und Quellenverzeichnis

Networking:

Ancona, D./Malone, T. W./Orlikowski, W. J./Senge, P.: In Praise of the Incomplete Leader. In: Harvard Business Review, 2007.

Backstrom, L./Boldi, P./Rosa, M./Ugander, J./Vigna, S.: Four Degrees of Separation. http://arxiv.org/pdf/1111.4570.pdf, Stand 02.01.2013.

Balkundi, P./Kilduff, M.: The ties that lead: A social network approach to leadership. In: The Leadership Quarterly 17 2006, S. 419—439.

Casciaro, T./Lobo, M. S.: Competent jerks, lovable fools, and the formation of social networks. http://hbr.org/2005/06/competent-jerks-lovable-fools-and-the-formation-of-social-networks/ar/1, 2005, Stand 31.01.2013.

Castells, M.: Das Informationszeitalter. Bd. 1: Der Aufstieg der Netzwerkgesellschaft. Opladen 2003

Cialdini, R.: Indirect tactics of Image Management. Beyond Basking. In: Giacalone, R.A./Rosenfeld, P.: Impression Management in the organization. Hillsdale NJ 1989.

Collins, R.: A Network-Location Theory of Culture. In: Sociological Theory, Vol. 21, No. 1, 2003, S. 69—73, (article consists of 5 pages).

Collins, R.: Interview: http://www.ssc.wisc.edu/theoryatmadison/papers/ivwCollins.pdf, Stand 01.01.2012.

Drath, W.: The deep blue sea: rethinking the source of leadership. San Francisco 2001.

Gloor, P.: Swarm Creativity. New York 2006.

McGonagill, G./Doerffer, T.: Leadership and Web 2.0. The Leadership Implications of the Evolving Web 2011. http://api.ning.com/files/t*L5lbsBRIMVjwJPkBA24NBElRDFirdKof-2P2ZuQH8U-iEslkDtv58I44m*rMvAlRYHiQcfM-2VMvWpxo0HDwTPQGSCSGnS/MicrosoftWordLeadership_Implications_of_the_Web_Final_Jan9.pdf

Literatur- und Quellenverzeichnis

Heifetz, R.A.: Leadership without easy answers. Cambridge MA 1994.

Holley, J.: The Network Weaver Handbook. Athens OH 2012.

Ibarra, H./Hunter, M.: How leaders create and use networks. In: Harvard Business Review 2007, S. 40—47.

Kilduff, M./Tsai, W.: Networks and Organizations. London 2003.

Mandell, M. P./Keast, R.: A new look at leadership in collaborative networks: process catalysts. In: Raffel, J.A./Leisink, P./Middlebrook, A.E. (Hrsg): Public Sector Leadership. International Challenges and Perspectives. Edward Elgar, Cheltenham 2009, S. 163—178.

Sull D.S./Spinosa, C.: Promise-Based Management: The Essence of Execution. http://www.stratam.com/assets/articles/Promise_Based_Management_HBR.pdf, 2007.

Tirona, M.: Network Leadership. http://www.compasspoint.org/sites/default/files/images/NonprofitDay/Network%20Leadership.pdf, Stand 31.01.2013.

Uzzi, B./Dunlap, S.: How to build your network. Harvard Business Review, 2005, S. 53—60.

Job Crafting:

Achor, S.: The Happiness Advantage. The seven principles that fuel success and performance at work. New York 2010.

Bakker, A. B.: Engagement and "job crafting": Engaged employees create their own great place to work. In: Albrecht, S.L. (Hrsg.): Handbook of employee engagement: Perspectives, issues, research and practice. 2010, S. 229—244.

Bakker, A. B./Demerouti, E.: The job demands-resources model: State of the art. In: Journal of Managerial Psychology, 22(3) 2007, S. 309—328.

Bakker, A.B./Tims, M./Derks, D.: Proactive personality and job performance: The role of job crafting and work performance. Rotterdam 2012. Permissions: http://www.sagepub.com/journalsPermissions.nav.

Bandura, A: Self-efficacy mechanism in human agency. In: American Psychologist, 37, 1982, S. 122—147.

Bandura, A.: Human agency in social cognitive theory. In: American Psychologist, 44, 1989, S. 1175—1184.

Berg, J.M./Wrzesniewski, A./Dutton, J.E.: Perceiving and responding to challenges in job crafting at different ranks: When proactivity requires adaptivity. In: Journal of Organizational Behavior, 31, 2010, S. 158—18.

Cameron, K.S./Dutton, J.E./Quinn, R.E. (Hrsg.): Positive Organizational Scholarship. Foundations of a new discipline. San Francisco 2003.

Campion, M. A./McClelland, C. L.: Follow-up and extension of the interdisciplinary costs and benefits ofenlarged jobs. In: Journal of Applied Psychology, 78, 1993, S. 339—351.

Crant, J. M.: Proactive behavior in organizations. In: Journal of Management, 26(3), 2000, S. 435—462.

DGFP (Hrsg.): Was Arbeitgeber attraktiv macht. Düsseldorf 2004.

Dutton, J.E./Heaphy, E.D.: Positive Social Interactions and the human body at work. Linking organizations and physiology. In: Academy of Management Review 2008, Vol. 33, No. 1, S. 137—162.

Dutton, J.E./Berg, J.M./Wrzesniewski, A: What is Job Crafting and why does it matter. Michigan 2008.

Dutton, J.E./Ragins, B.R.: Enabling positive social capital in organizations. London 2007.

Etzioni, A.: A comparative analysis of complex organizations. New York Free Press 1975.

Fredrickson, B.: Positivity. Top-Notch Research reveals the 3:1 ratio that will change your life. New York 2009.

Garg, P./Rastogi, R.: New model of job design: motivating employees' performance. In: The Journal of Management Development, 25(6), 2006, S. 572—587.

Ghitulescu, B. E.: Shaping tasks and relationships at work: Examining the antecedents and consequences of employee job crafting. University of Pittsburgh 2007.

Grant, A. M./Ashford, S. J.: The dynamics of proactivity at work. In: Research in Organizational Behavior, 28, 2008, S. 3—34.

Literatur- und Quellenverzeichnis

Grant, A. M./Parker, S. K.: Redesigning work design theories: The rise of relational and proactive perspectives. In: Academy of Management Annals, 3, 2009; S. 273—331.

Greguras, G. J./Diefendorff, J. M.: Different fits satisfy different needs: Linking person-environment fit to employee commitment and performance using self-determination theory. In: Journal of Applied Psychology, 94(2), 2009, S. 465—477.

Griffin, M. A./Neal, A./Parker, S. K.: A new model of work role performance: Positive behavior in uncertain and interdependent contexts. In: Academy of Management Journal, 50, 2007, S. 327—347. Hackman, J. R./Oldham, G. R.: Work redesign. Reading MA 1980.

Herzberg, F.: Motivation-hygiene profiles: Pinpointing what ails the organization. In: Organizational Dynamics, 3(2), 1974, S.18—29.

Ibarra, H.: Provisional selves: Experimenting with image and identity in professional adaptation. In: Administrative Science Quarterly, 44, 1999, S. 764—791.

Luthans, F./Youssef, C.M./Avolio, B.J.: Psychological capital. New York Oxford University Press 2007.

Lyons, P.: The crafting of jobs and individual differences. In: Journal of Business and Psychology, 23, 2008, S. 25—36.

Magee, J. C./Galinsky, A. D.: Social hierarchy: The self-reinforcing nature of power and status. Academy of Management Annals, 2, 2008, S. 351—398.

Müller, E.B.: Charisma — mit Strategie und Persönlichkeit zum Erfolg. Freiburg München 2012.

Parker, S. K./Williams, H. M./Turner, N.: Modeling the antecedents of proactive behavior at work. In: Journal of Applied Psychology, 91, 2006, S. 636—652.

Pentland, B. T.: Organizing moves in software support hot lines. In: Administrative Science Quarterly, 37, 1992, S. 527— 548.

Pulakos, E. D./Arad, S./Donovan, M. A./Plamondon, K. E.: Adaptability in the workplace:

Development of a taxonomy of adaptive performance. In: Journal of Applied Psychology, 85, 2000, S. 612—624.

Seligman, M. P.: Der Glücksfaktor. Warum Optimisten länger leben. New York 2010.

Wrzesniewski, A./Dutton, J. E.: Crafting a job: Revisioning employees as active crafters of their work. In: Academy of Management Review, 26, 2001, S. 179—201.

Wright, T. A./Diamond, W. J.: Getting the pulse of your employees: The use of cardiovascular research in better understanding behavior in organizations. In: Journal of Organizational Behavior, 27, 2006, S. 395—401.

http://www.pressebox.de/pressemeldungen/regus/boxid/372239

http://www.cappeu.com/realise2.htm

http://www.authentichappiness.sas.upenn.edu

Virtuelle Teams:

Cohen, S.C./Gibson, C.B.: Virtual Teams That Work: Creating Conditions for Virtual Team Effectiveness. San Francisco 2003.

Crampton, C./Hinds, P.: Intercultural Collaboration in Global Teams. 2005.

Duarte, D.L./Snyder, N.T.: Mastering virtual teams. San Francisco 2006.

Fisher, K./Fisher, M.: A Hands on Guide to Managing Off-Site Employees and Virtual Teams. New York 2001.

Hargadon A.B./Bechky B.A.: When Collections of Creatives Become Creative Collectives: A Field Study of Problem Solving at Work. In: Organization Science vol. 17 no. 4, 2006, S. 484—500.

Jarvenpaa , S.L./Leidner, D.E.: Organization: Trust in virtual teams. In: Harvard Business Review, 1998.

Kimble, C./Li, F./Barlow, A.: Effective virtual Teams through communities of practice. 2000.

Literatur- und Quellenverzeichnis

Lehmann, K.: Auswahl von Mitgliedern virtueller Teams. Kiel 2003.

Lepsinger, R./DeRosa, D.M.: Virtual Team Success: A Practical Guide for Working and Leading from a Distance. San Francisco 2010.

Lipnack, J./Stamps, J.: Virtuelle Teams. Wien/Frankfurt 1998.

Nemiro, J./Beyerlein, M.M./Bradley, L./Beyelkein, S.: The Handbook of High Performance Virtual Teams: A Toolkit for Collaborating Across Boundaries. San Francisco 2008.

Rachow, A.: Spielbar. Bonn 2004.

Shaw, R.: Trust in the balance. San Francisco 1997.

Webquellen:

Kulturelle Unterschiede:

http://www.geert-hofstede.com/

Telekom-Untersuchung zu virtuellen Teams:

http://www.presseportal.de/pm/9077/1158064/deutsche_telekom_ag, Stand November 2011.

http://www.computerwoche.de/a/virtuelle-teams-ohne-kulturelle-kompetenz-klappt-es-nicht,1860058, Stand 19.02.2013.

http://www.welt.de/print-welt/article556151/Virtuelle-Teams.html, Stand 19.02.2013.

http://www.bigspeak.com/jeff-degraff.html

Beispiele für Team Charta:

http://info.worldbank.org/etools/docs/library/200854/section04/04c3Section4TeamCharterTemplateOct.pdf

http://www.teamhelper.com/sample/TC_GuideSample.pdf

Virtuelle Teams in Organisationen:

http://www.grc.nasa.gov/WWW/tcp/

Teammeetings:

http://www.managerseminare.de/ms_Artikel/Meeting-Kultur-Schluss-mit-dem-Alltagshorror,202258

Positive Soziale Interaktionen (PSI):

Carmeli, A./Brueller, D./Dutton, E.: Learning behaviors in the workplace: The role of high quality interpersonal relationships and psychological safety. In: Systems Research and Behavioral Science 26(1), 2009, S. 81—98.

Dutton, J.E./Heaphy, E.D.: Positive social interactions and the human body at work: linking organizations and physiology. In Academy of Management Review, Vol. 33, No. 1, 2008, S. 137—162.

Dutton, J.: Fostering High-Quality Connections in the Workplace, http://www.ssireview.org/articles/entry/fostering_high_quality_connections, Stand 11.03.2013.

Dutton, J.E./Roberts, L.M./Bednar, J.: Pathways to Positive Identity Construction at Work: Four Types of Positive Identity and the Building of Social Resources. In: Academy of Management Review 35/2, 2010, S. 265—293.

Goleman, D.: Emotionale Intelligenz. München 2011.

Losada, M./Heaphy, E.D.: The role of positivity and connectivity in performance of business teams. In: American Behavioral Scientist, vol. 47 no. 6, 2004, S. 740—765.

Müller, E.B.: Charisma — mit Strategie und Persönlichkeit zum Erfolg. Freiburg München 2012.

Salovey, P./Mayer, J.D./Caruso: The positive psychology of emotional intelligence. Oxford 2009.

Literatur- und Quellenverzeichnis

Stephens, J.P./Heaphy, E.D./Carmeli, A./Spreitzer, G.M./Dutton, J.E.: Relationship Quality and Virtuousness: Emotional Carrying Capacity as a Source of Individual and Team Resilience. In: The Journal of Applied Behavioral Science, 49(1), 2013, S. 13—41.

http://jab.sagepub.com/content/49/1/13, online: DOI: 10.1177/0021886312471193.

Selbstführung:

Bandura, A.: Self Efficacy: The Exercise of Control. Palgrave Macmillan 1997.

Kahneman, D.: Schnelles Denken, langsames Denken. München 2012.

Linley, P.A./Maltby, J./Wood, A.M./Joseph, S./Harrington, S./Peterson, C./Park, N./Seligman, M.E.P.: Character strengths in the United Kingdom: The VIA Inventory of strengths. In: Personality and Individual Differences 43 (2), 2007, S. 341—351. doi:10.1016/j.paid.2006.12.004.

Luthans, F./Youssef, C.M./Avolio, B.J.: Psychological capital. Developing the Human Competitive Edge. Oxford 2007.

Seligman, M.: Learned Optimism: How to Change Your Mind and Your Life. New York 2006.

Snyder, C. R. (Hrsg.): Handbook of hope: Theory, measures, and applications. San Diego Academic Press 2000.

Abbildungsverzeichnis

Abb. 1: Network, bereitgestellt von www.kumupowered.com	39
Abb. 2: Strong Ties, Weak Ties, bereitgestellt von www.kumupowered.com	40
Abb. 3: Broker, bereitgestellt von www.kumupowered.com	42
Abb. 4: Network mit Core Team: bereitgestellt von www.kumupowered.com	43
Abb. 5: Beziehungsarten, bereitgestellt von www.kumupowered.com	49
Abb. 6: Kompetenzen der Network Leader	56
Abb. 7: Structural Hole, bereitgestellt von www.kumupowered.com	67
Abb. 8: Wer ist mit wem verbunden? bereitgestellt von www.kumupowered.com	77
Abb. 9: Netzwerke ohne Verbindung, bereitgestellt von www.kumupowered.com	78
Abb. 10: Echte Stärken – Beispiele	121
Abb. 11: Erfolgsfaktoren virtueller Teams	157
Abb. 12: Nationale Kultur	185
Abb. 13: Phasen virtueller Gruppendynamik	197
Abb. 14: Ich-Identität	259
Abb. 15: Die Entstehung von Sinn, in Anlehnung an Cameron, Dutton Quinn, S. 313, 2003, Positive Organizational Scholarship	262
Abb. 16: Selbstwirksamkeit entwickeln	288
Abb. 17: Modelllernen	292

Tabellenverzeichnis

Tab. 1: Unterschiede der traditionellen Führung und Network Leadership 34
Tab. 2: Priorisierung Umsetzungsphase 127
Tab. 3: Grenzerweiterung oder Grenzverengung 128
Tab. 4: Beziehungsmanagement 133
Tab. 5: Rahmenveränderung 136
Tab. 6: Auswirkungen 140
Tab. 7: Emotionale und soziale Skills 241
Tab. 8: Losadas High Performance Teams 252
Tab. 9: High Performance Team Analyse 253
Tab. 10: Sinn 263
Tab. 11: Selbstwirksamkeit: Die 5 Denkstrukturen 284
Tab. 12: Mastery Experience 292
Tab. 13: Attribuierung Intern vs. Extern 310
Tab. 14: Attribuierung Temporär vs. Permanent 311
Tab. 15: Attribuierung Universell vs. Spezifisch 311

Stichwortverzeichnis

B
Bonding 246, 267
Broker 72, 77, 89
Burnout 93, 219

C
Change 37, 227, 266, 297
Cluster 38, 41, 59, 61
Connector 62, 72, 89

D
Demotivation 100
Digital Native 158

E
Emotion 238, 240, 241, 244, 267
Engagement 93, 104, 224, 227

G
Gatekeeper 64
Generation Y 14, 16, 292
Gesundheit 220
Globalisierung 17, 153
Grenzverschiebung 101, 114, 128, 149

H
High Potential 272, 317
High Quality Relationships 220, 242, 243
Human Resources 231

I
Identität 258, 259, 265
Information 34
Innovation 37, 112, 114, 160, 304
Interaktion 218, 223, 251, 267

J
Job Crafting 93, 98, 106, 111, 114, 115, 138, 145
Job Crafting Leadership 115, 141
Job Rotation 100, 132, 232

K
Keyplayer 48, 72
Kick-off-Meeting 166, 183
Kommunikation 79
Konflikt 162, 198, 227, 253

L
Leistung 104, 112, 153, 201, 272
Lurker 66

M
Meeting 174, 183, 233, 267
Mentoring 86, 137, 147, 149, 233, 293, 304
Motivation 100, 112, 297

N
Negative soziale Interaktionen 222
Network 14, 21, 33, 36, 38, 59, 61, 75, 86, 103, 159, 283
Networking 26, 130
Network Leader 56, 61, 76
Network Leadership 21, 23, 71, 88
Network Mapping 71

O
operationales Network 46, 47, 87
Optimismus 270, 296, 307, 312, 313, 317

P

Positive Soziale Interaktionen	230, 250, 267
psychologisches Kapital	276, 277

R

Rahmenveränderung	93, 114, 134, 149
Reflexion	59, 286
Resilienz	266

S

Selbstführung	269, 270, 317
Selbstreflexion	279, 296
Selbstwirksamkeit	270, 296, 297, 317
Shared Leadership	84
Sinn	111, 261, 267
Social Media	21, 22, 80, 157
Social Network Analysis	48
soziales Muster	93, 101, 114, 129, 149
Stärkenprofil	122, 124
strategisches Network	46, 53, 87
Structural Hole	67, 74

T

Talent	18, 109, 271
Team	41, 75, 153, 160, 180, 251, 265
Teambuilding	83, 166
Technologie	153, 174, 175, 183, 213

U

Unternehmenskultur	219

V

virtuelle Gruppe	225
virtuelles Meeting	177
virtuelles Team	153, 155, 183, 205
virtuelle Teamführung	194

W

Waypower	296, 297, 300, 304, 313, 317
Web 2.0	17
Willpower	270, 296, 297, 300, 304, 313, 317

€ 34,95 [D]
ca. 224 Seiten
ISBN 978-3-648-03785-0
Bestell-Nr. E00245

Burnout: So tun Sie das Richtige

Burnout von Mitarbeitern ist für jedes Unternehmen ein sensibles Thema. Das Buch vermittelt Hintergrundwissen und gibt konkrete Handlungsempfehlungen für die Präventionsarbeit und den Umgang mit betroffenen Mitarbeitern.

> Hintergrundwissen: Burnout und der Burnoutzyklus
> Dem eigenen Burnout vorbeugen
> Mitarbeiterführung im Burnout-Kontext
> Gesundheitsmanagement im Unternehmen umsetzen
> Mit Arbeitshilfen online: Interviews, Umsetzungsbeispiele und Best-Practice-Cases

Jetzt bestellen!
www.haufe.de/shop (Bestellung versandkostenfrei),
0800/50 50 445 (Anruf kostenlos) oder in Ihrer Buchhandlung

HAUFE.

€ 49,95 [D]
ca. 320 Seiten
ISBN 978-3-648-03704-1
Bestell-Nr. E04191

Praxisleitfaden für gender-kompetentes Handeln

Trotz politischer und gesellschaftlicher Debatten um Gleichstellung, Fachkräftemangel und Frauenförderung sind Frauen in Führungspositionen weiterhin stark unterrepräsentiert. Wie kann man Gender-Diversity fest in der Unternehmensstruktur verankern? Die Autorin, Martine Herpers, bietet Führungskräften einen wertvollen Praxisleitfaden für die erfolgreiche Umsetzung im Unternehmen.

> Eigene Webseite zum Thema mit Assessment-Bögen zur Durchführung eines Gender-Diversity-Capability-Assessments und Best-Practice-Cases
> Inklusiv eBook-Version

Jetzt bestellen!
www.haufe.de/shop (Bestellung versandkostenfrei),
0800/50 50 445 (Anruf kostenlos) oder in Ihrer Buchhandlung